政协文史“亲历、亲见、亲闻”文库

辛亥革命

·第十辑·

《“三亲”文库》编纂工作委员会 编

中国文史出版社

1911年武昌起义成功后，10多个省相继独立。12月25日，孙中山抵达上海，受到革命党人和各界群众的热烈欢迎。图为孙中山抵达上海时的情景。

1911年12月29日，17省代表在南京举行正式选举临时大总统会议，孙中山以16票当选中华民国临时大总统。图为参加选举的各省代表合影。

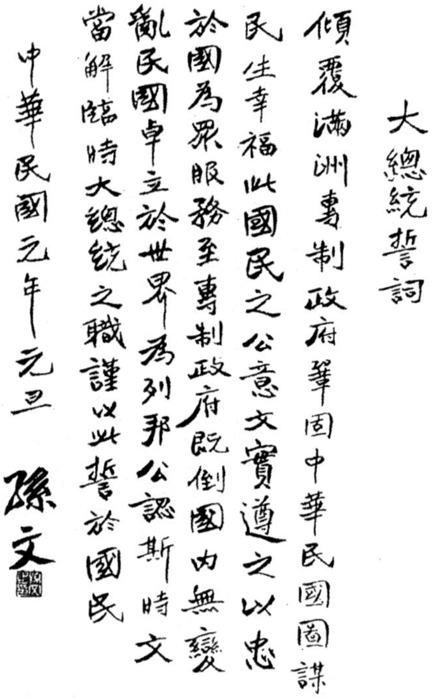

大總統誓詞

傾覆滿洲專制政府鞏固中華民國圖謀民生幸福此國民之公意文實遵之以忠於國為眾服務至專制政府既倒國內無變亂民國卓立於世界為列邦公認斯時文當解臨時大總統之職謹以此誓於國民

中華民國元年元旦

孫文

1912 年 1 月 1 日晚 10 时，孙中山宣誓就任中华民国临时大总统。图为大总统誓词。

1912 年 1 月 5 日，孙中山主持召开第一次内阁会议。

中华民国临时政府颁布了30余项政策和法律，推行了一系列促进民主共和、废除封建陋习的革新措施。图为南京街头警察给路人剪辫子。

1912年1月9日，孙中山与陆军部人员合影。

1912 年 1 月 28 日，南京临时参议院成立。图为孙中山出席临时参议院典礼时与参议员合影。

1912 年 2 月 15 日，孙中山携南京临时政府官员谒祭明孝陵。辛亥革命以“驱除鞑虏，恢复中华”为口号，因此清帝退位三天后，孙中山一行即来拜祭明太祖朱元璋的陵墓——明孝陵。

L'ILLUSTRATION

Prix de ce Numéro : Un Franc　SAMEDI 16 MARS 1912

LE PRÉSIDENT D'UNE JEUNE RÉPUBLIQUE DE QUATRE CENTS MILLIONS D'HOMMES

Yuan Chi Kai entouré de son état-major.

1912 年 3 月 6 日，袁世凯在北京就任第二任临时大总统。图为 1912 年 3 月 16 日法国《画报》刊登的《共和国总统和他的随从》的图片。

1912 年 3 月 8 日，《中华民国临时约法》由南京临时参议院正式通过。图为南京临时参议院外景。

1912年4月1日，孙中山正式辞去临时大总统职务。图为临时参议院举行大总统解职典礼后合影。

1913年3月20日，国民党代理理事长宋教仁被袁世凯派人刺杀于上海车站，孙中山闻讯回国。图为孙中山在上海同黄兴等人共商反袁问题时合影。

（民立報）

孫中山先生宣言

當南北統一之際，僕推薦袁世凱於參議院，原望其開誠布公，盡忠民國，以副四萬萬人之望。自是以來，僕於權利所在，則為引避；危疑之交，則為襄助。雖激昂之士，對於袁氏，時有責言，僕之初衷，未嘗少易。不意宋案發生，袁氏陰謀，一旦盡揭。僕於當時，已將反對袁氏之心，宣布天下。使袁氏果知公義自在，輿論難誣，當時即應辭職，以謝國民。何圖袁氏專為私謀，倒行不已，以致東南人民，荷戈而起，旬日之內，相連並發，大勢如此，國家安危，人民生死，胥繫於袁氏一人之去留。為公僕者，不以國利民福為依，反欲犧牲國家與人民，以爭一己之位置，中華民國豈容開此先例。願全體國民一致主張令袁氏辭職，以息戰禍，庶可以挽國危而慰民望。無任翹企之至。

敬告全國同胞

（蔡）子民

兵凶戰危，吾儕安分良民，對於不正當之戰爭，決無有贊成之者。其正當之戰爭，為保護吾儕安全幸福之間接作用，則吾儕不特不肯反對，且相率而助成之。其或吾儕雖不必加入戰爭，而確於戰爭以外，尚有可以致力之處，使吾儕之安全幸福，由此而保存，而且使間接作用之戰爭，由此而截止，則尤吾儕所當引以為己任者矣。

一年以來，政府之失德，雖吾儕[illegible]愛之者，決不能為之諱。至於恣行暗殺，擅借外款，不復留吾儕以承認政府之餘地，吾儕中之一部份所謂民黨也者，攻擊政府為激烈之主張，何嘗不公認為必不得已之舉。徒以兵氣初[illegible]，[illegible]未復，[illegible]和解決一方面，尚有幾希之望，則[illegible]，而[illegible]之[illegible]政府之[illegible]，乃[illegible]，且[illegible]

1913年7月12日，李烈钧在湖口宣布江西独立，标志“二次革命”爆发。22日，孙中山发表宣言，敦促袁世凯“即应辞职，以谢国民”。

1914年7月8日，中华革命党在日本东京成立时合影。

1916 年 5 月，两广护国军都司令部成员合影。

1917 年 7 月，孙中山乘舰从上海到广州，发动护法运动。

目　录

第十辑　共和肇始

组织南京临时政府的亲身经历

吴景濂[*]

辛亥八月十九日武昌起义之后不久，上海都督陈其美联合浙江都督汤寿潜等，通电全国各省派代表莅沪，共商组织临时政府办法，假江苏教育总会在沪会址为各省代表团报名处及开会处。当予代表奉天谘议局到沪之时（大约在辛亥年十月中旬），到会已报名者共有16个省（予在内）。与予同行者有吉林谘议局赵副议长，未去报名。先数日，各省到沪代表已有一半赴鄂，留一半驻沪。驻沪办理会事，以福建谘议局书记长林长民充之。开会地点，假哈同花园时为多。与会者有此时未独立省份直隶谘议局代表谷钟秀、山东代表刘星楠、河南代表李盘、陕西代表于右任、湖北代表胡子笏等10余人。予至

* 吴景濂：时任筹组中华民国临时政府奉天省代表，后任中华民国临时参议院议长。

沪后，即以电通知浙督汤蛰仙及苏督程雪楼。两君皆予之旧交，闻予来沪，立复电欢迎，并先后来沪视予。

此时黄克强先生亦由鄂来沪，与程、汤商议以江苏、浙江两省义军兵力进攻南京办法。不数日，南京攻下，清廷总督张人骏、长江提督张勋、南京将军铁良等偕逃。

先是冯国璋火烧汉阳，黄克强所统义军溃败，长江上下，大为震动。及南京“光复”，义军声势，又为大振。于是江苏都督程雪楼约浙都督汤蛰仙再至沪，与黄克强及各省代表协商在南京组织临时政府办法。彼等主张举黄克强为大元帅，黎元洪为副元帅，在南京组织临时政府。议决后，而湖北首义省份反对。各省代表又复议，举黎元洪为大元帅，黄兴（克强）副之，在南京组织临时政府。大元帅不能来南京时，以副元帅代行大元帅职权。至于政府组织方法，则请各省代表到南京公议。各省留沪代表于是一同赴南京，定期开会。

起行之日，代表团电告江苏都督派兵到车站保护，程督复电照办。是日夜八九点钟，车至南京下关，予同于右任、李盘3人先行，令仆人穆忠和押取行李。下车后，未见程督派有卫队，行出十数步外，忽闻枪声数响。枪声停后，予即闻穆仆喊予缓行，伊仓皇至前，告予云：“林书记长下车时，有刺客对他放枪；我将林按伏于地避枪，浙军代表屈映光仆人将刺客抱住。同时车站上弹压军队上前将刺客及林君一同逮捕，押赴车站！”予嘱穆仆妥为保护，乃约于、李二君到车站寻车站护兵头目，问其何以不分皂白，将双方一同逮捕？彼云：“系奉长官命令！”予等入视林君，头目禀明长官，仅许一人入视，并禁止发言。突有兵将林及刺客押送南京城，交都督审讯。予等无法，只可在万花楼暂住。

此时有缪某戎装来见，云系奉都督命令来接待诸君，因误时间，致遭意外，以使诸君惊恐。同时各省代表及秘书职员均住万花楼，正互相谈论时，另来陆军数人，云奉都督命令，来检查林某行李。在林行李内检出金鸡纳霜粉一包，指为毒药。当经共同检阅，认为金鸡纳霜粉，并非毒药。并由予等签字证明，为来检查军人携去。当时，各代表协商，一面电知上海黄副元帅，一面由予以电话通知程都督，谓予等代表甫至下关，即遭此意外惊恐，请都督将被捕林某先行妥加保护。程回电照办，并云："明早派车来接，再行面谈一切。"

次晨，程都督派马车来接予。晤谈下，始悉刺客系福建都督孙道仁派遣，谓林为保皇党，在上海数日，未在秘书处办公，系与北方秘密勾结。而林某在沪，因办理秘书处事，住于代表团会所。因公推林起草临时政府章程，林以会所嚣杂，故在旅馆开房间两日，专为起草之事，为诸代表所共知。予与程商，将此情形，通知孙都督。是日将刺客及林某同时开释。而林某经此番打击，对代表团秘书职务决意辞去，在南京暂时闲居。

代表团到宁，本为组织临时政府而来。不意浙人老革命党员章炳麟由沪致电浙军支队长朱瑞，劝其反对黄克强，因为败军之将不能表率政府。鄂大都督黎元洪又以北军在鄂备战甚急，不能来宁就职。因此组织政府之举，不敢冒昧进行，为之无形停顿者，约有半月之久，人心惶惶！

孙中山先生在美闻中国革命，义军已攻下南京，返国到沪。乃与党人协商，并自谓伊在美募有美金千万元，兵船 10 只；如在宁组织临时政府，举伊为临时大总统，可将钱及船献出为政府用。此时各方为组织临时政府事，正无办法；孙先生为中国革命领袖，如能担任危局，各方实所赞成。商之代表团，亦认可。于是召集驻鄂各省之代表返宁，共同组织政府，并由驻鄂代表就近与黎协商，举孙为临时大总统，黎为临时副总统，黎亦赞成。

此时袁世凯军队在鄂亦停止进攻，并派代表秘密与代表团协商，如举袁为临时大总统，袁可设法使北方军人赞助，劝清帝退位。代表团对袁之代表说：“到宁协商后，再可奉告。”及驻鄂代表来宁，将袁方情形，提出报告。公议袁在北京是否真正赞成共和，仍需考核。非先设政府，举出临时总统，清廷不能退让，袁在北方亦难着手。故在南京组织临时政府与袁赞助共和，两事并不妨害。应一面将此情形电询中山先生能否对袁之办法同意？孙复电云：“袁如赞成共和，情愿将所得之临时大总统退让与袁，以促共和早日实现。”并一面电知袁之代表，在宁组织临时政府，实助袁在北方，促清帝退位，易为着手。

于是各省代表团在宁正式开会，举林森为议长，先议决中华民国组织法，以为组织政府之依据。次改各省代表团为临时参议院，代表立法机关，定十一月十日开选举临时大总统大会。每省无论代表几人，仅有一选举权，计独立省与不独立省份，共有 17 省代表到会（直、奉、鲁、豫、陕、晋、浙、闽、江、皖、赣、鄂、湘、川、滇、黔、粤）。孙文先生以 16 省选举票当选为中华民国临时大总统。湖南代表为谭人凤，系多年老党人，与中山先生不和，故湘省票未举中山先生。黎元洪以 17 票当选为中华民国临时副总统。

十一月九日曾议决改中国为中华民国，废农历，改为阳历。中山先生于农历十一月十日到宁，于当选后 3 日，即 1912 年 1 月 1 日到参议院宣誓就职。就职后，将临时参议院议决各案，以临时大总统名义公布之。临时政府人员：陆军部总长黄兴、海军部总长黄钟瑛、外交部总长伍廷芳、内务部总长由程德全兼、实业部总长张謇、教育部总长蔡元培、财政部总长陈锦涛。

孙先生就临时大总统后，通电全国，并由袁世凯派代表议和。袁复电派唐绍仪为全权代表，中华民国政府派伍廷芳为全权代表，在上海召开和平会议。议决清帝退位后，优待清室及满洲人办法，优待蒙古王公办法。清帝退位后，优待费每年 400 万两，八旗兵丁若干两，蒙古王公仍照清廷时袭爵如故。数次争论，几乎决裂。然中经北方陆军人员段祺瑞等领衔通电赞成共和，清帝见大势已去，卒于 2 月 12 日（即壬子年正月元旦）退位，南北宣告统一。

此后孙中山先生遂依原定密约，向临时参议院提出辞职。由临时参议院再开临时大总统选举会，于民国元年（1912 年）2 月 15 日选举袁世凯为临时大总统。为议决袁须到南京就职，以南京为国都，参议院同人大起争论，数次开会不决；卒议决以北京为国都，但须请临时大总统来南京就职；并依约法，袁大总统之各国务员须提出临时参议院通过，并由孙政府汪精卫、蔡元培等到北京欢迎袁来南京就职。汪、蔡等到北京后，袁表面允至南京就职，暗中唆使第三镇曹锟驻京津兵变，掠夺焚杀，人民大受惊扰！袁借口留京镇抚，不能南下，乃派国务总理唐绍仪代表南下，提出国务员名单，请求参议院通过。后经参议院开会照所提人名一致通过。袁于 3 月 10 日宣誓，北京政府于是宣告成立，南京一切组织移至北京。是年 4 月 29 日临时参议院开会于北京。南北统一政府成立后，孙中山先生离南京，在南京设留守府，以黄兴为留守。

复次，关于制定中华民国基本法律问题，在此亦当提及。中华民国的开国基本法律，第一为中华民国组织法。因定组织法时，为时仓促，不能详密，故于未选临时大总统前，由临时参议院另定中华民国约法。而约法的精神，取美国制度，抑法国制度，经过讨论磋商，为时甚久。于约法上，纯采法国制度，三权分立。立法权在约法时期内，由临时参议院行使之。行政权采法国内阁制，自国务总理以及各国务员，由大总统提出，交临时参议院同意，其执行权及选用各国务员权，由临时大总统行使之。司法权，凡司法上所有争论之点，由大理院解决之。

此案议决后，由南京临时大总统公布施行。约法上三权制度与南京政府现行制度不同。世人不察，多谓约法所定权限，系为束缚袁临时总统而设，故与南京孙临时政府所行制度不同。袁氏倡之，国人不察而和之，发为怪诞议论甚多，以此抨击约法！不知选举孙中山为临时大总统时，约法正在起草，取何种制度，尚未决定。而组织临时政府甚急，又不能待约法成立后，再行选举。议约法时，关于取美国制度，抑取法国制度，当时争论甚多，有速记录可证。并非为袁氏要做临时大总统，故定此约法，以为牵制。予始终侧身与议，故知之较详。日后攻击约法者，皆袁政府所唆使。国内争论多年，至于因护法而用兵5年，痛矣哉！

最后，我还要提及关于制定中华民国国旗问题。中华民国五色国旗红、黄、蓝、白、黑，系代表汉、满、蒙、回、藏五族共和。始建议在沪会议选举大元帅及副元帅之时，即由多数代表与江苏都督程德全、浙江都督汤蛰仙及黄克强先生等共同商谈，认为以用五色旗为相宜：既可表明革命行为，系为政治改造而起，非专为种族革命；又能缓和满、蒙、回、藏各族的心理，与汉人共同努力赞助共和。此议发出，群以为是，公决于组织临时政府之后，由政府提出国旗议案。故孙总统政府成立后，由政府提出此案，临时参议院议决：定五色旗红、黄、蓝、白、黑，代表五族共和，为中华民国国旗，由政府公布之。同时，并议决海、陆军各旗，一并公布之。

（吴叔班　记录）

（选自全国政协文史资料研究委员会编《辛亥革命回忆录》第8集，中国文史出版社2012年6月第2版）

南京临时大总统府三月见闻录

郭汉章*

一　我第一次和中山先生见面

1911年12月2日，南京继上海“光复”以后，东南半壁，局面一新。这时距武昌起义将近两月，国内外一致公认中国第一任大总统非中山先生莫属。12月下旬，中山先生由欧归国到达上海，距南京“光复”有20多天的光景。在中山先生到达上海的前夕，沪军都督陈其美对我说，关于护卫中山先生的工作完全要由我负责，因我当时是担任沪军都督府卫队长兼侦探队队长。

第二天一早，我就率领一大队便衣卫士前往十六铺金利源码头布置警卫。这时来欢迎的人们已陆续齐集，各国领事和外国新

* 郭汉章：时任沪军都督府卫士队兼侦缉队队长，中华民国临时大总统府侍从队队长。新中国成立后，任职于南京中山陵园。

闻记者也都赶到。当轮船刚近码头尚未靠定的时候，中山先生出现船轮上层，穿着黑色西装、脱帽高举右臂，面含微笑，频频点头，向欢迎群众答礼。甫经上岸，即被新闻记者团团包围，差不多每一个新闻记者第一句话，都是问："您这次带多少钱来？"中山先生答复说："我这次回来，实在是分文未带，所带回来的只是革命的精神。"

中山先生下船后别了记者，即和黄兴、陈其美 3 人同乘一辆小汽车，我和司机并坐，开到法租界尚贤堂。当天晚上宾客散后，陈都督正式介绍我晋见中山先生。我刚立正敬礼，中山先生即问我："进攻制造局的时候，你带领的敢死队伤亡大不大？"我报告："全队 40 人，只牺牲了 2 人。"中山先生笑着说："很好很好，敢死队伤亡率仅仅只有 5%，在中外革命史上实在是绝无仅有的事。"从这天起，一直到中山先生临时大总统解职离宁这一段时期，我都朝夕随侍在侧，兢兢业业地寸步不敢离开，力求尽到陈都督交给我的这一最光荣的任务。在今日回忆起来，这 100 多天的短暂时期，要算是我毕生以来最值得纪念的岁月。

二　人民对于中山先生的热烈爱戴

中山先生就任临时大总统后，某日到中华门外雨花台去视察炮台，一行 7 人，都骑着高大的灰色洋马。这些马是外国朋友送给总统的，一共 13 匹，编为 13 号，总统经常骑的是性格最驯良的第七号马（另外还有友人送了一辆黑汽车，但总统爱骑马，很少乘车，侍从队有 24 辆自行车，备总统出外时卫士乘用）。总统看完炮台，正准备进城，被老百姓发现，一齐拥过来，就在现在中华门外长江碾米厂那里（当时是个花园，名叫郭家花园，是明初郭子兴的花园）被群众团团围住，拍手欢呼“大总统万岁”。中山先生在马上向群众频频含笑点头，表示谢意。这时城外的警察分局姚局长和王巡官都赶得来维持秩序。王巡官拔出指挥刀挥舞，叫老百姓散开。中山先生立刻叫我去制止王巡官说：“对老百姓不能这样。”群众越来越多，齐呼“大总统万岁，万万岁”。中山先生看到老百姓对他这种热烈爱戴的情形，一时不容易从中华门进城，便轻轻地用广东话对我说：“我们看能不能从旁的城门进城？”我就骑在马上对群众说：“请让开一条路，大总统要到制造局去看看。”这才好不容易让出一条路来，我们绕道通济门进了城。

中山先生在大总统任期内，每天接见宾客很多。我记得有一天，有一位姓萧的盐商，年纪在80岁以上，特地从扬州专程到南京来想瞻仰一下大总统的风采。他走进府门，正在向传达室苦苦哀求，刚好我走过去，就向传达员了解情况。传达员对我说：“我问他有什么公事要见大总统，他说没有什么公事，只想看看民主气象。我又问他有没有什么意见书提出，他说也没有。大总统公事忙得很，哪有工夫接见他呢？可是他还不肯走。”我看他80多岁，又是从外地专程来的，就对他说：“你等一等，我去给你报告一下。”我便进去向中山先生报告。中山先生说：“好，你请他进来，我很愿意接见他。”我当即把这位萧老扶将进来，领他到了中山先生面前，对他说：“这就是大总统。”中山先生含笑起立，正准备和他握手，他已放下手杖，跪下去对着大总统恭恭敬敬地行起从前见专制君主的三跪九叩首的旧礼节来。中山先生连忙拉他起来，请他坐下，亲切地和他谈话，最后告诉他："总统在职一天，就是国民的公仆，是为全国人民服务的。"萧老问道："总统若是离职后呢？"中山先生说："总统离职以后，又回到人民的队伍里去，和老百姓一样。"萧老告辞，中山先生送到办公室门口，吩咐我派人叫部车子拉进总统府来送他回到旅馆里去。这时，这位萧老高兴极了，笑着说："今天我总算见到民主了。"

三　总统府庶务科长应夔丞被撤职的经过

临时大总统府庶务科长一职，原由任筹备工作的缪思敬（浙江人，留德陆军毕业，前督练公所兵备处提调）继续担任的。应夔丞想谋他这一席，恰巧他平素性情暴躁，在筹备总统府期间曾偶因细故封掉了大行宫中英药房，而中英药房又正是谋南京"光复"的地下工作机构。在中山先生到南京就任临时大总统时，有人向中山先生反映这件事。应夔丞得到这个机会，就竭力对他进攻。缪在前清督练公所兵备处当提调时留了几支枪在家里，应又向总统控告他私藏枪支，不怀好意。此案批交代理江苏都督庄蕴宽查办，将缪枪决。应就如愿以偿继任临时大总统庶务科长这一职。他从此大权独揽，为所欲为地乱搞一气。应本来是上海一个中等流氓，碰到上海"光复"机会联络上了陈其美，在沪军都督府当上谍报科长，便自以为了不起。他随中山先生到南京来，千方百计地把总统府庶务科长搞到手以后，更是唯我独尊，目中无人。遇有中山先生革命老友，从国外回来的华侨，叫他招待，他竟对来的华侨说："临时大总统府倒像你们的两广会馆，只要来了，有得住、有得吃，什么都不愁。”来访问总统的华侨们便向总统反映说：“此人万不可用，不但撤职，还要查办。”中山先生为了团结陈其美的关系，仅仅把他撤职，让他回上海去。应居然要挟总统说：“侍从队 40 名卫士，是他从上海带来的，应当仍由他带回上海去。”总统说：“可以根据各人自愿，愿留的可以留在这里，不愿留的可以让他回上海。”应当时把我喊去，要我下令把全队 40 人带回上海，并对我说：“山东目前还没有打下来，李燮和有 20 营在上海，徐宝山有 40 营在扬州，我们有 60 营的兵力，还有几十万现款。临时大总统什么人都能干，你们最好跟我一同回上海去。”我当时没有开口，内心里实在是不愿意离开中山先生，更不愿意和应混在一起。我立即跑到参军处找黄参军，问他为什么要调我们侍从队全体回上海。他去见了总统，才知道是应夔丞搞的鬼。总统即时传我去，对我说：“你们既不愿意回上海，可以仍留在总统府。”其时应已买好当天下午 6 点钟到上海的火车票，听说我不愿意跟他回上海，大发脾气说：“郭汉章居然倒起我的戈来了，好，叫他看看我的手段吧。”应竟然拿了 4 只左轮手枪交给 4 个亲信卫士，叫他们找机会把我打死，替他出这一口气。由于我平日对这些卫士推心置腹，情同骨肉，他们就向我报告这一阴谋。我马上到近卫军总司令部去找总司令洪承点（司令设在大仓园合肥蒯宅）。洪听到报告，大为震怒，说：“总统府里一个被撤职的科长居然私发手枪打人，这成什么话说！”一面打电话给陈参军要他报告大总统。大总统接到报告后，立时就指派胡汉民秘书长处理这事。胡找我问明详细经过情形，我并列举人证物证，胡当下令把 4 只左轮手枪没收并传应去大加训斥一番，教他好好改过自新。谁知一年后，他竟卖身投靠了卖国贼袁世凯，干下了刺杀宋教仁的罪恶勾当。

四　朱卓文所谈中山先生在国外的一些情况

朱卓文是广东人，中山先生的表弟，并同中山先生从国外一路同行归来的。他在应夔丞被撤职后，即继任总统府的庶务科长。我到总统府任职后，知有前清两江总督衙门的戈什哈汪世昌、汪锡麟二人在清军撤退时，始终没有离开总督衙门，所有衙署内的家具财物得到他们保护，没有受到损失。我把这些情况介绍给朱卓文，朱说像汪、汪二人这样爱护公共财物的精神是值得钦佩的，就把他俩安插在府内工作。

有一天晚上我找朱卓文闲谈。我说："总统生活俭朴，实在令人敬佩。"朱说："总统一向为革命奔走，从来都是如此，经常身边不名一文，旅费都是同志们资助的。家中生活，也是南洋槟城华侨十几个人凑集的，每月仅有 100 元，每人凑三五元，多的也不过七八元，合起来，才有此数。总统的哥哥在澳门有一所房子，因为资助革命事业，借给总统押掉了，到现在还没有赎回来还他。"

我们又谈到总统这次由美绕道欧洲回国的事。朱说："武昌起义后，总统接到各方面的电报，请他早日回国，主持大计，当时如果由美直接回国只需 20 多天，因为外交问题必须亲自赴欧一行，所以由美国典华城到纽约去乘船赴英国，路过芝加哥时约我同行。当时外国报纸都一致公认新中国的大总统非孙逸仙博士莫属。因此，总统一路格外谨慎，避免同报馆的访员见面，因为总统一直是厌恶虚名，注重实际的。”

我问朱：“为了外交问题，为什么一定要跑到英国去呢？”朱说：“据总统分析当时国际形势，与中国最有关系的列强是英、美、法、德、俄、日6国，从国体上来看，美法两国是应当同情革命的，德俄两国是一定反对中国革命的，日本这个国家呢，人民是同情中国革命的，而政府是反对中国革命的，并且又是唯英国马首是瞻的。英国也是人民同情中国革命而政府则举棋不定。所以总统认为可以左右中国革命成败的只有英国，因此为了外交关系，非先到英国去跑一趟不行。”

朱接着又说：“总统和英国政府要商谈的事，着重在3个问题上。第一是要英国政府停止对清廷的一切借款，同时还要为使英国对新中国政府借款打开一个门径。第二是制止日本政府援助清廷和阻碍中国革命。第三是取消英属政府对他的放逐令，以便总统可以自由取道回国。总统到了英国，是委托英国维加炮厂总理代表他和英国外交大臣进行磋商的。结果英国政府对总统提出来的3个要求完全接受了。关于新中国借歀问题，并派了两位银行团代表随同总统来华，准备中国新政府成立后，立时就近磋商一切。总统英国之行目的可谓完全达到。”

五　总统府参军孔韦虎和黄大伟的矛盾

中山先生每天在宾客散完的时候，夜晚无事，经常在办公室外庭院踱来踱去，有时驻足仰视天空，像很有心思的样子。我有时听到秘书长胡汉民对陆军总长黄兴说：“先生这几天最关心的是党的内部团结问题”。

我从上海“光复”以后，就有这种感觉：兴中会、洪门会、光复会等革命团体合组为同盟会后，表面上是统一了，其实，除了对于推翻清朝政府是一致的而外，内部仍然各立门户，派别重重，清帝退位后，为了权力地位更是彼此明争暗斗。中山先生就任临时大总统后，大部分时间都花费在如何搞好内部团结的问题。

最有趣的一件事，是总统府只有秘书长而无参军长，仅设 4 位参军，当时称为 4 大参军。以革命历史和学历资历来说，孔韦虎和黄大伟两人具有参军长的条件。两人都是最早在欧洲参加革命组织的第一批成员，都是清廷第一批考送到比利时学军事的留学生，并且在比利时学习军事的只有他们两人，而又同住一间宿舍，朝夕与共达 8 年之久，可是他两人竟如水火之不能相容，甚至连话都不讲。当时如果派孔任参军长，黄必反对，派黄则孔亦必反对，其他两位参军又资望不够，所以只有不设参军长，两人同为中将参军，其他两人则皆为少将阶级。中山先生有一天和胡汉民谈到他们两人的问题。胡问中山先生：“那么他们两人在欧洲参加革命时期开会和联络怎么办呢？”中山先生笑着说：“那也是用条子写通知。”中山先生又说：“他们两人在留学时期成了生冤家死对头。经过我多次劝解，都毫无效果。所幸两人对于革命事业还不闹意见，都很忠诚可靠。”

在总统府成立不久，孔韦虎就被派到成都蜀军总司令熊克武那里去当参谋长，临行时来晋见中山先生请示。中山先生指示他到川后应如何帮助熊建军和迅速建立军校培养我军干部，随后反过来问他："韦虎，你还有什么事向我建议？"孔说："别的事没有，只有一件事先生要注意：黄大伟不可重用，他是三国志上的魏延，脑后有反骨。"中山先生笑着说："我也不知和你谈过多少次，同志之间要建立革命友谊，搞好内部团结，你为什么总是忘不掉黄大伟呢？"接着又说："你和他同在比国留学，同住一间宿舍，相处八年之久，如果都不能精诚合作，那别人还能团结在一起吗？"孔说："正因为我和他同学同住相处了8年之久，我才深切知道他是一个卑鄙无耻的小人，今天告辞，不得不再向先生着重地再提一下。"当时在座的还有胡汉民。孔走后，中山先生摇摇头，叹口气，对胡汉民说："展堂，你看他们二人之间，究竟有什么深仇宿恨，为什么如此互相水火？"胡笑着说："两人不但是同学，同住8年之久，并且面貌也长得像亲兄弟一样，面型相同，高矮相同，两人又都留着同样的威廉式胡子，居然彼此连话都不讲一句，真是令人莫明其妙。"后来黄在广东当军长，果不出孔韦虎所料，竟然背叛了中山先生；到了敌伪时期，又投靠汪精卫当了汉奸。孔韦虎这个人后来听说在黄埔军校任校长办公厅主任，1927年蒋介石背叛革命时，他因"左倾"被通缉，后即归隐未出，1950年病故。

六　中山先生解职以后

2月12日清帝退位，2月24日中山先生率领各部总次长向参议院辞职，并决定以新总统视事为旧总统解职之期。次日下午2时，参议院召开会议，选举袁世凯为继任临时大总统。袁于3月10日在北京宣誓就职。中山先生于 3 月 31 日解除临时大总统职务，当天下令任命黄兴为南京留守，责令黄兴坐镇南京，办理善后，并撤销卫戍总督，关于地方治安统交由黄留守负责。

4 月 1 日大早，中山先生就叫我去，对我说："从今天起我是自由的人民了，快去备几匹马来，我们到明孝陵打猎去。"同去的有胡汉民等。出了朝阳门（今中山门），先到明孝陵，又跑到半山寺（即现在的中山陵）。一只喜鹊从天空飞过，中山先生举枪射击，惊起一只野鸡。这只野鸡被打中了，我们赶着马去找野鸡，跑到半山寺土地庙旁，被我们找着了。中山先生说："我们就在这里休息休息吧。"卫士们把马牵过去溜，我和胡汉民跟着中山先生步行上山。走到现在中山先生墓穴的地方，中山先生四面一看，指着对面遥远的方山和环绕着前面的秦淮河对我们说："你们看这里的地势比明孝陵还要好，有山有水，气象雄伟，我真不懂当初明太祖为什么不葬在这里？"胡汉民说："这里真比明孝陵好，拿风水来说，前有照，后有靠，左右有沙环抱，前面又秦淮河环绕着，真是一方大好的墓地。"我虽然不懂地理，听到中山先生和胡汉民谈得头头是道，我也觉得这个地方真是一座好墓地。中山先生接着带笑说："我将来死后葬在这里，那就好极了。"胡汉民笑着说："先生怎么想到这个上面来？"我也觉到心里很难过。

4 月 3 日晚上，同盟会留在南京的全体会员在复成桥商园（即"光复"前老商会所在地）召开饯别会欢送中山先生，先生即席对众演说，题目是"民生主义与社会革命"，每讲到精采的地方，掌声雷动，经久不息。

中山先生离宁，把我当面介绍给黄兴，黄派我在留守府里任中校副官。我向中山先生表示愿意始终追随，中山先生说："我从4月1日起又是老百姓了，还要什么侍从队长呢？你是国家军官，应该服从政府调配，跟克强先生工作，还不是一样为国家服务吗？"我送中山先生离宁后，第二天我就到了留守府服务。

（选自全国政协文史资料研究委员会编《辛亥革命回忆录》第6集，中国文史出版社2012年6月第2版）

记南京临时政府及其他

任鸿隽*

一　记南京临时总统府秘书处

辛亥革命，以是年八月十九日（农历）武昌新军起义开始，到了九月下旬约一个月之间，就有湘、陕、晋、滇、黔、皖、赣、苏、浙、闽、桂、粤、鲁、川 14 省宣告独立，并在武昌召开各省代表会议，讨论临时政府组织办法。革命声势虽然浩大，但军事方面进展并不很顺利，九月底十月初，汉口、汉阳相继落入清军手中。幸而此时苏、浙两省革命军已将南京克复，各省代表会议乃移在南京开会。经过短时间的酝酿以后，各省代表拟定了临时政府组织大纲，着手

* 任鸿隽：时任中华民国临时大总统府秘书，中国人民政治协商会议第一届全体会议代表。新中国成立后，任第二、三届全国政协委员，上海科技图书馆馆长，上海图书馆馆长。

考虑推选临时政府总统人选。这时适值孙中山先生由海外归来（十一月初六日），各省代表会议便于十一月初十日推选孙中山先生为中华民国临时大总统，并定于十一月十三日（即阳历 1912 年元旦）在南京就职，成立临时总统府。

当时临时总统府的秘书长，已内定胡汉民。胡汉民邀约一些曾在东京参加同盟会及为《民报》写文章的朋友们到南京去帮忙。我和几个朋友就是这样被约，搭了十一月十二日孙中山先生的专车到南京的。记得那一天早晨八九点钟的时候，我到上海车站，看见车站中人行道两面排列了沪军士兵，军队的每一支枪上均插上一面五色小国旗（五色国旗是当时江、浙一带所采用的旗帜），大有目迷五色之感。孙中山先生的青天白日旗，竟一面也没有看见，不免感觉意外。

我们这一列专车，因为沿途城市都有地方官吏军队迎送，所以开行得很慢，到南京时天色已黑。到了下关，又转轨到督署车站。当我们下车进入临时总统府时，大约已是晚上 7 点钟了。这个临时总统府，就是前清的两江总督衙门，也就是太平天国时代的天王府。那时的安排，是把正厅房屋作为我们这些办公人员的宿舍，偏西的花园洋房作为总统的住宅与办公处，而把介于正厅与西花园之间的一幢小三开间客厅作为秘书办公室，大约是取其便于与总统室联系的缘故。

我那日因乘了一天火车，感觉疲倦，到后吃了晚饭，和同来的几位朋友闲谈一阵之后，倒头便睡了。次日清早起来，才知道孙先生已在半夜里举行了就职典礼，改元改历，本日为中华民国元年元旦。

南京临时政府初成立的时候，史无前例，一切草创，总统府秘书处也非例外。记得在我们开始办公的头几天，无非忙于一般性的通告文字，如《告前方将士文》《告海陆军士文》《咨参议院文》之类。几天后，各方面的人员到得多了，秘书处才有了一个分组组织。现在就我所记得的分组办法，及在各组担任职务的人员记出如下（在当时各事动荡不定的形势下，许多任职的人员也是往来不常的，现在只就任职较久的人记下来）：

秘书长：胡汉民

总务组：李肇甫、熊成章（以上二人后来做参议院的四川代表去了，但仍时来总统府秘书处担任联系工作）、萧友梅、吴玉章、任鸿隽

军事组：李书城、耿伯钊、石瑛、张通典

外交组：马素、张季鸾、邓家彦（此人后来到上海去办《中华新报》了）

民事组：但焘、彭素民、廖炎

电务组：谭熙鸿、李骏、刘鞠可、黄芸苏（此组事务颇忙，还有几个华侨回国人员参加工作，其姓名已不记得了）

官报组：冯自由、易廷憙

收发组：杨铨

此外，不属于秘书处而与秘书处关系最多的，有法制局，局长是宋教仁；印铸局，局长是黄复生。

南京政府的组织是总统制，在临时总统之下设有陆军、海军、外交、内务、财政、实业、教育、交通、司法各部。当时的各部部

长，除了陆军黄兴、外交王宠惠、教育蔡元培之外，均是当时的社会名流及旧式官僚（如实业张謇、交通汤寿潜、内务程德全、司法伍廷芳等）。这些人未来南京就职，于是部务皆以次长代理。各部次长却多半是与革命事业有密切关系的年轻人，如陆军次长蒋作宾、外交次长魏宸组、内务次长居正、财政次长王鸿猷、实业次长马君武等是。这些人及法制局局长宋教仁，皆常来秘书处谈论与他们相关的事务。

秘书处的日常工作，除了偶然草拟些通告文件外，便是批答各方面来的公文函件。大约因为当时是民主政治开始时代，一般人的政治兴味很浓，因之上条陈提办法的信件实在不少。这些，我们总择其比较重要的予以适当的答复。其次，是各地机关的人事上或组织上的问题，人们总是要找到最高当局来求解决；如南京地方主管官方潜的辞职，吴淞军政府李燮和军队的撤销，皆要经过总统的批准。记得在批准李燮和司令辞职文中，秘书处曾做了一篇很像样的骈体文（顺便说一句：当时武昌方面黎元洪发表的通电，大半是用长篇骈体文字，南京方面的文牍则用简明的古文，成了鲜明的对照。批李燮和的呈文，意在表扬他放弃军权，故成一个例外）。自然，当时在秘书处任职的人们也可以自己提出一些有益国计民生的建议，得到秘书长及总统的同意，通令施行，如禁止种鸦片烟及解除广东“蜑户”的禁令等。所有这些文件，都可以在当时刊布的临时政府公报中查出的。

顺便谈一下当时的生活情形。我们这班临时秘书和许多政府人员（如外交部次长魏宸组及总统参军陈宽沆、黄大伟等）都住在总统府宿舍里。每日三餐也就在秘书处套间内开膳，每桌大概是 4 碟

4碗。食宿之外，每人还给了当时财政部发行的军用券30元。我个人拿了这30元，一无用处，大半都送给朋友了。

南京临时政府自1月1日成立，至4月1日孙中山先生解临时总统职而结束，恰恰3个月。约在2月中旬，南北和议以中山先生让位于袁世凯，并由袁世凯宣布实行共和政治而告结束。但后来因为建都问题、袁世凯南下就职问题，迁延复迁延，直到3月下旬，以唐绍仪为总理的南北统一政府才得以成立。大约在3月28日、29日，唐绍仪总理带了俞人凤、顾维钧、曾广勷等，来临时总统府接收秘书处。我们原在秘书处任职的人，要做官的，自然可以随着唐总理北上混个一官半职，但有一部分人则提出宁愿再到外国去学一点有用的学术，为将来建设祖国服务。这个意见当时得到了孙总统的批准，后来交稽勋局办理。这便是我们这批稽勋学生的由来，其中包括吴玉章、萧友梅、谭熙鸿、李骏、刘鞠可、黄芸苏、杨铨等及我，但也包括了许多既不在秘书处又与革命事业无关的人，是当时建议的人所不曾料到的。

二　记为蜀军返川与湖北军政府商议借道事

1911年八月武昌起义，我在东京将同盟会事略加结束后，即于是年十月初由东京返到上海。此时上海已经“光复”，苏、浙的革命军正在进攻南京，与张勋的军队在南京城外作战。长江下游的革命军虽然颇为得势，四川方面则自端方带兵入川以后，情形甚为混乱。聚集在沪上的一班四川革命党人发起组织蜀军，返川援救，并推熊克武为首领。这便是后来十几年中在四川政局上起了极大作用的蜀军的起源。但此时革命军与清军方在武昌、汉口之间对垒作战，蜀军返川必须通过武汉，要通过武汉，就必须要求当时的革命军政府给予便利。于是我和一位姓李的川人（名字记不得了）被推去武昌与黎元洪的军政府办交涉。当时长江虽有战事，但外国籍的轮船仍可通行，我们搭了一只轮船西上。记得船过南京时，南京方于前一日（农历十月十二日）克复，我们在船中还看见城内地雷爆发，黑烟冲天，又看见下关一带革命军士兵正在挨户搜查。船过湖口时，被岸上炮台发炮制止通过，随有军士上船检查后方得放行。这些都使我们感觉到革命时代的气氛。

当我们到汉口时，冯国璋的兵已经打到汉口，并且把租界以外的商场烧得精光了。在黄兴指挥下的革命军，退保汉阳，不久（十月七日）汉阳也失守了。清军的炮火由汉阳轰武昌，本来是最便利不过的，可是此时的袁世凯正玩其“养敌自重”的把戏，方与革命军停战言和。所以我们到汉口时，两军正在停战期间。我们到汉口后，住在当时武汉政府设在租界上的一个招待所。此时武汉轮渡早已停开了，听说武昌的城门也只有一门每天开放几个小时。我们打听清楚之后，便雇了一只小船划过长江，到武昌去访黎元洪。我记得那天长江风浪很大，坐在一叶小舟上横渡长江，比过海还要难受。进了武昌城，方知军政府所在地的省议会曾受到清军炮轰，黎元洪和军政府都迁到城外洪山寺去了。我们又跟踪到洪山寺，在此才真正看见当时革命军军容。在洪山寺的大殿上，横七竖八睡满了军队，不用说了。守卫军政府每一道门的士兵，则身穿圆领窄袖的长袍，头戴的是四脚幞头，前面还扎了一个英雄结子，手里拿着有柄的长刀或马刀之类，使人疑惑这些人是不是刚从戏台下来的！那天晚上，我们就住在黎的副官冯忠信的办公室，等候会见黎元洪。大约在三更时分，秘书处忽抄出重庆宣布独立的电报，电尾署名是“重庆都督张培爵印”（张培爵号列五，后来被袁世凯杀害）。于是大家说：重庆既已独立，蜀军不用返川了，就留在外边作北伐军队吧。事实上，这也就是我们见黎元洪所得的结果。

三　记章太炎先生

我认识太炎先生是他在日本东京主持《民报》编辑时代，而读到他的文章则尚早。我在中学时就获读了他的《答康长素书》（此文现收入《章氏丛书文录》中，题为《与康有为论革命书》），觉得他的议论精辟，词语尔雅，在当时谈革命的文字中可谓独树一帜。就在这个时候，又读到他的《訄书》。此书是他讲学的著作，虽然艰深难懂，但在一个暑假中我也把它点读一过。从此对于太炎先生的思想文笔是五体投地地佩服的了。记得《訄书》初版的书面是《革命军》的作者川人邹容署签的，而太炎先生也正是为了替《革命军》作序，被清政府在帝国主义租界内逮捕，和邹容一同关进了西牢，尝过 3 年的铁窗滋味。《訄书》是太炎先生早年的著作，他的政治思想的变化，有时也可以看得出来。记得这书正文之前，先有两篇“匡谬”文字，叫《客帝匡谬》《分镇匡谬》。在《客帝匡谬》文章后面，他写道：“余自戊巳违难，与尊清者游，而作《客帝》，饰苟且之心，弃本崇教，其违于形势远矣……著之以自劾，录而删是篇。”而在《分镇匡谬》则云：“怀借权之谋，言必凑是……鉴言之莠，而删是篇。”可见先生曾有一时期赞同保皇党的保清主张，而提出了“客帝”这个新名词，但后来把这个主张改变了。

1908 年我到日本东京留学，太炎先生已在前两年从上海租界出狱，由民报社邀约到东京去主持《民报》编辑了。当时有一班热心国学的留学生，趁此时机组织了一个国学讲习会，请先生开讲国学。我记得第一次讲学是在东京神田区大成中学借了一个讲堂开始的。听讲的人以浙人、川人为多，浙人中有沈士远、兼士兄弟、马裕藻、马叔平、朱希祖、钱玄同、龚味生等；川人中有曾通一、童显汉、陈嗣煌、邓胥功、钟正楙、贺孝齐、李雨田及我与我的兄弟任鸿年等。还有晋人景耀月、景定成；陕人康宝忠。这些人大概是每讲必到的，所以还记得。此外还有偶然来去的，也不在少数。讲习的内容由先生决定，开始讲顾炎武的《音学五书》，其次讲段玉裁的《说文解字注》，其次讲郝懿行的《尔雅义疏》，其次讲王念孙的《广雅疏证》，这些都是小学的基本书籍。先生在每条有问题的地方，举出自己的意见详加解释，再由听讲的人逐条记录在原书的条文上。这样每周一次，大约继续了一二年，听讲的获益不少，后来有几个成了国内有名的历史学家和文字学家。小学讲毕后，我们请先生讲诸子学，于是先生讲了《庄子》。记得讲《庄子》时，我们觉得先生关于《庄子》文字的解释极富新义，希望先生把它写出来。次日先生就拿了一部批好的《庄子》来给学生看。他这样精勤不懈，实在令人敬佩，后来就成了他的《庄子解故》一书。讲过了这些古籍之后，先生还作了一次系统的中国文学史讲解。记得此次是在小石川区先生自己的住宅内讲的。先生手中不拿一本书、一张纸，端坐在日本的榻榻米（地席）上，一口气两三个钟头侃侃而谈。这样大约讲了 4 个上午，把一部中国文学史讲完了。若是把他的说话记录下来，可以不加修改便成一篇很好的白话文章。后来先生把这个讲演写了出来，成为他的《国故论衡》，可惜他写成古文以后，反而失掉了讲时的活泼风趣。先生同一般的中国学者一样，不大喜欢和人往来，平时总是耽于深思之中，但是对于学者们请他讲学或其他学术上的商讨，从来没有看见他推辞过。这样讲学，于先生本人的成就也有好处。据我所知，先生的著作，如《文始》《新方言》《岭外方音集》《庄子解故》《国故论衡》，都是在此时成书的。

当先生讲中国文学史时，有一天我们见先生的门首列了一个小榜，把中国古代的文人分为几类：第一是通人，如东汉的王仲任、仲长统，隋代的王通，宋代的司马光，属于此类。第二是学者，如明末的顾炎武、王船山，清代的全谢山，属于此类。第三是文士，如西汉的扬子云，唐代的韩昌黎，宋代的苏氏兄弟，属于此类。可惜当时没有把这个名单抄下来，现在已记不清楚了。我们当时窃窃私议，以为先生是属于第一类的。

先生虽主《民报》笔政，但其政治主张亦不全与同盟会相合，如在《民报》论说中有《代议然否论》一文，显然与当时革命党中的民权论大有出入。1909 年《民报》即被禁，陶成章自南洋来东京，与先生复兴光复会。辛亥革命后，先生返居沪上，对于临时政府的许多设施如定都、借款等事多所献替，同时对于党政军人的争权夺利，深致不满。记得某次在南京的川军开会追悼四川革命时期起义先烈，先生送来一副挽联，写道：

群盗鼠窃狗偷，死者不瞑目；
此地龙蟠虎踞，古人之虚言。

当时看见这副联语的均为之骇然。也许是因为陶成章被刺的刺激吧，他此时思想言论渐渐与同盟会党人相远，以至于与当时的官僚而兼名士的熊希龄、张謇等组织统一党，来与同盟会对抗。1918年我从美国留学归国，到上海的寓所去探访先生，看见先生书房里挂着黎元洪赠送的4个亲笔擘窠大字“东南朴学”，可见先生对于黎的赠语是相当重视的，而这4个字先生确也当之无愧。

先生在近代文人中最佩服的，除了昆山顾亭林之外，还有他的同乡先哲青田刘基。据闻当他被袁世凯软禁在北京时，绝食14天，自分必死，曾写信给青田的朋友，要他们在刘基墓地附近为他造一生圹，死后即归于此，以“申死生慕义之志”，并亲书“章太炎墓”4个大字寄去，以作墓碑。1936年，先生归道山了。新中国成立后，人民政府把他卜葬于西湖张苍水祠之后，与张苍水墓在一起。这是因为西湖为游人行踪易到之处，便于凭吊，同时也因为张苍水是明末抗清志士，代表民族正义，与先生景慕刘基的遗意是符合的。听说现在先生的墓碑仍用他自书的“章太炎墓”4字，所以但直书其名，而没有附加任何称号。

（选自全国政协文史资料研究委员会编《辛亥革命回忆录》第1集，中国文史出版社2012年6月第2版）

南北议和亲历纪实

章仲和*

辛亥南北议和，我也算是亲历人之一。事情是这样开始的：我于那年八月中旬，由德国经西伯利亚铁路回国，于八月十五日（农历）见摄政王载沣复命，为清廷最后的召见。隔四日，八月十九日武昌革命军起事，就由袁世凯组织内阁，清廷遂不复与闻政事。我当时调任法制院副使。北方在前敌的军人都主张不必用兵深入，遂有南北议和之议；袁世凯派唐绍仪为总代表，并在各省在京人士中挑选代表，我被派充浙江代表，同全体人员由京汉路到汉口，乘长江轮到上海。

南北议和，关系更换朝代，是政治上极重大事件，袁世凯当然

---

* 章仲和：时任南北议和浙江代表。

定有一定条件。但临行以前，并未召集各省代表共同讨论或指示，匆匆起行。大家都认为各省代表，不过是形式上配数的人，唐绍仪是总代表，必定胸有成竹，一切听他去进行好了。一路上也没有什么会议讨论。同行中释放出来的汪精卫，他是因谋炸摄政王，监禁在法部的。他自然是南方分子，但与这次武昌革命，没有直接关系，一到上海，他与南方招待员一道招待我们，后来并由他介绍，约我们到南京谒见孙中山先生一次。南方招待员中和我们最谈得来的为沈翔云（虬斋）。他从前因唐才常被杀一事，曾著文痛骂张之洞，自后常和革命党人在一起，此时在陈其美手下做事。他来招待时劝我们几个人，不必与大家同住沧洲饭店，因为住在沧洲是隐受监视不大自由；所以我和陈锦涛、冯耿光、张国淦、廖凤舒 5 个人，便另住在礼查饭店。廖是廖仲恺之兄，并非代表，不过是随便加在北方团体中罢了。

我们住礼查后，和北方团体一班人，比较少见面，只知道北方总代表唐绍仪和南方总代表伍廷芳以及两方人员，并没有正式指定会场正式开议。两方的接头，是由赵凤昌经过英人某联络。在英人某的家中，唐、伍两人开始会面。嗣后南北两方的意见，由唐、伍两人直接秘密交谈，始终没有公开。我们所知道的，是两方的意见，距离很远，这次议和怕未必成功。当时我们虽然是议和代表，然而事实上仿佛像局外人。如此重大问题，外国人却居中传达，而名义上一般代表，反茫然不知内容，也没有一个人表示不满，今日思之，不可谓不离奇了。

辛亥革命的促成，数十年来积有种种原因，并非武昌起义一旦的成功。清廷的腐败，已达不可救药的程度，除了满洲人自己和少数顽固党外，不论知识分子和普通人民，对于清廷有一种不期然的厌弃情绪，几乎大家都希望换一朝代来重新兴起国家。唐才常在汉口的运动，康有为、梁启超、谭嗣同的运动，以及广东、湖南、浙江等省的革命人士的运动，虽然机会未熟，时起时倒，然一般人心，都是盼望革命一派成功，而暗中表示痛惜，希望有人再起。最后张绍曾在滦洲的进兵，遂使清廷发布19信条，所有皇族不许问政；吴禄贞在石家庄的举动，一面固然是对袁世凯的不满，本来也是想自己动手把清廷推翻；至于袁世凯本身自被罢黜后，在彰德待时而动，更是显著的事实了。武昌突然起义，临时把黎元洪抬出，但黎元洪是勉强拉上，并非向来从事革命的头脑，所以革命虽已发展成一局面，而需要正式的革命领导人却是十分必要了。却好孙中山从海外回国，外面传言他得到华侨援助，带来大宗军费，人心更倾向他；同盟会一般人，遂推戴他为这次革命的领袖，在南京成立元帅府和立法机关，黄兴、李烈钧、陈其美等各以武力为后盾；南方各省里面情形，虽然很复杂没有统一，但表面上都站在革命一方面，南方的领导问题是确定了。至于北方呢？清廷虽不问政，但清帝名义还没有正式取消，袁世凯以国务总理地位，总管军事和一切政权。他最关心的问题，就是中国的中央政府如何由他来带头，清帝当然要退位，南方的独立，如何使它取消，服从中央，这是他的盘算。而现在南北议和，是不能对外说出来的。因此南北议和的条件，只能放在总代表的腹内。经过介绍的外国人传达于南方，一般代表，只好自处于局外者等待的状况了。在半殖民地时代，看重外国人的程度，往往比本国人还强。至于唐绍仪的心理，他虽然身为北方代表，但心中却倾向南方，希冀事成后，得南方的同意，而在北方占重要的地位，因此这次南北议和，只能和伍廷芳密谈而不能公开。我们推想得到的大致如此。

议和经过一个多月，我们在礼查每天西餐，渐有厌意，因此每闻就餐铃声，就约同伙伴至南京路吃中国菜，习以为常。饭后访杨士琦所居，打听消息。杨是袁的亲信，在代表中虽无特别名义，实居总代表之次，所以唐、伍的谈判，杨是晓得的。我们这时已明白条件的要点，是中央政府问题，也就是中国元首的问题。本来这个问题，应该两方公开讨论，但两方各有不能明言之隐。南方主张革命比较简单，当然应该设立民主共和制度，推孙中山为元首，重建新中国；不过这次革命，是偶然的促成，实力还不够，北方拥有相当武力，不能不迁就它，并且不能不拉住袁世凯，而对袁的政治思想，实在不能放心。孙中山本人是落落大方，没有自己要享权力的意思。因此南方想出一个办法，立时在南京设立一立法机关，议定约法，定为共和制，举孙中山为临时大总统，孙就任后即辞职，由立法机关按照约法再举袁世凯为临时大总统，来南京就职，借以扫除北京腐败的习气。这个想法，基础上是合乎袁的意旨的。袁得到这个消息，便替清廷拟了一道谕旨，声明退位，把政权交与袁世凯，一面受到优待条件，安居宫中。袁的用意，这元首的地位，是由清廷方面接受来的，并不是由南方让与；至于到南京接任，当然十分不愿意，但表面上并不显露，等到南方派代表来迎接，突然北京兵变，南方代表汪精卫等只得避居东交民巷六国饭店。隔了几日，兵变事定，遂商定北方局面不很安稳，袁世凯改在北京就任临时大总统。由唐绍仪组织内阁。南北议和，就此告一段落。总结说来，南方的见解，是为改革国政，出于公的意旨。北京的袁世凯则早有私心，国事不完全出于自利的一念。

在礼查饭店期间，我见了一次浙江民党首脑汤蛰仙，他因为我是北方的浙江代表见我的。他说，这是私人会晤，太看重我这个形式上的代表了。所谈都是空话，无可记述。后来汤似乎做了几时浙江省长，已记忆不清。另外我和陈兰孙、冯又微曾往南京见过孙中山。夜间胡汉民来，与冯长谈，我已睡了，翌晨便回沪。未数日，宣布南北议和不调，唐绍仪辞职，我也辞职留沪，没有回北京复命。但不久忽传说南北议和已告成，孙中山在南京就任大总统，又辞职再举袁世凯接任。大概是元首问题，已从上述说法，两面说通了。天下事亲历的必是实在，但因环境或其他关系，往往在亲历中不得确实消息，仅由推想原因证诸他方回传达，才得到实情，足见社会改革的情形是非常复杂的。

（选自全国政协文史资料研究委员会编《辛亥革命回忆录》第8集，中国文史出版社2012年6月第2版）

荫昌督师南下与南北议和

冯耿光 *

一　荫昌督师赴鄂

宣统三年八月初旬，清廷调集禁卫军及近畿各镇在直隶省永平县举行大操，当时亦称为“滦州秋操”。钦命军咨大臣贝勒载涛为秋操阅兵大臣，亲临操地，总监两军。当时载涛和各高级官员等都前往操地去了，军咨大臣贝勒毓朗留守京师。我却因被派为外宾接待处的处长，须要偕同各国使馆驻京武官前往操地，所以还要在北京等几天才能出发。

* 冯耿光：时任清政府军咨府第二厅厅长兼第四厅厅长，后任中国银行总裁，新华信托储蓄银行董事长。

新中国成立后，任中国银行董事。

八月二十日早晨，忽然接到军咨府秘书科科长的电话，说："接到湖北的电报，昨晚9时，武昌兵变，湖广总督瑞澂和提督兼第八镇统制张彪都已弃城逃往汉口。"我就回问他："滦州涛贝勒处发出电报没有？有没有打电话给朗贝勒？"他说："电报、电话都已打过，朗贝勒就要到衙门来了。"我立即乘车到西城西长安街军咨府去。

进门不久，毓朗也到了，我就问他："您看这件事我们应该怎么办？"看他的神色好像是对这件事还没有拿定主意，迟疑了一会儿才说："这是内阁的事，我们不用管，还是让内阁去办吧。"我当时觉得很奇怪，调遣军队的大权，是我们军咨府和内阁所应该争执的问题，岂肯多让，但是今天却为什么反而推出不管了呢？正在这个时候，庆王府有电话来请朗贝勒立即前往开会。毓朗就要走，我问他："您到王府去开会，倘若问起您来，您预备怎么回答呢？"他说："我还是听候王爷的意见。"

毓朗走后，我心里很不以为然，这么重要的事，怎么这样不负责呢？当时府里的空气虽然很沉寂，但是我心里却很焦躁。湖北、滦州等地也没有什么电报来，府里又没有什么事做。等了一个多钟头，毓朗回来了。我急忙问他："到底怎么样？"他说："庆王的意思要派陆军大臣荫昌到湖北去督师。"我问："带哪些队伍去呢？"他说："还是等涛贝勒回来再决定吧。"如此，又等了一个多钟头才接到载涛从滦州拍来的一封急电，说他就要回京，一切事都等他回来再决定。

夜里10点多钟，铁路局摇来电话说："涛贝勒的专车就要到了。"当时衙门里部曹一空，我就一个人立刻到站里去迎接。到了车站，不久专车就进站了。只见载涛仅仅带了几个高级人员回来，行装也很简单。再看那列专车，只有一个火车头挂着两辆客车。我很纳闷，因此我随口问载涛："为什么您的专车这样简单？"他说："情形紧急，我们几个人是从操地上飞马赶到车站的。到了车站以后，仅仅找到一个车头、两辆客车，来的时候连路签也没有来得及办，就冒着险开出来了。"载涛尽管这样说，但他还是做出精神抖擞、很镇静的样子，下车以后就对我们说："到我府里来吧。"我就和跟他同来的李经迈、良弼、哈汉章等几个人，到载涛家里去了。

落座以后，我就向载涛说："听说上头已有意要派荫午楼前往湖北督师了。"载涛就随手把地图拿出来看着说："现在的兵力已经都开到滦州去了，从滦州到武昌有很长的路线，调兵遣将可就很费事。"他像很着急的样子，又自己叨念着说："别处又无兵可派。"

后来我听说，武昌失陷以后，内阁集议，一致主剿，并主张由陆军大臣荫昌督率陆军两镇赴鄂剿办。但拟议的时候，协理那桐说："武昌兵变是一隅之蠢动，何必陆军大臣亲临督剿呢？"因此才再行考虑。当时也颇有人主张从河南和京畿附近调派国防军去应变，总比从滦州调派开拔近一些，快一些。却不料庆王奕劻对于载涛久存戒心，唯恐载涛趁武昌起义调拨军队的机会利用禁卫军来对付自己。所以奕劻为了确保自己的安全，首先把姜桂题的武卫军调到城里，分驻在九门要冲和庆王府的周围，进行了切实的防范。这说明在当时不但革命与反革命之间的斗争很激烈，就是清皇室亲贵内部的互相疑忌也很深刻。所以载涛当晚的自言自语，也自有他难言之隐了。

载涛说完这话，随着就拟了几道旨意，都是准备在第二天应用的。等了一会儿，他说："好吧，夜深了，我们憩息一会，明天早晨朝房里见面吧。”当天我们都是穿着军服出来的，所以载涛说完这话，我们就各自告辞回寓，调换冠服。虽说是“回去憩息一会”，实际上谁也来不及睡觉了。

那时摄政王在南海办公，军咨处虽然已经改组为军咨府，掌握军政大权的军机处改为内阁了，但人们都没有改口，仍旧称为“军机处”。“军机处”就在西苑门内近门口靠左手的3间小房子里。“军机处”旁边有个候旨室，是前军机处拨给军咨府的。

第二天，天才刚亮，我们就不约而同地聚齐在候旨室里。大家坐坐谈谈，不多时就有人传话，说庆王奕劻、徐世昌、那桐已经到了，请载涛过去谈话。载涛去了不到半个钟头，随着就回来了。他说：“王爷已经决定了，由荫昌督师，抽调滦州两镇向武汉出发。”他沉思了一会儿，又说，“洵贝勒要调海军提督萨镇冰抽调海军的‘四海’[①]驶进长江，以壮声势。”大家听了以后，颇为惊异，认为载洵这样提，无非是表示在危急存亡的时候自己不要落后，但他却未曾虑到海军舰只在江面作战行驶，因吃水很深，不大灵活，调进长江，深入武汉，助威无补于大事，一旦失利，损失可就不小。况万一沿海有事，则又将用什么力量来镇压呢？但我又想这一决定既是载洵完全为个人面子出发，又出自载涛之口，我虽然左右思考，话到唇边，最后一想，事已成局，何必自找麻烦，谅来即使我有所表示，他们也未必采纳，因此我始终未谈。

载涛的话还未说完，只见荫昌走进来了。他身穿袍褂，脚下却蹬着一双长筒的军用皮靴。他不仅打扮得很奇特，而且走上来时，

① 指海圻、海筹、海容、海琛4巡洋舰，实则当时海圻尚在欧洲，因国内革命，暂不回航。

十足地摆出了一副三花脸的姿态，实在使在座的人们有些忍俊不禁。他平时虽然一贯如此，但在这样的紧张局面之下，他竟还是“故我依然”，却是人们所料想不到的。

当时在座的人们忍住了笑口向他“恭喜”说：“有旨意命您督师到湖北去。”荫昌随着就有声有色地说：“我一个人马也没有，让我到湖北去督师，我倒是去用拳打呀，还是用脚踢呀？”在座的人看到这种情形，觉得一位掌握全国兵马的陆军大臣作出这样的行动，未免荒唐儿戏。我看到当时的情况，认为他这样轻率，担当湖北督师的重任，恐怕要贻误前线军机的。

这时就听到里面叫荫昌，荫昌就到隔壁内阁去了。继而又听到苏拉（满语，是当时宫廷各部差役的通称）的声音传叫说：“叫荫昌！”这样直呼其名，我们就知道这是摄政王召见荫昌了。

我看到宫门抄，才知道当天上谕：“湖广总督瑞澂，毫无防范，祸发失城，辜恩溺职，罪无可逭，应即行革职，戴罪图功。着暂署湖广总督，以观后效。并着军咨府陆军部迅派陆军两镇，海军部加派兵轮，即日赴援，陆军大臣荫昌迅即督兵赴鄂，节制调遣前防各军。”

听说武昌兵变、瑞澂逃走的电报到京以后，庆王是主张从严究办的。当时就查阅以前封疆大臣弃城逃走处分的成案，拟旨将瑞澂拿交法部惩办。谁知瑞澂与镇国公载泽和隆裕太后都是近亲，载泽就在事先运动隆裕太后，由隆裕从中示意，才改为革职戴罪图功。载泽和瑞澂是儿女亲家，素来遇事相互袒护，这次他通过隆裕的关系为瑞澂缓颊，庆王也只好依了他。而瑞澂则偏不争气，后来竟潜赴九江转逃上海。所以到九月初八那天，还是下了一道上谕：“着两江总督张人骏迅即派员将瑞澂拿解来京，交法部严讯治罪。”我当时认为：未能重办瑞澂，为其后地方大员开了一条恶例，因之弃城逃走的屡见不鲜，若早把瑞澂治罪，情形或当不同，“泽公之罪，难逃公论”。

二　起用袁世凯

九月二十三日，听说已经下诏起用袁世凯为湖广总督了。这事并非偶然，武昌起义以后，清廷的王公大臣们自摄政王载沣、庆王奕劻而下都没有应变的大才，都拿不出处理军政的上策。而奕劻、那桐、徐世昌、袁世凯在西太后垂帘听政的时候，共同参与军政机宜，利害相关已非一日。所以在袁被罢斥以后，同情袁的处境，希望袁能有“出山”的一天，恢复他们旧日的声势，也是情理的自然。听说自袁到彰德以后，奕劻和袁本有私电往返，武昌事起后往返就更频繁了，并且曾派员去彰德面商人计。当时他们认为只有袁出来才能应付那突然的变化，而当时也是引袁出山的好机会。因此，就在二十三日由奕劻向载沣提出起用袁世凯的意见，但载沣并不表示态度。奕劻说：“当前这种局面，我是想不出好办法。袁世凯的识见、气魄，加上他一手督练的北洋军队，如果调度得法，一面剿一面安抚，确实有挽回大局的希望。不过这件事要办就办，若犹豫迟延，就怕民军的局面再一扩大，更难收拾了。并且东交民巷也有‘非袁出来不能收拾大局’的传说。”当时那桐、徐世昌也从旁附和，但载泽是反对这个意见的，不过他也拿不出什么办法。载沣同隆裕商量，隆裕也束手无策，考虑了些时候，也只好姑且答应了，但是他要奕劻保证袁“没有别的问题”。这样就在当天“上谕”起用袁世凯为湖广总督，“督办剿抚事宜”。因为奕劻和袁密商大局的时候，袁主张不完全诉之于兵力，应当一面剿一面抚，“督办剿抚”还是采取袁的主张。

但是我们当时谈起这事,总认为清廷起用袁世凯是万不得已的，并且不是一件好事。因为谁都认得袁是一个奸雄，多年来背地里都叫他“活曹操”，何况戊戌政变袁和帝党已经结下了怨恨，所以宣统改元、载沣摄政以后，也不过一个月的光景，清廷就以“足疾”为名，罢斥了袁世凯，夺下了他全部的兵权。这样，袁就被迫回籍，养晦3年。但他雄枭不驯，力图东山再起。在北京有奕劻、荫昌、徐世昌、赵秉钧都还是军政当道，他的大儿子也未离京，各省大员很多是袁的亲信故旧；北洋六镇虽然归到陆军部直接节制，但官兵们心多向袁。他对这些关系还是保持得很密切，在他退居的所在，居然设有电报处。退职的大员私设电报处，与外地直接谍报往返，也只有他敢于这样做。所以袁那时虽是50岁的人，已经须发皆白了，可是他在那漫长的失势退居洹上养疴的时期中，外表上作出一派散淡潇洒，骨子里却积极准备抓住时机重登政治舞台，但也未尝不担心项上的脑袋说不定哪一天就会有人替他搬个家。有人说他“难得一夜高枕安眠”，是可以理解的。因此，当袁世凯被起用的时候，他并不立即赴任，是有他的道理的。首先是他要确保自己的安全，其次他认定湖广总督无形中等于荫昌的副手，是不能满意的。所以他用“足疾未痊”奏辞了任命。这样倒弄得奕劻莫名其妙，他想，当初既是照袁的授意提出保荐的，为什么任命以后袁又奏辞呢？为了深明底蕴，他就遣徐世昌于八月二十九日特意到彰德去和袁进行了密谈。谁知袁竟提出就职的六大条件，总的来说，就是组织责任内阁，授予指挥前方军事和剿抚的全权，保证饷糈供应。实际上这时候袁已暗中授意北洋将领按兵不进，不听荫昌的调遣，又把自己的周围安排得安全无失，估计到这时候清廷既无可用之兵，也不能把他怎样，就大胆地提出了交换条件。

那时全国各地的局势发展得很快，湖南、陕西、江西各省新军相继起义。袁就趁这机会大事遣将调兵，奏请清廷命他的亲信王士珍襄办湖北军务，冯国璋迅赴彰德筹商一切，署江北提督段祺瑞克日赴鄂。紧跟着他就请命冯国璋为第一军总统，段祺瑞为第二军总统。这样一摆布，前方就都落在袁世凯的掌握之中了。

九月初六日，清廷就召回了荫昌，授袁世凯为钦差大臣，督办湖北剿抚事宜，并把调往湖北的全部兵权交由袁世凯节制。

本来八月二十一日，命荫昌督师赴鄂，二十三日就起用了袁世凯，相隔只有两天。因为袁世凯久存异志，早在小站练兵的时候就一意笼络军心，所以军队方面是只知有他，不知有清廷的。所以荫昌督师，自知勉强，在授命以后，在调遣上果然发生了困难，而袁世凯则一经起用，不出 10 天工夫就把前方布置就绪了。相形之下，荫昌在鄂已成赘物，就由清廷以“陆军大臣荫昌部务繁重，势难在外久留”的措辞，命他把前方兵权即交冯国璋统率，“俟袁世凯到后，荫昌再行回京”。

但是袁世凯到这时候，还是深居彰德，注视动静。接着山西宣告了独立，云南、江西新军也起义了，就在九月十一日那天，海军“四海”中的 3 海——海琛、海容、海筹，一齐反正。眼看着“半壁江山已去”，清廷实在没有办法了，就把半年来莅任内阁总理大臣以后屡次奏请辞职的奕劻换掉，授命袁世凯为内阁总理大臣。这样，军政大权就完全操之于袁世凯一人之手。袁既已把前方安排妥当，这才由彰德南下视师。

他在南下以后的几天中，就大刀阔斧地改编了军统。首先裁撤了原由贝勒载涛督率、以禁卫军为主力的驻守近畿的第三军，把近畿和海防一带的驻军编配成为第二军，湖北前方兵力编为第一军。接着，就奏请清廷“因京畿地方重要，改派冯国璋为第二军总统兼统禁卫军，以资拱卫”，并“命署湖广总督段祺瑞就近兼统第一军，庶足内外并顾，各专责成”。

从袁世凯被起用到这时候是整整一个月，他潜心运筹，不仅把被清廷罢斥以来夺去的兵权全部取回，而且连帝党经营的禁卫军也揽到他的掌握之中。里里外外安排得“四平八稳”之后，在九月二十三日那天，他才慢条斯理地正式进京就任了。可见袁世凯处心积虑之深！

袁世凯到京以后，就把军咨府“当然地”纳入内阁中，军咨府从此名存实亡了。

三 南北议和

袁世凯在武昌起义以后，要想趁机巧借民党的力量推翻清室，亟图获得独揽全国军政的大总统地位，确已不是一朝一夕了。为了达到这个目的，他曾早在“出山”之前就策划着剿、抚、和三招并用的策略。他的行动也是一直跟着他这个策略走的。在九月初，他除了一面开始以兵力压制民军之外，一面又委派出私人代表到武昌去试探联系，只因那时民军声势正盛，不得要领而还。但他仍然继续由非公开而公开地派人进行联络试探，并且托外国使领出来从中斡旋促进。具见袁利用和议解决当时局面，达成自己的目的，是用尽心力的。

与此同时，外面还流行着“要改变国体”的传说，有的说“君主立宪”，有的说“民主共和”，还有一说是“君主共和”，其说不一。

九月初，冯国璋督师南下以后，就将汉口、汉阳从民军手中夺回。这样就更便于与黎元洪进行接洽，并从接洽中渐知民军有“就范”意思，后来进而同意停战，在武昌召集议和会议。正在双方会商的时候，民军把南京夺去，这就使沪、鄂之间的交通发生困难，改定在上海开议的传说就日渐证实，南北议和就有了眉目。

十月中旬，袁派唐绍仪为全权代表与民军议和，并决定由京汉铁路搭车南下。代表出发之前，有一天，我接到内阁总理衙门的公函，是袁世凯召我到他私邸参加会议。经我打听，军咨府的同僚中并没有接到同样柬帖，不知为了何事，到袁邸后才知我已被派为参加南北和议的北方分代表。当时规定北方的全国代表共 20 人，系按全国 20 行省、每省一额推定的。

那天，锡拉胡同袁邸的客厅里济济一堂，在座的除了 20 位代表以外，还有些秘书、随员等。其中熟人很多，年纪最长的是陈宝琛（伯潜）。他是福建闽侯人，曾任山西巡抚，是新近奉召回京的。不多时，袁就穿着便服出来，见到陈，很客气地说，“这番和议是朝廷的大事，所以请老世叔出来”，并希望他“为国宣劳”。陈则谦逊了几句：“近来岁数大了些，身体也不很好，还是请严又陵（复）去，要好得多了。”袁又和陈谈了几句，就转向各代表作了个简单的谈话，内容是主张君主立宪，首先表示了他“忠君爱国，一以社稷朝廷为念”的热诚，接着就提出了“南方的民党很猖狂，我们总要想出确保社稷的万全之策”。他还故意问问：“诸位想想到底采用什么国体最为恰当？”他强调说：“我是主张现在实行君主立宪最为恰当，将来国民程度渐渐开通，懂得共和的真谛，再慢慢改为共和政体。”他又提道：“为此请各位代表南下议和，并请少川（唐绍仪字）为总代表，杏城（杨士琦字）为副总代表。”他谈了约有3刻钟，最后还客气了一句：“众位代表有什么意见，请发表发表，兹事体大，请发表发表好了。”大家意见虽多，但因当时那种场合和他那样说法，谁还敢提什么意见。况且代表中北方人居多，即有南人，也是在他手下任事多年的，所以都点头表示赞同，没有一人发言。但在座的代表们却有个几乎共同的心理，认为“司马昭之心，路人皆知，况我辈乎？”我们就一齐告辞退出了。后来庶务处送来每人一张银额200两的大清银行支票，作为旅费。当时清室动摇，市面上已经不大相信银两，因此现洋的兑率高得多了，记得200两银子原可换到280元，当时我们只换到230元。

议和的地点，黎元洪和“鄂派”的不少人都主张在武昌。十月中民军既已占领南京，又由武昌各省代表议决南京为临时政府的所在地，所以后来又决定改在南京开议。其时津浦铁路尚未通车，我们就搭京汉车先到汉口。十月十九日到达汉口以后，就分住在各栈房。在商量决定会见黎元洪的时候，唐总代表说：“我们人数较多，不必一齐前往。”遂决定由唐偕同几位代表渡江见黎，我未同去。

他们走后，我就独自到汉口大智门车站前敌司令部去找冯国璋。沿路上看到北方军队得胜以后指手画脚，高谈阔论，神气颇为嚣张，我心里既为得胜而高兴，又有些看不过去。到了大智门车站以后，才知司令部就设在停在车站的火车上，甚为简陋。使我最看不过的是，就在司令部所在的车厢门口，人粪堆积有2尺多高，我想真是岂有此理！我见到冯，来不及谈这些闲事，寒暄以后寥寥谈了几句，我就问：“军事情形如何？”他笑着说：“我派个参谋陪你同到汉阳龟山顶上，领略一下武昌蛇山的形势，回来我们再谈，你看如何？”我说“我看也好。”就请他代我借了一匹马，同着一位参谋官、两个随员，带着望远镜同到汉阳龟山顶上瞭望武昌蛇山。那时正是初冬天气，遥见武昌城内颓垣断壁，砾瓦塞途，昔日闹市今已成墟。路上不见行人，显见很是空虚。再掠看蛇山周近，自巅至麓，只见寥寥几缕炊烟，荒凉沉寂，杳然不见人影。那位同学参谋官指着说：“您看前面的高岗，黎元洪的军队就躲在那个岗后的山坡下边，并没有多少人马，也不见他们出现；即以红船（江船之大者当时称为红船）而论，现在南岸一条也没有了，都已被我们调集到北岸来了。”

我们看了半天，就仍回司令部见冯。冯说：“你都看见了吧，民军败退以后都已向上游四散，武昌民军寥寥无几，我军又将两岸大小红船全部调集北岸，长江随时可渡，武昌唾手可得。如要议和，我看最好让我先克复了武昌，三镇在握，再同他们城下议和，岂非必操胜筹！此种情况，我已屡次电告宫保，宫保却对此事始终没有答应，到底是什么意思，我真揣摩不透。老弟，你知道不知道？”我离京的时候，尽管袁世凯矢口高唱“忠君爱国，主张君主立宪”，“如不幸局势有变，必当捐躯图报”等语，而我们却料定“袁项城一定要推翻清室”。可是冯当时问我，我却很难对冯直说，怕的是军前流露，担着“惑动众心”的过失。因此我始终未敢明白点穿，只好含糊其辞地告诉他：“北京流言很多，我们也不大有数，恐怕宫保也有他的心事，日子长了总会明白的。”

当晚，我就乘武昌政府代包的一条有七八百吨的上游小江轮洞庭号顺流东下。同行的除了代表以外，尚有顾问、秘书等共40余人。在船上忽然发现一位美少年，大家很觉得诧异，我倒看着有些面熟，又想不起什么地方见过。后来经人介绍，才知就是名赫一时的谋炸摄政王载沣的汪兆铭。此人我和他同县、同庚，在我17岁的那年，曾同他在家乡番禺县应童子试，彼此会过面。当时他很腼腆，面如敷粉，背后拖着一条扎着大红辫绳的紧长发辫，动止娴雅，状若好女子。后来他获得县试案首，所以我对他印象犹深。我们在船上握手忆叙前事，从应试谈到炸摄政王，倒也忘了江行的寂寞。我觉得他年纪虽轻，阅历不少，见地、口才都很不差。

既到上海，就由沪军都督府招待，接到新开张的沧州饭店下榻。那是都督府指定的北方议和代表招待所，里面的设备富丽堂皇，主人是刘学询（问槎）。他是个进士，一个著名的刀笔吏，曾任西太后遣赴日本逮捕康有为的秘使。在招待所任事的招待人员中熟人很多，不少是由北京派来的，有几位是军咨府的同僚，如二厅科员何亚农，四厅科长吴荣鬯（震修），四厅科员、当时任沪军都督府参谋处长的黄郛（膺白），都很熟识。他们暗地告诉我：“此地虽由都督府接待，但因地处公共租界，都督府无法派人保护，因此有很多不便，原来每日按照规定须稽查各房间的商旅，盘查来访的宾客，并对来往信简也要进行检查。至今虽然专作招待代表的处所，但仍旧必须按照规定办理，毫不假借。你若不愿受此拘束，何不搬往别处暂住，乐得找些便利。”我就约同章宗祥（仲和）、张国淦（乾若）、陈锦涛（澜生）等共同搬到二摆渡桥礼查饭店去住，搬去以后确是自由得多了。

翌日得知唐总代表办事处借寓戈登路英国传教士李德利 E. SLITTLE 公馆。李住的是一幢红砖洋房，周围都是菜田，所以附近常有一两个巡捕巡逻，因那个所在很空旷，隔开不少菜田才有一幢洋房。听说李是个老中国通，先到中国传教，并且做过英商卜内门洋碱公司代理人，就是开发直隶省北戴河和河南省鸡公山两个避暑地区的那个外国人。他是一向交结中国官场的，和唐早就熟识，这次唐南来，他就请唐住到他的家里。同时我们并得知在由汉来沪时下船以后，很多代表被一般歹徒要挟，硬说“北方代表都是宗社党，不要轻易放过他们”。代表们怕事，就纷纷躲避了。其后不到两三天就接连出了些事。起先是顾鳌就被他们拘禁起来。顾出事后，杨度一面请巡捕房对他予以人身自由的保护，一面自己也躲起来了。又有人恫吓副总代表杨士琦，要剪他的辫子，因此杨赶紧走避到亲戚家去，不仅不敢出屋，以后简直就没露过面。其余的分代表，也有打电报向北京暗通消息、问讯的，也有私自溜出上海的。由于代表们这样自由四散躲避，所以见面的机会很少，到了上海以后就没聚会过一次，因此当时究竟有多少代表留在上海，都做了些什么，遭遇到哪些困难，也就不得其详了。

我们到达上海以后，确实是一无所事，又不愿到别处去，我就常同张国淦或章宗祥步行到唐处谈谈，打听些消息，后来差不多天天去。我们到沪没有几天，听说北京有密电来，南方已经派定伍廷芳为总代表，参赞五位，汪兆铭也是其中之一。不久又知道议会的场所确定在上海英租界大马路市政厅（就是现在南京路上海市第一食品公司对面，原来是红砖大楼，已经拆盖过了），并因南方参赞只有 4 人到沪，所以也只邀北方代表 4 人参加。虽经如此决定，但后来十月二十八日南北议和代表会议开议时，代表中却只有唐绍仪和许鼎霖（久香）参加，另外还有欧赓祥等几位秘书，其他代表都未参加。后来传说：“外面有谣言说北方代表人数很多，是想来占议员位额，多争票数的。”也不知是流言，还是南方故意捏造出来的。总之唐为了避免南方据为口实，就只同许鼎霖两人参加，而当时所以请许一同参加，也主要是由于他和张謇交谊深厚，南方很多代表也很钦佩他。他是个候补道，风采言论都很好。

我和唐既系同乡又是比邻（他任总代表以前在京任邮传部大臣，再前为外部侍郎，与我同住东单牌搂，唐住麻线胡同，我住喜鹊胡同），原来就熟识，到沪以后每日盘桓在一起，就更熟了，常听他把会议的情形和北方军政活动的情形向我们谈起。当时唐在上海任总代表，梁士诒（燕孙）在北京任邮传部副首领[1]，实际也就是袁世凯的秘书长。密电往还都是唐、梁直接掌握。电报技术员姓区，也是个广东同乡，每天有电报来，由区翻译出来就送给唐看，唐有时就交给我们看看谈谈。我们从北方来的人不少，但看看电报、谈谈的人也不过两三个人。唐看过电报，往往就去打个电话，我们总以为是找伍廷芳商量，却不料是找赵凤昌。

有一天，区翻译出一件北京拍来的密电，照例递给唐看。唐看过很兴奋，说，“北京回电来了，赶紧打电话给赵老头子”，一头说一头挂电话。电话里和对方仍是和过去一样谈得有说有笑，很融

① 袁于清帝退位的第二天，在文告中提出：“政府机关不容有一日之中断”，即用“组织中华民国临时政府首领”的名义，自称“本全权”。内阁阁员全班未动，但将各部大臣、副大臣改称首领、副首领。唯历时未久，即由唐绍仪组阁。

洽。我觉得奇怪，就问他："你有要事不找伍秩老，为什么先打电话给他？"他说："秩老名义上是南方总代表，实际上作不出什么决定，真正能代表南方意见、能当事决断的倒是这个赵老头子。"我当时不知赵某究是何许人，他说："赵曾在张南皮任两广总督的时候，做过他多年的亲信幕府，后来又跟张到湖广总督衙门做幕，可以说是参与机密，言听计从的。他官名凤昌，字竹君，江苏常州人，读书很多，不仅对新学很有研究，由于他随张多年，国内情形、政治军事了如指掌。"我又问："他有何权参与此事？"唐说："由于后来张推荐赵到沪举办洋务，接触江浙两省的时人很多，尤其为张季老所尊重，张、赵交亦笃厚。现在江浙的程雪楼、汤蛰仙和南方的几个都督同赵都有交情。民党中人对国内情形并不怎样熟悉，张是提倡实业救国的新人物，孙、胡、汪等民党领袖对张不仅慕名，而且很佩服很重视。他们为了熟悉情形，有不少事要请教张，而张往往趋而谋之于赵，张每自南通来沪，必住赵家，这样民党中人自然敬重赵了。因此，南方要人如孙、汪、陈其美、程雪楼等有重要的事也来决策于赵。又因他长年病足，不能下楼，大家为了迁就他，就到他南阳路私邸惜阴堂去会见或开会，在和议过程中每星期当中总有一天或两天，程德全、汤寿潜、张謇、汪兆铭、陈其美等曾在赵家聚会。所以他实际是众望所归、洞悉全盘局势的南方策士，通过他反而好办事了。"经他这一席话，我才恍然理解。我在唐处所见，差不多天天唐要与赵通电话，赵在当时和议中的重要性，由此可见了。但当时得知这个情况的人并不多，而赵亦不自居功，讳而不谈。有人称他是无名英雄，可以说是有些道理的。

当时我们认为南北双方都知道清室非推翻不可，共和也非成立不可。如此则南北和议虽非片言可解之局，但也不像是十分困难复杂的事。谁料袁世凯为了他自己的安排，故作姿态，居心两面卖弄，一方面对清廷表面上是“效忠皇室”，骨子里却借南方势力进行挟制；另一方面则对民党借词清室亲贵不甘退让，强调难以处理。因此在和议中难题时起时伏，开议到四五次时，越发显得空气欲弛弥张，使人莫测高深。实则自十一月六日孙中山自国外转港回国到沪以后，于十日被选为临时大总统，接着连日开议，扼住要害，策定了国民会议产生方法4条，并确定在上海召开国民会议的日期等重要内容。听说袁世凯和他的部下得到这种消息，很不满意，认为唐绍仪通过这些问题是擅作主张，超越权限，这种决议不能承认。就由梁士诒把情况电告唐知，授意唐如此如彼做去，以免铸成大错。唐只得在十月十三日孙中山在南京就任临时大总统，宣告中华民国成立，颁令改用阳历的那一天，电京请辞议和总代表之职。袁在第二天就复电照准，并且径电民军总代表伍廷芳，嗣后议和应商事件直接电商。这就是当时轰动一时“北方撤销议和代表”的把戏。这样就把有关国民会议的决议无形取消，并且一矢两的地把和议的形式一并打消了。但唐绍仪既未离沪，北方的电信往来仍由梁、唐直接掌握，双方的事仍旧由唐、伍折冲商量。袁虽曾与伍直接通过两封电报，不过是遮掩的手法罢了。

后来就由私人协商了，眼看和议就要达成的阶段，我们都以为代表的使命可以完成了，竟又因优待皇室、满蒙的条件而一度紧张。殊不知袁世凯“推翻皇室、自掌天下”的存心已非一日，只因自己身居京城，军队却都派遣在外面，近畿的禁卫军和原有的旗军虽然已经归冯国璋总统，但他们绝大部分都是旗人，因此他很不放心。

他自己的军队在天津、保府一带，并不多于禁卫军的人数，万一有事就无法自卫。所以他顾虑到假使一旦揭下“效忠皇室”的面具，说不定马上要吃个眼前亏。因此整个和议阶段，也就是他竭力争取时间摆布阵容的阶段。他一面对近畿的保卫作了巩固妥善的布置；一面调兵到津浦等铁路各线及黄河、淮河两岸布防，以备万一和议决裂，抵挡南军。而部分民党中人虽知袁是奸雄，但袁究竟是何居心就不很了解，“难道他在优待条件上替满、蒙争持利益？”因此惹得双方疑窦日深。

唐为此深为焦虑，很想有人到南京去看看民党的真实情况，就与我和章宗祥私下谈起：“你二位最好能到南京去看看，相机对他们解说解说。”唐认为我和孙、胡（汉民）本有渊源，并有乡谊，我又熟悉北方的军事情形，章则是懂法律的，共同走一趟很有道理。其实我与孙、胡并无深交，又非同盟会会员，只是在学生时期孙到东京的时候，我们欢迎过他，以后仅有数面之雅。所以当时我两人对此事有些踌躇，认为你们专命的信使都折冲不了的问题，我们去又当如何？后来唐说：“二位此去，确实有些好处。不仅要向他们解说，也要知道他们些确实的情况和表示，所以还须劳驾。”我们就答应了。我们继思南京方面人地生疏，若贸然前往，恐有未妥。此时汪兆铭自己表示愿为写信，我们方才动身。

当时铁路交通的秩序尚未恢复正常，唐即请沪军都督府为我们洽办专车，但沪宁刚才通车没有几时，每天不过一个车头来往开驶，所谓专车实则是一个车头挂个三等车厢，车厢既不整洁，站上也很凌乱，一切行车手续也不完备，沿途大小各站连个打旗的铁路员工也没有。沿路见到些南军军队踏着步晒太阳，军械、服装简陋不全，看来以粤、浙两军为多，粤军是广东派来参加北伐的，军章符号都是用白布写着“某军某协”字样。当时隆冬天气，大部分都穿着单衣，有的穿着毛织面红里子的“一口钟”，看得出是临时在市上买来的，也不过 3 元钱一件，单薄得很。所以士兵们瑟缩伛身，显不出一点威武。

车行大约有 10 来个钟头才到了南京。下车后，临时总统府派人把我们接到一家旧式的小客栈。下店的时候已是深夜，就相约在第二天早晨由总统府派车接我们。当时的临时总统府就设在两江总督衙门的旧址也就是太平天国的天王府里。在那里还看到那个具有一段史话的石舫。见了孙中山，才知胡汉民是秘书长。我与胡本来熟识的，他们招待得很殷勤。

走到西客厅里的办公厅，也就是端午桥在两江总督任内的宝华庵。在大厅里放着一面大长方办公桌。孙、胡各坐一面，东西对坐办公，一切设施都很简单朴素。孙、胡和我们谈了约一个钟头，多是闲谈，初未涉及优待满蒙条件一事。谈到 11 点多钟，孙就很诚恳地留我们吃饭。在大办公桌的旁边一个小方台上，4 人四面就座，菜饭是广东家乡味，香肠、咸鱼等寥寥四菜一汤。饭后孙就对我说：“我一会去检阅海军，我们一齐去好不好？”我就一口答应了。孙原穿长袍，说着就进去换了一套中山装。记得我当时是穿着灰鼠皮袍。孙拉着我的手一起走，走到总统府正门处，看到前面有一位体格魁梧、身穿军服的人，我一见即知是黄克强大元帅。孙为我介绍，然后让黄乘前头一部敞篷双马车，孙拉着我乘后面一部双马轿车。南京的路很坏，车马行动时车身颠簸，尘土飞扬，很不舒服。

车行半个小时，到了下关，我们一齐登上了一只海军江舰（舰名已忘）。当时满江大小军舰满挂着各国小国旗（日本人叫“满舰饰”，中国当时叫什么就不知道了）。孙到舰上仔细地查看大炮装备等，好像他对军舰是有些阅历的。他和官员、士兵说话都很温和亲密，很有大将风度，官兵对他也很敬爱。他一连看了两条船，都很留意。回到车上以后，我没想到他会对我说：“果真和议破裂，我就要督师北伐，你可以和我一同前去吗？”他突知其来，我只好唯唯诺诺。他又说：“你在军务里多年了，北方军情总很清楚了，可以谈谈吗？”我当时对北洋军情是知道的，出京以前我为了熟悉情况，曾就北方军事情况自己画了一个地图，一个月来我在代表办公处对北方调拨军队的情况多少也知道了一些。所以我就先把过去北洋的军情和袁世凯在南军起义以后把大军聚集在各铁路和河、淮前线预防民军北伐的情况都约略说了一说。

我随着心里就想：“你们南军隆冬天气单衣赤足，连棉大衣都没有，外面罩个空心‘ ·口钟’，北方天气不比南方，你要大批渡过黄河长途北伐，谈何容易。若真坚持硬做，势必困难重重，心劳日拙。况且以大炮而论，北军最多，南军很少。你们就算有些零星的重火器，用时常出毛病，配备的零件七拼八凑，怎能应急？所以就实力而论，南军远不如北军强。而袁又是个成竹在胸的人，事情未发作前，早已把各方的劲旅抽调布防，准备万一的时候打一阵硬仗。如果和议破裂，兵连阵接，胜败谁属固难预料，然北强而南弱，一经接触，我料初胜必属北军，则南军内部的变化不可不虑。如是则究竟欲和欲战，我看您应当深思熟虑，而后决定之。”我一面想，一面竟然把我所想的话直对孙中山先生说出，并表示我“希望和议成功，一致推翻清室免得夜长梦多，对共和前途、国家前途皆非福幸。”我劝他极力促成和议，万勿诉之兵戈。孙先生连连点头，颇像同意的样子。这样，我既不便深说，也未便深问了。

回府分手，我就回了栈房。晚上胡汉民来找我谈天，一直谈到深夜，因我与胡从小认识，他比我大几岁。他既来看我，我就问他到底优待满蒙条件的事怎样。他说：“我和孙先生对国内情形与袁世凯个人的情形实在不够熟悉，所以对袁很有意见。目前孙先生像已有些理解。”胡并说：“我看这事已经差不多了，没有多大问题，不久问题可能会解决的，等你们回上海以后也许就解决了。和议是可以成功的。”我问：“什么道理呢？”他说：“大家都知道这是袁世凯利用这个题目与南方为难，所以我们不要因此弄成僵局，反正孙先生又不愿意做大总统。我看你们多住两天吧？”我就此与胡分了手。第二天早晨我把这话告知章宗祥，二人相视一笑。后来得知此事在民党中大部分是同意北方所提的条件，只有少数新进民党的人有些意见，也有坚持反对意见的。经孙、胡解释之后，也就一致通过了。

我们前后住了两天就告辞回到上海。路上的交通仍有凌乱现象，所过各处仍见些零星军队。

南北议和自袁世凯委派私人代表试探联系起，至南京临时参议院选袁为临时大总统止，为时 3 个多月。中间自十月十七日清廷派袁为全权大臣，命袁委托代表人赴南方讨论时局与民军议和，至十一月十四日袁世凯照准唐绍仪辞去议和总代表止，只不过 28 天的和议期间。而这个和议，名为南北各派全国代表参加，实则是几个人进行谈判折冲，总的枢纽直接间接地操纵在袁世凯一人手中。自他决定剿、抚、和的方策以后，从试探到正式议和，一直施用各种手段，利用和议为他服务。到孙中山回国以后，和议的情况急转直下，他就一面利用孙被选为临时总统来恫吓清廷，一面就下手破坏了和议，扼杀了国民会议。他接着就在批准唐绍仪辞职的当天，代姜桂题等将领要挟清廷亲贵王公拿出私人财产接济军队粮饷；又由全体内阁合词密奏恫胁隆裕采用共和政体。后来简直施用了他的撒手锏，在腊月初八那天，由段祺瑞、姜桂题等47名将领电请清廷明降谕旨退位，组织共和政府，其后再电催发诏书。这样就在袁世凯的掌握下，于十二月二十五日由清帝下诏退位，授袁全权组织共和政府。袁在第二天就发出通电赞成共和，孙中山当天向临时参议院辞职荐袁，袁也就在当天被选任为中华民国临时大总统。所以说，和议是袁世凯一手作成的工具，和议没有成功，在袁不用它的时候就被袁破坏了。而袁却通过摆布和议，破坏和议，加上他造成的比和议更大的压力，达到了他窃国的目的。

附　注

1. 当时一般多用农历，故文内日期按所述内容直记。

2. 文内引语对人称谓，有时用名，有时用字，在当时是有分寸的，感情上亦不同。

（戚叔玉　记录）

（选自全国政协文史资料研究委员会编《辛亥革命回忆录》第6集，中国文史出版社2012年6月第2版）

良弼被炸追记

常　顺*

赉臣名良弼，清宗室镶黄旗人（系多尔衮之后，两广巡抚伊里布之孙，因其父久宦川粤，故赉臣幼年生长于成都，外多传其为荆州驻防或四川驻防旗人，皆误），留学日本士官第二期步科，毕业回国，派为练兵处差遣，旋调任陆军军学司监督，寻充司长。光绪三十四年冬创设禁卫军，以娴习韬略，充第一协统领，兼领镶白旗副都统。宣统三年秋补军咨使，在清室贵胄中以知兵名，性颇自负，庸臣权奸多妒忌之。

辛亥十一月廿八日午后，余赴军咨府访赉臣，正畅论间，有名

---

*　常顺：时任清政府学部官员。本文原标题为《赉臣被炸追记》。

崇恭[①]者投刺求见。赉臣谕承启曰："这儿没时间谈话，告诉他到家里见我去。"越日余奉学部差遣，因事去天津，在津勾留近旬日。九日返京抵达车站，车夫小孙告余曰："良大人昨晚在家门口被炸坏了。"余到家即匆匆更衣赴良宅探视，见良仰卧床上，神智尚清，颔首曰"你坐"，语音甚低。余问其遇炸经过，答曰："你还记得前几天有名崇恭者到军咨府要见我吗？炸我者即伪扮崇恭之人。我没死，他倒当时死了。"余谓是否凶手还有别人，恐不若是之简单。伊沉默良久，长叹一声曰："诚然，但亦不难想知，今日之害我者，即来日之夺国者。"又曰："你要想法告诉肃王爷注意。"至此见其疲倦即辞出。问其家中人，始知昨晚返自肃邸，比及家门即遭此不幸。十一日上午，余又往探视，见其精神较前为佳，适东医白川在为其治疗，未便多谈，稍坐即辞出。至晚，赉臣逝矣。据其家人传言，逝世前饮某医所进止痛药酒一杯，饮后只一时辰，忽气促神昏，竟致不起。赉臣逝后，余与伊之挚友多人耸动步军统领乌珍（字恪谨）、右翼总兵毓秀（字松泉）、左翼总兵鹤春（字松亭）等，到安外义地掘出凶手之尸照相，以便跟侦"凶犯"形迹。壬子正月初四日，步军统领派左翼总兵鹤春率人往掘，时虽掩埋已20余日，因天塞地冻，"凶犯"尸首毫未变形。见"凶手"短身，圆面，浓眉，年约三十许。照相毕，仍掩埋之。

当武昌革命事起，袁世凯任国务总理之时，街市即散有较信笺稍小之说帖，有"先刺良弼，后炸铁良，二良不死，满虏不亡"及"肃王好，肃王引贼反清了。载泽好，载泽家里堆元宝"等不

① 崇恭，日本陆军士官学校第六期步科毕业，时任东北陆军武备学堂副监，民国后改姓张名恕，字允孚。

伦不类之语，人多谓系革命党人所为，然智者皆知此为巨奸造谣惑众之鬼伎也。后期年，经各方了解被难症结，始悉个中隐曲，确为袁氏借铁血会人之手所为，非民党所指使也。缘赉臣于内廷拟下诏起用袁世凯时，即持反对之议，并曾暗中联络各旗军督统上疏谏阻，并奏陈袁之不可用多条。清廷终以无人统率各军，授袁以钦差大臣节制各军之权，继之并任袁为内阁总理。但在清军汉口大捷一次之后，袁即索饷要械，兵不再进。当时智者多已识破袁之心计，为假清廷以压迫民军，假民军以恐吓清廷。因之反袁之议颇传于八旗人士之中，甚至有主张杀袁以清君侧者。此尤以禁卫军中血气方刚之青年如连兴、桂铮等下级官长为多，然群龙无首，徒言不能行。于是众皆属意赉臣。赉臣既不愿明拂众意，亦不敢贸然行事，坐事空谈，因循事机，徒招袁忌而已。当袁以大批金钱贿好奕劻、那桐、小德张压服隆裕太后之后，顾能掣其肘者只一禁卫军耳。然具有军事素养，魄强力壮，能指挥此一禁卫军且能联络日人为外援者，在清宗室中舍赉臣无人焉。故袁除使禁卫军总统官冯国璋缓冲禁卫军之叫战声沸外，为借刀杀人计，乃唆使卢木斋、王天纵讽示铁血会分子丁作霖、张榕定等，并宣传袁早同情革命，赞成共和，所以不能行其志者，只碍善耆与良弼耳。说以盖世之功，恃以总理之援，于是炸良之谋定矣。故当赉臣被炸故后，善耆即畏祸避往大连，而后终死于大连。此中情节，老友冯耿光（字幼伟）、文华（字秀峰）备能道之。证之民元后彭家珍之父得袁赏荣厂胡同住宅一所，并每月在袁处领取抚慰金1000元，益足信矣。

此案直至汪兰皋所著《彭烈士传》出，方知“凶手”姓彭，名家珍，字席儒，四川人。其著传之汪兰皋究系何人，10余年来迄未获知，或系化名诪张，难究诘矣。

（选自全国政协文史资料研究委员会编《辛亥革命回忆录》第6集，中国文史出版社2012年6月第2版）

清廷退位前后

马士良*

关于清廷退位之史料，《宫廷琐记》等书籍均有记载。我藏有我父绍英（清朝大臣）及恭亲王溥伟的日记，翻阅之下，发现记载颇详。从中可以看出窃国大盗袁世凯利用辛亥革命的机会窃取政权之经过。

庚子（1900年）以后，清政府国势日蹙，帝国主义凶焰日张，国内外革命团体不断出现，到了辛亥年（1911年），已有山雨欲来风满楼之势。清政府鉴于形势日非，不得已成立内阁，实行立宪，以作缓冲；而所谓"皇族内阁"不满人意，又以给事中石长信上疏，论言："各省商民集股造路公司弊害，宜敕部臣将全国干路定为国

* 马士良：系清政府内务府大臣绍英之子。

有，自余枝路，准各省绅商集股自修。”又经邮传部大臣盛宣怀的迎合议请，因下诏定为铁路国有。四川、湖南两省人民不服，于是惹起了风潮，逐渐扩大，接着发生了辛亥革命。八月十九日[①]，爆发了武昌起义，湖广总督瑞澂弃城逃走，革命军又乘势夺取了汉阳，占领了汉口。

清廷见到大势不佳，赶紧起用袁世凯为湖广总督，诏长江水师俱听其节制，隆裕皇太后又颁发内帑100万两，接济湖北官军，再授袁世凯为钦差大臣，节制诸军，督办湖北剿抚事宜。紧接着袁世凯出山，冯国璋一仗打下了汉阳。清廷看到袁世凯是可以扭转乾坤的唯一人物，于是下诏罪己，开放党禁，并于九月十一日授袁世凯为内阁总理大臣，叫他来京，组织完全内阁。九月二十四日，袁世凯来京。二十六日，举国务大臣，下诏任命。十月中，革命军又攻陷江宁，袁世凯与民军订暂时息战条约，停战3日（以后屡次展期，直至决定国体日为止）。那时的形势，袁世凯已经大权独揽，可以左右一切了，而载沣已经奉缴监国摄政王的印信，退归官邸。皇太后向袁世凯征询办法。袁故意说，打是没有钱，不打的话，皇室安危大计他还不能说，应和近支王公商量。等到开御前会议时，有人慷慨陈词，有人束手无策，一言不发，结果还是听袁世凯一人的摆布。袁世凯一边为清室退位假惺惺地流了同情之泪；一边等待将政府大权以至退位诏书拿到手，就不再承认清朝了。他的这种两面派手法，终于达到了目的。

清朝宗室方面：载沣为人懦弱，遇事没有主见。恭亲王溥伟曾

① 本文所用日期，自清帝退位后，改用阳历，以前俱用农历。

献策，请以瞿鸿禨入内阁，岑春煊督北洋，以升允为钦差大臣，握重兵扼上游，以挟制袁。现在袁世凯已经起用，他的主张就不能采用了。庆亲王奕劻力保袁世凯出山，是主和派。贝子溥伦也是主和的。载洵、载涛亦属于不发言者。至于主战一派，有恭亲王溥伟、肃亲王善耆、镇国公载泽、蒙古王那彦图、满族中之升允、铁良、良弼等人。当时内阁会议开会时，袁世凯进行恫吓，御前会议诸王公争论不休，隆裕被迫交权，斗争是很激烈的。

据绍太保（绍英）日记记载：宣统三年辛亥十一月初九日，内阁具奏，请上召集近支王公会议大计。是日，上先召见王公，次见内阁国务大臣。皇太后垂泪谕袁总理大臣云："汝看着应如何办？即如何办。无论大局如何，我断不怨汝。皇上长大，有我在，亦不能怨汝。"袁对云："臣等国务大臣，担任行政事宜。至皇室安危大计，应请上垂询皇族近支王公。论政体本应君主立宪，今既不能办到，革党不肯承认，即应决战。但战须有饷，现在库中只有 20 余万两，不敷应用。外国又不肯借款，是以决战亦无把握。今唐绍怡（仪）请召集国会公决，如议定君主立宪政体，固属甚善；倘议定共和政体，必应优待皇室。如开战，战败后，恐不能保全皇室。此事关系皇室安危，仍请召见近支王公再为商议，候旨。"遂行。复召见近支王公，见过退下，遂定召集国会之议。拟旨，阅定后，总理大臣、国务大臣等署名。

以上乃袁世凯于太后前的论调。

又据恭亲王溥伟日记记载：

十一月二十九日，内阁会议，余力疾至内阁，醇、庆诸王及蒙古王公均到。袁世凯以疾辞，遣赵秉钧梁士诒为代表。最可愤者：群臣列坐二三刻钟之久，惟彼此闲话，不提及国事。余不能耐，遽诘梁、赵曰："总理大臣邀余等会议，究议何事？请宣言之。"赵秉钧曰："革命党势甚强，各省响应，北方军不足恃。袁总理欲设临时政府于天津，与彼开议，或和或战，再定办法。"余曰："朝廷以慰庭（袁世凯字）为钦差大臣，复命为总理大臣者，以其能讨贼平乱耳。今朝廷在此，复设一临时政府于天津，岂北京之政府不足恃，而天津足恃耶？且汉阳已复，正宜乘胜再痛剿，乃罢战议和，此何理耶？"梁士诒曰："汉阳虽胜，奈各省响应。北方无饷无械，孤危已甚。设政府于天津者，惧惊皇上也。"余曰："以前发捻之乱，扰及畿辅，用兵几二十年，亦未有议和之举、别设政府之谋。今革命党之势，远不及发捻，何乃辄议如此？若用兵筹饷之事，为诸臣应尽之责，当勉为其难。若遇贼即和，人尽能之。朝廷何必召袁慰庭耶？"梁、赵语塞。胡惟德曰："此次之战，列邦皆不愿意，我若一意主战，恐外邦人责难。"余曰："中国自有主权，对内平乱，外人何能干预。且英、德、俄、日，皆君主立国，亦万无强胁人君俯从乱党之理。公既如此说，请指出是何国人？伟愿当面问之。"庆邸曰："议事不可争执，况事体重大，我辈亦不敢决。愿请旨办理。"言讫，即立起，群臣和之，遂罢。呜呼！群臣中无一人再开言为余助者，是可痛矣。次日，醇王以电话告以初一日开御前会议，嘱余入内。十二月初一日卯正，至上书房。泽公叔语伟曰："昨晤冯华甫（冯国璋字），彼谓革命党甚不足惧，但求发饷三月，能奏功。少时你先奏知，我再详奏。"辰刻，入养心殿。皇太后西向坐，帝未御座。被召者有醇王、伟、睿王、肃王、庄王、润贝勒、涛贝勒、朗贝勒、泽公、那王、贡王、帕王、宾图王、博公。太后问曰："你们看是君主好？还是共和好？"皆对曰："臣等皆力主君主，无主张共和之理。求太后圣断坚持，勿为所惑。"太后谕："我何尝要共和，都是奕劻同袁世凯说，革命党太厉害，我们没枪炮，没军饷，万不能打仗。我说，可否求外国人帮助？他说，等同外国人说说看。过两天，奕劻说，外国人再三不肯，经奴才尽力说，他们始谓革命党本是好百姓，因改良政治才用兵，如要我们帮忙，必使摄政王退位。你们问载沣是否这样说？"醇王对曰："是。"臣伟对曰："既是奕劻这样说，现在载沣已然退政，外国何以仍不帮忙？显系奕劻欺罔。"那彦图奏曰："既是太后知他如此，求嗣后不要再信他言。"臣伟奏曰："乱党实不足惧，昨日冯国璋对载泽说，求发饷三月，他情愿破贼。"太后问载泽："有这事否？"载泽对曰："是有。冯国璋已然打有胜仗，军气颇壮。求发饷，派他去打仗。"太后谕："现在内帑已竭，前次所发之三万现金，是皇帝内库的。我真没有。"臣伟碰头奏曰："库款空虚，焉敢迫求。惟军饷紧要，饷足则兵气坚，否则气馁兵溃，贻患甚大。从前日俄之战，日本帝后解簪饰以赏军，现在人心浮动，必须振作。既是冯国璋肯报效出力，请太后将宫中金银器皿赏出几件，暂充兵费，虽不足数，然而军人感激，必能效死。如获胜仗，则人心大定，恩以御众，胜则主威，请太后圣明三思。"善耆奏曰："恭亲王所说甚是，求太后圣断立行。"太后谕："胜了固然好，要是败了，连优待条件都没有，岂不是要亡国吗？"臣伟奏曰："优待条件是欺人之谈，不过与迎闯贼不纳粮的话一样。彼是欺民，此是欺君，就请用贤斩佞，激励兵心，足可转危为安。若一议和，则兵心散乱，财用又空，奸邪得志，后事真不堪言。况大权既去，逆臣乱民，倘有篡逆之举，又有何法制之？彼时向谁索优待条件？”又顿首奏曰：“即使优待条件可恃，夫以朝廷之尊，而受臣民优待，岂不贻笑列邦、贻笑千古？太后、皇上欲求今日之尊崇，不可得也。臣忝列宗支，实不忍见此等事。”太后谕：“就是打仗，也只冯国璋一人，焉能有功？”善耆奏曰：“除去乱党几人，中外诸臣，不无忠勇之士，太后不必忧虑！”臣伟奏曰：“臣大胆，敢请太后、皇上赏兵，情愿杀贼报国。”太后顾载涛曰：“你管陆军，知道我们的兵力怎么样？”载涛对曰：“奴才没有打过仗，不知道。”太后默然良久曰：“你们先下去罢。”善耆奏曰：“少时国务大臣进见，请太后慎重降旨。”太后叹曰：“我怕见他们。”乃顾臣伟曰：“少时他们又是主和，我应说什么？”对曰：“请太后仍是主持前次谕旨，着他们要国会解决。若设临时政府，或迁就革命党，断不可行。如彼等有意外要求，请太后断不可行。”太后曰：“我知道了。”又叩首奏曰：“革命党无非是些年少无知的人，本不足惧。臣最忧者，是乱臣借革命党势力，恫吓朝廷。又复甘言欺骗，以揖让为美德，以优待为欺饰。请太后明鉴，南方为党人占据，民不聊生；北方因为两宫照临，所以地方安静。此正是明效大验。太后爱惜百姓，如杀贼安民，百姓自然享福；若是议和罢战、共和告成，不但亡国，此后中国之百姓便永不能平安。中国虽弱，究属中华大国，为各国观瞻所系。若中国政体改变，臣恐影响所及，从此兵连祸结，全球时有大战，非数十年所能定。是太后爱百姓，倒是害了百姓。”太后领之。载泽奏曰：“今日臣等所奏之言，请太后还宫后，千万不可对御前太监说，因为事关重大，请太后格外谨慎。”太后谕：“那是自然，我当初侍奉太皇太后，是何等谨慎。”善耆奏曰：“载泽所言甚是。太后从先圣孝，今日与彼时不同。”太后不语，遂皆退。按是日被召凡十四人，惟四人有言，余皆缄口，良可慨也。越二日，醇王叔谓伟曰：“你前奏对，语太激烈，太后很不喜欢，说时事何至如此。恭亲王、肃亲王、那彦图三个人爱说冒失话，你告知他们，以后不准再如此。”伟曰：“太后深居九重，不悉时局，然既不准溥伟说话，则以后之会议，是否与闻？”醇王面极现忧色。良久曰：“你别着急。”余曰：“太后既有此旨，万无违旨说话之理。然而目睹危险，天颜咫尺之地，何忍缄默？”醇王曰：“我处嫌疑之地，也不能说话。”余曰：“五叔与溥伟不同，既是五叔为难，自好以后会议时，溥伟不来可也。”醇王曰：“这两日来，不知是怎样运动的。庆王依然入朝，太后意思也颇活动，奈何？奈何？”越三日，遂有段祺瑞等通敌请退政之电，人心大震。翌日，闻有御前会议，不使余知，无如之何。是日，美国人李佳白来邸，讽余主张共和。以大义责之，惭而退。越日，袁世凯派赵秉钧、胡惟德、谭学衡来邸，告以总理大臣之苦心，民军之劲勇，我军摇动，种种危乱。余曰：“时事至此，余亦无法。但既忝列宗支，万无首创废君退政之理。虽无政权，此时实难缄口。公等身为大臣，劝皇上降敌国尚不可，今乃劝皇上降乱民乎？”赵等愕然辞去。十二日午后，君主立宪会中有隆厚田者，惶遽来告曰：“顷得密信，赵秉钧等密请袁世凯将诸皇族尽驱入宫，以兵守禁城，俟共和告成再说。又有派遣军队，护卫各府，名曰保护，实监其出入之谋。袁不从。赵秉钧曰：‘醇王庸懦，固不足虑，恭王颇有才气，请先除之。’袁大笑曰：‘他不过读几本书，何况庆、醇、询、涛诸人都不喜欢他，他未必肯与醇王出死力，且无兵权，何必忙做这无味事’等语。此吾军探得之确讯也。殿下宜速筹良策。”语毕匆匆去。伟即时禀明堂上，奉慈谕：“既是有这样话，不必管他真假，惟有避之为妙。汝先行，余亦二三日内赴西山矣。”

以上为溥伟日记中所述。其后溥伟奉母由西山避居青岛，良弼亦被刺殒命，他人更没有敢说话的了。当时岑春煊、袁树勋、陆徵祥、段祺瑞等均请速定共和国体，以免生灵涂炭，皇太后就不再等召集国会，决定先自让政权。于是降旨，授袁世凯全权，与民军商酌条件奏闻。袁世凯乃与南方代表伍廷芳议和，赞成共和，并进皇室优待条件 8 条，皇族待遇条件 4 条，满、蒙、回、藏待遇条件 7 条，凡 19 条。由醇亲王奉旨祭告太庙。诏书虽然拟就，因无人用玉玺，又迁延数日不下。袁世凯就派姜桂题往见醇亲王，催退位诏，醇王转陈皇太后，始命桂祥用玺。翌日，袁世凯早朝，言民国对皇室优待费，每年 400 万元。并泣曰：“请皇太后好好教皇上念书，将来还有还政之一日。”出殿时，声犹哽咽。太后回宫，对近侍说：“袁世凯真是忠臣。你看他哭的那样，又给我们争优待费。”第二天早晨起来梳洗，冠服整肃，等待早朝，直等至 10 点钟，太后不能耐，命传奏事处上来回话。奏事处执事人进殿，太后说：“今日军机王大臣等什么时候，还不上来？”回答说：“袁世凯昨日临行时言语，从此不来矣。”太后闻言，目瞪口呆多时，急曰：“难道大清国我把它断送耶？”由此就饮食减少，疾病缠身了。

袁世凯既奉皇太后之命，以全权成立临时共和政府，与民军商统一办法，遂于十二月二十五日（民国元年 2 月 12 日）将皇太后懿旨、退位诏书宣示中外。今此原件经复制后，陈列于中国历史博物馆内，供众人观览。

辛亥年十一月十三日（即1912年1月元旦），孙中山已就临时总统职于南京，并宣告中华民国成立。当时清帝尚未退位。直至清隆裕太后率宣统帝退位，授袁世凯以特权，又组织了临时政府。清帝退位之第二天，即民国元年2月13日，孙中山即提出辞职书于参议院。随后又咨参议院曰："前使伍代表（按即伍廷芳）电北京，约以清帝实行退位，袁世凯君宣布政见，即当提议推让。……此次清帝退位，南北统一，袁君之力居多。其发表政见，更为绝对赞同。举为总统，必能尽忠民国……"等语。2月15日开临时大总统选举会，会场共投17票，一致选举袁世凯为临时大总统。于是袁世凯这样一个阴谋家，就轻易地篡夺了辛亥革命的果实，夺取了政权。

（选自全国政协文史资料委员会编《中华文史资料文库》第1卷，中国文史出版社1996年4月第1版）

载沣与袁世凯的矛盾

载　涛*

载沣是我的胞兄，他的秉性为人，我知道得比较清楚。他遇事优柔寡断，人都说他忠厚，实则忠厚即无用之别名。他日常生活很有规律，内廷当差谨慎小心，这是他的长处。他做一个承平时代的王爵尚可，若仰仗他来主持国政，应付事变，则决难胜任。慈禧太后执掌政权数十年，所见过的各项人才那么多，难道说载沣之不堪大任，她不明白吗？我想决不是。她之所以属意载沣，是因为她观察皇族近支之人，只有载沣好驾驭，肯听话，所以先叫他做军机大臣，历练历练。慈禧太后到了自知不起的时候，光绪帝虽先死去，

* 载涛：系载沣之弟，时任清政府军咨大臣兼两军统监。
新中国成立后，任中国人民解放军炮兵司令部马政局顾问，第一至三届全国人大代表，第二、三届全国政协委员，民革中央委员。

她仍然贪立幼君，以免翻她的从前旧案。但她又很明白光绪的皇后（太后的内侄女，即后之隆裕太后）亦是庸懦无能、听人摆布之人，决不可能叫她来重演垂帘的故事，所以既决定立载沣之子为嗣皇帝，又叫载沣来摄政。

载沣虽无统驭办事之才，然并不能说他糊涂。他摄政以后，眼前摆着一个袁世凯在军机大臣要地，而奕劻又是叫袁拿金钱喂饱的人，完全听袁支配，近畿陆军将领以及有几省的督抚，都是袁所提拔，或与袁有秘密勾结。他感到，即使没有光绪帝的往日仇恨，自己这个监国摄政亦必致大权旁落，徒拥虚名。至于传闻之说，如光绪临危拉着载沣的手，叫他杀袁世凯，又如隆裕面谕载沣杀袁给先帝报仇等，载沣生前并没有向我说过，或许是他保密的缘故。因此，是否真有其事，我也无从判断了。

载沣摄政不久，即下谕罢免袁世凯。据我所知，促成其事的为肃亲王善耆和镇国公载泽。他两人向载沣秘密进言，此时若不速作处置，则内外军政方面，皆是袁之党羽；从前袁所畏惧的是慈禧太后，太后一死，在袁心目中已无人可以钳制他了，异日势力养成，削除更为不易，且恐祸在不测（意思就是说袁心存叛逆）。善耆主张非严办不可，载沣彼时对袁，也觉得是自己的绝大障碍，居然同意善耆等这样做法，又将谕旨用蓝笔写好（彼时尚在大丧百日之内，不能动朱笔）。其实这种事必须要用迅雷不及掩耳的手段去作，不是可以迁延时日、从容研究的。事后就有人说过，袁每日上朝，仅带差官一名，进乾清门后，便只他单身一个人，若能出以非常手段，干了再说，即使奕劻如何有心庇护，张之洞如何危词耸听，亦来不及了。可是载沣哪里有康熙皇帝擒鳌拜的决断和魄力呢？据闻那一道谕旨原文，是将袁革职拿交法部治罪，就袁的方面来讲，已因此有了宽转，结果可以不死了。及至拿给奕劻等一看，奕劻尚模棱其词，不过说："此事关系重大，请王爷再加审度。"张之洞则明白说出什么"主少国疑，不可轻于诛戮大臣"，力为反对。彼时，凡是谕旨非经军机大臣副署不能发表，载沣处此僵局之下，竟自无可如何，乃将原谕一再修改，措辞前紧后松，变为"开缺回籍养疴"。纵虎归山，自贻后患，善耆等亦只有付之浩叹而已。

我在此尚要补充几句话。清朝家法最严，尤其是近支王公更不能稍有轨外行动。所以每一代皇帝死亡和继承的时候，从来未有过如过去历史上各个朝代所发生的那种变故。当辛亥年冬，丁士源曾问过善耆："王爷在光绪戊申（1908年）十一月的时候，为什么不帮助摄政王将袁除掉？"善耆说："你不知道，我们宗族王公，在宫廷内错走一步便是死罪，我虽是御前大臣，怎么敢在宫内乱来。"这段问答，曾见丁自著笔记。这是实在情形。载沣究竟不是皇帝，其不能作断然的处置，此亦原因之一。

袁住在彰德洹上村之时，善耆对他并不放心。那时，日本人川岛浪速是善耆的警察顾问，亦即他的心腹之人。川岛手下秘密侦探对袁的行动，随时都有密报。这种报告，善耆曾经给我看过。当辛亥年四月，新组成之内阁（将军机处归并内阁）受各省谘议局的攻击，认为："皇族内阁不合君主立宪公例，失臣民立宪之希望，请另行组织。"于是总协理大臣均奏请辞职。奕劻、那桐、徐世昌的原奏，均在政治官报上发表。所最不可解者，那、徐两人均说，自己才力短绌，从前罢免之袁世凯，"其才胜臣等十倍，若蒙特予起用，必可宏济艰难"云云（大意如此）。徐世昌本是袁一手提拔的私党，不足深论。那桐是一个著名圆滑的官僚，何以亦有这样说词？况且其各省并无特别事故，必须袁出来收拾。他们两人既敢如此说，监国亦居然未加斥责，凡看到官报的人无不诧异。

到了武昌首义，革命爆发，那、徐协谋，推动奕劻，趁着载沣仓皇失措之时，极力主张起用袁世凯。袁在彰德，包藏野心，待时而动。冯国璋、段祺瑞是袁的嫡系心腹大将，亦认为“非宫保再出，不能挽救危局”。载沣本不愿意将这个大对头请出，以威胁自己的政治生命，但是他素性懦弱，没有独作主张的能力，亦没有对抗他们的勇气，只有任听摆布，忍泪屈从。彼时，除近畿陆军以外，禁卫军是一支新练成的精锐之师，未尝不可一试。但是冯、段已先任为第一、二两军总统，担任前线军事，此两军已为袁所能直接操纵。于是将禁卫军编列第三军，专负保卫京畿之责。我自永平秋操幕营地赶回北京，内阁总协理大臣已决定如此主张，我亦不便再持异议。及听到前线作战缺乏炮弹应用，我立即派遣禁卫军炮标统带吴金声带领炮队一营，配带应需实弹，专车抢先开往。陆军大臣荫昌督师南下，过彰德时曾与袁会晤。至于外间传说，徐世昌曾秘密赴彰，往来磋商条件，据我想，袁、徐两人早有默契，似不必再作形式上之会见，且当时亦未听说徐有赴彰之事。

袁世凯既出任内阁总理，于十月十五日奉皇太后懿旨，监国摄政王载沣以醇亲王归藩，不预政事。袁于是无所顾忌，为所欲为。袁又看准奕劻、那桐平日贪婪无厌，遂以大量金钱投其所好。奕劻之无钱不要，为人所共知。据闻袁前在直隶总督任内，对于庆王府中无论大小生日以及嫁娶妆奁等项，无一不由他供给。当革命事起，十月十七日北京报纸曾探载奕劻私有的金银珠宝衣饰详单，估计所值在现金 100 万两以上，其来源固无从深悉，恐亦不是随便捏造。平日蓄积有如是之巨，真是骇人听闻。又据人说，吴禄贞之得第六镇统制，亦曾花了运动费 2 万两，其过付为谁，现尚有人能指实。吴是很有声望的军人，奕劻尚不肯轻轻放过，则其他更可想而知。那桐亦是著名大贪污分子，拿钱走他的门路者，大有其人。在当时的朝局，已成公开之秘密。奕劻和那桐及那、袁两家彼此皆系姻亲，关系密切，他们三角勾结，袁之阴谋始得实现。

隆裕太后之为人，其优柔寡断更甚于载沣，遇着极为难之事，只有向人痛哭。平日宠信太监张兰德（外间通称小德张），言听计从。张亦居然以李莲英自居，器小易盈，唯知聚敛货财。袁世凯摸清这条路线，专派人密向张联络，许以巨额金钱，叫他向隆裕施用威胁利诱的手段，说袁世凯如何忠心，但是各省纷纷独立，前敌军队撤不下来，外债无望，饷项难筹，若不答应民党的要求，则革命军队杀到北京，您的生命难保；倘能依从让位，则优待条件如何如何，仍可安居宫闱，长享尊荣富贵，袁世凯一切可以担保云云。奕劻、那桐本来只认得钱，至于清廷封建统治的垮台，并不在他们的心上。他们 2 人与张兰德里应外合，不由得隆裕不入他们的圈套。后来他 3 人皆如愿以偿，各自在家纳福去了。奕劻在天津所买大楼房，即张兰德的产业。王闿运所著《祺祥纪事》末段说："乃至德宗（光绪）末年，天下惟论财货，禅让亦以贿成，举古今不闻之说，公言之而无怍。"这种禅让之局得以成功，可说是全由奕、那、张 3 人之手。载沣对于皇帝退位，是始终不赞成的，但他无权无力，在袁世凯看来，已在无足重轻之列。这是他优柔寡断贻误于前，到此也就没有任何办法了。

（选自全国政协文史资料研究委员会编《辛亥革命回忆录》第 6 集，中国文史出版社 2012 年 6 月第 2 版）

壬子北京兵变真相

杨雨辰*

壬子（1912 年）北京兵变是中国近代史上的一件大事。当时我是第三镇的参谋官，虽然没有直接参与机密，但因我的地位关系，和第三镇中的将领，上至曹锟下至弁目，相当熟悉。因此我当时所见所闻虽不能完全揭穿这一事件的内幕，但比较接近事实真相。现在仅就所见所闻记述下来。

辛亥（1911 年）革命，推翻了清朝的封建专制统治。以孙中山为首的革命党人为了急于把中华民国建成，减少革命的阻力，竟不惜委曲求全，与封建军阀及立宪党人妥协；孙中山同意把刚就任月余的临时大总统的职位，让给北洋军阀袁世凯。当时，孙中山向

* 杨雨辰：时任北洋陆军第三镇参谋官。

南京参议院提出了两点建议：

（一）临时政府设于南京不可更改；

（二）总统必须南下就职。

南京参议院根据孙中山的建议，改选袁世凯为临时大总统，并决定请袁南下就职。在革命党方面认为，只要袁世凯肯于南下离开他的老巢，便不难运用议会政治，使他就范，服从约束。而袁世凯对于大总统的宝座垂涎三尺，但对于让他离开北方一点，却拒不接受。他在给孙中山的电报中，强调北方形势复杂，他如一走，就“变端立见”；而且强调“北京外交团向以凯离此为虑”；还说什么“长此不能统一，外人无可承认”。因为他知道“统一”和外国的“承认”正是革命党人的迫切希望。于是他一方面强调在北方“若举人自代，实无措置各方面合宜之人”，另一方面又谦逊地说，要“退归田里，作共和之民”，故意要一要半推半就的姿态。实际上袁世凯的真正目的就在于拒绝南下，并要坚持把国都仍旧建在北京，不肯离开他小站练兵以来的“发祥地”——直隶省。

革命党人既把袁世凯南下就职作为约束他就范的主要手段之一，自然也不肯轻易让步，于是以南京临时政府名义派出蔡元培、汪兆铭、宋教仁等 5 人为北上迎袁专使，迎袁南下。

在五专使北来的消息传到北京以后，袁世凯又改变了他那半推半就假惺惺的态度，准备盛大欢迎。他指示直隶省和天津地方当局张锡銮、杨以德等人对专使等特别照料，还派其长子袁克定代表到天津去欢迎。连当时北来到津的起义将领汤芗铭等也受到了热情的招待。五专使到京以后，就被安排在东城煤渣胡同东口路北前清贵胄学堂的旧址，并为五专使举行了一场非常丰盛的宴会。在袁世凯与五专使见面时，不再强调困难，拒绝南下了；满口答应南下就职毫无问题，并说一待安排好留守坐镇的适宜人选，立刻就走。5位专使当然都很高兴，认为不虚此行，袁世凯终于“就范”了。

五专使到京时是1912年的2月26日，正是农历壬子年的正月初九日。绝大多数的老百姓对于什么五族共和之类新名词，似乎兴趣不大，而对于战事停止，能过过太平岁月，还是普遍拥护的，因此少不得锣鼓喧大热闹一番。正在这节日的气氛中，北京的市政厅通知各家商号住户，从2月27日即农历正月初十日起，举行庆祝大会3天，与庆祝中华民国成立同时，对南京的五专使，表示欢迎。在晚间还要举行提灯游行。凑巧这3天正是农历灯节的前夕，新旧结合，倒也使爱看热闹的北京市民引起了很大兴趣。但什么提灯游行，却还是破题儿第一遭，不甚习惯。所以除了各个商号不得不派出一名学徒或伙计前往参加以外，一般居民肯于参加的却是寥寥无几。至于拥挤在街道两旁观看热闹的人，就好比过“耍狮子、闹龙灯”会的时候一样，男女老少，拥挤不动，倒也十分热闹。

2月27日晚间，在夹道围观的街道中心，零零落落参差不齐的游行队伍，拖着懒洋洋的步子陆续走过，在行列中，有人带头喊起口号来。不知道市政厅是怎么布置的，口号内容不甚一致，有喊“中华民国万岁”的，也有喊“我们要定都北京”的。这还是中华民国建国的第一年，尽管政府已经公布要把辫子剪去，但很多汉人由于习惯势力，已经忘记满人入关时强迫剃发留辫的种种惨剧了，忘记拖在后面的辫子是民族屈辱的象征了，对于这根“猪尾巴”反而恋恋不舍起来，不肯剪掉。因此，在游行队伍中就有些所谓“维新”的人，手里拿着剪刀，看见谁的辫子还拖在后面，就悄悄替他剪掉。

这一来，立刻在游行队伍中引起了一场混乱，有叫的、吵的、骂的、笑的……连围在两旁看热闹的群众，也恐影响到自己，不由一哄而散。于是第一天的游行就在争吵叫骂声中很快结束了。

第二天，市政当局唯恐仍然发生上述情况，游行队伍召集不起来，事前又派警察挨门挨户前去通知。所有参加游行的队伍，沿途有人保护，决不随便代剪辫子。在这样再三号召保证之下，晚上的游行仍然按时举行。队伍在全市各个大街上经过，但游行有两个最后目的地，一个是东城的石大人胡同（即现在的外交部街），因为这位临时大总统的临时府邸就设在那里；另一处是煤渣胡同五专使的招待所。本来游行的目的是庆祝与欢迎，但因夹杂有“建都北京”的口号，听到五专使的耳中，那就另有一番感觉了。

由于第二天的提灯游行顺利地进行了，在第三天即农历的正月十二日（2 月 29 日），北京一般市民都对这种创举发生了兴趣。黄昏时候就有许多闲人拥上大街等候。还有许多人激起了民族感情，慨叹道：“大汉民族‘光复’了！”等到晚间 7 点多钟，提灯游行开始，由于有了前两天的经验，队伍整齐得多了，参加的人数也显然胜过了前几天。但游行刚刚进行不久，就听到东北方面轰、轰……几声炮响，有的人还在猜疑。“这大概是礼炮吧！”不料随后不知从哪里拥出许多队伍，口里嚷着：

“宫保要走了！”

“我们没人管了！”

“抢哇！”

……

在兵队嘈杂声中，不断夹着枪炮声，随后就有队伍向大街上的金店、银号、当铺……分头拥去。其他铺户看见形势不妙，纷纷关门上板，街上的游行队伍、观众都呼的一声散了。哭的、喊的、寻找子女的，被挤倒在地上高呼救命的……乱成了一团。随后，又见军队抢完了之后，还放了火。于是欢呼庆祝的场面立刻充满了恐怖惊惧的气氛。大家才知道：兵变了！

刚才大家听到的炮声，是从朝阳门外驻防的第三镇炮兵方面开放的。炮响以后，城外的变兵就拥进了朝阳门，直奔东四恒利金店，抢罢了东四，一股奔北新桥，一股奔向东单牌楼。抢完之后，前一股出东直门归队，后一股就由东便门出城回营！

与此同时，城里的第三镇第十标的变兵从东安门王府井大街一带，拥到了煤渣胡同五专使的招待所，边走边喊："袁宫保走了，我们没人管了！"但他们还没到煤渣胡同，五专使已经听到兵变的消息，慌忙逃到六国饭店避难去了。随后，变兵一直走到前门、大栅栏、永定门、虎坊桥等处分头行抢，抢完之后，分别以放枪为号，又都集合回营去了。

在变兵行抢的时候，秩序大乱，胆小的老百姓当然分别藏躲起来，唯恐大祸临头；但胆大的如地痞、流氓之类，有在庚子事变跟在洋兵后面行抢的经验，当然不肯放过这次浑水摸鱼的机会，于是紧跟在变兵后面，就有许多地方上的流氓们到商店、住户各处行抢。这些地方已没有军警维持秩序，商民住户只要"财去保平安"，看着他们公然行抢，谁也不敢阻拦，听凭他们抢够之后，呼啸而去。

第二天，北京城的居民，一般都人心惶惶，不知道还会发生什么祸事。有些人还很乐观，认为北京城有大总统坐镇又有外国公使馆，变兵行抢不会一而再地搞下去的；也有些人胆小怕事，早就做好准备，把贵重物品收藏起来。到了下午四五点钟，西城的毅军又鼓噪起来，从他们的驻地石虎胡同和端王府同时拥出，向西单、西四和前门等处行抢。行抢情形如同昨日，也是喊着“宫保走了，我们没人管了……”，边嚷边抢，抢罢以后，还要把商民的房屋放火焚烧，立刻火光熊熊，红了半边天。据说：西城烧的房子多，东城抢的钱多。这倒并不是因为所谓“东富西贵”，而是因为第二天大商户大住宅都已预先做好准备，把金银细软收藏起来。变兵们抢不着什么贵重东西，只好放火泄愤了！

3月1日，在北京城里连遭两天惨劫以后，东交民巷的外国驻军纷纷荷枪实弹到街头维持治安，而第三镇的变兵则奉袁世凯命令，开出北京，移驻到琉璃河、良乡、涿州一带去了。第三镇的执法官唐启尧和毅军军统姜桂题带领队伍扛着大令到街上巡查，遇见行人手里拿着包裹物件，行色仓皇的，立刻吩咐卫兵抓过来，就地正法，并把人头挂在通衢示众。有用三根竹竿或木杆支个架子悬挂人头的，也有直接挂在电线杆上的。在东四、灯市口、西单、西四、前门桥南都挂有血淋淋的人头，表示袁大总统坚决维护治安，杀一儆百的决心，被杀的人不下三四十名。但大多数都是流氓混混，还有一些人并未抢过任何东西，本是拿着自己的衣物走路，看见这些手拿大刀的军队发怵，变颜变色，抓来一问又都怯官，张口结舌，一个字说不出来，立刻就冤枉送了一条性命。而那些参加过抢劫的变兵，早已归队，这时兴高采烈，腰缠累累，有的胳膊上带着好几副金镯子、腰带上系着翠花珠链，都平安无事随着队伍开出城外去了。

又过了一天，袁大总统出了一张布告，大意是：没有及时弭乱，致使商民蒙受损失，非常痛心。今后自当严加防范，至于商民此次所受损失，一俟查明，即行从优抚恤。同时还对外交团和各方面解释，这次兵变是因为命令他们剪辫子和取消战时津贴所引起的。而对于专使们的受惊更是再三表示歉意，并说，北方秩序，我是责无旁贷，一定继续负责维持，免得酿成更严重的后果。

北京兵变等于用事实证明袁世凯过去所说：“北方军民，意见尚多分歧，隐患实繁。”而北来的五位专使在那天晚上也确实受了不少惊吓，仅以身免，大有谈虎色变的神态了。而且帝国主义也会凑趣，有纷纷调兵进京的迹象。这更证实袁世凯所说“内讧外患，递相引牵”，确有先见之明。于是蔡元培等五专使于3月2日联名给南京临时政府拍了一通电报，说：“北京兵变，外人极为激昂，设使再有此等情事发生，外人自由行动，恐将不免。培等睹此情形，集议以为迅建统一政府为今日最要问题，余尽可迁就，以定大局。”于是3月6日南京的临时参议院也同意了袁世凯在北京就职。3月10日，袁世凯便在蔡元培等迎袁专使的参加下，在北京宣誓就任中华民国临时大总统。

在2月29日即兵变发生的那一天下午，我正好被第三镇统制曹锟叫到帅府园第三镇的司令部开会。同时被邀出席的有第六协协统陈文运、第十标标统唐天玺（唐就住在帅府园）、参谋长萧耀南，还有王九成（因他是在小站搞马鞍皮带出身，一般人都称他王皮匠，后来曾任热河督统）等人。唐天玺说：“统制被宫保找去了，请大家稍等一等。”我们就在一起闲聊，一直等到7点多钟，大家胡乱吃了一些点心，也没有正式吃饭，而曹锟仍没有回来。大家正等得不耐烦了，忽然听见朝阳门外的炮声，接着又听得附近有枪响，这才听说：“第三镇变了。”在座的人差不多都惊慌失措，面面相觑，纷纷打电话到有关方面查问，所了解的情况正如袁世凯事后向人解释一样，因为反对剪辫子和取消战时津贴等问题，弟兄们哗变了。于是陈文运纷纷出去，表示要设法收容队伍。我没有什么事可做，但因人心慌乱，也只好匆匆离去。在我离开司令部时，路过王府井一带，变兵早已抢完散去，只见家家关门闭户，行人绝迹，一片劫后的凄凉景象。

我回到家里，精神略为安定下来，回想起兵变前几天的一些见闻，感到这次兵变决不是偶然的，而是经过严密策划布置的。

农历正月初四日（2 月 21 日），袁世凯的长子袁克定曾在地安门黄城根他的公馆里召集姜桂题、曹锟、杨士琦、杨皙子等人谈话。因为我是曹锟的参谋，经常跟他在各处走动。这一天，我虽没有跟随曹锟一同前去，但他们开会的情况，曹锟却在事后闲谈中向我讲过。据曹说，当时先由袁克定把南京政府的情况简单作了一番介绍，最后说到，南边坚持要大总统南下就职，大总统要走，兵权就得交给别人。听说王芝祥要来当直隶都督。大总统只能带一标人去作为卫队，至多也不能超过一协。其余的人恐怕都要裁汰调动。袁说到这里大家都很动容，因为这是直接影响个人前途出路的事。这般人久跟着袁世凯，本不愿再跟别人，何况王芝祥是在广西闹革命的呢，王虽是北方人，但既是南京政府派来的，总不能跟自己一条心。于是你一言我一语嚷嚷了半天，可是谁也想不出个正经主意。最后袁克定忍不住了，就说："我看等那些专使来的时候，把他们吓回去再说。"袁克定说这句话的时候，把两个眼珠子紧紧地盯住姜桂题，希望姜桂题能够首先有所表示。为什么袁克定这样期望着姜桂题呢？原来姜桂题本来隶属宋庆的老毅军，在中日战争时，姜桂题把守旅顺。

旅顺失守，姜桂题弃职潜逃，清政府本来宣布要将他按军法处置，一经逮获，就地问斩。幸亏袁世凯替他求情，才准予革去一切恩赏顶戴，戴罪图功，在袁世凯的军前效力。因此袁克定觉得对姜有恩，希望他能感恩图报。不料姜桂题嘴里嘟囔了半天"这个光景……那个光景……"始终没有说出一句整话，袁克定一堵气，"改天再谈吧。"就散了。

到了农历正月初六日（2月23日），袁克定又找曹锟到他家去，这天我也去了。曹到后，见过袁克定，就吩咐我通知刘学信（第三镇炮兵标统）、王用中（炮兵管带、兼帮统）、唐天玺（第三镇第十标标统）、萧耀南（第三镇参谋长）、米振标（毅军左路统领）、陈希义（毅军右路统领）等前来开会。大家陆续到齐以后，分别就座。我虽没有参加这个会，只是在房门外边廊沿下待着，但也没有人干涉我。因为那天所约刘、萧等人，地位也和我上下仿佛，所以也就不避讳我了。

大家首先谈的是迁都南京问题。有的说，南京经过太平天国一场战乱，早已房倒屋塌，哪里有北京多年国都这么方便现成呢！有的说，这是南蛮子的调虎离山计，目的不外是把大总统骗到南边软禁起来，说不定还许下手给害了呢！随后袁克定又把那天所说的话重复了一遍，最后加重语气强调说："难道大清皇上退位，北洋军官也要退位吗？"袁克定"启发"了半天，大家还是没有人吭声，于是曹锟就说："我想这件事他妈的好办。只要去几个人把专使的住处一围，一放枪，大伙儿嘴里再嚷嚷：'宫保要走了，我们没人管了'。只要咱们一吓唬，他们就得跑。"袁克定听了，不住点头说："只要你们一闹，把他们吓跑了，那就好办了。到那时候，外交团也能出来说话，不放总统南下。这样建都北京就不成问题了，王芝祥也不敢来接直隶都督了。”这样大家才纷纷发言，不外乎大家永远跟着总统这类的活。最后决定在庆祝民国成立时，照计而行。袁克定还告诉大家，由他通知陆建章叫执法处决不干涉这一行动。

根据这两天的情况来分析，这次兵变完全是按照那天计划行动的。那么，为什么今天曹锟要把我们找去开会呢？今天在座的人只有萧耀南、唐天玺和我知道那天决定的情况，其余的人未必知道。主要目的，据我推侧，在于陈文运。因为他是协统，是直接带兵的大官，位置仅次于曹锟。他们知道陈文运是留学生，办事一板二眼，事先不敢和他说通，又怕发生兵变时他出来阻止。如果他一出头，下面的官兵便谁也不敢动手，这出戏就唱不成了。因此才以开会为名，实际上等于把他软禁了半天一夜。而我们几个人不过是陪客，故意掩饰他的耳目罢了。

我是第三镇的老部属，父亲（杨亮辉）是武卫前军的军官，曾经做过炮队帮统。庚子年抗击八国联军之役，聂士成阵亡，武卫前军部队残散，一部分归了毅军，一部分归了武卫右军。因此我和第三镇上上下下及大部分毅军军官，都有多年的交情，大家做的事，都不瞒我。过了几天我悄悄一打听，果然证实了我的猜测，兵变确实是按照计划进行的。朝阳门外的炮队由队官吴景南率领；第十标在东城行抢由管带马鸿烈率领；前门外一带由王用中指挥。抢完以后，以鸣枪为号，即刻归队。毅军方面，据我了解，前门外一带由教练官刘云路率领，西城由帮带张春雨、管带陈景福率领。还有若干为首的中下级军官姓名忘记了。他们抢劫的“成绩”，对我也不隐瞒，连某人抢了几副金镯子，有的还曾向我说过。

在兵变发生以后，袁世凯曾把曹锟叫去厉声申斥了一顿。据曹锟事后在闲谈中说："那一天可把我吓坏了。宫保把我叫去，大声喝道：'跪下'，我立刻跪下了。接着他就把两个大眼珠子狠狠地瞪住我说道：'你摸摸你的脖子，脑袋还在脖子上长着没有？'接着把我大骂了一顿，才叫我'滚蛋'。这么冷的天，吓得我浑身是汗。我跟宫保多少年，从来没见他发过这么大的脾气！"由此可见，袁世凯似乎不曾"密令"曹锟来一次北京兵变。但是，如果不取得袁世凯的同意，袁克定又怎敢擅自发动这样一场大事！而且当时和事后都没有听说袁世凯有主张严惩祸首的话，仅仅是几十个无辜的老百姓平白做了屈死鬼，又有谁能够相信这次兵变不是袁世凯策划指使的呢？

（王毓超　整理）

（选自全国政协文史资料研究委员会编《辛亥革命回忆录》第8集，中国文史出版社2012年6月第2版）

民元北京兵变时我之闻见

叶恭绰 *

民国元年（1912 年）春，当农历壬子年元宵的前 3 日，北京驻军曹锟所领的第三镇突然哗变。是晚我正在石大人胡同迎宾馆，即现在外交部大楼楼下的东室晚饭。忽闻枪声突起，始以为节近元宵，有人燃放爆竹，旋即辨是枪声，于是在该处吃饭者皆离座至中厅，询问出何事故。只见院中军队嘈杂，枪弹盒抛弃满地。袁世凯时亦下楼，见火光烛天，须臾电灯忽然熄灭，袁乃现惊慌失措之状，屡次问西直门外情况如何，西直门已否关城？盖因禁卫军四大旅除冯国璋带去一部分外，均驻在西苑，时传不稳之讯，恐其一同哗变。其后各方电话陆续而至，乃仅是城内第三镇的兵及袁之卫队，袁此

* 叶恭绰：时任清政府铁路总局代理局长，后任北洋政府交通总长，南京国民政府铁道部部长。新中国成立后，任第二届全国政协常委，第三、四届全国政协委员，中央文史研究馆副馆长。

时发怒云："这还了得，快拿我的家伙来，我去打他们！"言时神色已显安定，不似开始惊愕样子。是夜枪声四起，路断行人，迎宾馆中同人等终夜不能入睡，也无地可睡。

黎明时枪声已息，有人送来欢迎团蔡元培等一函，系致唐绍仪者，我恐事关重要，是时不知唐在何处，遂即拆阅。函中仅报告因兵变逃至六国饭店，别无他语，因即交人送与袁世凯看。袁氏下楼见无人在侧，即嘱我速赴六国饭店慰视蔡元培等，仓促之间并未面嘱何语（且其时我并非参与大计之人）。是时楼下只我一人，大约都已回家去了，我因家眷不在京，临时寄居友人处，食宿皆无定所，有时即住在部内。我并非石大人胡同迎宾馆的任何职员，其他如施愚等亦均无任何名义。

当时我在街雇一人力车，到东交民巷东口时，使馆外国兵已放哨警戒。我出示名片，遂到六国饭店。此时沿街散乱兵有持枪，有不持枪者，多乘人力车，抱着掠夺的金银器皿衣服什物，并无军警拦阻。我进六国饭店见到蔡元培、汪精卫、曾昭文、黄恺元等，样子很狼狈，有穿鞋无袜的，有未及穿鞋逃出的。汪精卫即云："看此情形，袁氏南下就职是做不到了，我们已议决电向南京报告。"我略与周旋，致慰问之意，未谈到任何具体问题。仿佛记得蔡元培静默不大发言，汪精卫比较活跃，似为代表团之骨干。然后我就步行出台基厂至东长安街京汉铁路局，向郑局长（时局长为郑清濂，福建船政学生，乃盛宣怀所派，交通部始终留用，并未更动）暂时挪取3000元，再携回饭店交与蔡元培等，作为全团置办衣物及零用，因其原住所早被抢掠一空了。此时代表等赶至六国饭店者稍多，我不尽相识。待我回至迎宾馆时，唐绍仪适到，遂将经过情形向唐报告。

我出来后又赶赴西长安街，见邮传部安堵如故，我就处理要件后而回。

次日由姜桂题率领毅军出外弹压，在重要街道口派兵站岗，遇乱兵携有抢物者即当场处决，市面遂平定下来。但继之通州、天津、保定等处又发生兵变，终至袁氏不南下，在北京就大总统职，而南方的欢迎团蔡元培等亦改为庆祝使者，兵变一幕之结局如此而已。

多少年来，一般人都以为兵变是袁所主使，余综合前后情节，以为不论如何，袁是逃不了责任的。但亦有些人以为系袁克定、赵秉钧、段芝贵弄的把戏，这虽也有可能，但驻在迎宾馆充袁世凯卫队的拱卫军（段芝贵是拱卫军总司令），如非有上级的允许便发动兵变，所谓军纪者何在？以后又何以执行军律？当袁氏知道卫队亦出外抢劫时，曾命将刚解到的军饷打开银鞘①发与卫队，这也是一桩不可解的谜。至兵变时段芝贵不知所在，事后据赵的秘书丁惟忠说，而赵秉钧则躺在烟床上，传令全城巡警一概撤岗，此虽为避免军警冲突，或是恐其加入抢劫起见，但有无其他用意，则无从揣测矣。

（选自全国政协文史资料研究委员会编《辛亥革命回忆录》第8集，中国文史出版社2012年6月第2版）

① 银鞘是用一段树木之坚硬者，劈开两半而空其中，以放元宝，然后合起来用铁条钉固。大约一鞘放银几千两，由解饷委员护送按驿站行走，送至北京收受的机关验收。这是未有汇兑银行以前的笨法，有银行后仍有用此法的，为可得现银也，而吏胥之需索、保镖的开支即因之而起。解送的官员亦因之而得劳绩与酬劳，民国后始停罢。

我所知道的袁世凯

陶树德[*]

先父名明珍，江苏溧水人，12岁时投太平军，太平天国覆亡时，为李鸿章所收编，改称淮军，旋随李调防旅顺口炮台。先父以善使快枪、小炮之类火器，颇受器重，任教官。光绪中叶，袁世凯以“钦差大臣办理朝鲜通商抚辑事宜、正任浙江温处海关兵备道”名义，委先父为卫队哨长，兼总教习，随同赴朝。中日军兴，又护送袁眷属经仁川改乘轮船回国。袁在小站练兵时，先父在步兵右翼第三营处当左哨哨官；袁任山东巡抚时，随袁赴济南，仍任哨官；袁调直隶总督、北洋大臣时，又随到保定，不久因病去世。袁以先父跟随多年，对先父殡葬及遗族颇加照顾，每年给我母子恩饷达196两（每

---

* 陶树德：时为袁世凯内卫。

月 8 两，端午、中秋多发 25 两，年节另发 50 两）。母子赖以生活，我亦以此得入塾攻读。

1913 年，余年 17，知袁已就大总统职，便由津到京，求见不获，仗卫队中父执之力，补入拱卫军中路第三营中哨充正兵，后考入模范团（袁自兼团长）。这年秋，袁忽心血来潮，念及其旧部遗孤，我被召见，并即下条被任为内尉军官，月饷 70 元，作为彼之近侍，直至袁死后，护灵回原籍为止。此后，我又在天津袁宅任总管，直至抗日战争天津沦陷，始离津回京，从此与袁家断绝了一切关系。

我家两代在袁世凯帐下奔走，从旧社会的立场、观点来说，应该是“知遇之恩，永矢难忘”，但当兹垂暮之年，欣逢盛世，经 10 多年的社会主义教育和体验，对袁和自身已渐有新的认识：我父子不过受彼豢养，供彼驱策，作为这一权臣国贼的爪牙走狗而已。回首前尘，能不感慨？今就记忆所及，将随侍袁世凯的种种所见所闻，摘要缕述如后，或者可充史乘之不足。

一　袁世凯的起家

小站练兵，是袁世凯起家的资本。北洋政府时代，上自国务总理、执政、内阁部长，各省巡阅使、督军、师长、旅长，下迄团长、营长、连长，几无一非小站出身者。

袁在小站所练之兵，实际上仅 7 个营，约 7000 人，数量并不算多，可是他为什么能够凭借这点资本来造成这样大的军阀势力呢？这主要是因为袁确有一套善于笼络人的手段，使一般追求名利之徒甘为所用。

即以我为例，当总统府拱卫军中路统领李进才领我初次叩见袁氏时，他一面叫我起来，摸摸我头顶，捏捏我膀子，一面对李说："我在小站练兵时生的孩子都这么大了，我的胡子怎不白！"接着问了几句，又对我说："你又认得字，也能写吧，又当了兵，吃过苦，将来决定弄点军队给你带带。可是现在年纪还太小，你不要到外边去了，在我跟前学学吧！"这几句话，跟他以后给我安排的工作，就使我死心塌地地供他使用。

袁一方面对老一辈和同辈的实力分子刻意笼络，对部下师长、旅长及团营长也注意收买网罗。他经常效法慈禧太后作风，以本人食物馈赠部下，以貂皮大衣赠师长，貉绒大衣赠旅长，滩羊皮大衣赠团、营长，以貂皮衣帽、人参、自制的丸药"活络丹"赠文官；甚至对部队班长，也不放松。记得在民国 3 年时，他曾请所有驻京部队的班长吃过一顿西餐。大队的班长从中南海的后门福华门（北海大桥迤西）一直排到宝光门，就在这长长的林荫道两旁坐下进餐，袁着陆海军大元帅礼服，举杯步行向在座者敬酒。

清末，政府曾派遣若干青年出国留学，毕业归国时，见庆王三叩首，仅博得冷然一瞥；见袁时，不仅不让彼等叩头，且拉过去逐一亲切问询，并谓："递个履历给我，送外交部，我给你们派事。"故袁手下，鸡鸣狗盗之辈，形形色色的人物都有。当时人谓："孙中山在这一点上就斗他不过！"

袁之大刀阔斧用钱，经常造成极大亏空。他保荐杨士骧继任直隶总督，目的也即在使杨弥补他在北洋大臣任内的亏空。

民国成立以后，袁总揽大权，总统府的特别费无一定预算，财政部成为袁之私人账房，中交两行成了他个人的金库。故帝制取消后，段祺瑞以国务院名义令中交两行停止兑现，使袁非常愤恨。

二　总统府的气派

袁任总统后，总统府组织庞大，气派甚豪，主要有如下几个部门：

（一）侍从武官处：长官为上将级，袁派满人皇族荫昌充任。荫昌原为逊清陆军大臣，曾留学德国（其妻为德国人）习军事，时年已60余，为袁好友。侍从武官均系解职之师、旅长，每人月给三二百元。如张敬尧之弟敬虞、马福祥之子马鸿逵、李纯（后任江西、江苏督军，苏、皖、赣巡阅使）、裕容龄郡主之夫唐宝潮、施剑翘之父施从滨等，均曾任武官。

（二）翊卫处：都翊卫使为阿木尔林圭（蒙古亲王）、副都翊卫使那彦图（蒙古铁帽王）。袁将满、蒙王公均纳入该处。

（三）内史监（秘书处）：即秘书长，执掌一切机要文书事宜，先后由梁士诒、阮忠枢负责，网罗人才不少。秘书称内监。

袁任总统后，组有由彼直接指挥的近卫军——拱卫军，拱卫京畿与总统府。编制为五五制，共分前路、左路、右路、后路及中路，各路设统领，每路四营，共20营；另有炮兵3营；每营官兵500人，共1万余人。各路统领及驻地为：

前路统领王汝贤（武备学堂学生，后任长江上游总司令），驻朝阳门外日坛；

左路统领洪自成，驻北苑；

右路统领刘富有（武备学堂学生），驻西苑；

后路统领刘金彪，驻北海、光明殿、府右街；

中路统领李进才（后升任拱卫军总司令），驻中南海总统府内；

炮兵、骑兵营、统领田友望，驻西苑。

每营分前、左、右、后、中 5 个哨，每哨又分前、左、右、后各 8 个班，中哨 6 个班（中哨除号兵、营传令兵各 1 个班外，另 1 个班归统领吃空额，如厨司、裁缝、马夫等均在该班名额内，故实际上中哨仅 3 个班，各营均如此）。我为中哨正兵，每月饷银 5 两 5 钱，比其他各哨正兵多 3 钱；后升班长，月饷 5 两 8 钱，每月 1 日关饷，不拖欠。

拱卫军军服，夏季用黄卡叽布制服，冬季为天青布棉制服，另有黄呢制服，逢国家大典时穿着。士兵用三八式步枪，军官佩德国手枪，平时不带。

民国 4 年，袁为加强本人直接指挥部队的实力，培养干部，又成立模范团，自兼团长，派保定军校第一期毕业生充当班长，士兵则在拱卫军中挑选（挑选时供纸笔，能写就行），驻旃坛寺。团务实际由团附陈光远（后任江西督军）负责，学习期为 8 个月。

袁赏识身材魁梧之辈，故无论干部军官或卫队卫士类多彪形大汉。

三　民国初年的中南海

袁任临时大总统期间，最初在东城外交部街外交部办公，旋迁铁狮子胡同 1 号，唯仍感房宇褊仄，不敷展布。时逊清皇室已自中南海撤出，溥仪退居故宫乾清门以北、神武门以南，包括东、西两宫范围以内，自成其小朝廷。当时出入中南海，均由以南、北长街中间之西苑门（面对西华门），颇多不便。袁随下令增辟新华门，改由西长安街出入，中南海其他各门，一律禁止通行。新华门之门楼，原名“宝月楼”，南倚宫墙，无门，原为清乾隆藏置回族香妃之所。

在慈禧太后垂帘听政时代，环中南海建有窄轨铁路，用小火车头拖带车厢数节，供彼乘坐游览；海中有以煤油发动之小汽艇两艘及若干大、小画舫，供乘坐游赏或摆渡之用。袁进中南海后，即下令将小铁路拆除，改建环湖马路，船只仍保留。每逢夏令，袁亦偶从居仁堂出，在丰泽园前下船，乘小汽艇入中海纳凉。艇甚小，只能容 3 人，除袁外，仅司机、掌舵各一人而已。余曾一度为袁所乘汽艇把舵。

每年自夏初至仲秋，环海搭架席墙，高逾人。盖袁之内眷经常来海上荡舟纳凉；有时袁携妻妾乘画舫饮宴，用小船往来递送酒菜，席墙用以分内外也。秋凉后即撤除，每年所费不赀。

袁极少外出，出乘汽车。正式出行仅 3 次：一次系赴天坛祈年殿祭天；另一次系赴太和殿宣誓就中华民国正式第一任大总统，同时在天安门阅兵；第三次系祭孔。

祭天之行，气象森严，仪仗甚盛，路旁屋顶均放步哨，自新华门至天坛净街。袁一人乘汽车，其他人均骑马。队伍序列，最先为步兵统领江朝宗、警察总监吴炳湘，其后为总统府总指挥使徐邦杰。车前及左右均为骑兵卫士，并以三四十骑殿后。

民国 2 年 10 月 10 日，袁正式就任大总统之宣誓就职典礼在故宫太和殿举行。袁着海陆军大元帅礼服，文官衣燕尾服，武将衣军礼服，各国驻华使节均参加。袁立御座前，宣誓毕，乘二人肩舆登天安门城楼阅兵，此为民国以来第一次军事大检阅。受检阅部队共两个师，系临时拼凑而成。有百余人组成之军乐队奏进行曲（总统府共有乐队3个：一为军乐队，即铜管乐队，一为弦乐队，另一称华乐队，用笙箫管笛吹奏与打击乐器）。检阅毕，袁即乘汽车出天安门，经新华门回中南海总统府。

民国2年去国子监孔庙祭祀孔子时，仪式虽亦甚隆重，侍从则较少。

总统府规定：文武官员，不问何人，入总统府者均须在新华门前下车。入门后，有胶皮轮人力车40辆备用，亦可乘大小渡船，到丰泽园前下车或上岸入居仁堂。冬季备有冰床，上有棉布篷御寒蔽雪，有玻璃窗可供瞭望，用人推。

四　袁世凯之政治手腕

袁世凯初入仕途，即善于对上阿谀拍马，钻营奉迎，争取政治地位；对下广布恩德，笼络人心，组成以本人为核心的政治军事集团。

光绪年间，袁先后结交慈禧太后驾前嬖幸内官皮硝李（李莲英）、隆裕太后宫中总管太监小德张。袁每次入觐，随身均带有票面额自纹银10两以至数百两之银票多张，随时审情度势，投送门包。不论大小太监，见袁时如叩头、请安问好者，靡不有赏。因此，袁所获内廷消息，往往迅捷可靠，使彼在政治舞台上能纵横捭阖，呼云布雨，见风使舵，逢凶化吉。宣统元年摄政王企图为光绪复仇、杀袁未果一事（见后），即其一例。

民国成立前夕，袁外表虽养晦家园，不闻外事，实则羽毛已丰，无异军权在握，正以其巨眼盱衡全局，待机而动，颇有“收拾残局舍我其谁”之概。迨清室退位，孙中山复以临时大总统职位相让，袁更目空一切，广植党羽，独揽大权，为所欲为；一方以高官笼络非直系军阀政客，一方以厚币收买各省督军、实力派，拥护其独裁政府。兹可再举一例如下：

一日，陈光远呈袁一报销单，为数 1.8 万元，袁阅后，即在“一”字上加了一竖，改成“十”字，变成了 10.8 万元。陈取款后，不敢收用，向袁请示，所余 9 万元作何开支。袁说：“嗨，你带着吧！买些地，买些股票。你也够辛苦了。”

热河都统姜桂题，时已 70 余岁，出身毅军，系袁世凯之叔祖袁甲三部下，而毅军亦系袁甲三所创者，故袁对之多方回护。姜在北京东城翠花胡同 1 号设有大规模烟土庄，专门销售热河特产的鸦片烟土。一日，姜谒袁说：“我来到了一点儿烟土，要进东直门。到城里我怕步兵统领和警察总监要查抄没收，请总统打个德律风叫他们放行。”姜所谓“一点儿烟土”，并不是十两八两，百儿八十两，而是以大队骆驼载运，由大队步骑兵保护的驮运烟土行列。

袁佯作色说：“大总统下令禁烟，我只能叫他们查抄没收。”

“那可不行，总统！那么着，我毅军（姜系毅军军长）就发不了饷。”姜说。

“我不能保护你”，袁说，但忽然转了一个一百八十度的弯：“你应该去找吴炳湘（警察总监）、江朝宗（步兵统领），以老朋友地位同他们商量商量。”

姜退出，即匆遽问我：“伙计，吴炳湘、江朝宗住在哪儿？”我见姜已老得糊涂，即谓：“您老上车吧，我告诉您的副官好了，开汽车的也知道。”姜这才放心。

五　袁世凯与英使朱尔典

袁与英国驻华公使朱尔典勾结甚密。朱尔典能操地道北京话，可与袁直接会谈，不用翻译人员。袁如遇重大外交问题，即邀朱尔典进府晤谈。这一老牌帝国主义国家的使节，对中国情况了解深刻，对袁的底子也摸得极透，故颇获袁之信任。

洪宪垮台后，袁即以巨款交朱尔典，托为在英京伦敦购买房产一处，以便随时作海外寓公。此事知者不少。袁尝谓："做皇帝有人反对，我连总统也不做了，我正托朱尔典在伦敦给我买房，上英国去。"袁并命四、六、七、八各子及长孙容孙（容孙后改为"蓉荪"，学地质学）去英留学，即为治装，派一内尉随行照料。不料第一次世界大战爆发，德国齐柏林飞船不断袭击伦敦，旋即返国。但托朱尔典代购之房屋并无下文，亦未闻将款退回。

袁与德皇威廉之私交甚好，故欧战开始后，虽经协约国外交官多方活动，袁之部下亦多建议对德宣战，袁不为所动，始终严守中立。威廉对袁推崇备至，尝自谓"欧洲当推威廉，远东当推袁世凯"，大有"天下英雄惟使君与操"之概。

威廉曾以私人名义，赠袁德产自行车100辆，其中有三轮者数辆，系供袁及其子女使用者，其余由总统府分派使用，但袁从未一试。

袁对日本感情不好，对日本驻华公使日置益尤为头痛。丧权辱国之"二十一条"即经由日置益公使所提出，当时对袁拍桌瞪眼，气势凌厉，予袁威胁刺激甚大，但袁外表仍镇静如恒，仅谓："这问题要解决的。"

日本提出"二十一条"后，袁曾邀朱尔典入府商议。朱尔典谓"英国方有事于西欧，必须首先击败德国，无暇东顾。阁下应度情量力，中国目下可用之海陆军有多少，对战争胜利有无把握。如既乏外力支援，又无可靠把握，不如暂忍一时，善为折冲，俟欧战结束后，再由西方国家前来干涉，设法取消。要知万一战败，可能不止‘二十一条’，或且更加苛酷”云云。

袁与朱尔典为老友，无话不谈，经此次会晤后，袁签订“二十一条”之意乃决。

六 大总统选举之丑行

民国2年8、9月间（时我尚在拱卫军当卫士）一日，拱卫军总司令李进才忽然派人到前门外等处估衣铺租来大批便服，发给事先挑选的士兵穿着（其中有暗藏短枪者）。李本人亦改着便服，率队开出中南海，直奔宣武门内国会街国会大门，后路统领刘金彪亦由北海、府右街一带率一部分便衣队前往国会后门，号称“公民请愿”，将国会团团围住，等候大总统选举揭晓。自晨迄暮，大总统尚未选出。议员要求离会吃饭者（有些抽大烟者，实际上想回家过瘾）均不准通过，非待选出大总统不撤退。国会中人注意到这批“公民”虽外穿便衣，但军裤、皮靴、短枪，赫然可见，知形势严重，只得放弃争执，草草投票（唱票时间有梅兰芳的名字），至晚间9时许，始宣布已选出袁世凯为大总统，黎元洪为副总统。李见目的已达，即下令便衣队撤回。此次行动是否袁所指使抑系袁党所运动，或系拱卫军头子之自发行动，不得而知。

袁总统任内国务总理有唐绍仪、熊希龄、段祺瑞等，成立国务院（一度改称“政事堂”，设国务卿），设中南海丰泽园内遐瞩楼，海陆军大元帅统率办事处亦在园内。国务会议每星期五在居仁堂开会。袁除经常出席国务会议外，并常主持北京驻军会议、拱卫军会议、训练总监会议（总监为蒋雁行）、模范团连长以上军官会议。

开会时，文官着燕尾服，武官着军礼服，不准带军刀（在候见室即将军刀摘下存放）。王士珍不是先来，便是后到，最引人注目者，为王之服装：冬季用蓝呢长袍黑呢褂，红结黑缎小帽，缎子粉底朝靴；夏季着蓝纱长袍，黑纱马褂，红结纱帽，缎子双梁鞋。袁亦不以为怪。

黎元洪当选副总统后，亦迁入中南海，住瀛台。黎原有卫队一营，经袁下令各发 10 个月薪饷解散，改由拱卫军中路第一营派一个连在桥头守卫。黎元洪能服从袁，故袁、黎之间尚能和平共处。

七　袁世凯与逊清贵族的关系

民国成立后，袁对逊清皇室的奴才根性依然未除，故洪宪失败、病势垂危时，犹遗言成殓时不穿龙袍，因“无颜见两宫于地下”。

在逊清贵族中，袁与荫昌相知最深。袁因彼曾留学德国，学过军事，遂赐以上将衔，任命为总统府侍从武官长（荫昌在袁、黎、徐、冯总统任内连任侍从武官长，至曹锟贿选总统就任后始去职，盖荫昌曾任武备学堂总办，曹锟为武备学堂出身，不敢以老师为侍从也）。

除荫昌外，袁与世续（曾任军机大臣，民国成立后，在故宫内溥仪小朝廷中任内务部大臣）交结甚密。洪宪称帝眼见即将成为事实时，世续曾突然到总统府求见袁，袁在居仁堂东房洋客厅（通常用于接见外宾者）接见。世续说：“听说大总统就要即位称帝，我们都很高兴。我们想从宫里迁出来，让新皇帝居住。我们是不是可以迁到颐和园居住？再者，听说大总统有几位小姐，像五小姐、六小姐，跟宣统皇上年龄相仿，是不是可以联个姻亲？”世续出言甚为委婉，盖逊清王室中人见袁氏称帝在即，对自身安全不无戒心，依然蛰居后宫，颇有不妥，故作此姿态，以探袁氏风色。联姻计划如能实现，对溥仪未来地位亦多一重保障也。

袁自亦洞察世续此种企图，当谓：“后宫院落，现在尚不急于需要，以后有机会再说，不必迁颐和园了。至于联姻的事，我的几个女孩子年纪都还小，现在还谈不到。”

袁与庆王长子载振贝子有八拜之交，在逊清时代，曾经常走他的门路。第二次任总统时，曾命载振袭庆王爵位。在此时期内，载振亦曾来总统府走动，但未发生任何作用。

八　皇帝梦与太子梦

民国 4 年秋，洪宪帝制酝酿已臻成熟，袁因下令自民国 5 年元旦起，改称洪宪元年。

袁对称帝事，表面上似并不热衷，尝谓：“我这个大总统，可称为终身大总统，没有必要做皇帝。再说，我年纪也已快 60 岁了，袁氏祖辈、父辈中无过花甲者，故更没有必要。”

但袁之长子克定则热衷于当太子，以便在不久以后，即能继承大位。克定的企图对袁氏称帝颇具推动作用。结果不啻一枕黄粱，父子俩做了 83 天的皇帝梦和太子梦。

洪宪宝座设中南海居仁堂，龙案龙座，绣缎帷垫，一片金黄。

地毯亦金黄色，系熊希龄自热河行宫中取来，据传其中掺有部分金丝织成。

登基之日，袁到居仁堂受朝贺，衣海陆军大元帅礼服（事前曾赶制龙袍一袭，并试过身，但届时袁未服用）。袁未就座，仅立龙案左上方，手扶案面，受文武百官及外交使节三鞠躬礼，满族及蒙古王公则行三跪九叩礼。

袁之失败，固咎由自取，克定对彼之影响亦大。袁徒知为克定打基础，拉关系，但克定实乃一阿斗。徐世昌任大总统时，曾在瀛台宴请曹锟、张作霖、靳云鹏 3 人，席间，张作霖慨然说："袁世凯当大总统，做洪宪皇帝，我没有意见，因为我们原都是穷光蛋，是他把我们提拔起来的。可惜他没有回头看看……"下面虽没有说出来，意思指的却是袁克定。

北伐后，袁克定经常居住天津。我那时即在袁宅管事，直到日军占领天津为止。他手下无一正派人，气度极小，吝啬成性，像我这样与袁家有这么多年关系的人，除了工资外，没有给过我一文钱，送过我一件东西。他年轻时每日斗鸡走狗，捧京剧演员，自奉甚奢。袁世凯去世多年，而彼犹常以太子自居，指望"有朝一日"。克定爱住名胜地区，好旅行，经常往来济南（前湖北督军王占元系彼亲家）、苏州（丈人吴大澂，妹嫁清末著名散文家薛福成之子，均住苏州）、上海，吃喝玩乐，随从常达 10 余人（如按摩医生、厨子、当差、侍卫等）。日寇占领天津期间，司令坂西常往晤谈（克定不仅通日语，尚通英、德及拉丁文字）。日本投降后，境况日落，有时住北京西山、汤山、颐和园等处。解放后，79 岁时死于北京。

袁之次子克文（字豹岑，号寒云），能为文，善书画，时人称为才子。彼虽外似敝屣尊荣，却纵情声色（袁出殡时，彼因迷恋一京剧坤角，流连天津不返），中年即去世。袁任大总统时，彼亦在中南海，住“流水音”，人称“二爷处”，但未挂牌（克定住团城，门上挂“大爷处”牌子，电话簿上也称“大爷处”）。

袁之三子克良住中南海延庆楼，称“三爷处”，亦未挂牌。此子品质恶劣，挥霍无度，经常写信向地方官借钱，地方官不敢得罪，只得照送。后曾参加青帮，属“大”字辈，一度在上海大收徒弟，吃徒弟的。最后成神经病患者多年，日寇入侵时死于天津。

此外，中南海尚有一“大老爷处”，在怀仁堂西八所。所谓“大老爷”者，系袁堂兄，名冕堂，自幼习医，为袁之药室负责人，又为“御医”之一。袁日常服用之“活络丹”，即为彼所监制；袁所需人参、鹿茸等贵重药品，均由彼经办供应；外间名医为袁处方后，亦交彼配方供药。

袁任临时大总统时，曾在中南海卍字廊旁建一石室，称“金匮石室”。一日，袁取出一铁匣，将书有几个人名之字条放入匣中，自行锁好，并加封签，命我将此匣送往“金匮石室”中锁藏，谓系大总统继承人名单。洪宪时，袁即命人去石室将铁匣取回，自行开锁，将此名单取出撕毁。帝制取消后，又放置一次，仍将石室钥匙放入袁之办公室抽屉中。袁死后，袁家属即将铁匣取回，见匣中名单上竟赫然并列袁克定、黎元洪、徐世昌 3 人姓名。

九　袁世凯之私生活

袁每日早晨 5 时起床，即上办公室，批阅秘书夏寿田送呈之各项重要文件，批定进见者之姓名与接见日期时间。先饮秋石水一杯（或谓系用尿碱制造，沏时用筷捐石，用开水冲，味咸），然后喝茶、牛肉汁、鸡汁。7时早点，包子四色，鸡丝面一碗（一般仅吃包子一两个，余下由侍从分充早点）。用毕开始见客。10时左右，进鹿茸一盖碗。11时许，进人参一杯。中午12时午餐。进餐时，袁坐正中，由4位值星姨太太分坐两旁作陪（甚少与部下共餐）。餐毕，在居仁堂东楼寝室午睡。下午2时下楼办公。点心为西餐，然后服自制活络丹、海狗肾。7时晚餐，形式一如午餐。9时就寝。吸僧帽牌铁匣卷烟，而不饮酒。

袁之饮食，多为补血强身、滋阴壮阳者，因此经常患牙痛（其实袁之牙齿甚好），大便秘结。每隔三二日，即须延东交民巷法国医院院长贝熙叶入府诊治或灌肠，用麻醉剂嗽口。如请中医，则为刘绍业（前清翰林）、萧方骏（龙友，时任农工商部秘书）等。处方后，上“大老爷处”药室配药。

袁之元配夫人年龄略长于袁，生克定，住中南海福禄居，距居仁堂很远，与袁很少见面。大姨太太系一妓女，系在京津谋事时所娶；二、三、四姨太太系外国国王所赠，均生有子女，华语讲得不好。袁最宠爱五姨太太，常对大太太说：“有什么事，你不用管，由小五管吧！”姨太太均居住居仁堂后楼房内，每周轮流由一人值班，通常为第五、第六、第八与第九姨太太值班（第七已死），姨太太有子女已完婚者免。

袁除姨太太外，尚有姣好丫环10余人。所生子女共32人，子17人，女15人。此辈幼小时多肥头大耳，一如乃父，稍长即均不甚结实矣。当时北京流行一句歇后语：“大总统的儿子——人参鹿葺”，即指此。袁之死，外传系吞金自杀者，不确；有谓系忧急成病者，但主要实由于贪恋女色所致。

袁在民国5年春节后，健康情况即渐趋不佳。3月某日，袁上办公室后，微觉腰疼，对我说：“腰不得劲，给我捶一下吧！”从是日起，袁病开始表面化。袁每日着制服或西装上办公室；但病后不数日即改穿中服，再数日，不能坐写字椅，改坐躺椅，旁置笔砚，躺着批阅公文。旋病转重，即不再下楼，由克定代阅，夏寿田代批。据闻，最后经法国医生贝熙叶急救，抽血三玻璃管后，脸色骤变，见瘦，于民国5年农历五月初六日上午9时20分死去。

袁自知不起，即嘱死后不要穿龙袍，以陆海军大元帅礼服入殓。但克定等未遵遗嘱办理，仍穿龙袍在居仁堂成殓。时为端午节后一日，天气炎热，遗体当天即口吐血沫，头部肿胀，发恶臭，群蝇飞集，不得不镇以大批冰块。袁生前，四川总督赵尔丰（其兄赵尔巽与袁为拜兄弟）曾赠袁夫妇阴沉木寿材两副，存河南原籍，当即电令用专车运京，交由拱卫军工兵营赶制棺木，仓促间竟将原定供大太太备用之较次者制成。工兵营木工承制此项高级棺木，自非所长，殓后到怀仁堂棺底即有血水流出，急雇北京专业工匠用松香麻布修补，始已。

殉葬物品，均系五姨太太所安排，棺底铺金币（民国3年铸造袁头银币时，另铸有袁头金币一批，未在外流通，即用此项金币铺垫），另有朝珠数挂、鼻烟壶若干及金表等袁之心爱什物，放于棺内。

袁之大总统国定薪金数额，知者甚少。但袁死后，总统府收支处送袁之最后一个月办公费为银圆14万元。

十　归葬及后庭琐屑

在中南海停灵27日后，用运送慈禧太后棺柩之胶轮灵车装运，由怀仁堂起灵，出新华门到前门西站上车。克定执幡，9子随后（次子克文未参加，见前），其他子女尚幼小，均坐于灵车后之眷属车中。由于袁一度僭称帝号，而总统府人员又在外张牙舞爪（只要口操河南语音者，即无人敢得罪），民怨甚大，京中谣言蜂起，有谓拱卫军要变，要动身劫灵云云。克定惧，竟随运灵专车带卫队步兵三营、卫士三大队300多人、骑兵一营，连同彼个人卫队二队（后改编为步兵十三师五十一团），直放河南彰德。

袁之陵墓，在彰德洹上村东，墓前有流水一环；墓道正对安阳桥。墓身不大，系石头建筑。有大殿、配殿，四周有祭田10顷，栽植松柏。凡此均袁死后经家属延请堪舆家选定部署者。后袁氏子孙日趋没落，甚至祭扫无人，解放前唯存断垣残壁，荒烟蔓草，成为牧童樵子往来出没之所。解放后人民政府仍加修理完整，封闭保存。

在洪宪时代，尚有数事可资一述：

逊清隆裕太后宫中总管太监小德张，与袁本有所勾结，闻袁称帝，竟来投效，愿献银10万两，求为洪宪后庭总管太监。袁在清代为便于政治活动，曾多方笼络中官，利用关节，沟通宫内外，然所受刁难委屈，记忆犹新，闻小德张来，极不高兴，未接见，但传谕：洪宪后宫拟改用女官，不用太监。小德张默然而去。洪宪夭折，女官制亦未实行。于此亦可见清代宦官积累之富。

中南海原为明清内苑，仅供帝后游憩，故不若宫院之深奥曲折，而以殿阁亭台，错落有致，花木扶疏，泉石清幽见胜。总统府迁入后，袁为分隔内外，便于管理，自怀仁堂东宝光门起，迄介系祉门间，建丈许高红墙一道，墙内即为禁地，任何人不得进入介系祉门与宝光门。介系祉门由六七十岁老军人 4 人驻守，每两小时轮班一次，盘查出入妇女，非经上房（居仁堂）总管电话通知，一律不得出入。4 老人中有名齐振标者，系冯玉祥当班长时之连长。总管事名申明善，河南人，总管上房一切杂务，上自夫人、姨太太、男女公子之衣饰、零用、伙食、采买等，下至女仆、丫环等之服装工资等，可谓大权独揽。申与袁之六姨太太有染，袁死后，申更明目张胆，肆无忌惮。老妈子、丫环均甚漂亮，冬季着黑缎袄、青缎裤，工资不高，唯赏金不赀。丫环不准回家，老妈子一般不准经常出府，家有要事，家属多通过卫队或总管，借口试工，入府叙见三二日。

外传袁为防御刺客，居室外张系有铜铃之铁丝网，并无其事。据我所知，亦尚未曾有人企图刺袁，仅洪宪时一度闹贼，实际系一厨子与上房老妈子私通，由厨房通过送菜所用转轮铁桶进入内院，被人发觉，大呼捉贼。此人受惊，跳墙图遁未果，摔下伤腿被捕。袁得悉后，召申明善（兼卫士队营长）严加申斥，非杀此厨子的头不可，并谓："这件事要是给报馆知道了，发出来不像话。"可见袁对舆论还是有所顾忌的。不久，蔡锷在滇起义，袁心绪日非，未再追究，此厨子得以保全了脑袋。

十一　袁世凯之中军——张勋

张勋原系前广西提督苏元春部下，苏死后，张北返，流落京津，投李鸿章。袁世凯被任命为钦差大臣，准备赴朝时，张勋每日候立袁府门前，觅机求见，每逢袁出入，即上前请安行礼。一日，袁询门丁：“这人是干什么的？”门丁具以告，并谓“想找个差事”。袁以行将出国，部下多安土重迁，不愿去朝，正缺人手，遂谓：“把他带到朝鲜去吧！”

张勋刻苦能干，待人和气，遇事有办法，颇合袁意，入朝不久，即被任命为钦差衙门中军。迨袁返国后在小站练兵时，仍任中军；袁巡抚山东时改任营长。时来运转，适逢两宫回銮（光绪、慈禧避八国联军之乱后由陕西回京），张勋被派带领所部前往护驾。此时慈禧绝处逢生，心情舒泰，加以张勋小心侍候，颇获“圣宠”，不久，升任宿卫营（3个营）统领，留驻北京。袁惧张“闯出乱子来”，保彼为宣化挂印总兵（可直接向君上提奏折），调离御前。但此时张已与李莲英挂上钩，且交谊日深，随后即不须经袁保荐，径由王室提升为甘肃提督，再调任江南提督。

辛亥革命后，张任江苏都督，竟纵兵抢掠南京，苏人攻击备至。袁不得已，调彼任长江巡阅使，常驻徐州，改由冯国璋继任苏督。民国6年闹复辟后，亡命走天津。

十二　袁世凯之智囊——刘延年

袁有表兄刘延年（后充首任江北提督），小站练兵时，即随袁任记室，机智多谋，每进言，袁辄言听计从，因亦往往解人之围，为袁市义，人称“二大人”。兹列两例如下。

许兰洲，直隶南宫人，仪表不凡，且娴武术，随袁当差官。袁为拉拢荣禄，推荐之，谓：“此人武艺高强，特派他来跟你，做个护卫吧！”许去不久，袁即风闻许与荣禄太太有了勾搭。袁大惊，立即设法召许到小站，拟杀之。事为刘延年所悉，即向袁进言：“您知道荣禄太太的来头，您如杀了许兰洲，她一定恼恨您，反羞为怒，就能影响您的前程，杀不得！”袁问：“那怎办？”刘说：“你可以叫他来，说他在北京辛苦了，想看看他，赏他些银子，叫他好好当差，没有旁的事。”袁一如其言。许兰洲自此官运亨通，平步青云，民国时官至黑龙江督军。

总统府武承宣官高庆善，在小站练兵时亦为袁当差官。时袁职位虽高，新年时亦必乘轿出门拜客，例不下轿，由差官下马入门递片，家人迎出请安挡驾，即续进。某年新正拜客，高乘顶马先导，以护书塞靴筒中（护书如今之小公事包，系插放手折、名片等之用）。袁轿甫出营门，高方踏镫上马，护书忽自靴筒中掉落，梅红名片撒满地面，适多风，片片随风而去，高急急滚鞍下马捡拾，已不及。袁见状勃然怒，认为不吉，即令回营，中止拜客。入室后，气未平，必欲杀高以泄愤。刘闻讯，即来见袁，谓：“这是好事，大吉祥！今天是元旦，名片上天，行见袁世凯三字名扬天下，前途无可限量！”袁闻言色喜，高得以未受惩处，当差如故。

袁任直隶总督、军机大臣、总理大臣兼外务部尚书，已登相位，然犹感不足。清例，内阁大臣共 5 员，由皇族军机大臣领先觐见，称领班大臣。时领班大臣为皇族那桐，以下顺序为世续、鹿传霖、张之洞与袁，满汉各二。觐见时，例由最后一员打帘子，俟前 4 员入室后，再自进门；退出时亦由第五员打帘子，俟其他 4 员出门后再退出。袁颇不喜此项差事，认为反不如专任直隶总督之独当一面也。

十三　以退为进，君临全国

宣统元年，摄政王欲谋杀袁以泄恨。袁自慈禧太后死后，早已提高警惕，以消息灵通，故王室动静，了如指掌。袁得讯，立即化装，戴墨镜，穿一高领皮袍，仅带侍从一人，在前门车站购三等火车票潜往天津，住外商开设之旅馆利顺德饭店，阴观动静。

同时，其驻南苑之嫡系部队陆军第六镇统制赵国贤，已带领便衣队一班，暗藏枪械，入城保卫袁宅。摄政王见事机已泄，深恐打草惊蛇，酿成巨变，遂罢。由张之洞电袁，以袁"旧病复发，回籍休养"为词开缺，并由庆王保证袁之生命安全。袁无奈，只得回京谢恩，遄返原籍。

袁对故乡河南，早已有所布置。时巡抚为齐耀琳（翰林），系袁一手提拔者，闻袁至，立派步兵一营前往袁宅附近保护，袁亦将卫士改为家丁，各发手枪一支，日夜警戒。退位相国，声势烜赫如此，其他可知，盖袁阳虽退隐林泉，实未忘情世事，且环顾宇内，自以为一旦能为清廷撑持危局者，无一人出己右也。

辛亥年，武昌起义，清廷揆情度势，不得不实行起用袁世凯，特遣袁之好友陆军大臣荫昌亲往河南敦促，袁一时身价十倍，成为举足轻重、左右大局之风云人物。旧部闻袁东山再起，雀跃麇集，一鼓而重陷武昌，使革命形势立见逆转。其后南北和议告成，袁坐收渔人之利，窃得临时大总统高位，君临全国。

十四　王志远案

袁世凯当国时，政治上之黑暗腐败，仍一如清代。运动干求，在北京政治舞台上视同寻常，唯直接向袁干求者尚不多见，有之，当首推王志远一案，因述之：

王志远原为清内务府炭库郎中（通称“当家的”），官职虽小而积赀甚丰。民国成立后，在京畿掌握地方军事实权者，多欲得之而甘心。民国2年初，总统府执法处总长陆建章（后任陕西督军），以乱党嫌疑罪名将王逮捕，但未加刑讯，仅予散押，饮食起居，且见优待。其家属以祸从天降，不得不多方营救。最后，通过种种关系，与总统府文承宣官田鸿恩挂上了钩。

田乃直隶沧县人，系由其叔清宫内一有权力之小总管太监介绍与袁者。田当时允为王设法。陆建章每3日谒袁一次，报告或请示。田见陆后，即谓：“王志远为人老成持重，不至于干乱七八糟的事，如果查明没有重大嫌疑，还请总长从宽处理，保外候传。”陆当时点了头。

但不数日，王志远家忽惶急奔告于田，谓：“经您关说，王志远反被钉镣收监了，讲情讲糟了。”田为人耿直，闻讯气愤填膺，说：“好吧，我跟他拼了！”

次日，袁自上房下来，田即迎面跪下。袁知有事，按惯例问跪见者：“什么事情？”田即据实报告。袁问：“这都是真的吗？没有假吗？”田答：“如有不实，请大总统杀我的头！”袁说：“好！好！你起来吧！”着即召陆建章入府。

袁见陆后，即谓：“从前内务府炭库里有个姓王的，我认得他，他很有几个钱哪！他不至于搞乱党的事吧。你回去查一查，如果没有什么，不能随意冤屈好人。……是不是执法处有人想搞他几个钱？胡来是不成的！”陆唯唯而退。

王被释放后，对田感激不尽，在府右街石板房三条1号造了一座大四合房，附带一个小花园，以赠田，其他财物不计。张勋曾保田任大胜关监督，袁不放，将田简任职存记，以道尹、财政厅长、海关监督、盐运使任用。最后，田随克定住小汤山。

十五　端、袁《华山碑》之讼

端方与袁在逊清时代为同僚，又因其女为袁之第五媳，故又为亲家。当端方之女尚未过门时，端方之经济情况已不很好，乃以家藏《华山碑》帖，由端方太太出面，向袁请求抵押银1万两，以作奁资。袁谓：“您要用钱，来拿就是，何必拿《华山碑》来？”当即照借，而将碑帖退还。

但端方家因袁家子媳众多，女儿过门后颜面攸关，仍将碑帖送回袁宅，袁乃留下。袁死后，克定取得此帖，与老四、老五、老六诸弟瓜分了。

民国20年后，端方之女始发现此事，乃告其兄，谓《华山碑》现市价至少值10万元，可备款1万元，赎回该帖，一转手之间，可获巨利。时老四、老五已将部分碑帖卖去，而端方之子逼克定甚急，竟至在天津延聘冯姓律师告到法院。冯律师为端方任湖北巡抚时保举派赴德国留学者，回国后，又经袁派任京师高等法院院长，双方关系均深，从中亦调解无效，始涉讼。但天津法院终判端方家备款赎回，但已非全璧，价亦倍落，端方之子无法筹款，结果不了了之。闻此碑后转入徐世昌之手，现落何处，不得而知。

（张功良　整理）

（选自全国政协文史资料研究委员会编《辛亥革命回忆录》第6集，中国文史出版社2012年6月第2版）

白朗军的始末记

辜达岸 *

1913 年夏天，正当袁世凯窃国后进行武力统一准备帝制自为，在国内外宣传他是“中国稳定力”的时候，豫西鄂北毗连的山区，突然爆发了农民武装起义。这一次起义的领袖名叫白朗，是辛亥革命后带有政治性的农民暴动。他们的力量不过 2 万多人，与北洋军阀转战于豫、鄂、皖、陕、甘 5 省。袁世凯曾动员他的嫡系部队、地方部队 20 万人包围追剿，经过两年的时间，白朗军虽然失败，但对维护共和政体、打击袁的独裁统治是起了影响的。这一事件，当时纵然轰动中外，报章杂志纷纷记载，但是实际情况并未弄清。笔者曾听到与白朗、王天纵有联系的夏绍虞（字述唐，河南息县人，

* 辜达岸：曾任国民革命军第三集团军炮兵前敌总指挥，南京国民政府湖北省政府委员兼武昌市市长。新中国成立后，任湖北省人民政府参事室参事，民革湖北省委员。

日本士官学校第十期毕业，同盟会会员，笔者与之同学，1916 年我们在山东、东北讨袁军中同事，此人后来在福建被王永泉所杀）谈到一些情况，兹就所能回忆起来的要点写成此文，提供参考。

姓名和身分

白朗本姓白名朗，河南宝丰县人，农民出身，曾在保定住过小学。后来袁世凯把他叫成“白狼”，是由于憎恨害怕而加之于他的诅咒。例如太平天国骁将陈玉成，就被曾国藩诅咒为“四眼狗”，袁世凯称白朗为“白狼”，也无非是这个用意。殊不知事与愿违，袁世凯诅咒“白狼”，反而使人们注意起来，其影响迅速地扩大。各方人士和辛亥起义后被遣散的军人多纷纷参加，因而很快就成为一支 2 万多人的武装力量。

白朗军采取避实击虚的战略，行踪飘忽，日行一百二三十里、使围剿的官军疲于奔命，节节失败。他们用优势兵力袭取城池，所至克捷，因而当时到处谈论白朗军的神奇。又由于有“白狼”这样一个名字，人们就把他形容为各种形象。有的说“白狼”身材高瘦，腿长行快，故叫“白狼”；有的说，他的体格肥大，英气豪爽，武断乡曲，跋扈难制，人们因以“狼”呼之。而日本报纸更说，据确切调查，“白狼”决没有受过高等教育，决没有深邃经历，盖是一个绿林之徒。据夏绍虞说，他奉孙中山的指示，联络鲁豫的民间帮会和武装，进行倒袁，因此他到鲁山与白朗见过面。他说白朗是一个中等身材性情豪爽的人，疏财仗义，颇能得众，对袁世凯的暴虐诡诈，深为痛恨。与之约定进行反袁，慨然许之，互用化名通讯联络，

“部永成”即是与夏通讯用的化名。当时传说白朗叫“白朗斋”“白永成”，姓“冯”，姓“李”，甚至说他是“回回”等，都是由其与各方通讯的化名而来。根据他在陕西所出的布告，署名都是“白朗”二字。

白朗起义后，袁世凯政府陆续发表各方面所捏造的假情报，把白朗形容得像一个千变万化的孙悟空。说他派遣党徒暗赴天津、汉口、上海、广州等大城市，化装各色人等，进行组织联络，并设立通讯运输站，运回武器弹药，是孙文、黄兴的别动队。

袁世凯当时怀着想做皇帝的鬼胎，匿处深宫，日营于祥小数，疑神疑鬼。其公报还说广州破获了“白狼”的秘密机关，通令各省严加防范。最可笑的是公报说“白狼之外，还有“黄狼”“绿狮”，袁居然以大总统的命令饬各省一律协缉。因此就造成了草木皆兵的恐怖气氛。

据夏绍虞说，辛亥武昌起义，吴禄贞计划袭取北京，想联络“中州大侠”王天纵派部队破坏武胜关京汉铁路的隧道，以断攻打武汉的北洋军的后路，找着与王天纵认识的白朗，给以第六镇司令部联络参谋名义赴王处担任这一职务。所以外间传说白朗曾充吴禄贞的参谋，即由此而来。时王天纵已在豫西为“山大王”，自称为“中原扶汉军大都督”。白朗到王处不久，吴禄贞即被袁世凯派人刺杀，白朗即在王处工作。

背景和酝酿

1912 年王天纵被袁世凯招降，背叛了起义的初衷。袁授他为陆军中将，派为总统府军事顾问兼北京总稽查官。山寨中有一部分人还认此以为荣，唯白朗坚持反袁立场，领导群众，积极组织，待时而动。

辛亥革命前，河南的驻军只有新军应龙翔的第二十九混成旅和赵倜的毅军十二营。辛亥革命后，北洋军都开到长江各省打革命军，袁世凯为了控制他的桑梓河南，特把他的表兄张镇芳由直隶都督调充河南都督，以为这样可以无虞。殊不知这位表兄是一个公子哥儿，只会搜刮，不会打仗。他假保卫地方为名，组织地主武装，以为镇压农民反抗的工具，藉以搜刮民财，害得河南人民如水益深，如火益热。农民起义已成一触即发之势，白朗军迅速地成长起来，即因于此。

1912 年春，白朗奔走于临汝、鲁山、郏县、宝丰之间，结识豪侠，组织盟约、渐具规模。经夏绍虞将情况报告孙中山后，孙先生写信给白朗加以鼓励，并指定在上海的凌越（河南人，同盟会员）同志负与之联络责任。白朗于是在鲁山占踞了一个山寨为根据地，这时部众已有四五百人，但是武器极感缺乏，不敢大举。

1912 年夏，将宝丰县长的儿子绑去，勒索步枪 10 支、子弹 2000 发（宝丰县有案可查）。枪弹到手，即迅速发展。

起义和战略

1912 年冬至 1913 年春，豫鄂皖等省都裁汰军队，白朗乃派人招收这些被裁的士兵，并千方百计购备枪械，编成大队。由于人数日集日多，度非蛰伏山寨所能生活，乃于 1913 年 4 月率领 300 多人攻掠豫西最富庶的禹州。当时驻禹州的官军约 300 人，系赵倜的毅军，闻白朗到，弃城而逃。白朗军入城获长短枪 300 支，并掠夺富户粮食财物甚多，载车百辆而归山寨。因此白朗之名震动河南全省，一时闻风来归的不到一月达到 1500 人，携械来投的也不少。

当癸丑二次革命（1913 年）失败后，河南的进步青年，不甘张镇芳的压迫和屠杀，多投入了白朗军。驻鄂北的湖北第八师季雨霖部，被段祺瑞（时任湖北都督）编遣，其士兵也多投奔白朗。国民党的武装力量虽被袁世凯打垮了，但白朗军却在这个战争中壮大了，至 6 月已达到 1 万多人。

白朗准备大举之前，编了一首民歌，歌词说："好白朗，白朗好，打富济贫，替天行道，人人都说白朗好"。白朗军对政府军喊出了一个动人的口号："专打官长，不打弟兄"。他打着"公民讨贼军"旗帜，并宣布 3 项用兵目的：

（　）驱逐袁世凯；

（二）建立良好政府；

（三）友善邻邦。

他在布告中说："奋起垅亩，志在救民"。因此远近震动，许、郾戒严。

1913 年 6 月，大举向南阳地区进军。南阳镇守使郭文魁不敢出城接战，只是畏缩城内战战兢兢防守。白朗军于是南下唐河、泌阳、桐柏诸县，还南入湖北随县境，在桐柏山建立山寨为第二根据地，因此声名益振。

白朗治军严明，又能与群众相结合。他与官军打仗所使用的战术，是针对官军发财怕死的心理。官军进，则委弃财物于地而退，官军贪财物复惜命，则弃械弹以争取财物而逃。白朗军乘势反攻，即获大胜，得到军械补充。

白朗军在桐柏根据地休整了一个时期，而官军报告说“被围剿伏匿”，实系谎言，那是他们打了败仗找不到白朗军踪迹的遮羞布。

驰骋于豫鄂边区

白朗起义，打出了反袁旗帜，慌得河南的官吏接二连三地电报袁世凯，要求增兵“剿匪”。这时北洋军大部分调往长江各省，北方几乎无兵可调。袁接到报告后十分忿怒，硬指白朗是黄兴的死党，是其别动队，严令河南都督张镇芳及毅军翼长赵倜剿办，并悬赏5000元缉拿白朗。

白朗所采取的战略是避实击虚，声东击西，行踪飘忽，弄得官军不可捉摸。1913年8月，白朗军1万多人突然在信阳的吴家店一带集结，使豫鄂两省的官吏大为震惊。正在调兵遣将进行围剿时，白朗军于22日进攻随县未下，乃转攻枣阳，俘掳河南到枣阳的传教士西洋人13名。9月6日退出枣阳。8日将所俘的传教士释放。15日攻占新野，16日占邓县，并分兵占唐河、方城，以一支远袭内乡、西峡、卢氏，以混乱官军视线。12月下旬以主力攻南阳，南阳镇守使郭文魁不能御，弃城而逃，部下投归白朗者甚多。白朗军掠取粮食物资而去，声势益大。豫鄂两省大为震动、河南都督张镇芳和湖北都督段祺瑞乃会商协剿的办法，然以不明白朗军的动向，加之桐柏山层峦重叠，找不到白朗军踪迹，旷日无功。

1914年1月，张镇芳亲至信阳督兵进剿桐柏山区的时候，白朗军主力忽然出现于京汉铁路上的新安店。张镇芳发现敌人从其后方出现，手忙脚乱，督队攻击，经过激战后，白朗军乃横越铁路向豫皖边区而去。

驰骋于豫皖鄂边区

1914年1月8日，与官军在新安店一度激战后，即东向接连攻克光山、潢川、固始等县，在潢川获得县府警察队的步枪四五百支。白朗在潢川扬言，要到袁世凯、张镇芳的家乡项城县洗劫，慌得张镇芳急调袁的干儿子唐天喜旅驰往守备。

1月11日，为了防堵官军由铁路线尾追，乃派一支部队西攻罗山。该县知事韩世琛率队抵抗，正战斗间，闻有官军从信阳来援，白朗乃退至李家墩。21日攻占息县，闻信阳官军不敢前进，乃又回军袭罗山，县长以为刚去不会马上再来，弛于戒备，因而白朗军从西门长驱直入，掳掠物资而去。

占领光山的白朗军，在该县停留了3日，乃东向攻固始。该县官民开城欢迎，并未发生战斗。占潢川的白朗军南向攻占商城，踞城3日。湖北都督段祺瑞派北洋军第二师师长王占元率一旅堵截，23日与白朗军接触。王占元被包围于商城之南，经急调驻麻城的第六旅张敬尧部来援，王才突围逃脱。

河南省是毅军赵倜的防区。袁世凯得报告，知白朗军所经者破，所当者败，未可轻视，乃特任赵倜为“豫南剿匪督办”，责成他收复失他，消灭“白狼”军。

白朗军行踪飘忽，很快就进入安徽境。26日攻占六安、霍山两县，各地帮会散兵加入的人很多。六安为介在豫皖的大邑，物产丰富。白朗突然入境，驻六安的安武军营长王传禄率 80 人至金家寨抵御，因众寡悬殊，一击而败。六安知事殷葆森望风潜逃，安徽都督倪嗣冲闻信，派帮统马联甲驰援。指挥白朗军的将领为骁勇善战的李鸿宾、宋老年，从六安复陷英山、罗田。马联甲与王传禄有意见，互相观望，坐视白朗军入六安城，焚烧了天主教堂，杀了教士法国人奚凤鸣，长江下游为之震动。

这时帝国主义看到烧教堂杀教士，说这是义和团第二，向袁世凯表示中国军队无力平“匪”，愿出兵代平。袁气得发布大总统命令，枪毙弃城逃走的六安知事殷葆森，撤换“剿匪”不力的张镇芳，把他的大将段祺瑞由湖北调任河南都督，把他的干儿子段芝贵任为湖北都督，负责剿灭白朗；并将赵倜革职留任，令他戴罪立功。同时指示外交部向各国公使声明，中国政府有戡定匪患的能力，并能负责保护外侨。悬重赏捕获白朗，合计河南、北京两地的赏格由 5000 元逐步提高到了 20 万元。

白朗军进入六安城，时当农历除夕。白朗下令全军元旦饮宴行乐，鼓乐喧闹，以庆新年。并出布告说“袁氏政府倒行逆施……余欲为官吏，奈余不善钻营，余欲为议员，奈余不善运动”等语，这表明了白朗对袁的痛恨；27 日晨，白朗即率部离六安，临行时扬言拟攻合肥，实则西折而到金家寨。

是时段祺瑞进驻信阳，与皖鄂两省的官军采取大包围部署，想把白朗军驱至商城一带，以期一鼓而歼灭之。因此，白朗军停留在固始、商城、潢川中间的武庙集、桃树岭、李家山、鄢家集一带山地中约有半月。

段祺瑞命第二师师长王占元为总司令，指挥作战。这时，豫鄂皖所调的部队陆续驰至。王占元令其堵住豫鄂、豫皖间的山路，以一部分兵力控置于商城南铜锣关附近，自己率兵一团进入潢川。本拟等到京汉铁路线上的部队调齐后再行同时进攻，适天雨阻滞，部队多未到达指定地点。白朗乃乘机用声东击西之计，于2月21日以一部兵力猛攻潢川王占元的驻地，以吸引其注意力。王初以两营接战，即被包围，继将预备的一营也增援上来，损伤很大，惧不敢前。白朗军乃化整为零，分道越过京汉铁路，返回桐柏山区。因白朗军行动迅速，王占元找不到敌踪，竟连电报捷说："匪已被击败溃散，悍匪李鸿宾督众死战，身受重伤，为其喽罗舁之以窜"。这是无耻的谎言。

白朗军于2月23日开始分股突回，折转西进。白朗率主力以日行一百三四十里的速度，从光山南的山林地带越铁路西去。其余各股也于27日全部越过铁路。时段祺瑞特调俄国飞行家康士坦丁乘飞机到战地上空侦察敌踪，但未能获得真实情况，飞机也损坏了，再不能起飞。段、王的围剿计划顿成画饼。

白朗军突围西去，王占元即电袁报告，大意说："匪力蹙势穷，决计漫散，首领白朗亦著粗服杂入匪中步行逃走"。占元得报，喜惧交并。总长钧谕有云："一经会战，即当瓦解（指段祺瑞的话。段先是陆军总长，故仍称之——笔者）。今日结果，恰如所料。大股既已溃散，分股自无能为……故此可喜。而匪徒狡猾异常，此次必因万不得已，故出此最后之策。一脱官军势力之外，未必不复行啸聚，亦属可惧。"（见1915年《中华小说界·狼祸始末记》）

北京政府居然根据王占元的这个遮羞电报，通电鄂、赣、皖、苏4省都督说："奉大总统令，白朗股匪被剿溃散，白狼杂入溃匪中逃逸，难免不由沿江登轮赴沪。查该匪年约三十七八岁，身肥胖，长4尺，出入时著衣带绿色，首发长2寸许，戴乌色包巾为暗号，仰密饬汉口、九江、安庆以及沿江停轮辖所，加以注意侦察，并悬赏2万元缉拿，务获为要。参谋陆军部感（27日——笔者）印"。

由于北京有了这个悬赏缉拿命令，所以弄得到处风雨满城。就在1914年3月间，发生了以下的一些离奇的案件。

3月间，武昌有四个小孩在湖里游泳，从湖里发现了一支步枪，被侦缉队知道了，将小孩捕去。于是谣言蜂起，说白朗派人在武汉组织童子别动队。都督段芝贵电报北京，袁世凯居然据以密令各省严加防范。

袁世凯看见报上有一篇主张推行总统制的文章，标题为《中央制刍议》，作者为段世垣。袁称赞"这篇文章很好，不知这个姓段的是那一省人"。左右有人回答说："他是河南人，曾做过国会议员。"袁说："咱们河南人真不错。"秘书长梁士诒为了迎合袁意，建议派这个人为总统府的秘书，并邀请入府面谈，袁表示同意。任命状发出后，段世垣很久未有与袁见到面。有一天，袁与那个"剿匪"不力被撤职的表兄张镇芳偶然谈到河南人才，袁忽然想起段世垣，说他的文章做得不错。张说："这是一个老同盟会员。"袁听后大惊失色，派人侦察段的行动。这些爪牙就捕风捉影地报告说，这个人与白朗"军师"另一个国会议员河南人凌越，经常秘密通信。又说他是黄兴派来的炸弹队队长。袁大为吃惊，立刻下令逮捕了段世垣。后来判处了死刑，宣布缓刑。段世垣不知走了那一条门路，又发往军前效力。

段世垣案牵涉很广，他的朋友国会议员河南人林钟英、山东人徐心镜，都因嫌疑被捕处死。同时还有很多人被捕，姓名都未发表。

在捕段世垣的那一天，总统府的秘书马小进忽告失踪。这一件事引起了总统府的大骚动，都疑心有白朗党羽混进府来了。并有人说，在应考的知事中也有白朗的“奸细”。疑神疑鬼的袁世凯，立即命令更换总统府的出入证，严密稽查。

还有一个更离奇的事件，发生在4月间。袁世凯在小站练兵时，浙江海宁杭辛斋为袁的幕友，有一天与袁漫作戏言，杭笑说：“慰亭（袁的号），你将来必做皇帝。”袁也笑说：“我如果做了皇帝，必先杀你”。当1913年袁帝制自为的时候，杭即力谋南下，走到三里店，果然被捕送狱。当杭进监狱时，有一狱囚起而迎接说，“传人到了”，并指墙上早已写就的几行小字叫杭看。杭趋前一视，见写着杭兴斋于某年某月某日被捕于三元店。杭看了大为惊异，请问姓名，坚不说出，只吐出曾为白朗“军师”，一月后必死，愿在死前为之传授《易经》。杭在狱中即拜师受《易经》。此人究系何人，不得而知，一月后即被杀。杭到袁死后始出狱。这件事是与杭同时入狱山西人苏定成所写《杭辛斋狱中受易》一文中记述的。

当时还有一个谣言使袁世凯大伤脑筋，说张勋在徐州接见了白朗的密使。由于张勋的安武军不是北洋的正规军，素与北洋六镇有界限，袁在不久前把张勋的江苏都督撤掉，给了冯国璋，张怀恨在心。白朗军进入安徽，袁就听到这个谣言。他认为张勋如果发生问题，关系甚大，逐采用以毒攻毒的计划，令张去打白朗军。而张勋也就将计就计，表示接受，向袁提出招兵10营的要求。张勋这一招，倒使袁抽了一口冷气，赶忙派阮忠枢去徐州疏通，叫他不要招兵，同时也不叫他去打白朗了。

段祺瑞为了遮盖自己的无能、围剿失败，向袁夸大白朗军的声势，虚报杀伤人数。袁政府不知羞耻地据之发表公报，综计公报前后所杀伤的人数，不下 100 万，而白朗本人也不知被击毙多少次。

折回到豫鄂边区

白朗军在豫皖边区出没的时候，丝毫不把这个威名赫赫的北洋军大将段祺瑞放在眼里。曾有一个时期，他的大本营就设在离信阳段的司令部不远的确山县磋砑山。

白朗军由安徽折回时人数已达 2 万。他们的枪械、子弹，多是从政府军的手里取来的。除了在打仗时夺得的外，还有不少的官兵和他们私下打交道，向他们出售枪弹，而以作战损失向上级谎报。

1914 年 2 月间，正当袁世凯张皇失措的时候，白朗军又由安徽折回西向。2 月 27 日，李鸿宾一股的约二三千人，由信阳柳林过铁路后，经过湖北应山县的麻烟市、郝家店入安陆境，直趋随县。3 月 2 日达随县的安居镇、万家店，3 日抵厉山镇。是时湖北省当局由于注意白朗军向长江下游发展，把兵力屯于麻城、罗田、广济、黄梅一带，因而鄂北空虚。白朗军如入无人之境。3 月 7 日，白朗率领主力万余人也达到唐县镇、厉山镇一带，拟攻随县。因该县防守甚严，乃改道西去。

宋老年的一股约三四千人，由信阳北分批越过铁道，于 3 月 10 日直趋南阳转新野，与曾任湖北起义军标统林鹏飞所率的几百人合伙，直逼老河口。

老河口系汉水流域的繁盛商埠，当时驻有鄂军黎天才的一个团，其实在兵力，仅有团长赵某率一营人驻在市区。赵团长贪污嗜赌，不理军事。营长蔡某，当白朗军快到老河口时还在黄州会馆看戏。白朗军离老河口只有 30 里时，赵团长才令蔡营长率队前往抵御。此地的商团，因白朗军中鄂军退伍士兵很多，与老河口的商团预先联系，互相谅解，所以老河口不攻而破。赵营纷纷溃散，驻老河口的水警局长罗坤山也将炮艇 10 余只驶往他处躲避。白朗军于 3 月 8 日整队入城，当时所喊口号为“打富济贫”，杀当地教堂教士沙某和教堂西医费某，以一部队伍占领光化县城，知事及各局长闻风都逃走了。一时各县骚动，襄阳、樊城、谷城、均县都戒严起来。白朗军在老河口缴获驻军的步枪百余支，机关枪四挺，子弹数十万发和食物现金甚多。

老河口会议和向陕西进军

白朗军进入老河口后，在那里停留了 5 天。白朗召集了一次军事会议，讨论了他们今后的行动和战略，整顿了部队序列。其高级将领多数主张采取流动战，以免被优势敌人包围消灭；中下级干部则主张找一个根据地停下来，暂时采取守势，以免过度疲劳。最后还是决定向陕甘发展的计划，推定白朗为“扶汉军大都督”兼“公民讨贼军总司令”，李鸿宾为参谋长。把部队整编后分为前、中、后 3 军，军下辖若干大队；推王生岐为前军总司令（王系豫西人，辛亥革命曾任张钫的团长，带领陕军驻在凤翔县，这时率全团加入了白朗军反袁），韩世昌为中军总司令（韩为白朗的得力助手，人们称之为韩大帅），白瞎子为后军总司令（白系白朗的本家，骁勇善战）。于是军队的序列才具规模。并颁布文告，鲜明地揭出袁世凯窃国祸民、兴兵声讨的旗帜，喊出“打富济贫”“保护穷苦百姓”“严禁奸污妇女”等口号。并通过夏绍虞与孙中山切取联络（有一说白朗未有出席老河口会议）。

白朗军决定向陕西进军后，于1914年3月13日退出老河口和光化县，向邓县前进，与南阳一带的部队会合于荆紫关、卢氏附近，这是主力。另把鄂豫边区的一部分部队调到均县、郧阳一带，大举西进。

白朗以“实者实之”的策略，公然打电报告诉袁世凯，说要夺取西安，叫他做好准备。其蔑视袁的态度由此可见。

袁世凯知道白朗军出现于老河口和鄂豫陕边区，又张皇起来，把段祺瑞调回北京，派田文烈继任河南都督（田字焕亭，湖北汉阳县人，北洋武备学堂毕业。袁在小站练兵时曾为幕友，辛亥年曾任清政府陆军部的副大臣），派陆建章为第七师师长兼豫陕剿匪总司令，并加陆军上将衔，令陆赶到潼关，堵截白朗军入陕的道路。

正在这时，袁世凯除调动大军围剿外，并听信风水家的话，仿照明末崇祯皇帝发掘李自成祖坟的办法，派人去找白朗的祖坟，进行发掘，破其风水，免成气候。据谣传，在荆紫关找到了白朗的祖坟，发掘后，不几天项城县10里外黑龙庙袁的祖坟上，忽然发现一面白旗。于是谣言蜂起，说这是白朗的旗帜，准备发掘袁的祖坟报仇。慌得田文烈严令驻项城的唐天喜旅加意防范。

白朗因王生岐驻陕日久，熟悉地形和官军驻扎情况，令其为前驱。王以宋老年为先锋。宋率领2000人于3月11日夜攻淅川县。该县守军巡防营统领文德阶和知事李某进行抵抗，不支而逃。13日进攻荆紫关，守该关的官军为田作霖所部之前路巡防第七营，营长郭振才，迎战二小时而败，白朗军遂占领了荆紫关。

白朗以“扶汉大都督”的名义布告说：“去年义师经此（指1913年9月16日派一股攻卢氏时曾经过此地——笔者），秋毫无犯、市廛不惊，商旅安笃，人民亦晓于大义，箪食壶浆，以迎义师，本都督异常欣慰。乃不期此间人民，视恩若仇，俟义军东指，遂发掘我死难士兵之墓，毁其棺木，解其肢体，是残贼人道已达极点。汝等既不以礼义遇人，则安望人以礼义待汝？我军疾恶若仇，好义心切，本拟军至之日，实行洗城，以快公仇，而伸宿愤。本都督悲天悯人，对与本军为敌者允义兵只焚房屋，而赦民命，俾昭炯戒，以使自新。雨露者天之恩也，雷霆者天之威也。天不行雷霆之威，则安知雨露之恩！汝人民当知孽由自作，非本都督之咎也。然本都督终有所不忍，义军所至，勿自惊扰。若济以军火，供以粮食，开门输诚者，一律保护，决不伤其生命财产。”其布告上盖有大印，文曰：“替天行事，照例究办，五福为章，切不可慢，以此作记，各宜勉旃。”

从这个布告看来，白朗军不是像政府所宣传的他们沿途蹂躏人民。事实上，沿途抢劫奸淫、杀人放火的倒是官军。白朗军不是完全没有烧杀，但他们所杀的是贪官污吏、地主劣绅，所烧的也是这些人的房屋财产。

驰骋关中，威胁西安

白朗军占领了荆紫关后，在那里停了3天，部署了西进策略和路线。王生岐于3月22日向商南县进攻。该县慑于白朗军的威势，官民都已逃走。白朗军到城时，城门大开，寂无一人。王生岐乃经武关直趋龙驹寨，长驱直入，未受抵抗。驻在商县的官军千余人，前来抵抗，一经接触，即行溃败，返回商县。王生岐分兵数路追至商县城，官军来不及布防，商县即被占领。

陕西都督张凤翙，初以为白朗军系农民暴动，力量不大，不甚介意。继见白朗军入陕，所至克捷，商州各县俱沦敌手，乃慌忙地调兵遣将，布置进剿，自己亲至蓝田指挥。并向袁世凯打了两个电报，其一说："拱密，顷据参谋长党仲昭报称，22 日匪抵商县后，陈旅长树藩率所部马、步、机关枪各营队，由雒南县进攻。匪势不支，随分两股逃窜，大股向山阳县逃窜，其一股仍回窜龙驹寨。遂于 23 日恢复商县，现正向前进剿"。其二说："拱密、漾日（即 23 日——笔者）收复商县匪已南窜情形业经电呈在案。惟匪踪飘忽，亟宜速剿，当已令饬陈旅长殿卿，率步兵两营由蓝关向黑山前进，李团长必胜带步兵两营继往。令骑兵营长李建有率马步两队，经孝义（今柞水——笔者）向镇安前进，以便夹击。至陕南方面，令驻兴安（今安康——笔者）一营移驻白河，业已抵境。惟调汉中两营，填扎兴安，刻尚未到。由四州夔府调回之支队，4 月 10 日方可抵兴安。刻下镇安兴安一带兵力单薄，甚属可虑。山阳、商南，现不拟驻兵，意在诱匪东向，以便围击"。由此可见陕西当局的狼狈情形。

白朗仍然在陕西境内张贴他的驱袁、建好政府、睦邻三大目的的布告，张凤翙把这一情况报告了袁。袁看了之后，很气忿地提起笔来代之加了一条：举岑春煊为大总统。这是国民党右翼在癸丑之役时的一个计划。袁始终认为白朗军与孙中山、黄兴有联系。他这个表示，其用意很明显，一方面想打击国民党，另一方面想乘此机会搞掉同盟会出身不可靠的张凤翙（字香初，日本士官毕业，辛亥起义都督）。

攻占商县的白朗军王生岐部，拟由蓝田直攻西安。会张凤翙调陈树藩率领部队由雒南进攻商县，同时派兵两团由蓝田堵截，李长阑团进至牧虎关与白朗军接触，未大打，王生岐即引兵转趋孝义及引驾迴。3 月底，白朗军分三路进攻，前军王生岐向蓝关，中军韩世昌向大峪口，后军白瞎子向汉中，盖欲牵制官军不暇兼顾，以便进取西安，直窥陇蜀。

袁世凯见白朗军进入关中，声势日大，乃征调所有能调动的北洋军归陆建章指挥，并令豫、鄂、皖、陕、甘、冀、鲁、川、晋 9 省的地方部队，约计 20 万人会剿，而且令毅军赵倜率队尾追。陆建章将主力部队分两路入陕，一路由陇海铁路观音堂下火车入潼关，一路入武关，均向西安前进，连营千里，刁斗相闻，声势颇为浩大。

这时张凤翙在蓝田指挥作战，令民政长宋伯鲁以会办军务的名义负责守西安城。4 月 2 日，白朗军攻克孝义后到引驾迴，直趋西安。西安戒严，市民多登城守夜备战，灯火照耀，如同白昼。适督署前发生爆炸案，死伤数人，人心惶恐。官军在营盘岭大䦨口一带竭力抵御，白朗军乃西向鄠县而去。

袁世凯见白朗军已到关中，又特派赵倜以兼办陕西军务的名义带领所部入陕助剿，并令四川刘存厚派兵到汉中堵截，令山西阎锡山派兵到晋南防守，尤须注意潼关，令甘肃张广建派兵驻守边界，以防白朗军西窜。

白朗军向汉中的一股，知川军已抵汉中，乃改途北向出西坪口。韩世昌的一股逾秦岭出大峪口，与陕军骑兵第一团交锋，官军败退，乃陷鄠县。4 月 6 日，韩世昌、王生岐分攻郿县和周至，防军不支，副官姜玉林带队抵御阵亡，两县俱破。4 月 8 日，白朗军三股会合一起，渡渭河趋武功，破扶风。相传武功县知事某与王生歧曾经共过事，王向之筹军费 3 万元，知事只送去 1 万元，王受之并未与之为难。将攻醴泉，陕军陈树藩先期进占该城，乃西向攻乾县，4 月 10 日破之。11 日又北向攻陷永寿，该县民团溃散，知事失踪。适有某富商运银圆数万元由兰州到西安，被白朗截获。14 日黎明以主力万人攻入邠县，时城内市民尚高卧未起。15 日分一股攻长武。

白朗在关中各县所出的布告说："袁世凯盗窃民国，帝制自为，摧残民气，残杀青年……用是奋起义师，申罪讨伐……天下之大，匹夫有责。秦民夙称强武，而又热心爱国，岂能见神奸窃政，群凶盈廷，河山之断送，汉族之沦胥，而竟漠然不一援手乎。朗幸托黄帝在天之灵，起义以来，所向克捷。兹者兵指秦陇，坚城雄关，望风披靡。虽则由我师武，要亦民苦虐政，人无斗志。我军现已逾秦岭，出大峪，耀武咸阳，观兵长安。城克之日，但申沛公三章之约，不举项王三月之火。希我父老昆弟其各安堵勿恐。此布。"

白朗军行军速度日达一百二三十里，同样路程，官军却要走一天多或者两天，因此避实击虚的白朗军，和不敢打硬仗的官军很少接触。但是官军的将领，虚报战果邀功。袁世凯对冒功报捷的将领，不知颁发过多少次奖章和晋级令，对弃城逃走的不知作过多少次处分，对肃清白朗军的限期不知规定了多少次，但是一点用处没有，白朗军的声势日益浩大。

袁世凯看到白朗军在关中所向披靡，大为惊慌，一面严令张凤翙督剿，一面令陆建章兼程速赴西安围剿。因此陕军都调到西安以西。陈树藩旅在永寿、邠州之间的太峪镇与王生岐部打了一仗（4月15日），白朗军受挫。陈树藩乃夸大战果报功，说毙“匪”千余人，缴获“公民讨贼军前军总司令王”旗子一面，公民讨贼前军第一队、第二队、第三队旗子各一面，“扶汉军都统李”“扶汉军统带孙”旗子各一面。旗都以红缎为心，白缎火焰形为边。帝国主义的通讯并说，旗子上有“政治革命”4字。

4月13日，白朗军的一股即由长武进入甘肃境。4月21日，毅军赵倜始率所部由西安抵陕西凤翔，22日与白朗军另一股在陇县附近打了一仗，白朗军小挫，从固关入甘肃境。

驰骋于陇南受挫

1914年，甘肃省的局面是地方小军阀各自为政，矛盾重重，不能统一。焦大聚的建威军驻甘州，张志行的壮凯军驻固原，马安良的精锐军驻凉州，此外还有陆洪涛的振武军、周务学的忠武军、马福祥的昭武军、马忠孝的忠义军、吴炳鑫的新建军（即清末的新建陆军）、马国仁的巡防营、陈正魁的游击队，都奉省政府命令防堵白朗军。

白朗军于5月3日入甘肃境，一股由长武到泾川，攻平凉，守军不敢御，向通渭退却。另一股在陇县与赵倜毅军接触，小挫后退守固关山中，赵倜追赶不及，忽失敌踪。赵在这时向袁世凯报捷，说他擒“匪首”徐昂一名，毙“匪”1000多人，获快枪100余支、杂枪400余支、骡马2000匹，物资无算。这当然是夸大了的数字，袁世凯竟下令嘉奖，并开复赵倜革职留任的处分。

这一股白朗军由固关山中北向下崇信后与下平凉的一股在庄浪会

合。由于甘军在固原、隆德、静宁一带堵截，赵倜军又尾追而至，乃在通渭打了一仗，白朗军又损失1000多人，遂南折而下秦安，窥天水。

5月4日，白朗军由间道袭取天水时，守该城的甘军统带马国仁，率200人至城西40里的侯家桥迎战，一经接触，官军即溃，马亦阵亡。白朗军直扑城下，与守城官军激战一夜。5日城破，杀官军500余人。这个守城部队多系回族人，因此白朗军与回族结下了仇恨。是日下午即拔队南下徽县。

赵倜因为袁世凯开复了他的原来官职，就积极起来向白朗军跟踪追击。但是他的部队不想打仗，只想发财，始终追击不上，而且疲于奔命，伤者疲者逐日增加。乃将疲惫者留在安定，率精锐者到天水。他达天水时，白朗军已去一日了。赵军在该县住了3天，到10日始离天水追敌。

白朗军攻陷天水后，获得很多械弹，势乃复振。5月7日，进据徽县。本地的刀客游民与白朗军联系在一起，出没于白水江附近，打算进攻略阳，南入川北。川军司令彭先烈带步兵张颖团、彭泽团和炮兵余昂团到略阳抵御。5月11日，白朗军闻川军到略阳，乃西趋成县，复陷武都、文县，拟由碧口入川。川军又派部队到碧口堵截，乃转而西取岷县，5月21日占领之。25日更西进至临潭，在该县休息了一星期，拟由临洮袭兰州，为甘军所阻。赵倜军已出至狄道，乃折而东取漳县，与建威军焦大聚部大打了一仗。由于白朗军在村落稀少饮水困难的地区作战，与少数民族关系又未建立好，因而大受损失，死伤2000余人。6月2日东取甘谷，建威军杨士培营出城迎战，又遇到甘军双骑马队（这种部队是甘军崔振五为适应与白朗军作战而创立的。即一马骑二人，迂敌作徒步战，一人徒步作战，一人控马，兵力等于增加一倍。控马者与骑兵一样，不独不怕敌人袭击，反而可以袭击敌人），因而构成甘谷的大会战。经一日夜之激战，白朗军又损失四五百人。他们仍想取道汉中入川，为汉中镇守使张钫所阻（王生岐曾充张钫部下团长，乃化装亲赴汉中见张，要求假道入川，被张拒绝。王生岐从此无闻。这是张钫向人谈的）。

白朗军入甘后，由于士兵过度疲劳，与少数民族的回军关系未建立好，因而迭次作战损失很大。加之时入夏季，时疫流行，士兵时有死亡，参谋长李鸿宾也病死了。王生岐一去未返。这使他们的士气大受影响，因此白朗决计折回陕西来。

冲出重围，折回陕西

6月2日，白朗军虽然在甘谷受挫，4日即渡过渭河袭取秦安，进窥清水，沿渭河东下，一日夜行一百七八十里。赵倜军仍尾追之，但他们最大限度只能一日夜行140里，始终追赶不上。白朗军到达宝鸡，被陆建章所指挥的张敬尧部迎击，于宝鸡山口展开激战，官军团长高彩风阵亡。赵倜军驰至，也被打败。白朗军乃乘势而东。

6月2日，袁世凯裁撤各省都督，改为将军。6月10日，陆建章已进入西安，他忙于取张凤翙的地位而代之的布置。而张凤翙也知道自己的地位不易保，因此对打白朗事不大热心了。白朗认为大军已多入陕，拟乘河南空虚，决计回豫。这就伏下了失败的主因。

据冯玉祥所著《我的生活》一书中剿白朗一篇所述，白朗军冲出大军包围，经宝鸡、郿县，入子午谷，到山阳等县。除在宝鸡、郭杜镇、山阳三处与官军稍有接触外，其他各地无敢迎战者。

6月20日，袁世凯任命陆建章为威武将军，代替张凤翙的地位。任命张凤翙为扬威将军，调京。对于陆建章进剿不力，被肃政使王湖弹劾。袁乃把陆建章褫职留军前效力。

正在这时，谣传白朗军东来，将攻西安。陆建章叫他的儿子陆承武带兵一团到城外布防。在一天晚上，城外忽然枪声震天，城内居民大家提心吊胆，以为白朗军至。等到天亮，城外传来消息，原来是陆承武的一营与另外的一营，在黑夜中互相误认为白朗军而混战了一夜，陆军的素质由此可见一般。

白朗军回到陕西南山时，人数只剩1万余人。陆建章调军分途堵击，因山路崎岖，白朗军行踪飘忽，官军辄迷途失敌所在。他们想将其围困山中，再一举而消灭之。

兵临散地，全军溃败

白朗军在山阳休整了十几天后，仍由雒南荆紫关旧路回豫。6月26日其前队抵陕豫交界的富水关，突然遇到镇嵩军刘镇华的部队抵御。

镇嵩军是刘镇华所组织的一支反动军队。刘系河南巩县人，辛亥革命后，他由于张钫的援引，把豫西的张治公、憨玉昆和王天纵的一部分地方武装抓到手里，作为他的政治资本，投靠了袁世凯。袁就任命刘为豫西观察使兼镇嵩军统领，成为豫西的封建主。当白朗起义时，袁世凯因为他对白朗剿办不力，革职留任，戴罪图功。现当白朗军回来，他为取得袁的信任，所以很积极地来打白朗军。富水关一仗，白朗军虽然损失了四五百人，而刘镇华部也损失相等。

白朗军回豫，各路大军亦追踪而至，其中以赵倜毅军追踪最力，但他们意在掠夺财物，在陕甘的一路上并未与白朗军多所接触。6月30日，白朗军回到了豫西，在内乡、临汝、鲁山、郏县、宝丰、方城、叶县一带，与庞大的官军苦战了两月之久。终以“兵临散地”，士兵纷纷离队回家，加之后军总司令白瞎子又在三山岩阵亡，因之逃亡者日众。他们已走上瓦解的道路，不能成为一个战斗团体了。

白朗军最后覆灭的情形，记载多不一致。就在叶县所俘白朗军兵士朱勤明的供词比较切近事实，兹把它抄录于次：

朱勤明供：我年三十岁，永城县人。去年（1913年——笔者）8月间往安徽茶山去卖猪毛，因赔累无奈，在彼处佣工。至本年（1914年——笔者）正月初四，白朗领数千人来，我就投入了他的队里。同白朗队伍走了四天四夜，过了铁路。初十到商城南约二十余里，与官军打了两天仗。2月12日打开老河口（恐系朱本人到老河口的日期——笔者），得有许多枪支子药，并得大炮四尊（即重机关枪四挺——笔者），财物甚巨。随又同到荆紫关往西省（陕西省——笔者），沿途破了十余县城。又到西安附近。不久到甘肃，在西庄破回城。回民女人用木杆把白朗的下牙打落了一个，下嘴唇偏左有一小豁。白朗近四十岁，脸上有几颗麻子，我确实认得清楚。回城破后，又同白朗领杆走了好多县。四月二十四日（这是农历——笔者）在陕西宝鸡打仗，我的左胁受伤，今还未好。因那官军打仗厉害，白朗领着八九千人，打了十多次败仗，大炮四尊也在陕西山口丢了。我们回来走到白土关山内盘踞，白朗就叫分股四散。孙玉章领一杆人赴邓县，张其云、尹老婆和李鸿宾的弟弟一股也向邓县去了。宋老年带有一千多人往鲁山娘娘庙去了。白朗领着我们五六百人至高皇庙，他说子弹不足，不愿领杆，吩咐我们逃散。当时由吴瞎子、彭老年、韩发魁、胡殿合和炮队官又是杆子头鲁庆安大家商议，去破洪庄、高庄两个寨，夺取枪弹，预备东窜。不料破了两个寨之后，即有官军至高皇庙，打了半天仗，我们又打败了。这天白朗同我们都住在平顶山上头，看见官军不多，并不害怕。到了第二天天将明，正与吴瞎子在洪庄弄早饭，尚未做熟，不晓得官军就到了，又打了一仗下来，鲁庆安被打死了。这一仗是吴瞎子指挥打的。我们在平顶山南坡上，听见败了下来，我们随同白朗一杆八十几个人逃到大营东张庄，在白朗亲戚不知姓名人家中住了半夜和一天，尚记得这家的房屋和方向。听说又有官军来赶，白朗又同吴瞎子们逃至鲁山内常台去了。此时白朗不要外县人，专要鲁山人，我因此与他拆开了。我在张庄时同白朗住在一起，并有三十支快枪埋在他的亲戚家的后园内。我所用的枪支暂交与韩发魁去了。白朗意思仍不干休，想买枪弹。我与他拆开有几天了。他说要往娘娘山去找宋老年，以后即不知踪迹。

当时在鲁山、宝丰一带兜剿的官军有张锡元师、张敬尧旅、成渝鲁旅、任耀武团、王汝贤师及镇嵩军统领刘镇华部、巡防营统领田作霖部。白朗军在大军节节围剿中，中军总司令韩世昌旋又在鲁山境内阵亡。至于白朗本人的归宿，则有种种说法：

一说白朗回到鲁山老根据地，官军围剿甚力，白朗睹此情势，知已无可挽救，且身受伤，不克复振，因此气愤成疾，殁于鲁山的石庄附近。

一是官方报功的说法，赵倜向袁世凯报告说：“据镇嵩军刘统领镇华称，张治功电称，前派靳副官敬民、王队长景元，混入匪杆内，

8月5日午后，在鲁山附近大营北20里石庄将白匪击毙，匪尸已解省辨认。”又发表田文烈的报告说：“狼身腐败，已于8日将首级由汽车解到，装以木笼，悬之迎熏门城墙上”。袁世凯根据以上的报告，于8月9日发表褒功令：“特任赵倜为宏威将军，刘镇华开复原官，授为陆军中将，并给勋五位，张治功授为陆军少将，并给三等文虎章。靳敬民、王景元着赵倜查明现职从优给奖”。可是过了3天，袁于8月12日又撤销了这个褒奖令，另外发表命令说：“续据河南护军使赵倜电称，白匪毙命，确系田作霖、张敬尧、牛桂林、刘宝善各支队先后在三山寨等处围剿，白匪迭受重伤，旋即毙命，匪党移尸掩匿石庄附近，张治功适在该处查获等情。张治功迹近冒功，刘镇华未经查实遽予转报，殊属不合。姑念搜捕甚力，免予议处，应将九月策令奖案一律撤销。”

一是社会上流传说法，白朗并未死，出家做和尚去了。石庄为官军发现的尸体系他人尸体，军官为了冒充邀功，尸已腐败，无从确认。

随着白朗军的瓦解，一批又一批受过革职留任处分的高级军官都得到开复，连那个被撤职的前河南都督张镇芳也因“事前计划周密”（张在总统府统率办事处工作）而发还勋位勋章。赵倜授为德武将军，督理河南军务（9月20日令），张敬尧升为第七师师长（10月15日令）。

1963年6月

（选自湖北省政协文史资料研究委员会编《湖北文史资料》第8辑，1984年4月）

宋案见闻

杨思义 *

1913 年元月，宋教仁视察华北几省的国民党党务，并布置各省的选举后，回到桃源省亲，住了几天，即来到长沙，当时受到湖南民众的热烈欢迎。他在由北京动身之前，曾经写信到日本，约我在 1912 年底到长沙相会。我回到长沙时已是 1913 年 2 月了，他到省也只有三四天，住在小学宫街国民党的交通部。那时，他接触频繁，门庭若市。所有本党的同志及各界的人士，每天清晨就前来和他聚谈。都督谭延闿也每天必到他处就教一两次。他开怀畅谈，毫无顾虑。我很替他的健康担心，却没有想到别的事故。有一天，我看见有许多当选为国会议员的本党同志在他处聚谈，

* 杨思义：时为湘西炸弹队队员，后任国民党第十集团军司令部参议，第三战区长官部参议。新中国成立后，任湖南省文物管理委员会委员，湖南省人民政府参事室参事。

谭延闿也在座，纷纷议论这次全国的选举，我党得到2/3的大多数，在议会里有压倒之势，我们要公举克强来做总统，请钝初先生出来组阁。宋笑答道："我若组阁就请组庵先生去当内务部总长吧。"谭望着他微笑。等众人走后，我背着问他："你刚才对谭组庵说的话是真的吗？"他说："虽然是笑话，但同志中都有此建议。"我见他说话的神情确有几分把握，我便记起他在去年同六专使北上迎袁就职时，回到上海，住在跑马厅履泰旅馆①，我前去问他："你这回和袁世凯见面，觉得他的为人如何？"他率然地答道："是一个狡诈绝伦的奸雄。"我为之一惊。对他说："我们把民国的重任，交给这样一个人，如何是好？"他说："这有什么要紧？我们好好驾驭他就是了。"我怀疑地问他："你有什么方法去驾驭一个奸雄？"他说："民主国家的主权是在国民，国民的代表是国会。国家的政务，完全由内阁处理；而内阁的产生不经国会通过是不行的。至于总统只是一个虚君而已，任他如何狡猾，也是作恶不起的。我党只要好好地控制国会，便能驾驭袁世凯了。"我当时听着，虽然有些怀疑他过于理想，但见他的兴趣很高，我又没有什么高论去驳他，也就没有话说了。如今见他经过一年的惨淡经营，把国民党改组成一个最大的政党，又在议会中取得一个最大的胜利，那么他的理想必然会实现，我不禁为民国的前途称庆，并佩服他的政治天才。

3月初旬，他由长沙动身到湖北、江西等省去宣传本党的政策，顺便要到上海去和孙、黄两公商洽进行，然后再到北京去。行前，

① 原址在跑马厅，后来此地又改名一品香了。

曾催我迅速办装出国，约我在上海相会，他好介绍我跟随新任驻德公使颜惠庆一同赴德。我等他走后 10 天，也到了上海。他已先数日到沪，住在同孚路黄克强先生的公馆里。他对我说："颜惠庆已由海道往德国去了，你可改由西伯利亚坐火车去，要争取时间，早日到达德国读书，将来好学成归国，为我们的后援。我们只是过渡人物而已，将来还要靠你们一干青年同志来建设祖国。"我听着心里好笑。我想他大我不到 10 多岁，现在还是一个青年，如何就装起老来。不料他这番谈话，竟成他对我最后的遗嘱。当他在湖北、江西等省的欢迎会上发表他的政见、政纲时，话中对袁政府施政的劣迹，攻击不遗余力。袁党便用匿名氏的名义发表两篇文章，对他严厉地驳斥，登在上海各大报上。他回到上海后，也作了两篇文章，发表在各大报上，对匿名氏驳斥得体无完肤。以后匿名氏也再不敢回击了（这两方的辩论现在还有文献可考）。在 3 月 20 日那一天，我到他处坐谈，跟着，于右任和陈其美也来了。于右任对宋说："这几天不再见有匿名氏的反驳了。"宋靠在沙发上，仰天大笑地说："从此南人不复反矣。"语后，又狂笑不止。他的眼角上都笑出泪来了。我过去还没有见他如此狂笑过，足见他的得意忘形的情形。陈英士便插嘴说："钝初，你不要快活，仔细他们会用暗杀的手段来对付你。"宋更加狂笑地说："只有我们革命党人会暗杀人，哪里还怕他们来暗杀我们呢？"于右任也警告他说："的确你要仔细。你明天进京，还是坐海船去比较稳妥些。"宋说："那太慢了。我一定坐津浦路火车去。"于、陈二人见他性急，不再说什么了。我不明了情况，也不便插嘴。次日（21 日）深夜，我有一个同学叫唐果，他吃得醉醺醺地来到我的寓所，问我这几天会见宋钝初了吗？我说："昨天会着他。"唐果说："刚才我在堂子里和张尧卿在一处吃花酒，听着张说，现在袁世凯派了许多刺客要暗杀宋钝初，你叫他自己警戒些。"我听着这话正和陈英士的话相同，我想张尧卿和陈英士都是江湖首领，都是有路数的，说话必然有因。我决计明天前去阻止他乘火车，仍依于右任的主张，改由海道进京为妥。不料次日（21 日）天才明亮，就有同志打电话来告诉我说："钝初昨晚就动了身，在北火车站被人暗杀，身中两枪，现在沪宁铁路医院医治。"我听着心惊，即忙驾车前往医院探望。到院时，已见有许多同志围着他的病床在号哭，我知道不妙，急忙揭开被单一看，他已僵硬地死去数小时了，我也不禁为之大痛。大家都是如丧考妣一般。钝初之死，何以这样使人心痛？原来他在当时确是中国一个数一数二的人才，国民党是他一手组成的，要算是党的灵魂。他一死了，国民党就会垮台。

我在他的灵前默念他一生的好处，越想越痛心，众人也无不悲愤填膺。大家都发誓要替他报仇，各人分途去找线索，去缉凶手。正在商议间，忽然由邮差送来一张明信片，上面写的是："沪宁铁路医院宋渔父先生千古"，反面写的是："我本打算诛除梁山寇首黄兴，不料误中先生，实在抱歉之至。"但下面又说"我由湘而鄂，由鄂而赣，追随先生，都因欢迎群众围绕着你，没有下手的机会，至昨晚才遇着这个好机会"云云。我们见着这张明信片，都为之发指；但都认为有了这明片，就有了侦查的线索了。于是匆匆地将钝初的遗体装殓。次日，就把他送到西门路湖南会馆暂厝，一面分途去缉拿凶手。

两三天后，凶犯应夔丞、武士英均被捕获，并搜出大量证据。根据这些证据，可以断定武士英是应夔丞指使的，应是赵秉钧指使的，中间牵线的人是洪述祖；而赵之敢于许应以勋位，又是袁世凯所授意的，于是案情的真相大白。一经公布在报上，全国的舆论都为之大哗，无不表示愤慨，尤其是国民党的同志更加表示悲愤，纷纷主张兴师讨袁，为宋报仇。当时的局势非常紧张，大有一触即发之势。但袁世凯却早做准备，一面为赵秉钧辩护，命赵引嫌辞职，避居团城；一面大借外款，派兵遣将，警戒长江下游，以备非常。反是国民党方面并没有什么准备，大家只是在报上和口头上叫嚣要讨袁、要报仇而已。外间都引为怪事。其实，其中确有难说的苦衷。在案情未经揭露之前，我们就料定钝初是袁世凯主使暗杀的，并在匿名氏辩驳钝初的演说辞时，就预防袁党必有此卑劣的一着，只是钝初大意，不听同志的劝告，乃遭此惨遇。惨案既经发现之后，不待说，大家都是摩拳擦掌，要向袁世凯兴师问罪。可恨当时的形势已经成了无可奈何之局。去年南北统一之初，中山先生为众所迫，让位于袁，自己退居闲散，国事、党事都不过问，国民党便失了中心领导。跟着，黄克强先生又自命清高，将南京留守辞掉，解除一切兵柄，更使南方的将士群龙无首。袁世凯乃乘机利用分化的手段，将南方各省的统兵大员一一收买或离间，首先收买湖北都督黎元洪、浙江都督朱瑞作他的爪牙；广东、湖南、江西、安徽各省则派了一些各省的内奸去勾结，制造纠纷。宋案发生后，他又派兵南下，进驻武穴、上海等处，威胁江西、江苏、安徽等省。在这种形势之下，我们要想有所举动，自然也煞费踌躇。黄克强先生身当要冲，主办宋案的善后，每天都有党内的同志到他的公馆去请示师期。他表面只是镇静，力戒同志不要急躁，自有法律解决，暗中却已派遣谭心休到昆明去和云南都督蔡锷商量起兵之计。我那时也是急切想报仇之一人，经常到同孚路 10 号黄公馆和各同志处去问讯。在 4 月初间，又到北河南路去访谭心休，正遇他收拾行李，准备赴滇。他密告我："此去是和蔡松坡商量干与不干？应如何干法？只待他一言而决。克强此时已无把握，故要我去找松坡。"我得知此情，衡量当时形势，也只有依赖西南几省发动，才有办法。以松坡先生之雄略，我想定有佳音回报。我乃决计放弃出洋计划，专在上海等候谭心休的消息。

不到兼旬，谭心休即嗒然而归。我走去问他，他说："我这回碰了一鼻子的灰。刚到昆明，还未落坐，松坡就抢先对我说：'民国成立不久，国基还没稳固，听说克强又要闹场火了，你劝他放安静些，不要自取灭亡。'我气愤地说：'人家正在残杀我们的同志，要消灭我们，如果再不讨伐他，将来袁世凯定会做皇帝。'松坡冷笑地说：'他敢吗？如果袁世凯真要做皇帝，那我在西南也将做起皇帝来。'我见他说话更不对头，便懒得和他争辩了。后来他告诉我，他已和广西的陆荣廷、四川的胡景伊、贵州的唐继尧结成一个西南同盟，行动一致。最好劝克强息事宁人，保全实力，如果盲目地去干，定会失败。他只好和西南各省共守中立的态度，以保存一部分的革命实力。照此看来，松坡的态度也不可靠了。我乃匆匆地返沪，已于昨晚将实情面告克强。克强也认为松坡所见正和他所顾虑的相同，已决计改用法律的手续去解决，不愿再谈军事了。"谭又劝我仍遵钝初的遗嘱，早日赴德留学，将来学成归国，再替钝初报仇。这场火是搞不成了。我乃心灰意冷，于 5 月初间回到湖南，重新整装出国。

5 月中旬，国内的风声虽然一天天紧张，但我已知道克强先生的真实态度，料定不会有战事发生，乃决计随同第一届留法俭学会的学生 40 余人乘西伯利亚铁道的火车赴德。道过北京时，在西河沿金台旅馆，又遇见谭人凤。他那时正以长江巡阅使的身份时常和袁世凯见面，忘记了他杀害钝初的深仇。我很鄙视他，当面笑他，说："现在全国的同志都想替钝初报仇，你独官瘾大发，天天和袁世凯相周旋，于心何安？但也是一个好机会，你既可和袁时常见面，促膝长谈，何不挟一个炸弹在怀中，等到接近时，将他炸死，把自己的老命也拼了，岂不痛快？将来我们替你铸铜像。"谭胡子气急败坏地笑骂我说："你这小孩不要害我，我还要留着这老命多活几天，要这铜像何用？"我也笑骂他说："看来你竟是一个贪生怕死、见利忘义的老匹夫了！"彼此一笑而别。

我到德不久，就听说国内真的打起来了。不多几天，又听说黄克强在南京匆匆宣布独立，又匆匆地逃亡出国去了。各省的独立也随之瓦解。我实在莫名其妙。后来有在场参加独立的同志如李明扬、张辉瓒、宋世骉、阎鸿飞、胡干城等由国内逃亡到德国来，告诉我一切。我才知道克强原先本已打算不干，决计由法庭去传讯赵秉钧、洪述祖一干犯人到案。不料袁世凯也在北京伪造一个炸弹案，说是黄兴所主使的，也在大理院起诉，要传克强到案。同时又将赣督李烈钧、皖督柏文蔚、粤督胡汉民等一律免职。国民党全体同志更加愤愤不平，纷纷催促克强起事，中山先生督促尤力。克强乃不得已于 7 月 15 日入南京，匆匆宣布独立。其实事前毫无准备，入南京以后，又发现南京的军队不稳，第八师师长陈之骥就是冯国璋的女婿，苏督程德全也与袁世凯有所勾结；同时陈英士在上海进攻制造局失败，临淮关前线的战事也不利；陈之骥又制造谣言，催他速走。他事先既无把握，临时又发现许多困难，只好放弃南京而去。主帅一逃，各省的军事自然也随之瓦解了。

1961 年 9 月

（选自全国政协文史资料研究委员会编《辛亥革命回忆录》第 8 集，中国文史出版社 2012 年 6 月第 2 版）

江西讨袁回忆

林　虎*

武昌起义前夕，我在广东钦州（解放后钦州改属广西）郭人漳部任新练军第一营营长。武昌起义后黄兴电郭人漳派兵援鄂，郭人漳和我选择作战能力较强的部队集中钦州，得 2000 余人，由我率领前去援鄂。这支队伍由钦州出发，经南乡沿郁江而下到达广州。黄兴知道我率领部队到广州后，派海轮来接运到南京。这时南京临时政府已经成立，黄兴任陆军部部长。我部抵达南京后，黄兴拨他从武汉带来的卫士模范营 600 余人归我部，委我为陆军部警备混成团团长。未几，南北言和，孙中山让临时大总统位于袁世凯，黄兴任南京留守。我团仍是“留守府”的警卫混成团。袁世凯野心勃勃，

* 林虎：时任江西讨袁军左翼司令，后任广东军政府陆军部次长，南京国民政府立法院立法委员。新中国成立后，任第三届全国政协常委，广西壮族自治区政协副主席。

总想把革命势力消灭，要借外债，黄兴反对，主张办国民捐。袁氏乘机说南方富庶，可以倡办，北方贫瘠，不能不借外债。更借口南方举办国民捐足以自给，不发给南方军饷。黄兴由于倡办国民捐是自己的主张，不好不进行，但应者寥寥，军饷无法维持。再加以袁氏暗中挑拨，致使江西派驻南京的一个旅哗变，劫掠市场。幸得王芝祥的第三军协同我团于六小时内将叛军扑灭。黄兴鉴于南方局势再难撑持，一面电袁商请撤销“留守”，一面电商派有部队驻南京的各省，或将原部调回，或就地解散，将枪械运回本省，很快就将这个问题解决了。

为了安置此次革命有功的将士，黄兴征得袁世凯的同意，成立第八师，饷项由袁发给，师长则由袁手下大将冯国璋的女婿、日本士官生陈之骥担任。留守府取消时，我问黄兴：“我这部队现无所归宿，若认为无保留必要，不如遣散，使我得卸仔肩，优游休息一下。”黄说：“你这支部队富有革命精神，很不易得，还是耐烦一些，好好维持它吧。”乃将我部暂归第八师第十五旅旅长陈裕时节制。裕时是留日士官生，曾在广西工作很久，原驻南宁的新军一标，重机枪和退管山炮各一连，就是赵恒惕同他由广西带到南京的。我以为陈裕时同属同盟会的人，自然会照顾我的，哪知他私心重，甚至怀疑我是来监视他的。师长陈之骥全不管事，由陈裕时大权独揽。第八师全部经费和特别费都是每月初旬全数领出，由陈裕时支配。第八师官兵的编制实际并未足额，只达百分之六七十，若陈裕时有意维持我部，是不愁没有饷项的。不料他心肠毒辣，想逐步消灭我部，有一天突然对我说，团里不应有特种兵，要将我团的轻机枪和山炮3个连分割出去。我说：我部是暂时归你节制，你当然不能分割我的建制，我不同意这 3 个连调出去。哪知他竟以不发给我部给养来威胁，并暗中鼓动我部闹饷，乘机用武力将我部缴械遣散。幸得全部官兵均知当时处境，都愿与我共渡难关。我在罗掘俱穷的时候，自动把积存的银圆和金戒指给军需处维持军食，使军风纪得以维持。当时王芝祥在南京，我向他陈述困境，得到他的同情，电江西都督李烈钧征求可否收容我部。李和我是江西武备学堂的同学，他接王芝祥电后，复电欢迎，并派江西军务司司长俞应麓携款到南京接运我部入赣。这是我团全部 2400 余人到江西的经过。

我部到江西后，由李烈钧扩编为第一师第一旅，任我为旅长。我把原警卫混成团编为第一团，以江西武备学堂同学杨祖时为团长，把李烈钧拨给我的一个团（1200 余人）编为第二团，以原任警卫团团副李思广任团长。全旅官兵共有 3600 余人。这时已经是民国 2 年，宋教仁被刺案已经发生了。

宋案发生后，全国舆论哗然，同盟会同志尤为愤慨。江西都督李烈钧、安徽都督柏文蔚、广东都督陈炯明、湖南都督谭延闿酝酿独立。我对李烈钧说："以一省的都督来讨伐一国的总统，倘若自己的部队没有革命的志气和深厚的感情，仅凭纸上的命令，恐怕不会发生什么作用。况且袁世凯久握重兵，当然有不少心腹将领，他们正求向外发展，锐气是很盛的。我到江西看到两个师一个旅的正规军，是不是能完全执行你的命令，我很怀疑。以我这个旅而论，你新拨给我的这个团，它的战斗力怎样，我就毫无把握。我能掌握的仍只有原带来的部队。但这支部队多是两湖、安徽、河南、山东等省的人，他们入伍已久，自前清末年到今日，总算经历过一些艰难困苦，曾受过多少的革命教育，对是非大义还不糊涂，对自己的责任也还明白，不过万一战事过分剧烈，到了生死关头的时候，会不会引起他们归乡之念，我是没有把握的。我认为能和我同生死共存亡的惟有其中 300 余两广人，由于在钦州相处很久，相知很深，我信得过他们，能和我始终在一起。”李烈钧反问我：“你打算怎样？”我说：“我希望你准许我把你拨给我那一团人解散，把这部分饷项由我派人到钦州招募我的旧部一团，经费不用增加，这一团旧部大约 3 个月就可以到达江西。如果我增加了中坚主力，就可带动全旅，不仅能发挥我全旅的战斗力量，而且能在万分困难中坚定我全旅的信心。”李烈钧当即同意，嘱我速打报告申请。哪知这事为师长欧阳武所知，加以中伤破坏，对李烈钧说：“林虎带来这部分人兵精械利，是林虎的亲信部队，我们已经难以应付，你给他再招一团亲信部队，岂不是为虎添翼？”李烈钧竟为所动，借口时间太迫，取消前议，只要我把现有的人加以整顿，并派我旅去南浔路防守德安一带，旅部驻德安。出发前我对李烈钧说：“我这旅人遭遇十分困难，非爆箍不可，若只七八分，也只能自顾，无力援助别人。你当指挥官的人，请注意及此。”

袁世凯对江西早已做了分化瓦解工作，他通过在北京当国会议员的欧阳武之兄欧阳成运动欧阳武反对李烈钧，并派李经羲到九江和欧阳武接洽。欧阳武与李晤谈后，派他的团长伍毓瑞来德安约我去九江面谈。我问有什么事？伍把内情告诉我，我听了当然很愤慨，但只好暂时忍耐，请伍先回，我明天起程去九江。伍毓瑞走后，我立即作准备，除在南浔路前线加强警戒外，并从原驻瑞安的第二团抽调两营来德安作预备队。当晚召集在德安的团长杨祖时、李思广和归我指挥的防军统带夏忠伯，营长唐天鹏、郭步高、苏世安商议，将当前情况转告他们，还说："我们的都督恐怕要更换，因为师长已经同意了。但是代价不高，袁世凯只给我们师长一个护军使的名义和现款30万元，他就出卖了两次同学（江西武备学堂和日本士官学校）的好友，这件事真使我们担心。现在师长派人来找我去九江商量，我不能不去；但我们要有所准备，才不致发生突然事件时束手无策。目前江西局势既然如此，决不是我们能劝得师长回心转意的。师长既然倾向袁世凯，他可能要做一两件惊人的事来表明他的忠心；我料他不敢先拿我部开刀，但也不可不防。夏忠伯同学和所部两营长尤其要格外注意。现在我和大家约定，在我去九江未回之前，绝不调你们任何人去见面或开会，倘有人假借我的命令或师长直接下命令给你们，你们千万不要动，什么地方也不要去。只要我们团结一致，行动一致，任何人也无法整个地摧残我们，倘若人心涣散，就会出问题，这是大家应有的警惕。我到九江后，打算要求师长在3个月内不要调离现在我们驻防的地点，兵站的储备和所在地也要3个月内不变动。参加此次动员的军官在这3个月内绝对不能有所罢免或调动。他若是完全答应，就认为他对我们有诚意，我们没有意见，也没有过分的要求。请大家斟酌我对师长这些要求对不对？"大家一致表示赞同我的主张。

我在会商后，心想李烈钧如果知道欧阳武附袁的情况，他会做何打算呢？这是急需了解，以作今后行动指针的。我就派李思广连夜赶去南昌，向李烈钧报告和请示，并向他表明：只要他有办法，我们坚决执行他的命令，如以事出仓促，想不出什么办法，非离开江西一下不可，我们也可以等待，再作行动。第二天早上我才带同参谋曹浩森去九江和欧阳武见面。

欧阳武见我到了九江，当天就请李经羲和我吃饭。李经羲在清末曾任广西巡抚，原是旧识，在宴会中大家都是闲谈，不说什么有关时局的事。宴后李先离去，欧阳武单独和我谈话，问我对江西当前发生的事情有何感想。我说："事已至此，师长能继主江西，总好过别的人来，李都督离开之后，也不怕别的人来报复，我们当然是愿意的。不过我们也有些顾虑，就是不知师长今后的行动是不是能够完全自由，倘若你的行动失掉自由或受到某些限制，那么我们前一段时间的布防，就会给别人作为办罪的口实，我们的生命就有危险了。因此我动身前曾和我所指挥的部队商量过，大家希望师长能答应我们两点要求：一是 3 个月内不要调离我们现在驻防的地点，原设的兵站在 3 个月内也要保持现状；二是 3 个月内对各部队的军官不要有任何调动或罢免。师长能答应，说明师长是能维护我们的，大家也就放心；万一有外来势力对我们作任何干涉，我们自会妥为应付，请师长不用顾虑。"欧阳武满口答应，他说："这是我们内部的事，绝对没有问题。李都督在江西目标太大，他若离开一下，中央对江西就不会有什么事情了。"谈话结束后，我当即回转德安。次日，袁世凯就发表罢免李烈钧江西都督的命令。

我回到德安的第二天，李思广也由南昌回来，说李都督已接到免职的电报，他叫我转达说："由于事情来得太仓促，需到安庆和柏文蔚商量，请等候一星期，到时另有专函通知。"李烈钧在离江西去安徽前，派了一个叫青木、一个叫野口的日本顾问带同 3 个军士前来我处供咨询和通信之用。

李烈钧被免职的电报发表后，欧阳武离九江回南昌坐镇。李纯的军队从湖北田家镇开入九江，另鲍贵卿一个混成旅自汉口随兵舰南下进据九江各炮台。九江要塞司令陈廷训和江西第二师师长刘世钧投降。我就在德安扣留开去九江的火车，我部前哨布防到沙河。李纯由九江来电责备我不应对他采取敌对的行动，我复电说："我守土有责，你的军队开入九江，事前我未奉到我长官的通令，临时我又未得到你的通知，我不明你的来由，不得不如此。"当时南浔路德安北段正在修筑，有工人1800余人，我恐其在后方受人利用，就将其全部收编为输送队，薪饷和正式军队相同。复在其中选取年轻精壮者400人为补充队，教以步兵动作。我部行动敏捷，战时补充容易，全靠有这两个队的组织。欧阳武回了南昌之后，始终没有函电给我。我一面和驻守湖口、姑塘的方声涛、蔡锐霆、何子奇联络，一面和李纯相持达一星期之久，李烈钧仍无消息到来。我再派李思广去安庆找李烈钧，才知道他和柏文蔚都到上海找黄兴去了。李思广又赶到上海，见到李、柏和黄兴，他们连日和湖南、广东电商独立事，均以准备未周，不能即时发动，连柏文蔚也这样说。他们又说："如果江西能首先独立，发难讨袁，他们绝对响应，并尽速出兵援助。"李烈钧问李思广："你们怎样？"李思广说："我旅前哨已在沙河站左前方高地布防，而李纯军亦进到瓜子岭一带向我旅警戒，战事已有一触即发之势。因此我认为我旅首先发难，不成问题。最近消息，王占元师有从田家镇到九江之说，不知企图如何。总之大军压境，众寡悬殊，我军利在速战，好在士气旺盛，不怕牺牲，纵败犹可再战；无论如何强大之敌，它要消灭我部，至少要耗费3星期的时间，牺牲比我部一倍以上的代价；这是我未离开德安之前，大家已具备的决心，并曾经过周详研究和估计的。但自发难到3星期后，可能弹尽力也尽了，反攻的责任，只有望诸援军。"他们听了李思广的话，谁愿意首先发难的问题是解决了，甚为欢喜。即嘱李思广先回德安，李烈钧迟几日可到湖口。并说只要你们能支持两星期，湘军程潜、程子楷两师和唐蟒一旅就可以到江西援助。李思广返到湖口，将情况告知方声涛、蔡锐霆、何子奇等，一面择要打电话告我，一面绕道回德安。

李思广团原已出驻瑞昌，我调该团回原防。又多派侦探，注意上游敌军活动，掩护本部左侧方。杨祖时团第三营警戒沙河右侧庐山脚小路。一、二两营同机关枪、山炮3个连原已出驻沙河、蓝桥之间，警戒线已在沙河左前方高地。夏忠伯两营由德安进驻黄老门、蓝桥之间，作为总预备队。这是我在南浔路上的部署情况。

癸丑（1913年）7月上旬，江苏、安徽、江西、湖南、广东5省都督通电宣布独立讨袁。7月11日，李烈钧回到湖口，翌日通电任江西讨袁军总司令。11日，密电任我为江西讨袁军左翼军司令，方声涛为右翼军司令。我打电话问李烈钧："欧阳武态度怎样？要不要我派兵送你回南昌？"李说："不要派兵，欧阳武已有电来联系，并派伍毓瑞乘小轮来迎接。"原来袁世凯答应欧阳武不派兵入江西的，谁知袁氏事后食言，欧阳武知道上了当，借此乘机转舵。

7月12日拂晓，我左翼军进攻瓜子岭之李纯部，激战竟日，彼此拉锯有六七次之多。当夜我军复行夜袭，敌人的野炮、山炮虽多，均不发生效力，我军就把敌人击退至赛湖站附近。次晨拂晓我军已攻进赛湖站之线。敌军集中野炮火力阻我军前进，并大举增援，复有军舰3艘从江面发炮横射我阵地，我山炮连已失去炮战作用，步兵亦陷于进退两难的地步，只好死守待夜。夏忠伯两营已调到蓝桥高地，赶筑工事。当日晚上9时许，在赛湖线的我军陆续退守瓜子岭之线。第三日上午叛军刘世钧部两营由庐山脚小路欲进扰沙河，为我杨祖时团第二营堵击，我恐该处战事拖长，妨碍正面作战，遂在瓜子岭抽派两连步兵，一连轻机前往增援，希望能速战速决。但增援部队未到阵地前，叛军两营已被我杨团第二营击溃。正面之敌竟日未前进，可能是两日来战事过激，兵员消耗过大，须补充整理，再行大举来犯。我军士气虽盛，但不无疲劳。经两日夜的恶战，我既不能占绝对的优势，而敌则越战越众。局面既是如此，我军只好作持久战的打算。将杨团第三营调至蓝桥右后，掩护本队右侧；山炮连调回蓝桥后方高地，余仍据守瓜子岭，作消耗时间的打算，希望别省响应讨袁增援。这时候接李烈钧电知，已由南昌派出第二师旅长赵又新率新兵两营前来增援，归我指挥。直至第五日中午瓜子岭左翼始有敌来犯，战斗不甚激烈，我为慎重，亦不反攻。薄暮，我逐渐退守蓝桥高地，敌恐有伏，亦不敢追。第六日拂晓，敌以野炮遍击我散兵壕，掩护步兵前进。我机枪阵地多设在散兵壕前面，地形隐蔽，敌炮不易发觉，待敌步兵进到有效射程然后射击。有时我山炮进至散兵壕作摧毁敌机枪阵地之用。敌重机枪虽不少，亦不易发挥其应有的效能。于是支持了两日一夜。至第七日晚8时许，敌全线猛攻，夏忠伯阵地渐感不支，急调回杨团第三营增援，得巩固阵地。敌既攻我不破，陷于仰攻不利的地形，遂于夜半退守十里铺。次日拂晓，赵又新率两营到蓝桥，我命杨团一、二营各将战斗较疲劳的两个连集中阵地后面做预备队，一面借此暂为休息。同时又将仍守阵地的4个连向左靠拢，即由赵部接守右翼。至是兵员数目较多于前，而锐气则较前低落。明知敌人疲惫过我，而我竟坐失反攻机会，力不从心，殊堪慨叹。

这时接瑞昌急报说，有敌约2000人自上游百里渡登岸，向我阵地前进，敌军番号还未查明，我部已严阵以待云云。瑞昌方面虽有我第二团千余人，但都是旧绿营改编，毫无战斗能力，既有敌来犯，决难支持。德安已无部队，只好抽出夏忠伯部前往择要防守，以固后方。而我当前之敌，3日来既不续退，也不进攻，似有等待两翼部队到达目的地再行夹击的模样。因此我决定倘若敌人再来进攻时，如有感到不易持久的情况，我军必须乘夜反攻，将敌军击退后，然后才能从容地退走。翌晨拂晓，敌以野炮搜索隐蔽阵地，掩护步兵前进，接近时攻势甚猛。赵又新部的兵虽是新兵，而连排长尚沉着，未发生动摇，但恐不能持久。到了夜半我军全面出击，左翼已突破敌阵地，枪声极密，全线跟进。敌增援猛扑，经半小时的激烈战斗，双方枪声忽然停止，双方步兵各自后退。原因是当时双方都不知谁胜谁负。夏忠伯部万武营原驻防黄老门右侧，即调其到黄老门布置收容。当将退集黄老门的部队整顿补充后，进入新阵地。李纯部在瓜了岭和蓝桥两役死伤甚众。事后据黄兴说，打入袁世凯总部的国民党同志秘密告他：李纯多次电请袁世凯增派援军，袁世凯还以为李纯夸大邀功，想当江西都督，曾电黎元洪就近查报。黎元洪复电说李纯军确实伤亡很大，战事不甚顺利，袁世凯即派段芝贵率拱卫军5000人兼程赴援。段芝贵到九江询问李纯的作战方略，李说江西部队最顽强者唯有林虎部，击破这部，其余各可迎刃而解。段说攻强不如摧弱，摧弱成功速而影响大。于是段芝贵命鲍贵卿镇守九江，并监视各江防要塞，段率所部同江防各炮艇于7月25日进攻姑塘与湖口，两地遂失守。我军于25日下午得报：敌军已进至距黄老门约八里处开帐篷、布警戒，有宿营模样，可能于夜半或明晨拂晓来攻。果然，将拂晓时我前哨枪声已响。黄老门地形多起伏，很复杂，幸我轻机连很活跃，利用地形，时取攻势，阻敌前进。相持至夜，吴城的电话、电报均不通，电询南昌，方知吴城我军已退走。而湖南、广东援军有无来到江西，亦无所闻。黄老门一线是不能久守的，今后要采取怎样的作战方针，亦茫无方向。

吴城既失，南昌无可战之兵，李烈钧又如何出走呢？这时候我就打算向南昌靠近，设法掩护李烈钧出走广东或湖南。次日得李烈钧密电："南昌不能守，决走湘边"云云。于是我决定次日晚上全部退到德安。我先回德安布置；并且准备再下一步放弃德安，退守山下渡。我回到德安后，即调集运输队先将伤病官兵和存余弹药向山下渡运送；并以李思广自瑞昌带回的军队数十人和卓仁机所带自姑塘散出数十人（有重机枪两挺）为护运。夏忠伯部候万武一营回到后，命其率返原来的防地。我部于深夜 11 时退出阵地，敌人未予追击，可能因地形复杂，恐中我埋伏。回到德安的部队造饭食毕，即向山下渡行进。到达山下渡布防后，即用电报机向南昌电报局询问情况。得知李烈钧已出走，南昌成了真空。我于是决定取道奉新出湘边，以第三营附轻机一连任前卫，余为后卫。到达奉新见了李烈钧所派的参谋 3 人，知李烈钧在高安候我。其时李纯军大部已赶去南昌，仅以约 2000 的少数部队跟随我后，相距总在 60 里以上，我行则行，我止亦止，不与我接触。而我军行程每日总不超过 70 华里，因为行迟宿早，随时作战斗的准备之故。李纯部到达奉新后，不再前进。李纯到南昌后，找到在南昌做广东药材生意的我的内弟陈仲阁带了李纯部的一个参谋前来追寻我，要我保存这个部队，给我编一个混成旅，保我为中将旅长。我对他们说，请他们代我对关心我者致谢。我们激于大义，才发生这次战争，现在从这次战争的全局来说虽是失败了，但我内心毫无悔恨。若以义始，而以利终，何以对此次战役的战死者？所以我决不肯出此。他们见我意志坚决，就在离高安不远的地方回南昌去了。

到了高安会见李烈钧，他看到我的部队整齐不减往昔，他叹了一口气说：“我悔恨从前未能重用你，所以在今日这种情况下，虽然冒险也要见你一面，我才有脸见人。最好是你此时抛开一切同我出走，部队的事由团长去善后算了。况且局势是无法挽回了。粤军张我权迫走陈炯明，取消了独立；皖军胡万泰迫走柏文蔚，取消了独立；湘督谭延闿通电悔罪，取消了独立。江西虽然失败，总算打了几仗，国民党人的势力，这次算完了，下次再来过吧。”我答复他说：“你这样诚恳地照顾我，很感谢你。我部在此次战役中，不畏艰苦，不避牺牲，为的是人格和感情，所以能发挥军人应尽的职责。到了今天，江西已无我们立足之地，他们仍无怨言，仍能服从命令。在他们心目中，也认为现在正是患难与共的时候，所以团结精神比作战以前更强。我若丢开他们不管，不为他们谋得一个着落，不仅无以对自己的良心，将来还有谁肯与共患难，岂不是断送了我今后的信用和前途吗？我年纪还轻，将来做事的日子方长，在今日这样情势下，我总要为他们想办法，把事情告一段落，才能够安心走开。你的身份和我不同，你是关系国家前途的，要趁现在罗网未密的时候离开危险的地方，千万不要再延迟了。我打算第一步去湖南找谭延闿，请他把我部自营长以下的官兵作退伍待遇，发给护照，使他们得回家各安生业，因为他们是奉我的命行事的，不应论罪。如果谭延闿办不到，再作计较。”李烈钧见我态度坚决，只好带同十几个参谋顾问离开高安。从前派到我部的两个日本顾问和 3 个军士仍留在我部，为必要时联络通信之用。

我部到达与湖南交界的萍乡后，召集了当地绅士和驻防军一营的营长商谈，我说明我部此次到来，是就近请谭都督帮助我们办善后的。决不会有什么军事企图；我部的给养和饷项都带得充足，也决不会在这里筹款，不要地方作任何供应。但是为了保护地方秩序和维护我部的安全，当然要作应有的布防，请大家不要误会，对我们谅解。如果有更妥当的办法使我们相处得更好，请你们不客气提出，我们是虚心接受的。驻防营的官长士兵，都是我们江西的同事，我们决不会歧视；我部许多人到这里，力足自卫，绝对不会怀疑你们有什么不利于我们的事情。这是我很诚意地向大家说明，请大家放心。经过这次商谈，大家都相安无事。我把一切应做的事部署妥当后，即派李思广到长沙晋谒湖南都督谭延闿，把我给谭延闿的信面交。我的信内容要点是：公为国民党 4 督之一，4 省协谋独立讨袁，举国皆知。浔阳适当要冲，遂被重兵压境，李督振臂一呼，赣军挥戈而起。虎部迭摧强敌，无如众寡之势太殊，久战终难侥幸。李督今已离赣，虎部又不甘为敌收编，而湘省为息事宁人计，已取消独立。茫茫四顾，虎部已无用武之地矣。有劝我丢下部队，趁早出走，容后再图者；亦有主张我率此部占据湘粤边境，以待时机者。虎部人虽不多，而富有革命精神，并携有山炮 4 门，重机枪 2 挺，轻机枪 12 挺，步枪 2500 余支，各种弹药 140 余万发。连同运输队，全部官兵 4400 余人。倘我不趁此时为之善后，而中途离去，则此部很可能为别人所利用，湘赣边境，恐无宁日。若此则益增虎之罪戾矣。虎虽无状，又何忍出此，以致污我革命义军之高尚人格，所以迟迟其行也。至于据湘粤边地以观时变，未尝不可一逞。但必须就食地方，势必扰民，以堂堂革命之师，作扰民下场，岂虎所乐为！然事至今日，衷心所希冀者，欲我公俯念曾与同舟之谊，将我部自营长以下之官兵作退伍待遇，因为他们都是奉行命令者，不应论罪，而发给护照，使他们能安全回家，另寻职业。至于善后费用：拟每官兵发给薪饷3个月，旅费每人20元；运输队每人薪饷2个月，旅费亦每人20元。按此计算，尽我所携带之款外，尚欠10万元左右，亦请我公照给。以上要求，望公力负责任为我设法办到，则感戴高厚，岂仅区区个人。万一我公不欲以既洁之身，参与此易惹是非之事，则此数多健儿，置身无地，投诉无门，义愤所激，或将奋起与公之左右周旋于三湘之间，斯则虎虽万死难以蔽其辜矣。迫切陈词，伫候明教。并着团长李思广晋谒崇阶，借备垂询，敬聆训示。再者，倘虎部得蒙照顾，确能照退伍优待办法，发照给资遣散，回籍安居乐业，则所携械弹已无用处，不宜使之散落地方，致为治安之害，请派妥员前来，俾便点收运湘，以清手续。这封信是我亲笔书写的，信中大意甚至某些词句原文，至今还记得清楚。

李思广到长沙见到谭延闿后，谭派炮兵团团长杨伯琛同李思广到萍乡来见我，说10万元没有问题，随时可以送来；至于全部发给护照回家与退伍军人同样待遇一节，还不能立刻答复，因为这些官兵各省的人都有，属于湖南本省者，谭督的护照当然有效，属于其他各省者，不属湖南范围，须去电袁总统请示，得到准许后，护照才能生效，至迟5天可以得到答复。杨提出并商量将来如何接运械弹的办法，我说现在就可以先点储存的械弹，至于各官兵随身携带者，待分批给款发照后，在次晨搭火车时，即在车站点名，搭枪架，解下弹药上车。车开行后再交你点收，装车备运。杨以将来装车、护运，均需用人，拟调武装步兵一营前来服务，我表示同意。

过了3天，谭廷闿派一个参谋带同一帮司书到来说，袁总统复电已准发给护照，10万元现款和护照已带来了。杨团长请调的一营军队也随这趟车来到。我又电谭延闿要求准许遣散的官兵免费从萍乡乘火车到长沙，谭也复电同意。于是我就在萍乡遣散部队，分批遣走。运输队先走，其次是步兵，最后是炮兵和机枪兵，3天左右才遣散完毕。我则在炮兵、机枪兵遣散前一天，偕同日本顾问和军士离开萍乡。在乘车到长沙途中，同我走的两个日本顾问为着我安全起见，叫我中途下车走一段路到河边登小篷船，到时已有两个日本军士在等候着，原来是他们事先安排好的。傍晚到达长沙，他们就带我到日本人的庙宇本愿寺住了一个多月。我初抵长沙时，曾托日本顾问访查我部官兵在长沙搭乘火车、轮船时，有无受到留难或其他障碍。顾问野口查得有些乘火车回湖北者，于上车时被检查的军队搜身，没收了部分现款。野口便以李烈钧的顾问身份向谭延闿告知此事，谭答允即刻派员随时巡查，不使再有类此事件发生。光阴似箭，过了一个多月，一般人都不注意这次事件了，我就和日本顾问乘船到汉口，转船到上海，再转船到日本东京。途中都不停留，到日本东京时，已是1913年的冬天，10月或者11月的时分了。

（根据1957年1月7日、1月10日两次口述，李微　记录整理）

（选自全国政协文史资料研究委员会编《辛亥革命回忆录》第8集，中国文史出版社2012年6月第2版）

我赴江西了解李烈钧反袁动向的经过

邓汉祥 *

袁世凯窃取大总统职位后，黎元洪任副总统兼参谋总长，但仍兼湖北都督，并留在武汉，而叫陈二庵（陈宧）当参谋次长并代理参谋总长。民国元年（1912 年）5 月，黎元洪打电报给陈二庵，要他以少将军阶把我安排到参谋部，我因此就到了北京参谋部。在这一时期，凡黎元洪有事向袁世凯请示或建议，均先电陈二庵转袁，袁覆电亦通过陈再转给黎。我则经常往来北京、武汉之间作袁、黎之间的联系，并经常代黎起草文件。有一次袁世凯资助黎元洪 300 万大洋，就是由我送到武昌去的。

在这个时期，黎元洪已经完全站到袁世凯方面反对国民党。如

* 邓汉祥：时任湖北都督府参谋，后任南京国民政府四川省政府秘书长。新中国成立后，任第四、五届全国政协委员。

当时由国民党占优势的国会，不通过袁世凯所提出的大借款一案，各省都督站在袁氏方面纷起反对国会决议，领衔的就是黎元洪。

1913 年 3 月，袁世凯派人暗杀宋教仁后，国民党人群情激愤，全力反袁。当时的江西都督李烈钧就是反袁的关键人物之一。袁世凯叫参谋部派人去了解李烈钧的动向，陈二庵就叫我去。因为李烈钧率领的援鄂军队是由我接待的，有一些日子几乎朝夕相处，有时还替他拟文电稿。以后李在湖北任第二军军长，我在杜锡钧的第一军中任一等参谋，彼此常有往来。李比我大 6 岁，叫我老弟，彼此之间私人感情不错。这样我就去江西李烈钧处。这时袁世凯已内定黎元洪兼江西都督，并叫李纯率兵移驻武穴，准备进攻江西，但对外尚保密。我路经武汉时，曾去看黎元洪，并劝他说："副总统似站在北方太多，要是国民党垮台，则副总统何以见重呢？到了那时，北方会派人来接替你的都督的。"黎说："国民党不能共事。"一句话就把我的意见完全挡了回去。

我到江西见到李烈钧后，就问他反袁的结果会如何？李说："一定打仗！"我问："打仗胜负如何？"李说："国民党一定失败。因为国民党虽有 5 省（江西、安徽、江苏、广东、湖南），但一盘散沙，互无联系，很容易被各个击破。孙、黄二人意见又不一致，孙中山的话很多人都不听。"我说："如果打败，都督又何以自处呢？"李说："打不赢也要打，打败了就走路。"我说："这是有关江西祸福，也是有关全国民众的大事，都督还是要慎重。"李说："我没有第二条路可走，我不是北洋派，我只有打，这是我的人格问题。"我说："都督的话我很佩服。"那时我才 25 岁，对李是很同情的，便把袁世凯所作的布置，让黎元洪兼江西都督，李纯率兵移驻武穴的情况告诉了他。李烈钧表示十分感谢，并交一封封口的信给我，叫我去汉口将此信面交江西银行经理。我告辞李烈钧后回到武汉，见到江西银行的经理，才知道李烈钧在信中封的是一张面额颇大的支票，对我表示感谢。

我回到北京后，陈二庵带我去见袁世凯，我谈到李烈钧决心抵抗到底，但并未说他认为一定失败。袁问起南方对宋案的看法，我说："国民党人多方攻击政府，并诬蔑大总统要做皇帝，国民党的机关报更是大做文章，说宋教仁是北方派人暗杀的。"袁世凯听了后，装出一副极为震惊的样子，并说："国民党造谣是别有用意。我要做皇帝，辛亥年就做了，何必等到今天？况总统的职权并不亚于皇帝，历朝做皇帝的害处史书载得很清楚。"于是他振奋地把历朝的兴亡说了一遍。我便为他的假话所迷惑，认为他真的不会做皇帝。我曾向我所在的总参谋部第一局局长刘一清谈过此事，刘说："老弟，你太年轻。他越是说不做皇帝，越是要做皇帝，你不要相信他的话，你太天真。"袁当时就是这样极力欺骗舆论。

1978 年 9 月 2 日

（选自全国政协文史资料研究委员会编《辛亥革命回忆录》第 8 集，中国文史出版社 2012 年 6 月第 2 版）

柏文蔚督皖与讨袁的经过

王镜芙 *

一

南北议和后，柏文蔚叫我把第一军团的官兵名册送到北京政府，作为初度的接洽。这时，适值皖督孙毓筠请假入京谒袁，孙以皖政需人主持，电请南京政府，派柏文蔚以皖军总司令的名义莅皖阅操，兼代主持。而皖省的旅长胡万泰野心勃勃，欲乘机攫夺大权，曾一度发兵攻打大通军政分府黎宗岳（号昆甫，宿松人），闹得皖政纷争，不能统一。南京政府遂令柏率兵舰两艘，来皖震慑。柏先到大通，安抚军民。我因要送名册入京，特赶来请示。柏叫我到芜湖去点孙

* 王镜芙：时任安徽都督府参谋。
新中国成立后，任安徽省文史研究馆馆员，青阳县政协常委。

品三师的名，孙是芜湖军政分府都督（安徽公学同学）。我因急于入都，改派炮兵司长黄邦爵去点，我即送名册赶到北京。我到北京时，我的随员陶肇同（号绍棠，淮安人，江北陆军学堂炮科毕业，为我同学）曾充过参谋次长代领部务陈宧（号二庵，湖北人）部下的教练官（团副）（陈为锡良的高级干部，锡由云南总督调督东三省，陈充统制，陶以其表兄之推荐得膺陈的教练官，陈、陶均是由拔贡出身），因旧属的关系，往见陈宧，陈始知我到京，令陶示意想同我晤谈。我即随陶去见陈。他说："各省代表到京晋见大总统，首次例由参、陆两总长带领引见。"叫我翌日同他一阵去见袁世凯。我即如约往见，同时见袁的有四五人。袁先同黎元洪的代表接谈，黎的代表谈湖北的事，唠叨不绝。袁旋即向我寒暄，问柏军团长的好，详询第一军团的情况及现驻的地点。随又问我是由哪个学校出身？我说："是由江北陆军学堂毕业。"他说："那是刘提督（第一任江北提督刘永庆）所创办的，不料造就的人才，今日又为国家出力了。"他说到这里很高兴地哈哈大笑。他又说："南方军制中的三阶九级，第一级名称，是把清廷的正都统，改为大将军，有'功高震主'的含意，恐成'尾大不掉'之势；若改为大将又与日本相同，我想或改上将，以示与日本有所区别。至于第二级的左将军，若改称中将，又是同于日本，不若改为'亚将'，似较合体。"陈宧听到袁想用"亚"字，遂引经据典，说某一朝代用"亚相"二字，"亚"之一字，用于官制，极有根据。

我由大通起身入京时，柏叫我到京后抽身去访孙毓筠，代柏传达皖省情况及将来善后各事。我于见过袁世凯后，即同旧日安徽公学的数学教员卢仲农先生前往锡拉胡同见孙。北京那时尚无汽车，即最阔绰之权贵，也只是乘双套马车。孙入京时特由天津备了一辆华丽美观的新汽车，到京乘坐，以羡观瞻，所以北京之有汽车，盖自孙始。他的住宅，是袁世凯想将来利用他，特为他租赁的。会客厅中的陈设，都是道地的西洋式，据说要值 2 万元现洋。我同卢到他那里，把柏所说的问题，都得到了解决；他说他不回安徽了，都督一席，中央将畀柏。

孙毓筠对安徽的政治，无法进行处理，早想摆脱。这次入京又为袁世凯所麻痹，寄袁篱下，大有“乐不思蜀”之意。袁以皖督一席，发表明令，任命柏文蔚署理安徽都督；而我第一次入京代表的任务也由此告一段落，我即返皖向柏复命。

柏文蔚虽是署理了安徽都督，但驻浦口的第一军团，仍然归他遥领。本军团的官兵花名册虽经我代表送到中央，但中央对于本军，不过是例行公事，明令发表了一些将、校、尉官，等于一纸空文的米汤，而对于急需的军饷，则置若罔闻。自从南京政府所发的军用钞票经袁政府收回取消后，官兵们的生活益加困难。若由皖省先行协饷，暂维现状，而皖省甫经统一，各县的税收多未报解，皖省行政经费已绌于应付，自顾之不暇，哪能再作“他山之助”呢？因此，演成了浦口兵变的一幕。幸未扰乱地方，旋告平息。

柏在安庆闻悉浦口兵变，他一面回浦口安抚，一面叫我代表入京请饷。在我未到北京之前，有议员陶逊（舒城人）向段祺瑞哭诉，段向陶说：“这算什么？你装作妇人女子之态，真真是无聊之极。”不但没有得到一文，反被段臭骂了一顿。我到京后，一面直接向袁、段陈说，一面多方设法疏通。结果，袁的参议唐在礼（广东人）到我寓所向我说：“大总统已令财政部拨了 5 万元，由中国银行直汇上海，你可电柏都督派员赴沪具领。”这是他对于第一军的一次特别解囊。

二

孙毓筠为袁世凯毒化后，袁以大量金钱，来供孙挥霍，使孙乐而忘返，甘为袁用。于是孙即呈请辞去皖督原职，改任袁的顾问。同时任命柏文蔚为安徽都督，是把以前的署理改为实授了。但不久又任命吴忠英为安徽军政司长（吴号霖生，合肥人，陆大头期毕业，段的得意学生，抗战时廖磊主皖，以吴有汉奸行为，把吴枪决），又以官僚透顶的田庚为安徽民政司长，迫使原任的郑芳荪不得不辞职。袁的这一措施，是把柏的军民两政实权都分夺了。财政之权幸赖省府秘书长陈仲甫（即独秀）之计谋，事先援引了李肥筠为安徽财政司长，才把袁杜绝了。柏自实授安徽都督后，他原来遥领的驻浦口第一军团，因感受到饷糈的困难，中央又不予以接济，迫使他自动通电取消，把一、九两师划归江苏，柏自兼师长的第四师，划归安徽。这样一来，柏的基本部队，又被无形中分割了。

吴忠英到皖后，凭借其主子袁、段的淫威，张牙舞爪，作威作福，把柏的都督权限侵夺殆尽。连都督府的职员出差需用的军用半价火车票，都要经吴的核准，方予发给。吴一面垄断军权，一面又与皖军旅长胡万泰勾结，企图反柏。他又密呈袁、段，派郑汝成到苏、皖两省裁兵，归并军队。柏为吴所钳制，始则暗斗，继乃明争，柏想于都督府下另设一个参谋处，来与军政司划清权限，免为吴所吞并。以黎元洪荐来的萧某（忘其名）为参谋处处长，段景班为副处长，我为参谋处第四科科长。结果，不但没有分到吴的半点之权，反为柏添了一个累赘。适这时候，中央颁布改组各省都督府，缩小编制，除参谋、副官人员外，仅设军务、军需、军法、军医4课，职员减少，而原来所添设的参谋处，亦即取消，我改为都督府一等参谋。

袁、段的素志本来就想摧残民党，削弱民军的势力，对吴忠英呈请裁汰江、皖两省之兵，当然是不谋而合。于是他就采纳了吴的建议，特派郑汝成为苏、皖两省裁兵委员，带随员二人，一为韩麟春，一为龚维疆（号治初，合肥人，日本士官毕业）分赴苏、皖两省协助。郑与龚都先后到了安庆，把原驻蚌埠柏所自兼的第四师缩编为一旅，而以皖军胡万泰之一旅扩编为师。安徽的兵力总共只留一师一旅，淮上军张汇韬的一旅，完全裁汰。这次皖省之裁兵，别的师旅，分别缩编，而胡万泰旅则扩大成师，因胡的父亲选卿，为北洋宿将，胡借乃父的余荫，早已有所图谋，所以窃取了师长职务。明令发表后，他即昂然自得，驰马都门，遍干朝贵，致启日后迎倪（嗣冲）逐柏的序幕，也种下了他反复无常被倪镣禁自食其果的恶因。

自裁兵后，柏、吴交恶，更趋尖锐，形同水火，势不两立。因龚维疆来皖裁兵之机，柏以军政司许龚，利用龚的口吻，把吴越权跋扈、不洽舆情等劣迹，一再向袁、段反映。在柏认为吴龚固属“一丘之貉”，但龚能听命，则究竟此善于彼也。柏叫我代表入京，以他自己之去就，来力争去吴。我入京后，将柏坚决去吴的意旨，分别向袁、段二方直陈，并保龚维疆以代吴。袁则委段解决，而段则以龚年轻望浅借以推托。柏又电保龚父（名渭林，安徽征兵局局长）而段仍不准，致成僵局。龚、吴同为段的学生而争宠，又以士官（龚）、陆大（吴）学派的暗斗，早已有了矛盾，加之龚的要求又没有达到，对吴不免有妒意。龚遂趋我寓所，向我授计。他说：“段的事大半是徐树铮当家，徐曾办有军事杂志，经我（指龚自己）代向柏募捐400元，你可将这一笔捐款送把徐，附带请他向段斡旋去吴之事。因为他新娶了一位艳名鼎鼎的南班子苏映雪，金屋藏娇，但缺脂粉之助，它得了这400元，也可以算是雪中之炭。”我说：“暗室馈金，智者弗为。”他说：“你把钱送到陆军部办公厅（时徐为厅长），岂为暗室呢？又是冠冕堂皇的捐款。”因此，也就打动了我的心机，于无可奈何之际，只好去瞎碰一下再说。哪知“钱到神通”，果然如愿以偿。第三日我又去见段，他的态度，忽然改变了。他说：“吴既不满于柏，调他回京，另易别人。对人选问题，如柏荐人，须我同意；如我派人，须柏同意。”于是这一段纠纷才获得了解决。

三

迨宋案发生，民党集会上海，孙中山先生本欲立即兴兵讨伐，黄兴以为没有准备妥当因而终止。柏非常的痛心，由沪返皖，坐卧不宁。柏想先来一个致书责骂，出出闷气。即令省府秘书长陈仲捉刀。该函是叫我入都当面交袁，借以窥其动静。我向柏建议，徒事责骂无补实际，恼羞成怒，反为不美，不如作一个最后的忠告，较有价值。柏、陈均采纳我的意见。我赍书面递袁后，他大致阅了一遍，双眉紧锁，向我说：“柏都督这个信很好，待我细看后，再行答复。”

袁接到柏的函后，知与柏势不两立，终必兵戎相见，于是秣马厉兵，调整部署，为先发制人计，准备了主动进攻的方案。柏先生自函责袁后，即部署军事的准备大致如下：

（一）以驻临淮的一旅（第四师缩编的）进击由津浦路南下的袁军。

（二）以编组张汇韬原来的一旅，进击倪军（嗣冲）。

（三）以胡万泰的一师为总预备队并策应上述的两方面兼负保卫省城之责。

（四）与江西李都督联系，设置交通网。

（五）另组游击队作持久战。

至此时柏深感兵力不充，当初为袁、吴（忠英）所拨弄，将他的实力瓦解殆尽，实深痛心，然已噬脐无及了。

南北两方面的军事部署既定，大有一触即发之势。但是袁世凯处处都是抢先一着，占在主动方面。于是袁即明令免去柏的安徽都督，另以孙多森（寿县人，孙家鼐之侄孙）为安徽民政长兼安徽都督。柏交卸后，即返南京私寓。不数日江苏宣布独立，皖军师长胡万泰野心勃勃，欲取孙而代之，向孙恐吓，即把他驱逐离皖。但是胡万泰年轻望浅，因此他的都督迷梦，难以实现。胡遂变计，亲赴南京，哭求柏先生重返安徽，主持皖政。柏因自己现无实力的存在，难资应付，不愿出任艰巨，但迫于大义，只得勉从胡请，再回安庆，宣布独立，组织讨袁军。柏莅皖仅数日，军事尚未布置妥帖，而倪嗣冲已长趋直入，其前卫部队，已距省不远。胡万泰又施诡计，他一面迎倪，一面又来驱柏，限柏立时离皖，并派兵包围都督府，施加威胁。柏的副官陈某（柏的学生）为胡所枪杀。柏迫不得已，于是由军医院院长杨竞园（湖北人）扯了红十字会的旗帜，才把柏救出城外，乘了一个小民船，脱离虎口，到达芜湖龚振鹏驻兵的地点。

但芜湖局限一隅，难以挽回颓势，且胡的追兵又将赶到，柏即离芜而去南京。柏抵南京后，袁的重兵已达浦口，黄兴、程德全业已逃走，彼都的人士，公推柏为江苏、安徽两省都督兼讨袁军总司令。柏见大势已去，自己手无寸铁，怎能抵御袁军呢？柏遂乘日本丸东渡日本。胡万泰追柏之兵赶到芜湖，又把龚振鹏逐走。他想讨好于倪嗣冲，好把他一个芜湖护军使来酬他的功劳。讵料倪对胡不但不酬庸，反要同他算账，立时把胡万泰镣钉解省，如对重犯一样，把胡关进了监狱。

（选自全国政协文史资料研究委员会编《辛亥革命回忆录》第8集，中国文史出版社2012年6月第2版）

民二南京讨袁记

刘莘园*

一　同席正铭、张尧卿在南京的活动

民国2年（癸丑，1913年）7月中，我与韩文、孙毅由天津乘轮南下到上海。海轮上消息不灵，还不知道湖口已经起义。到上海时，已经是晚上七八点钟，街道不熟，好不容易才找到英租界南京路张百麟们所办的《惧报》馆，问明情形，到席正铭（那时他化名李饱德）在虹口兆丰路兆丰里的住宅去。那时，席正在苏北一带活动。次日，我们即移住席与雷洪合组的机关部内，司季武、田景兴亦住在那里。

我们路过四马路望平街，那时是报馆集中的地区。各处消息传来，

* 刘莘园：时为保定陆军军官学校学员。后任川军第二十二集团军中将参议，贵州昆山学校董事长。新中国成立后，任贵州省文史研究馆馆员，贵阳市政协委员。

国民党机关报《民立报》等照例发行号外，大肆宣传。但我看见买报的人并不热烈踊跃。有时卖报人将报纸和号外送在行人手中，劝其购买，但行人却丢还报纸，扬长而去，与武昌辛亥首义各省响应时期的情况不同。这在我心中发生了“民心向背”的问题，甚为苦闷。过了一两天，席正铭由苏北回来，命其弟金书约我到他的住宅商谈，我顺便将所看到的情形和个人感想一五一十地告诉他。他笑答道：“你这个人哪，穿钉鞋拄拐棍，太稳当了！”

当时席正铭因经济非常困难，商定把机关部撤销，以节约开支，大家到他家中去吃饭。同时田荆椿到北京去活动转来，回到上海。时黄兴已赴南京视师，他任江苏讨袁军总司令的命令已经宣布出来。大家商议推田荆椿到南京去，会一会黄兴，看看情形如何，我们再去。田荆椿刚去南京，报纸上已经登载黄兴出走了。大家将信将疑。那时，黄兴有“逃跑将军”的外号，大家很难断定他的行动。有人说：“他不会吧，这一回！”就连谨慎的前黔督杨柏舟也说：“怕不会吧！”不料隔两三天，田荆椿由南京回来，事实还是事实，黄兴硬出走了，何海鸣出来代理讨袁军总司令。

席正铭同大家商量，因为他同何海鸣熟识，还是决定到南京去。当时，我虽未公开反对，但却腹诽，态度很消极。并且单独向席正铭说：“我不想去！”我的理由是大家经济很困难，连吃饭都成了问题，路费更是一文没有。万一不对头，是有去路无回路的，连逃走的买命钱都没有，去这么多的人，将来怎么办？席说：“干革命就是这样，总要冒险，无论如何，你都要同我去！”我因为同他久共患难，生死至交，才勉强答应同去。临行时，我还有些犹豫迟疑的样子，连席幼珍大嫂都说：“多年患难弟兄哪，同你大哥一道去吧！万一不对头，好同路转来嘛！”

大家决意去南京，但是路费又成问题了。席正铭说：“我去找张尧卿设法挪借吧！”第二天晚上他同我去麦根路会张尧卿。张尧卿因进攻上海兵工厂一案，袁世凯悬赏万元，购取他的头颅。虽然住在租界里，他还是隐匿着。我们到张宅进门后在客厅中席正铭郑重地将我介绍给张尧卿。电灯下我看张高高的个子，寡骨脸，目光奕奕有神。他对我寒暄几句话以后，席正铭单刀直入地向他说：“我同莘园今晚这么夜深还来看你，是有点事来同你商量的。”尧卿反问道：“么子事哪？”正铭说：“我们有好几个朋友都想到南京去干一下，可是，万事俱备，只欠东风，所以来找你挪动一下！”尧卿笑一笑说：“我怕你真有么子事哪？这个事吗？我们有几个朋友也正要去，大家同干的一件事，挪动么子，我们大家一道去干就是，一切都算我的。”他说完话后，大笑起来，留我们吃消夜，摆龙门阵。他说：“你们两位看看，袁世凯只出1万块钱购买我这个脑壳，难道说我的脑壳只管得那点点钱吗？怕不止吧！”我觉得他豪爽健谈而且非常幽默。

后来与席正铭同去的有司季武、田景兴、韩文、朱煃、凌霄、宋伯英、胡辉廷、田荆椿、阎崇阶、刘莘园等。到南京后，张尧卿将我们安置住在四象桥聚英旅馆，与他同路去的人住在一起。记得有一位广西同学李宗武，后来战死于南京城内。据说，聚英有尧卿的资本，他也算是老板呢。

第二天，席正铭同我去到从前太平天国的天王府、清朝两江总督署，那时是何海鸣的总司令部会何。何是矮矮细细的一个“小个子”，但很有精神。他的参谋长是贵州安龙人王宪章，在武昌首义后当过第二师师长，后来被江苏将军冯国璋诱捕杀害的。张尧卿到后，往兵营、炮台等处四下活动。不久，他找到清末一家候补道的公馆。庭院幽深，花木茂盛的大公馆作为他的司令部驻地，自称游击军总司令，后来还当了约一个月的江苏都督。他任席正铭为参谋长，我为参谋处第一科长。参谋处全由正铭组织，除李宗武外，都是我们同路去的人。其他副官、军需、军械等处是尧卿自己组成的。张尧卿活动力很强，不上几天的工夫，各兵营和炮台官兵们陆陆续续地持枪来投他的人不少。参谋处按照他的指示编制，某为大队长，某为队长。有二三十个人一队的，也有四五十个、六七十个人一队的，约略编成了10多个大队。编组后，除留下20多个人守卫司令部外，其余的大队都开拔出去警戒和作战。

因为当时南京城内有吴浩、徐涛的部队是反对二次革命讨袁军的。其所以能勉强撑持者，是依靠第八师的二十九团、三十团（第八师有一半部队，战前调赴湖南岳州去了）的力量，把反动派力量压服着，尤以二十九团的战斗力很强。当时中、外报纸连袁政府机关报在内都记载过的。不久，据报张勋、冯国璋军队已渡江到龙潭，有紫金山已被敌人占领的传说，我同司季武出太平门侦察敌情，果然紫金山附近已有枪声。见着二十九团的部队约两连人驰往增援，人数不多，但士气很旺盛，部队很严整的。第八师是清末广西混成协改编的，队伍中两广籍的人较多，也有少数的人是湖南籍的。队伍基本训练相当良好，在那时要算是精锐队伍了。尧卿很忙，与参谋处人员见面不多。有一天，他搞得日本造的手枪10多支来发给我们。副官长想要一支，他都不肯，说：“这是我特为参谋处同事们准备的，你拿去做么子？”他对参谋处同事似乎特别客气。他在很短的时间内招集那么多的人的原因：一是平素的社会关系，他是哥老会的“龙头”。二是太平天国以来，长江炮台和旧军营中湖南籍的人任职较多，湖南籍官兵特别多；清末的两江总督湖南人要占多数，亲戚邻里随宦家居南京的人更不少；这是张尧卿能够活动的社会基础。

二　离开南京

我对南京市街道不熟悉，城外地形很陌生，对于敌军情况，只知道他们已包围了南京，究竟占领了哪些地点，是否还有我军与敌人对抗相持，也很茫然，这个“谋”又如何“参”起呢？有一天下午，张尧卿秘密告知我们说：反动派吴浩、徐涛的队伍要来解决我们，司令部武装太少，不能抵抗，他要到雨花台方面去掉换队伍，参谋处人员应设法避开。万一冲散了的时候，城外在雨花台附近找他，城内可以到旧南洋劝业会会场、三牌坊日本女子后藤家中暂住。于是参谋人员分为三四个人一组分散地离部外出。每个人手拿线毯包裹着换洗的汗衣、汗裤，内藏手枪，作为外出洗澡的样子以免惹人注意。

到后藤家中以后，我们与张尧卿联系中断了。他没有信给我们，我们也无从探听他的行动与他通信。城外是敌军团团围困，革命军只剩下一个城圈。北洋军浦口的炮兵每日向狮子山炮台射击，仪凤门每日仅仅开放几个小时。城内是白天夜里都不断听到“必卜”的枪声，更谈不到维持秩序。除了稀稀疏疏的小摊子可以买得点油条、烧饼外，连白米、柴火都买不到手。后藤的丈夫甘子厚于闲谈中微露他家食米将尽，不得已的时候，想迁入日本领事馆。我们商量一下，在这无米为炊的情况下不好意思再扰人家，而且南京城的命运，不过苟延残喘。张尧卿的消息不明，又无从与他联络。听说安徽都督柏文蔚率残兵一团，退到南京，讨袁军希望他来总领师干，重整旗鼓，他也敬谢不敏。我们甩手五子，手无寸铁，又怎么能中流砥柱呢？由这一个悲观失望的思想支配下，商量许久，除田景兴一人愿留在南京另谋事情外，大家都同意向后转回到上海再说。但是，问题又来了，大家囊空如洗又从哪里去找路费呢？幸而阎崇阶和我都有金戒指图章一枚，只好取下图章以救燃眉之急。又听说城门守兵对旅客出城时检查很严，戒指、手表正是他们要检查的对象，多半没收。不得已脱下袜子，将戒指带在小脚指上，手戒指变成足戒指，外面穿上袜子掩护它。在那时还算是出人意料的办法，实行了果然生效，混过去了。

临走那天，我们向甘子厚、后藤夫妇致谢并将真姓名开写给他们，才向下关方面走去，要乘着浦口北军炮兵停射、仪凤门开放的时候出城。可是到了下关，轮船码头又迁移到上游 10 多里的地方去了。只好喊几只划子，溯江而上。我同阎崇阶所坐那只划子距离码头很近了。远远看见青烟一缕，直入云霄，知道轮船要到。我们嫌小划子划得太慢，叫他赶快靠岸，我们好由芦苇丛中的小路上跑向码头。谁料跑了不远就被河汊子隔断了路，成了进退维谷的芦中人。幸而司季武们所乘划子，正逆流而上，我们喜出望外地大声疾呼，他们的划子靠岸迎接，方解此危。上船后，大家饱餐一顿，餐费、船钱合并算来，除两个戒指抵偿外，还欠了债。到达上海时，阎崇阶与我留船上作质，席正铭、田荆椿上岸拿钱来赎取我们，才算了结。

回到上海，我计算军校假期已逾半月以上。乃电先兄刘茂材询问是否可以回校。他复电说还赶得及，速即回校，乃决定由海道回保。那年，因为国内战争，江、淮以南地区的交通，水陆皆阻。陆军部因事实关系，也将军校暑假假期延长了一个月。回保定后，即至军校报到。连长王静修向我说："你来得正好，明天早晨8点钟，校长要亲自点名，迟到一分钟的学生，他都不肯收的，你来得正好！暑假中做些什么事呢？"我一无所隐地直言报告了他，他微笑说："青年人练习练习战术作业也好，休息去吧！"我即告辞退出。

次日早上8时校长曲同丰果然于内操场尚武堂前集合学生点名，按照名册一一点呼。呼名时，应即立刻应名曰"有"，如果呼名时没有即刻应点，或者点名已经点过去了才补应的，都一概除名。被开除的学生有600多人，以江淮以南各省区的籍贯占多数，现在在北京工作的蒋光鼐、陈铭枢，即那一次被曲校长开除的，我个人那一回算是"幸免"了。

1965年4月

（选自全国政协文史资料研究委员会编《辛亥革命回忆录》第8集，中国文史出版社2012年6月第2版）

癸丑讨袁的回忆

陈雪涛*

前　言

癸丑讨袁之役，涉及江、浙、皖、赣、鄂、川、湘、桂、粤、闽等省，此篇单就南京独立的经过和第八师在前线战斗的实况略述之。当时我在第八师服务，始终参与其事。唯事隔半世纪之久，且精力衰退，也仅能回忆事实经过的大略，坦率写出，借供征信。尚希当时同舟同志有以补充校正之。

* 陈雪涛：时任陆军第八师十五旅机枪连副连长，后任上海银行武昌分行经理。新中国成立后，任上海银行汉口分行副经理。

一 南京独立的经过

癸丑讨袁一役的酝酿，是以沪宁为中心，而南京的独立，又是以陆军第八师为转移的。由于第八师是由桂军营底扩充为师的（其中官佐十九皆为湘桂籍，陈之骥旧部），中上级军官十九皆日本陆军士官出身，训练极为严格，军风纪良好，服装整齐，饷糈无缺，训练时间虽仅一年，成绩颇为可观，博得社会称誉。但不久即将所属赵恒惕之第十六旅拨给湖南都督谭延闿，林虎一团拨归江西都督李烈钧节制调遣，留在南京的部队总数不过3000人，且半系补充新练士兵，虽负虚名，实力则很有限。迨宋教仁被刺案发生，袁世凯善后大借款成立，李烈钧、柏文蔚、胡汉民三督被撤，袁世凯复派兵南下，着着进逼，其势已忍无可忍。孙中山先生遂促使李烈钧、林虎部于7月12日在湖口独立，章梓之第三师发难于徐淮。南京力量虽薄，因有西北两面的呼应，亦于15日宣告独立。

先是孙中山先生左右以第八师师长陈之骥与冯国璋有翁婿关系，必不赞成南京独立，故计划须从第八师中下级官佐入手。其实第八师向来上下一致，同心同德，是不易分化的。当时本师虽负虚誉，实则外强中干，故多主张慎重。但又考虑，彼时西北两方已经发动，南京如再不动，已为情势所不许。估计敌我实力虽甚悬殊，讨袁十九要归失败；但如不赞成讨袁，就很可能引起内部同志的分歧。最后由第八师上级领导决定：与其踌躇不干，驯致引起内部争议而分裂，倒不如轰轰烈烈大干一场，或可幸免失败。且津浦线上的第三师已有数电告急，北军张勋、张怀芝、张树元等统率数万人南下，如再持重不发，势必同归于尽。当决定派参谋长袁华选、旅长黄葆苍赴沪欢迎黄克强来宁主持。黄于7月14日抵南京，在南京李相府第八师宿舍会议决定：

（一）扫除讨袁障碍；

（二）15日宣布南京独立；

（三）16日出师北上赴援；

（四）以第八师炮兵团团长刘建藩为梯队长，李竣代理第二十九团长，即日趋赴前线援救第三师章梓部队。

二　徐淮会战的实况

南京于7月15日宣告独立，江北徐淮一带之冷遹、章梓两师，在未与南京方面取得联系的情况下，已与北军张勋、张怀芝所属部队开火，连战败北，死亡枕藉，告急之电如雪片飞来。我第八师由刘建藩梯队长率领第二十九团3个营，附机关枪连及马炮工各一营，于16日开拔北上，途中数遇三师运回后方的伤兵兵车，殊寒军心。当日宿南宿州。17日继续前进，过徐州，至下午4时许抵达柳泉一带，已接近火线，当即下车散开（由代团长李竣指挥）。我率机枪连反攻铁道线西侧之牛头山，阻击左侧之敌而占领之。第二营于铁道东侧，第三营于铁道西侧分别散开，向前搜索前进。至下午6时左右，我军全线一致前进二三里，火力齐发，已压倒敌方火力，敌不能支，节节败退。次日拂晓战后，敌又转移阵地，火力减弱。下午敌开始向我军反攻，恰好我军野战炮队赶到，在团山后窝支好炮位3座，向敌火线轰击，眼见落弹准确，敌火即逐渐减弱，阵线动摇。我军即吹冲锋号催令全线冒敌排炮突进冲锋，约半小时，敌炮火果停，全线退过利国驿运河铁桥。傍晚，我军进据运河南岸堤身隐蔽，我机关枪连奉派扼守南岸铁路桥口，不得移动。至午夜，敌有新到部队增援，由北岸以排炮轰击我军堤岸，火力逼人，我军虽无炮火还击，而全线亦丝毫未为动摇。夜2时前后，敌人数度强行抢渡铁桥，均为我机枪火力所堵，未能得逞；旋绕西侧微山湖边侧击，又为我第三营击退。是役也，我军自韩庄散开，东西策应，追击敌兵十数里，经利国驿、韩庄直抵运河南岸，全线大获全胜。正拟次日拂晓抢渡运河，追杀敌人，不意于午夜忽接到紧急退却命令，嘱我机关枪连断后掩护退却。迨退到柳泉，始知我三营周营长到前线督战，因九连撤退过早，被敌骑探从青纱帐（高粱地带）挟持北去，闻被敌用煤油烧死。此外，我第二营伤黄排长一员，我三营死士兵10余人，我机枪连除我右腿擦伤外，幸无死伤。后来见沪报遍传第八师战事失利，死伤无算，此皆敌人之反动宣传，与事实完全不符。敌军伤亡数目虽无由详查，但在进攻过程中所见到的死伤人数也不下数百人，尤其在河堤南岸堤沟内外散积尸体甚多，臭气难闻，其中以辫子兵为多。

讨袁之役，因仓促应战，援救友军，从南京到前线，路隔数百里，而在30小时内赶到，行动可谓神速。但一切粮秣给养，概不能及时供应。我军赶到火线已战斗34小时，腹中也不觉饥饿；及见利国驿站轨道内有敌人遗弃馒首一堆，外面已因雨霉烂，内心则干硬异常，大家饥不择食，拾而嚼之，亦觉可口。

又次日在运河南岸死守铁桥南头时，双方火力极猛，不得饮食者已一昼一夜，至午夜敌火稍弱，好容易得到后方送到米饭一篓。我们官兵正在堤后伏地用手抓饭充饥时，敌炮忽落一弹，恰中堤身，堤崩，将饭篓掩盖尺余，大家只得弃饭不顾，各回阵地枵腹杀敌。

次早，敌探悉我军退却，即跟踪南渡至南宿州。我机枪连奉命退保六合，其余退守瓜洲。据探报是白宝山军队想占六合，闻第八师开到，即望风远飏。又过二日，始乘小火轮经一日一夜到达南京。回到城内小营营房时，才知道南京业已无形取消独立。由于上游湖口林虎、方声涛军为北军李纯、雷震春等所败，李烈钧退回南昌，经长沙、南宁赴粤。南京黄克强总司令亦已东渡日本福冈矣。

三　南京独立的余波

南京独立既因总司令黄兴离宁而无形取消，撤回城内的友军第一、三、七师等部又质量素差，军纪败坏，闹得城内一日数惊。迨第八师回城，人心始稍定。袁政府仍责成第八师维持城内治安。第八师每日派队巡逻，整饬军纪，于是素无军纪的各友军，受到第八师的拘束，嫉恶更深（在未独立以前由于八师军风纪均好，训练有素，即为友军各师所忌，曾有“穷三师，富八师，不穷不富第七师”之谣）。旋因程德全都督赴沪，派第三师长章梓代督，由该师某团守卫都督府，乃章梓亦逃往上海。党人何海鸣以为有机可乘，携军用钞票 10 余箱来宁，不与第八师接洽，径直运动该守卫军宣布第二次独立，自称总司令。第八师有维持南京治安之责，自不能坐视南京全城糜烂，人民生命财产遭受损失，遂出而干涉。当搜索都督府时，军士们不知 10 余箱军用钞之为何物，误认为是子弹，乃扛送至第八师司令部保存。乃何之党羽借此向各师散兵游勇造谣说：“何总司令这次带了数10万现洋，准备发给你们3个月欠饷，全被第八师抢去了。”他们又煽惑第八师兵士说：“第八师士兵每月扣存的储蓄，概为八师官长瓜分吞没，你们为何不向他们索偿？”又说：“第八师已投降袁军，其余各师不久即将被解散。”于是三、七各师士兵遂放出风声，要齐集第八师司令部抢回10余箱“现洋”，对第八师官兵仇视日甚。

何海鸣虽曾一度拘留于第八师司令部，但次日即由刘建藩调解，予以释放。第八师负责人既因上述军用票之误会，一时无法剖白，而为维持南京治安，与北军有所接洽，又蒙“投降袁军”之恶名；加之外面风声传播益趋恶劣，引起了本师官兵无谓的疑虑。正在无以自解、左右为难的当口，本师第二十九团士兵果中奸人诡计，发动要索存饷。代团长李惨当场集众辟谣，唯因态度过于严厉，应付失当，当被一兵士举枪托击毙，副官毕壮飞亦同被刺死，秩序大乱。师部闻讯，立刻召开紧急会议，大家以为纪律良好的二十九团既已如此，其他各团可想而知。军心既被煽惑，已不可能负责维持南京治安，对于各界市民既不讨好，八师本身前途亦已绝望，乃决议：

（一）第八师主动宣告解散；

（二）士兵存饷如数发还，听其还乡。

我率机枪连警卫着本师司令部，护送本师各家属安全出城，分别上船上车，完成一切任务后，方偕汤士龙连长微服出城，搭轮赴沪。时1913年癸丑8月11日事也。

当时陈之骥师长正为何海鸣反复独立事去津浦路车上与冯国璋接洽，忽接南京本师王孝缜旅长急电，谓本师兵变，李团长被戕，军队解体，士兵遗散，我们已乘日轮赴沪，托船津（日领事）在浦口候驾等语。陈以事已至此，只好告辞南旋。日领船津果在浦口等他，到下关后改搭日兵轮赴沪。

（选自全国政协文史资料研究委员会编《辛亥革命回忆录》第6集，中国文史出版社2012年6月第2版）

参加二次革命的回忆

陈之骥 *

1912 年 1 月 1 日，孙中山先生在南京就任中华民国临时大总统，以黄兴为陆军总长兼参谋总长。我到南京后，蒙黄兴推荐，被委为第八师师长。

当时各省军队云集南京，有江苏、浙江、广东、广西、江西、安徽、上海各路人马，其中第八师直属中央，饷糈由陆军部拨发，其他各部悉规定为地方部队。第八师以广西旧军佐赵恒惕率领来宁会师的军队为主干，一半是广西旧部，一半是湘军各级官佐。陆军部感到湘军不愿受外省籍长官的节制，不好统带，所以才拨归我统辖，负责卫戍南京。

---

* 陈之骥：时任中华民国陆军第八师师长。
新中国成立后，任中央文史研究馆馆员。

被委才三两天，就出了重大的事件。江西来会师的俞应麓一旅首先在南京市内哗变抢掠。十几天后，从安徽来会师的柏烈武一师又在浦口兵变，肆行放火，抢夺商民。为什么接连发生兵变呢？南京临时政府成立之后，各省师旅响应来宁者，其中有一些部队成分复杂，他们打仗是胜也抢掠，败也抢掠，趁火打劫，到处横行，肆无忌惮。俞旅哗变尚未平息时，南京城内不时枪声四起。这期间黄兴由沪来宁，运来现洋百万元，以备发放军饷之需，命令我负责保护。我当时能调动的部下仅有一连人，往返奔跑于车站与陆军部之间，百万巨款幸得免于被抢。南京秩序之乱，即此可见一斑。

兵变平息后，在宁的各省部队分别进行整编、遣返和安抚。孙中山先生和黄兴一面力主训练新军，充实兵力，一面培养人才，资遣有为青年分赴各国留学，惜袁世凯不久继任总统，原订计划未获贯彻执行。

4 月间，孙中山先生宣布解除临时大总统职务，派黄兴以留守名义在南京主持一切。留守府存在期间，湖南都督谭延闿因缺乏实力，曾向黄借兵，由我部下 3 个团中拨与一团，由赵恒惕率领赴湘。6 月 14 日，留守府结束，黄返上海，复将我部作为黄的卫队，后林虎一团调给了江西都督李烈钧，作为他的基本队伍，我部只剩有刘建藩一团了。在当时这样做，我还以为是为公忘私，实则无异自剪羽翼，削弱了自己的军队实力，以致猝遇战事，无法应付。由于我部下 3 团只剩一团，为补充正式缺额，呈请黄留守批准，派干部分赴山东、河北、河南三省征募新兵。不料派出之人，俱被袁世凯的党羽暗予逮捕。其中派赴河北的张厚琬，被扣后立即押送北京，幸而张系张之洞之孙，与袁克定有姻亲关系，由袁克定营救力保，免遭杀害。补充缺额之事，竟不得付诸实行。

袁世凯处心积虑，阴谋搞垮国民党，劫夺全国统治权，于1913年3月20日派其党羽在上海刺杀了国民党代理理事长宋教仁，造成了震动全国的政治阴谋案件；还诬蔑黄兴组织血光团暗杀党。他随即背信弃义，甘冒天下大不韪，施行武力统一政策，在同年8月间，动员数路军队分攻武汉、安徽、江苏各地。南京两面受攻，袁一面派张勋辫子兵从山东直逼扬州，一面派冯国璋率王占元等三四师兵力从津浦线南下，径攻蚌埠。这时候南京方面的兵力计有章梓率领的第一师，洪承点率领的第七师，冷遹率领的第九师，皆未经严格训练，战斗力极为薄弱，我率领的第八师则仅余一团多人，还不到2000人。

在北洋军突然进攻的时候，黄兴从上海来到南京，在我的住宅召集各师将领开会，黄犹忧虑内战若发，必影响中华民国的缔造前途，痛心疾首，不愿内战再起，数问大家弭兵之策，众意主张抵抗。冷师原驻江北，至此乃加派我师的混成一团，由团长刘建藩率领，配备在蚌埠铁路沿线，与冷师共同作战，以阻止冯国璋的各师南下。至于章梓、洪承点两师则布置在维扬附近，防守长江要塞，阻截张勋前进。布防略定，黄次晨往见江苏都督程德全，推他作江苏军首领。程初允诺，但一两天后，暗自逃往上海。

我军虽经布置，但所有主力对抵制冯、张两路大军毫无自信，不战先馁。在章、洪一路战况不明之际，蚌埠线上的败绩消息先已传来。为了统筹整个战局，便利指挥，派旅长黄开元护送黄兴赴沪。黄走后，南京随即陷入群龙无首状况，人心惶惶，一夕数惊。冷师与冯国璋所统两军势力悬殊，接触之后，立即溃败，冷遹不知去向。

我所属的一团兵力，在蚌埠败退后，由副团长李俊（湖北人）率领退至六合、瓜洲一带，绕道退回南京。我当时犹以为有此孤军，尚可背城一战；同时还希望黄兴在上海或能派遣其援军前来接应，以阻止冯、张两军越过长江。不料李俊在整顿军纪时部下突然哗变，被连长某开枪打死，军士鼓噪四散。不久南京失守，我即东渡日本，亡命年余，以暂避袁世凯之凶焰。

（选自全国政协文史资料研究委员会编《辛亥革命回忆录》第6集，中国文史出版社2012年6月第2版）

陆军第八师的编成和参加二次革命的经过

陈树庭*

一　陆军第八师的编成

要说明陆军第八师的编成，须得将广西出师援鄂经过简单说一说。辛亥八月十九日武昌首义后，由于清兵南下，汉口、汉阳相继失守。广西同盟会同志，一致决议出师援鄂，以广西陆军混成协组成援鄂纵队，统带一职，推前广西陆军干部学堂总办赵恒惕担任，冷遹为帮统，耿毅为参谋，并组志愿学生军一队，梁史为队长。因原陆军混成协统领官胡景伊随沈秉堃去职，步兵第一营、第二营及炮兵营管带同时去职，遂另任曾君典为第一营管带，陶德瑶为第二

* 陈树庭：时任广西援鄂纵队工兵营队官（连长）。

营管带，邓鼎封为炮兵指挥，我任工兵营队官。组织完竣，即于十一月初十日誓师出发，全部按行军序列由桂林经全州向湖南永州前进。所有辎重、行李、弹药等，因交通工具缺乏，纵队部令我护送由李家村兵营装上民船，经灵川、兴安，过斗河下全州而至永州。到永州后，纵队部令我归大队由陆路向祁阳进发，辎重用船运至长沙。

由于我们援鄂军军容甚盛，军纪严肃，沿途备受人民群众的欢迎。师次长沙时，湖南都督谭延闿盛会欢迎，张其锽时为长沙卫成统领，并致演词鼓励。旋改为湘桂联军左翼军，用拖驳载运沿江而下。湘军为王隆中、梅馨两协，已先期出发。桂军统带赵恒惕、帮带冷遹率队到湖北金口镇登陆（清设有镇台衙门于此）。我军在金口休息两天，稍事整理，于十二月初一日下攻击令，在镇台衙门外广场集中誓师，宣布军纪，即时渡江进攻敌军右翼。是日由晨至晚，大雪纷飞，地下泞泥如浆，不辨道路，但官兵仍奋勇向目的地前进。是晚近二鼓始达宿营地，宿于蒲潭。次日宿新沟，第三日到蔡甸，第四日到大集厂，休息两天。第五日到东山作攻击部署。清军受我军威胁，全部退到武胜关，我军遂占领孝感，对武胜关作严密戒备。我队驻于火车站前头的民房，位于部队最前的警戒线。

自我援鄂军到达湖北后，革命声势大振，全国纷纷响应。无何，南北进行议和，南京陆军部电调我军开赴南京。当我军由孝感开抵刘家庙车站转乘轮船到南京时，广西龙州新军“邕龙标”由陈裕时率领亦经梧州、广州、上海水运到达南京。接着王芝祥率领的广西巡防营6个大队也经湘、鄂沿江东下，到达南京。陆军部在达成南北和议后，除将巡防营6个大队遣散外，即以混成协和邕龙标两部新军合编为陆军第八师，师长为陈之骥。我在改编时，任该师工兵第八营右都尉（等于少校级副营长），后升营长。现就记忆所及，将该师编制和装备情况简述如下。

（一）编制：

中将师长陈之骥（系直隶总督陈夔龙之子，冯国璋之婿，日本士官生）

上校参谋长袁华选（日本士官生）

宪兵营

第十五旅少将旅长陈裕时

宪兵连

第二十九团上校团长王宝桢（日本士官生）

团旗连

第三十团团长王孝缜（日本士官生）

团旗连

第十六旅少将旅长赵恒惕（日本士官生）

宪兵连

第三十一团上校团长陶德瑶（日本士官肄业）

团旗连

第三十二团团长何遂（保定速成学堂）

张华甫（日本士官生）

团旗连

炮兵第八团团长张厚琬（日本士官生，张之洞之孙）

团旗连

工兵第八营营长吴和宣（日本士官生）

陈建猷（即陈树庭，保定速成）

骑兵连四

第八后勤司令部

第八野战医院

第八师军乐队

步、炮、工兵均为三三制，每班上等及一、二等兵共 16 名。骑兵 4 连，每连 2 排，每排 2 班，每班士兵 16 名。

（二）武器和器材：

原有步枪，均为德造七九单筒；新购步枪，均为日本六五步枪，马枪（骑兵用），水旱机枪。

原有德造七生五管退山炮 6 门，新购日本七生五管退山炮 24 门，七生五野炮 12 门。

原有土（木）工器具一连，交通器材一部。新购进日本定式架桥材料一纵列，土（木）工器具一连，交通器材（包括电讯、灯号、单车等）一连，爆破材料（包括黄色炸药、火种、火线）全部，枪剑术用具全部，铁丝网及副防御器材全部。

二　二次革命在南京的血战

1913 年 7 月间，孙中山策动讨袁的计划决定后，江西都督李烈钧于是月 12 日在湖口宣布独立，林虎所部亦于是日与南下的北洋军李纯部在湖口接战。15 日，黄兴由沪来南京迫使江苏都督程德全宣布独立，黄自任讨袁军总司令。当时第八师师长陈之骥即集合全师官兵于小营练兵场誓师讨伐袁世凯。陈在誓师时，曾很沉痛地说：“袁世凯毁法乱纪，摧残革命党人，有袁世凯就没有我们，有我们就没有袁世凯……”，慷慨激昂，义正词严。誓师后即编成讨袁军一支队，以刘建藩为支队长，率领王孝缜的三十团，配属骑、炮、工兵各一连，向徐州出发，并拟联合第三师一同北进。程德全没有讨袁的意愿，16 日即偕同民政长应德闳离宁赴沪。17 日、18 日，安徽都督柏文蔚、广东都督胡汉民也先后举义讨袁。陈其美当时亦组织讨袁军，围攻上海制造局。袁氏为了铷除异己，遂下讨伐令，并任张勋为江北镇抚使，冯国璋为江淮宣抚使，率领大军沿津浦路南下，进逼沪宁。我讨袁军遂放弃徐州。师长陈之骥原系冯国璋之婿，袁世凯一面采用软化政策，诱陈取消独立，以保留第八师的建制为交换条件。陈之骥以那时湖口、南昌、安庆相继失陷，形势恶劣，为所动摇。黄兴见势不好，即于是月 29 日离宁赴沪，程德全亦于是日宣布取消独立。于是何海鸣向孙中山自告奋勇，于 8 月 8 日入据南京，宣布独立，并自任讨袁军总司令。陈之骥投袁之意已决，乃将何拘禁下狱，并召集营长以上军官到师部开会，认为战则取胜无望，和则可以保全，主张接受袁氏提出条件，和平解决。与会人员虽均不赞成，但陈终于决定取消独立。官兵对此极为不满。结果，陈之骥离开部队，接着陈裕时、刘建藩、王孝缜、张厚琬等旅团长相继离职。此时，外则敌军压境，内则统率无人，于是推举李某（忘其名）统率，李某旋为乱军所杀，继又推举二十九团第一营长王涣充任。王于翌日亦离去，第八师遂成为无主帅统率的部队。11 日，何海鸣出狱，复自任讨袁军临时总司令，指挥军事。这时，冯国璋和张勋两部大军大举进犯，大战序幕即告揭开。

战斗初期，第八师以哀兵之众屡予北军以重创。嗣因第一师洪承点部战斗力过于薄弱，屡失紫金山要点，经我师二十九团反攻，三复三失。那时我工兵营第一连守幕府山炮台，第二连守狮子山炮台，第三连守各国领事馆，一、二两连均能坚守抗敌。无如敌我兵力众寡悬殊，战线过长，加以何海鸣系属文人，不懂军事，有时使用一连兵力，亦由其直接命令，因此，造成分割建制，指挥不灵，防守亦疏，致使敌军由雨花台侧方乘黑夜冲入汉西门内。但我军仍然与敌从事巷战，浴血苦斗，直至9月1日，南京才完全陷落。

（选自全国政协文史资料研究委员会编《辛亥革命回忆录》第6集，中国文史出版社2012年6月第2版）

参加癸丑二次革命的回忆

傅　孟*

1912年春，南北和议成立，办理善后。上海部队由江苏都督府军务厅与参谋处会同实施编遣。当时上海第二十三师师长黄郛，首先将全师缩编为步兵第六十一团（独立团）。我亦积极响应此举，将所带步兵第九十团缩编至不足一营。缩编成之第六十一团团长职务派原第九十一团团长陈其蔚充任，驻扎在上海制造局、龙华及松江一带。其他江苏全省部队缩编为8个师，第一师师长以军务厅长章梓兼充，其余各师师长为二师陈懋修，三师冷遹，四师朱履先，五师章驾时，六师顾忠琛，七师洪承点，八师陈之骥。各师编余官佐，按军阶高低分别派充都督府顾问、谘议、差遣等职。我被派充为江

* 傅孟：时任江苏都督府上校参谋。
新中国成立后，任上海市文史研究馆馆员。

苏都督府上校参谋，参加军队缩编事宜。在办竣缩编工作后，我与徐士镳（原二十三师炮兵营长，编余调充都督府中校参谋）自行申请都督府保送北京陆军大学第三期旁听。

另外，袁世凯自窃得政权、就任大总统后，蓄意拥兵自重，将原来北洋六镇扩充为20余镇，并在各主要铁路线配备重兵，伺机而动。至1913年（癸丑）春，袁世凯派人暗杀了宋教仁，并于6月间先后撤换了属于国民党的粤、赣、湘、皖4督，并用各种威迫利诱手段来分化、消除国民党的力量，情势阽危，已臻极点。

至7月初，我与徐士镳趁陆大暑假，结伴南返，经过南京参加了章梓、冷遹等所主持的一次反袁秘密会议。经分析当时情势，认为此次匆促发动反袁，缺乏成功把握。加以陈之骥是冯国璋的女婿，态度不明，亦未便贸然寄予重任。因此，须视上海方面对反袁行动有决定后再作决定。会后我们就赴上海，会晤了黄郛，将在南京开会的情况作了简单的汇报。

我与徐士镳因为家在杭州，旋即回杭探亲。黄郛嘱我们速去速返，并叫我们窥探浙督朱瑞的政治态度，再相机与宁台镇守使顾乃斌接洽，盼他能共同反袁。不料朱瑞此时已为袁氏所收买，仅作口头敷衍，顾乃斌则人不在杭，以时间匆促，我们也不及赴宁波与之接洽。

数日后我就回上海，这时孙中山先生已到上海召集党的主要人士共同商议。我在海军联欢社见到中山先生及陈其美、蒋介石等（记不起确切日期），他们表示须立即在上海来一次革命。当时我以为还须慎重考虑。但他们则谓不能眼看同志一个个地失败，要干大家一起干，失败大家一起失败；就是失败也可以振奋人心，扩大革命影响；并说驻在上海制造局的第六十一团，基本上是我的旧部，要我前去指挥发动，至海军方面则已由陈其美在联系中。南京方面，派黄兴前去策动独立。

会谈以后，我就到制造局去拜访六十一团团长陈其蔚。在访陈之前，我先与该团第一连连长张绍良（嵊县人，秋瑾主持大通学堂时的学生，对革命事业极忠实，是我最亲信的旧部与战友，由我将他从军士中提升起来的）联系，并预作布置。我对陈其蔚说：六十一团是革命的基本队伍,现在中山先生来到上海领导二次革命，要请你参加。哪知他和制造局长陈榥（字乐书，义乌人）均已被袁世凯所收买，表示不愿参加。但因驻局一营的下级军官，大都是我曾任第一营营长时的亲信旧部，对我信仰较深，所以既不能对我有非法处置，又怕军心思动，无法约束，甚至对他不利，迫于形势，他就与营长周之鼎等离开了制造局。

于是我就将张绍良升营长，集合全体军官，向大家说明“二次革命”的意义，要求大家合力参加。第一连的官兵大都是我的旧部，向来尊重我的意见，都表示愿意服从指挥。当时六十一团的第一营驻在制造局，而第二营则在龙华，第三营与钮永建所率的学生军尚在松江，都还没有取得联系。可是袁世凯的亲信臧致平的一个支队——约一团并附有炮队——及军舰数艘却早已驻在制造局附近地区监视，四周遍布警哨，严防我等与外方取得联系。他们得悉了我们的反袁行动开始，立即包围我营。我鉴于双方兵力众寡悬殊，不得已退出制造局，暂在南市斜桥路安徽会馆附近集中整理，并以安徽会馆为临时指挥部(当时总司令部是临时设在南市九亩地新舞台，陈其美为总司令）。

不久我又率队向制造局猛攻，受到敌人猛烈炮轰，随我在制造局大门口指挥的第一营营长张绍良，就于此时牺牲（袁世凯死后我未能为其家属申请抚恤，至今尚感内疚），士兵伤亡者亦复不少。当时众寡悬殊，我们肉搏猛冲向敌人作殊死战，而预经联系之海军方面却毫无动静，不来支援。对于第六十一团的第二、第三营，亦因仓促起事，未遑取得联系。加以当时帝国主义者已与反动部队相互勾结，处处给予革命势力以不利，诸如故意阻隔我军交通，监视我军四周，使我方在联络与增援各方面发生极大困难。蒋介石本负后方输送责任，但对我等亦未有所接济。因之在敌人炮火压迫之下，弹尽援绝，迫不得已向斜桥方面撤退，并于经过租界时，被解除了武装，帝国主义者之凶暴状态，至今犹耿耿不忘！癸丑“二次革命”上海之役，就在这短短的时间内失败。

事后，袁世凯追索倡义者甚亟，于7月30日以重赏榜示通衢，捉获革命党人不论生死一律给赏。中山先生等再度出国。我因失去联络，只能自谋藏身之所，先匿居于上海南京路香粉弄沈鹏同学沪寓，旋即秘密返杭。原拟去看浙江都督朱瑞，不料朱效忠袁世凯，残害革命同志不遗余力。幸其参谋长周凤岐（系我武备学堂同学）叫上校参谋潘国纲（系我陆军大学同学）以朱瑞情况见告，并赠我路费100元，嘱即秘密离杭。匆促回太平坊巷家中一转，为避人耳目计，即坐轿至拱宸桥雇坐小船至吴江盛泽镇沈鹏同学家中，预拟在该处暂避一时，岂知已为邻右所觉，疑我为此次反袁武装革命失败中重要人物，人言纷纷，引起警探注意，在盛泽不能容身。我就变计托沈鹏设法搭乘庄船（绸庄运绸之货船）遄返上海，匿居在海宁路同昌里胡衡甫的母舅家中半个多月，才再冒险与同学徐士镳仍回北京，到西城柳巷胡同与周亚卫、葛敬恩、裘诏同往，暑假期满后，继续回陆军大学旁听。

（选自全国政协文史资料研究委员会编《辛亥革命回忆录》第8集，中国文史出版社2012年6月第2版）

辛亥革命时期政党活动的点滴回忆

王绍鏊 *

辛亥那年，我正从日本早稻田大学毕业回国，开始参加政治活动，以后又参加国会的选举，当选为众议院的议员。因此，对于辛亥革命时期一些政党的活动情况略有所知。但究竟事隔 50 年，加以自己当年写下的两卷大事记，在 1941 年日寇攻陷香港时，和放在九龙寓所的其他书籍一起，都已化为灰烬。所以只能把目前所能够想得起的点滴回忆，写在下面。

* 王绍鏊：时任中华民国众议院议员，后任中国民主促进会常务理事，上海人民团体联合会理事，中国人民政治协商会议第一届全体会议代表。
新中国成立后，任民进中央副主席，第二至四届全国政协常委，第一至三届全国人大代表。

一　中华民国联合会和统一党的成立

清朝末年的知识分子，除了革命派和君宪派外，还有相当多数处于中间状态的人。在留日学生中，属于中间状态的也为数不少。他们学过一些资产阶级的法政，对于资本主义国家的议会政治和责任内阁制崇拜到了迷信的程度。他们最初虽没有参加革命的组织，但以后看到清朝政府并无立宪的诚意，其中大部分人逐渐倾向于革命，终于转到革命派这方面来了。

1911 年，武昌首义之后，各省纷纷独立，清朝政权已呈土崩瓦解的局面。这时，章炳麟在上海发起成立中华民国联合会（以下简称联合会，以各省联合起来、建立统一的中华民国为号召。我在上海见到了章炳麟。他一见我，就要我担任联合会的交际科主任干事。

章炳麟原是光复会的首脑人物，又是当时誉满全国的文学大师。孙中山先生、黄兴等在日本把兴中会和华兴会合并成立同盟会时，曾吸收光复会参加，并推章为同盟会机关刊物——《民报》的主笔。孙先生就任临时大总统后，我陪同章到南京谒见孙先生，一同在座的还有临时政府教育总长蔡孑民先生。章对孙先生说："各省虽已先后独立，但同时也形成了各自为政的局面，情况十分复杂，需要有一个联合的组织，把各地的革命力量团结起来，才能对付袁世凯。"可见章发起成立联合会，原来的意图是拥护孙先生的。不料上海的都督陈其美为了争权夺利，瞒着孙先生，暗中指使蒋介石刺死了光复会的军事领袖陶成章。这件事发生后，章对孙先生起了疑心；袁世凯挑拨离间的毒计也就有了施展的机会了。

这时，袁世凯的野心已经日益暴露，而各地的革命力量正是他篡夺革命果实的主要障碍。面对这个形势，他一方面以北洋军进攻武汉，想迫使革命军接受议和条件，从而扼杀革命；二方面采取各种阴险毒辣的手段，对革命派施展拉拢分化的伎俩，以扩大他的权势，削弱和瓦解革命的力量。在革命派方面，不仅各团体之间有着这样那样的矛盾，就是在同一个组织内部也是互不团结的，而其领导人对于这种情况竟听之任之，没有想尽办法去求得革命力量的团结，这就给了袁世凯以可乘之隙。正因为如此，联合会和以后的统一党，都不可避免地成为袁世凯猎取的目的物，并且确实被他所利用。这是我初出茅庐参与政治活动所遇到的最痛心的一件事情。

联合会成立于 1911 年（辛亥）冬，总部设于上海。会长章炳麟，下设总务、文牍、交际、会计 4 个科。其人选是：总务科主任干事孟森、副主任干事黄云鹏，文牍科主任干事王伯群，交际科主任干事王绍鏊，会计科主任干事张弧。1912 年，联合会又与一些小政团合并为统一党，总部的各科人事照旧。据我事后了解，张弧是袁世凯派进来的奸细。张是熊希龄的人，也是袁世凯的亲信，袁就是利用熊的关系介绍张混入联合会的。联合会和统一党的经济权一直操纵在张弧手里，其经费表面上说是从各方面募捐得来，原先我对此深信不疑；以后随章先生到北京，从各方面的接触中，了解到一些政治内幕，才知道我们所花的可以说完全是袁世凯的钱。袁世凯的另一亲信王赓（即王揖唐），经常与张弧秘密来往。合并为统一党后，袁世凯又利用赵凤昌（字竹君）去拉拢张謇。赵是江苏常州人，原是张之洞幕府中人，以后做了统一党的参事。张謇本与袁世凯有过一段师生关系。袁随庆军统领吴长庆到朝鲜时，张是吴的幕僚，曾受吴之命教过袁的诗词和八股文。但袁做了北洋大臣之后，就改称张为“仁兄”，不以师礼相待。张因此对袁很不满。然而，张本身也有弱点。他打着“实业救国”的招牌，和历任两江总督拉得很紧，在江苏挪用公款办了许多企业。在武昌起义以前，最后一任两江总督张人骏对他非常不满，大有威胁他缴还公款之势。他为了此事遑遑终日，寝食不安。到了清室即将全面崩溃的时候，张謇就乘机策动程德全宣布独立；此举既是为公，也是为私。以后在应德闳任江苏民政长时，有人在民政公署内放火焚毁了有关公款出入的档案，挪用公款的事情竟以不了了之。袁世凯最喜欢利用有弱点的人。究系何人放火，固然是一个疑案，但袁之所以始终不追究此事，正是拉拢张謇的一种手段。

联合会和统一党的成员，大多是处于中间状态的知识分子，除了主要是江、浙两省的人外，以四川、云南、贵州几省的人居多；其中不少是章炳麟的学生，更多的人则是仰慕章的名望而参加的。

二　统一党做了袁世凯的应声虫

1912 年，南京临时政府成立，孙中山先生就任临时大总统，宣告中华民国成立。但不久，孙先生又辞去临时大总统的职务，推荐袁世凯继任。这主要是由于当时的妥协派占了上风，对北洋军阀的力量估计过高，同时对袁又抱有幻想，遂使孙中山先生陷于重重包围之中不得已而辞职。最后孙先生在辞职的咨文中提出了 3 个附带条件，想以此约束袁的政治野心。其中关于临时政府设于南京、新任总统必须南下就职的问题，成为孙、袁双方最后争执的焦点。老奸巨猾的袁世凯制造种种借口，不肯离开北洋派势力根深蒂固的北京。在这个问题上，统一党和其他妥协派、妥协分子一样，唱着和袁世凯同样的调子。他们害怕南北谈判破裂，于是随声附和，也叫喊定都北京，实际上是不知不觉地做了袁世凯的应声虫。

统一党的这种妥协性不是偶然的。统一党的成员，包括我在内，大多是受了资产阶级民主思想影响的知识分子，念念不忘在推翻清朝政府之后成立国会，并订出一部“像样”的宪法来，以为这样就实现了民主，国家可以富强了。抱着这种想法的人，不仅认识不清袁世凯的反动本质，反而对他有种种幻想；只要袁略施花招或稍加压力，便妥协屈服了。

三　统一党改组为共和党时的内部分歧

参加统一党的人，正如上面所说，大多是处于中间状态的知识分子，但其中也有偏左、偏右之分，更何况有些人本来就是反动势力的代理人。因此，统一党的内部斗争，也是不可避免的。我和章炳麟的学生四川人黄云鹏等，志趣相近，意气相投，当时自称为“少壮派”，在对待袁世凯的态度上，我们和张弧、孟森等人很不相同。我们始终主张限制袁的权势，不让他的野心得逞；但由于本身的局限性，加以社会经验不足，把问题看得很简单，以致几次斗争都遭到了失败。1912 年上半年，当统一党将要和国民协进会、民社等政团合并组成共和党时，统一党内部就发生了激烈的争执。争执的焦点在于究竟与国民协进会合并呢，还是与统一共和党合并？当时的情况是：袁世凯为了扩张他的权势，企图把一些政党抓到自己的手里来。以籍忠寅为首的国民协进会，其后台是梁启超；梁是完全拥护袁世凯的。籍派人来和统一党联系合并的事，其动机可想而知。统一共和党是宋教仁领导的，其成员大多是同盟会会员。宋当时是袁政府的农林总长，因为要搞议会政治，也很想加强自己的政治力量。但是，有一个时期同盟会中一部分人反对改组为政党，所以他希望把统一共和党和统一党合并起来。宋为此事曾到上海和章炳麟密谈过好几次。统一党在改组成立时，吸收了许多青年知识分子，这也是统一党被袁世凯和宋教仁看中的一个原因。在统一党内部，章炳麟和我们这些“少壮派”，不愿意完全成为袁世凯的政治工具，主张与比较进步的统一共和党合并，不同意与国民协进会合并；张謇、熊希龄、张弧、孟森等人的打算，恰恰和我们相反。在这一场斗争中，同我们“少壮派”站在一边的是少数，加以经济权掌握在张弧等人的手里，章炳麟也无能为力。结果还是决定与国民协进会、民社等合并，组成共和党。共和党成立后，推黎元洪为理事长，章炳麟、张謇、梁启超等为理事，并在北京成立了共和党本部。以后，宋教仁的统一共和党并入了国民党。事后我这样设想：如果统一党和统一共和党合并组成政党，使为数众多的处于中间状态的知识分子跟着革命派走，中和左的两种力量汇合在一起，则以后情况的演变，可能有所不同，或者袁世凯还不敢那样过分为所欲为。当然，这也许还是我的一种天真的想法。

因为我反对统一党和国民协进会合并，便脱离了共和党本部。那时我十分迷信议会政治，一心想当议员，就继续待在自己的家乡——江苏，不愿意到别处去。不久，庄蕴宽任江苏都督，找我去担任都督府外交司第一科科长。不到半年，参、众两院选举，因为现任官吏不能竞选，我便辞去了这个职务。庄蕴宽为人比较开明，我和他来往密切。后来袁世凯于 1914 年召开约法会议，60 个约法议员中，59 人主张总统制，只有庄一人主张责任内阁制。他的这个主张，也许是受了我的一些影响。

袁世凯为了进一步拉拢章炳麟，特地打电报邀请章到北京去“商谈国是”，又派专人（大概是王赓）来沪迎接。我和黄云鹏等人随行。到京后章受到袁十分隆重的接待，并且给了他一个东北筹边使的名义。章不知道这是一个有名无实的官衔，还向袁要了 1 万元开办费，到吉林走马上任去了。他到东北后，无人理睬，碰了一鼻子灰又回到北京。

共和党成立后，统一党中一部分与“少壮派”关系密切的地方组织，有一段时期保持了独立，没有和共和党发生组织关系。袁世凯把章炳麟请到北京后，王赓曾召集北京的统一党党员，请章向他们演讲。原先我们还以为北京的统一党也保持了独立，没有并入共和党。但我们在北京住了一个月后，才弄清楚北京的统一党完全是王赓一手搞起来的，不过打着章的招牌而已，实际上和章毫不相干。它不但没有保持独立，而且是替袁世凯收买国民党党员的机构，到国会选举以后，又成了替袁收买国民党议员的机构。那时，宋教仁住在北京西郊三贝子花园（即现在的动物园），我常去看他。有一次，宋先生对我说：“现在情况既已如此，你们还是并入共和党吧！共和党内有比较进步的民社，而统一党还有不少青年人，双方齐心协力，还是能够推动共和党为革命做一些工作的。同盟会方面，现在大家都已同意改组为国民党。你们并入共和党后，将来和民社在一起，可以和国民党互相提携。”我回到南方，便把宋教仁的主张以及在北京的见闻，对苏州金天翮等几个保持独立的地方组织的负责人讲了，并建议他们不必再保持独立。后来这几个地方组织也并入了共和党。1913 年 3 月 20 日，宋教仁在上海车站被袁世凯派人暗杀，过了两天因伤重去世。我和遁初先生平时过从甚密，他给了我许多教益。他的被刺，使我感到万分悲痛。

四　竞选议员的活动情况

1912 年年底，参、众两院开始选举。参议院议员由各省省议会选举，每省 10 人；众议院议员由各省分区选举，名额按照各省各区的人口和纳税多寡比例分配。在选举中，我发现有贿选的情况。以共和党方面来说，因为我不赞成统一党与国民协进会合并，就受到共和党本部的排挤。各省提“少壮派”的名，共和党本部总是通不过。“少壮派”几乎都是地方上选出来的，我就是得到同乡金天翮、金祖泽、钱崇威、费树蔚等老先生的支持而当选为众议院议员的。在当选的过程中，我还几乎被共和党本部所排挤。地方上提了我的名，而共和党本部的特派员某人就来同我商量，要我退让，放弃竞选，我的朋友都不答应。接着，他们又派人到我的老家吴江县去收买我的选票。据我所知，吴江盛泽镇就有 5 票被他们收买去了。共和党哪里有这许多钱来进行贿选呢？无疑是袁世凯用勾结帝国主义搞来的大借款在幕后作祟。

当时的竞选活动，除了有一些人暗中进行贿选外，一般都采取公开发表演说的方式。我在江苏都督府任职期间，曾抽暇到江苏的苏、松、太一带作过四十几次的竞选演说。竞选者作竞选演说，大多是在茶馆里或者在其他公共场所里。竞选者带着一些人，一面敲着锣，一面高声叫喊："××党×××来发表竞选演说了，欢迎大家来听呀！"听众聚集后，就开始演说。有时，不同政党的竞选者在一个茶馆里同时演说，彼此分开两处各讲各的。听讲的人大多是士绅和其他中上层人士。偶尔也有几个农民听讲；但因讲的内容在他们听来不感兴趣，所以有的听一会儿就走开了，有的坐在那里也不听。那时的选举有许多限制，例如，没有一定数目的财产，就不能参加选举。竞选者知道劳动人民不能参加选举，也就并不把注意力放在他们身上；所注意的只是那些士绅之类的人。由此可见，当时从事政党活动的人，所争的民权实际上只不过是"绅权"而已！这些来自士绅阶层的资产阶级知识分子，所联系依靠的也是士绅阶层，同广大劳动人民是根本隔绝的。正因为这样，他们很容易被袁世凯这样的人所利用。

五　进步党完全成为袁世凯的御用党

共和党组成后，在临时参议院中还不是多数党。1913年春，袁世凯想在国会中建立一个他能操纵的、足以压倒国民党的多数党，从而控制国会，为所欲为。因此，他又进一步策动共和党，同以汤化龙、林长民、蒲殿俊等人为中心的民主党，还有王赓一手搞起来的统一党，合并为进步党。这个党终于在5月29日组成，仍以黎元洪为理事长，熊希龄、张謇、汤化龙、梁启超等人为理事。这个进步党完全是袁世凯的御用党。

在这次改组中，共和党内部又是意见分歧，再一次引起激烈的争执。以前反对统一党和国民协进会合并的"少壮派"，这次同民社的人站在一起，坚决主张与国民党提携，共同监督袁世凯，不赞成合并为进步党，也就是不愿意成为完全拥护袁世凯而同国民党相对抗的御用党。持这种意见的，共和党中有议员 80 余人。其中以四川、江苏、湖北三省的议员居多，计四川有黄云鹏等近 20 人，江苏有王汝圻、徐兰墅、胡应庚、解树强、王绍鏊等 10 余人，湖北有张伯烈、时功玖、胡鄂公、胡祖舜等二十几人，另外还有其他各省的议员 20 人左右。这 80 余人，约占参、众两院议员的 1/10，是一个不小的力量。其中湖北的二十几人，大多是和武昌起义有关系的民社社员，比较进步，又拥护黎元洪，所以也不同意合并。争执的结果，我们这一部分议员保持了独立，没有合并到进步党里去，并且抓住原有的共和党本部不放。有人称它为“新共和党”，其实是没有并入进步党的“老共和党”。由于共和党的分裂，袁世凯想使进步党在国会中成为多数党的企图始终不能实现。在这种情况下，袁世凯只有继续从国民党内部去收买一些议员，另外成立一些小政团，供他使唤。例如，刘揆一成立了相友会，梁士诒成立了公民党，孙毓筠也成立了 ×× 会（已忘其名），等等（其中刘、孙都是同盟会会员）。这些都是替袁世凯收买国民党议员的机构。同时，这样一来，进步党的议席同这些小政团的议席加在一起，袁世凯才控制了多数。

六　民宪党活动和国民党、国会被解散

国民党二次革命失败，袁世凯以武力统一南方各省。但当时国民党仍合法存在，国民党议员还照常出席国会。因为这时袁还要利用他们选举自己为正式总统。“大总统选举法”是“宪法”的一部分，

不能先行单独公布。但由于袁世凯利用14省都督联名发电提出先举总统的建议书，对议员施加压力，1913年9月5日众议院作出了先选总统的决议，以后参议院也于9月8日议决表示同意。袁世凯的这个无理要求之所以能够在国会通过，除了被袁操纵的一批议员起了作用外，也是一部分议员妥协的结果。他们对议会政治入了迷，以为反正国会能够约束袁的所作所为，在这个问题上退让一些也无妨。事实和他们想象的恰恰相反，袁世凯登上正式总统的“宝座”后，更加毫无顾忌，终于把国会一脚踢开。袁不久就借口宪法会议直接公布大总统选举法，与临时约法、国会组织法的规定不符，认为这样做侵犯了总统的职权，向国会提出质问。接着提出了“增修约法草案”，以图扩大总统权力；同时又派代表要求出席宪法起草委员会的会议。结果都遭到拒绝。到这个时候，袁就公开露出他的狰狞面目，通电各省都督和民政长，说“宪法起草委员会由国民党议员操纵把持”，“形成国会专制”，以制造解散国民党、解散国会的舆论。袁的狐群狗党在他的授意下，大骂宪法草案“荒谬绝伦”，国民党议员是“国民公敌”，并提出解散国民党、解散国会的荒谬主张。

那时我天天到天坛去参加宪法起草委员会的起草工作，搞了约有半年的时间。在这个期间，宪法起草委员会中进步党议员汪荣宝、丁世铎，国民党议员张耀曾、谷钟秀、汤漪，还有共和党议员黄云鹏、解树强等一部分人酝酿成立民宪党，其主张是拥护宪法草案，拥护民主，认为国会议员除名应由国会自行决定，不受外力干涉。但我觉得应当先把宪法搞出来，劝他们不要在这个时候有所行动；如果这样做，适足以招致袁世凯制造新的借口，攻击国会，阻挠宪法起草工作的进行。与此同时，国会选举众议院的全院委员长，国民党议员张耀曾当选。其实，这个委员长的职权不大，不过办些事务性的联络工作。但袁世凯听说国民党议员当选了此职，大惊失色，竟说："怎么，国民党的势力还是这样大！"于是他下定决心解散国民党，解散国会。1913 年 11 月 4 日袁发出解散国民党的命令，派出大批军警包围北京国民党支部，并在深夜里到每一个国民党议员家里去搜缴议员的证章、证书，共得 300 余件，计算下来，两院议员仍够得上法定人数，还可以继续开会。接着，第二次派出军警，把以前曾参加过同盟会、国民党而后来已被袁收买为相友会、公民党等党派的议员的证章、证书搜缴回来。然而，两次搜缴数还是没有超过两院议员的半数。于是又第三次派出军警，把二次革命以前已经声明脱离国民党的议员的证章、证书也搜缴回来。这样才使国会因不足法定人数而无法开会。不久，国会两院议长即宣布停止议事。民国以来第一次成立的国会就这样被袁世凯抛弃了。

以上回忆虽系一鳞半爪，但不难看出：窃国大盗袁世凯醉心于实力政治和独裁统治，当他还需要政党、国会作为"民主政治"的点缀品，或者这些东西还可以作为他的御用工具时，他还是用尽心机，不惜工本，要把它们抓在手里；当他不需要政党、国会时，就把它们一脚踢开。同时，也不难看出：在半殖民地、半封建的旧中国，受了西方资产阶级民主思潮影响的资产阶级知识分子，不论向君主专制政府要求君主立宪，还是向封建军阀政府要求民主立宪，都是不切实际的幻想；而且由于他们同封建主义、帝国主义势力既有矛盾，又有密切联系，就使得他们非常软弱和动摇，有很大的妥协性，容易被反动统治者所利用，成为反动统治者的政治工具。他们本身既没有多少力量，在当时的条件下，又必然脱离劳动人民；他们依靠的只是士绅、军队，特别是对外国帝国主义者抱有很大的幻想，所以不可能领导中国资产阶级民主主义革命取得彻底的胜利。领导中国民主革命取得彻底胜利的历史任务，只能由中国的无产阶级通过其先锋队——伟大的中国共产党来承担。这一段历史告诉我们：中国的资产阶级及其知识分手只有在中国共产党的领导下，参加以工农联盟为基础的人民民主统一战线，才能在中国的革命和建设事业中发挥一定的作用。

（选自全国政协文史资料研究委员会编《辛亥革命回忆录》第1集，中国文史出版社2012年6月第2版）

护国之役前后回忆

程　潜*

一　民国初年国内形势及党人在东京的活动

1913年，讨袁失败后，国民党在长江、珠江流域各省的军事政治力量，被袁世凯用铁棒手段摧毁无余。国民党的激进分子，如宁调元、仇亮、熊越山、蒋翊武、张振武、方维、杨德邻、伍任钧、刘嵩衡等，被袁世凯残酷屠杀。国民党内一部分寡廉鲜耻的变节分子，如孙毓筠、胡瑛、李燮和、洪承点、唐蟒之流，被袁世凯利诱收买。其余大多数的党员，因国民党地盘丧失和国会解散，隐藏于内地或

* 程潜：时任四川新军第十七镇正参谋官，后任南京国民政府长沙绥靖公署主任兼湖南省政府主席，中国人民政治协商会议第一届全体会议代表。
新中国成立后，任中央人民政府委员会委员，国防委员会副主席，第一至四届全国政协常委，民革中央副主席，第一至三届全国人大副委员长。

上海租界。这当中有一部分人是暂避锋镝，暗中聚集力量，作卷土重来之计；有一部分人则是万念俱灰，从此匿迹销声，不复过问政治。有一些党员，如陈炯明、朱执信、邓铿、徐维扬、姚雨平、古应芬等，或借住港澳，或逃往南洋群岛，依华侨为生，在华侨群众中寻找、发展革命力量。孙中山和黄克强，以及国民党内一部分骨干党员，先后逃往日本东京，过着流亡生活。1914 年春间，各省议员如田桐、白逾桓、杨时杰、张知本、张继、覃振、谢持、王立斋等也因国会被解散，在国内不得安生，先后亡命聚集东京。流亡东京的国民党员，在一败涂地、创巨痛深之余，思想混乱，但大家都迫切要求总结经验教训，检讨得失，准备继续开展反袁革命斗争。

当时，黄克强和各省党员开过座谈会，提出 4 个问题，请大家共同研究。这 4 个问题是：

（一）国民党失败的主要原因；

（二）国民党何以在政治上和军事上处于被动地位；

（三）敌我两方形势的对比；

（四）今后革命纲领和倒袁的策略。

这 4 个问题，经过大家反复研究讨论，大体上取得了一致的看法。

对于第一个问题，大家认为，国民党失败的主要原因在于组织不纯，由同盟会改组为国民党后，纪律松弛，意志薄弱，党员行动自由，不受党的规范约束，大大削弱了党的战斗力。因此，纯洁党的组织，加强党内教育，维护党的纪律，是今后建党的重要原则。

对于第二个问题，大家认为，国民党在政治上和军事上处于被动地位，是由于没有掌握住可靠的军事实力。同盟会白手起家，自来只是从事一般的宣传鼓动工作，主要革命活动多在会党和新军里面进行。武昌首义后，两湖原有军队遭到黎元洪、谭延闿的百计摧残，破坏无余；而当时响应武昌首义的各省军队，又多握于宪政派之手，同盟会无权调度支配。迨到南京临时政府成立、南北和议告成、袁世凯的反动气焰节节高涨的时候，同盟会就只有处处被动、一味迁就了。

对于第三个问题，大家认为，现在革命形势正处于消沉时期，而袁世凯的反革命力量则嚣张强大。袁世凯暴戾恣睢，所恃者两宗“法宝”：一是几个北洋陆军师，二是一批贪官污吏、狐群狗党。但袁世凯这两股恶势力都是不得人心的，是不能持久的，革命力量是一定能够发展壮大的。

对于第四个问题，大家认为，在同盟会成立时，早有三民主义作为纲领。改组为国民党时，宋教仁主张迎合党内温和派的倾向，把政纲要求降低，使它和进步党的政纲相差无几，这是一个大错误。今后只有坚持三民主义的政纲，才能有效地组织一切反袁力量。至于倒袁策略，也应以三民主义政纲为举国倡，相机策动发难武力。

通过上面 4 个问题的讨论，流亡东京的国民党党员的思想混乱状态，有了好转。大家要求黄克强把讨论中形成的结论拿去和孙中山商量，再作进一步的研究。

这时，国民党同志因逃难而来东京者络绎不绝，人多，议论也杂。特别是对领袖人物的评价，开始发生纷歧意见。大家对孙中山手创民国，万流共仰，咸无间言；但是对黄克强，却有两派意见。一派认为，黄克强从事革命，赴汤蹈火，奋不顾身，宋案发生，以在野之身主持军事，不计个人得失；湖口起义，驰赴南京，代替中山亲征，其爱护中山、保持领袖尊严的苦心，真是可白天日。南京军事上的疲敝局势，不但黄克强无法挽回，就是孙中山也无法挽回，因此，苛责黄克强是不恰当的。另一派认为，南京各师都是黄克强留守任内组织起来的，宋案发生，黄克强又亲自负责指挥军事，南京军队未战先溃，事前没有周密准备，临事又轻弃基地，并且两次阻止孙中山出奇制胜的良谋，因此，赣宁之役南京方面的失败，黄克强不能卸脱责任。稍微了解宋案发生前后的政治局势和敌我军事力量对比情况的同志，都属于前一派，陈其美等则属于后一派。

有一回，陈其美和李烈钧议论癸丑之役南京方面军事失利的责任问题，陈其美意在言外地把责任通通推到黄克强身上，说党人没有听从孙中山的意见，及早发难，致使失败如此之速。李烈钧坦率地说："国民党改组后，事权不一，癸丑之役失利，黄克强何能独负其责？辛亥之后，同盟会有些老同志利欲熏心，都想做都督，一时闹出了无数的野鸡都督，趾高气扬，自由行动，不受党的约束，这难道也要黄克强来负责吗？"陈其美听到这番意含揶揄的话，气得目眥欲裂，怒发上冲，但也只好吞声忍气，不加申辩而散。大家都知道，陈其美是一个以口齿捷、主意捷、手段捷、行动捷"四捷"著名的，谁和他闹翻，谁就要吃亏上当，谁就要预作安排，来应付他凭空制造出来的纠纷和无端挑惹起来的矛盾。如今他听到李烈钧这么一番言论，知道一般军人对黄克强怀有强烈的好感，他是不会善罢干休、中止其挑拨恶行的。

果然，事隔一周，黄克强就接到孙中山的手函，受到严厉的斥责。黄克强接到孙中山函后，感到晴天霹雳，目骇神惊，邀集我和李根源、张孝准、程子楷、冷遹、耿毅、陈强等谈话。黄克强把孙中山的手函交给我们传阅，神情泰然若素，说："我从事革命，时时本着至诚，服从中山。去年南京失败，我应完全负责。中山来信责备我，如此其重以周。信里讲的，有一部分合于当时事实，一部分与当时的事实有出入。我请各位同来，为的是商量一下，看如何处理为好。”当时有人主张详细申辩，分清是非，以息浮言。我认为兹事体大，不能莽撞处理，说：“中山大公无私，度量宽宏，生平对于同志厚道和气，这个手函措词严厉，其中必有原因。自袁世凯用恶毒手段打击我党以来，我党已遭到严重失败，现在亡命海外，只要稍具血性天良，就应当惩前毖后，痛自反省，吸取教训，组织力量，与袁世凯作殊死斗争。我以为以有用的耳目心思，应注意于敌人的行动，党内应该精诚团结，才能发挥力量，战胜敌人。从前失败，自然要认真检查，引为教训。如认为中山说的是实，望你以有则改之自励；如认为中山说的不实，望你以无则加勉自勖。惟有不加申辩，然后可以息浮议，明是非，别有用心的挑拨伎俩也就不能得逞。”李根源说：“中山手函我也主张不作申辩。若加以申辩，则言论愈辩愈长，是非愈辩愈多。惟有不辩，则争论无由而起。大敌当前，民党领袖尤应精诚团结，不予敌人可乘之隙。否则破绽一露，不独影响革命前途，且贻敌人讪笑。”黄克强十分兴奋地说：“我诚心诚意接受同志们的建议。”

自此以后，孙、黄感情和好如初。黄克强还和孙中山协商，请寺尾丰组织一所政法学校，收容和训练亡命日本的国民党员。这所学校设在神田区，租有现成的讲堂。开学时，犬养毅、宫崎寅藏兄弟、萱野长知等一班日本人士，都来庆祝，犬养毅还作了讲演，黄克强也参加了开学典礼。政法学校的学生都是反袁的积极分子，以后在反袁斗争中都作出了重大贡献。黄克强又和章士钊筹办了一个《甲寅杂志》，陈仲甫、李大钊、高一涵等纂著发梓政论。这时，许崇智衔中山命由热海来东京和我们联系，我们和他开诚布公地谈论了两天，得出结论，一致拥护孙中山先生，实行三民主义，尽欢而别。随后，黄克强即偕李书城赴美游历。我们看到孙、黄关系不因小人挑拨而生龃龉，深为庆幸。

二　袁世凯称帝前的阴谋诡计

为了叙述护国斗争的方便，这里有必要稍为详尽地谈谈袁世凯的罪恶及其帝制自为的过程。

如前所说，袁世凯恃以暴戾恣睢的第一个“法宝”是反动的北洋军队。癸丑之役和随后一段时期，袁世凯的军事力量部署，除川、滇、黔、桂 4 省之外，几乎遍及全国。李纯率第六师占据江西；张勋率辫子军占据南京；倪嗣冲率安武军占据安徽；龙济光率济军，由惠州进攻广州，逐走了陈炯明；刘冠雄率海陆军进入福州，吓走了孙道仁；汤芗铭率海陆军各一部，查办湖南，撤换了谭延闿；曹锟率第三师扼据岳州，使黎元洪成为釜底之鱼；杨善德率第四师扼据松嘉，使朱瑞成为瓮中之鳖；最后任段祺瑞为湖北都督，调黎元洪入京安置于瀛台。川、滇、黔、桂 4 省，僻处偏陬，袁世凯的北洋军队有限，力所不及；且各省情况复杂，袁世凯虽想实现武力统一全国的迷梦，又势所不许。素称“天府之国”的四川，自辛亥革命以后，地方各派小军阀争权夺利，倾轧割据，兵戎迭见，有如乱草蓬麻，非有较强的兵力和较长的时间，难望统一。云南虽然有一点军事力量，但滇、黔两省本为进步党人的活动场所。湘人蔡锷在滇、黔两省的潜势力很大。此时湘人力拒北军入湘，内阁总理熊希龄向袁世凯建议调蔡锷回湘接管军民两政。袁世凯对蔡锷放心不下，乃佯为赞成，先调蔡来京软禁闲废，旋用贵州都督唐继尧接任云南都督，任汤芗铭接替谭延闿督湘。至于黔、桂两省，此时只有一些没有实力的地方部队，袁世凯鞭长莫及，只好先摆着，留待下一步来武力统一。计自1913年赣宁之役起，到这年年底，只有半年时间，袁世凯剿除革命势力步步成功，曾先后任命倪嗣冲为安徽都督，李纯为江西都督，龙济光为广东都督，张勋为江苏都督，刘冠雄为福建都督，汤芗铭为湖南都督，郑汝成为上海镇守使，段祺瑞为湖北都督。袁世凯凭借武力、篡窃民国、荼毒天下的阴谋，到这时，算是到了登峰造极的地步了。

袁世凯的第二个“法宝”就是网罗了一大批寡廉鲜耻的官僚政客。这是一伙翻云覆雨的社会蟊贼。他们攀龙附凤，为虎作伥，幻想袁世凯登上皇帝宝座后亦可飞黄腾达。袁世凯也就利用这一批政治垃圾，导演了6幕天怒人怨的政治丑剧。结果，袁世凯作茧自缚，身败名裂，而这一伙政治帮凶也遭到了历史的唾弃。

袁世凯的第一幕政治丑剧，就是骗取正式总统。国民党在第一次正式国会里的地位，在宋案发生前是独占优势的；宋案发生后，则是四分五裂，凌乱不堪，优势反而让给进步党了。袁世凯想骗取民国正式总统的宝座，必须利用国会；要利用国会，必须利用在国会中转居优势的进步党；要利用进步党，于是所谓“第一流人才与第一流经验”的责任内阁——熊希龄内阁应运而生了。但是，按照临时约法是不能产生总统的，而此时宪法又没有完成。怎么办呢？袁世凯及其党羽，利用当时一般人的糊涂心理，倡言必须速正名分，提前选举总统，取得外国正式承认，才能使国家免受外国瓜分。这就是先产生总统选举法，选出总统，然后产生宪法这种逆行法的由来。1913 年 10 月 6 日，按照这种逆行法，在数千便衣军警冒充“公民团”的重重包围之下，议会经过 14 个钟头的 3 次投票，“选举”了袁世凯为中华民国的第一任正式总统。

袁世凯的第二幕政治丑剧，就是武力解散国民党，撤销国民党的国会议员，破坏国会。袁世凯的总统宝座一到手，不出一月，即 11 月 4 日，就促使倪嗣冲、张勋、姜桂题等通电建议，以湖口之役为口实，以大总统经由国务总理副署的命令，解散北京国民党本部，取消国民党议员之资格，并派大批军警围捕国民党议员。凡是自湖口动兵之日起，挂名于国民党的，都追缴议员证书徽章，共 350 余人。但是两院犹足法定人数，可以开会，因又补行追缴 80 余人，于是连在湖口之役以前脱党和跨党的国民党议员也都被追缴，共计 438 人。自此，国会便陷于不能开会的绝境。到 1914 年 1 月 10 日，宣布停止两院现有议员职务，国会遂行解体。

袁世凯的第三幕政治丑剧，就是组织所谓政治会议，一脚踢开熊希龄的责任内阁。政治会议由总统府派员 10 人、国务院派员 4 人、各部派员 1 人、各行省派员 2 人组成，并指定前清云贵总督李经羲为议长。此时，熊希龄还在拟议废省以固中央、谋求国家统一的“大政方针”。他把这个“大政方针”提到政治会议上讨论，立刻遭到揶揄反击。1913 年 12 月 29 日，政治会议研讨了袁大总统提出的设立造法机关的建议（此即后来所谓“约法会议”），决定停止已失效用的国会的残余议员的职务。至此，那个副署了种种命令（停止国会、停止省议会、停办地方自治、特设造法机关）的熊内阁，对于袁世凯来说已经没有什么用处了。但熊希龄老骥恋栈，袁世凯一翻脸，过河拆桥，便唆使党羽，举发熊前在热河都统任内盗窃国宝案，把这位熊内阁搞得身败名裂，他的以名流标榜的“第一流内阁”也就垮台了。

袁世凯的第四幕政治丑剧，就是成立约法会议。所谓约法会议，实即政治会议的儿子。约法会议的组成人员：京师 4 人，22 行省各 2 人，蒙藏青海地区 8 人，全国商联会 4 人。这些议员，都是袁世凯指派的御用官僚。约法会议于 1914 年 2 月 18 日开会，选出了一个变节的国民党名士孙毓筠作议长，施愚为副议长。约法会议唯袁的意志是从，袁可曰可，袁否曰否。约法会议替袁世凯办了两件大事：一是于 5 月 1 日公布了《中华民国约法》，把总统的权力扩张到最大限度；一是 8 月 18 日通过了修正的总统选举法。至此，袁世凯无论在形式上或事实上，都已经成了中华民国的独裁元首。袁氏乃下令取消国务院，实行所谓“总统制”，派徐世昌为国务卿，各部部长由孙宝琦、朱启钤、段祺瑞、刘冠雄、章宗祥、梁敦彦、张謇、汤化龙等一班老官僚凑数担任。

袁世凯的第五幕政治丑剧，是恢复清朝制度，推行复古运动。文官设卿、大夫、士三等九级，授徐世昌以下一批官僚上中下卿、上中下大夫等级官位。自新约法公布，袁世凯已成了事实上的皇帝，不久又发布了祀孔令，预备到了冬间还要祀天。黼衮法服，招摇过市，古香古色，众目睽睽，叹为未曾有的奇观。到11 月初间，北京的复辟风说，几有“满城风雨”之势。

袁世凯的第六幕政治丑剧，是废督整军，虚省重道，加强中央军政集权。从辛亥革命以后，袁世凯在南北和议中，在抵制南往就职临时总统中，在对付民国2年反袁战争中，在毁约法、解散国民党、扼杀国会的倒行逆施中，处处时时都依靠北洋军队这副“撒手锏”，夤缘时会，取巧投机，侥幸得到一时的“成功”。但也就在这个时期，袁世凯这个军阀大头领统驭下的各派中小军阀的势力，随着膨胀壮大。在袁世凯看来，这些对自己效过忠、立过功的各地军阀势力的崛起壮大，将会形成尾大不掉之势，藩镇割据，这是附骨之疽，势必危及自身安全。因此，袁世凯就着手废督整军，虚省重道，削弱地方的军权政权。袁世凯把都督改为将军，只说废督整军，而不说裁军，这是免得北洋老粗们见疑而心生变异。把各省民政长改为巡按使，削弱他们的职权，减轻他们的任务，实者虚之。把观察使改为道尹，加重他们的权限和责任，虚者实之。这些措施，统限于1914年6月底完成。从此全国的军政大权，就统一于独夫袁氏之手了。

袁世凯的六幕政治丑剧，目的只有一个，就是登上皇帝宝座。在袁世凯依恃两宗“法宝”导演六幕政治丑剧期间，除了遭遇白朗在河南一次声势壮大的事变外，可以说是得心应手、畅行无阻的。到了这时，袁世凯改元登极的事项筹备就绪，这位“真命天子”就要临朝了。但是，历史是这样残酷无情，国内各派反对帝制力量的配合，第一次世界大战的爆发，破灭了袁世凯的皇帝梦。

第一次世界大战爆发后，袁世凯这时候的皇帝梦正在高潮时刻，他继承淮军首领李鸿章的衣钵，采取所谓“以夷制夷”的两面政策，牺牲国家的领土主权，企求暂时的苟全，以达到登上皇帝宝座的野心。袁世凯于1914年8月6日宣布中立。他既与英国亲善，又与德国交好，因此，协约国和同盟国两方，当时都可以在北京作对等的外交活动。

日本帝国主义者趁着其他帝国主义者在欧洲忙于战争、无力东顾的时候，首先就给了袁政府一个沉重的打击。日本这时正是大隈重信内阁执政，以参加协约国为名，要求“继承”德国在胶州的权利。8 月 23 日，日本用海军掩护，派广岛第五师团为主力在龙口及莱州登陆，占领潍县，控制胶济全线，包围胶州湾，战争 70 余日，于 11 月 7 日攻下了青岛，随后又扩大其势力及山东全境。

日本政府兴师动众，侵占胶州湾，其实是醉翁之意不在酒的。它的胃口大得很，想趁机吞并中国，独霸东亚。大隈重信看穿了袁世凯心中的秘密，屡次表示，如果袁世凯称帝，属于中国内政问题，日本政府决不干预，只要求袁世凯能够顺应国内外情势，忠诚与日本合作，达到“日中共同繁荣，彼此皆大吉利”的目的。有人或问：大隈重信为什么怂恿和支持袁世凯称帝呢？这是因为大隈重信看准了，袁世凯要称帝，日本就可以借此机会对他进行要挟讹诈，狠狠地敲一笔竹杠，果然于 1915 年提出了灭亡中国的“二十一条”；另一方面，袁世凯称帝，中国内部一定陷于长期混乱，日本正好趁火打劫，肆行侵略。

三　反对袁世凯称帝的准备工作

在袁世凯酝酿帝制的时候，中国国民党的主要人物，都冲破了袁世凯的通缉网罗，作为政治亡命者侨集于日本东京。这时，孙中山先生改组国民党，定名称为中华革命党。陈其美在新党尚未宣布成立，就以青帮首领身份窃据组织部门要津，我们对此表示坚决反对。

在此时期，孙中山先生曾派居正、覃振对我们说明入党必须捺指印的意义，希望我们尽弃前嫌，参加中华革命党，共同奋斗。我们表示对孙中山先生忠诚拥护，但不愿与帮会合作，现在即不入党，也不会另立名目，妨碍革命的进行，请居、覃将这层意思转陈孙中山先生。孙中山明白了我们的意旨，也没有勉强要我们加入中华革命党。

当时我们在东京有一部分同志，每星期都举行谈话会，分作4个题目，来研究国会情势和革命进行方针。第一，主义。我们认定，无论革命或建设，都必须有主义以为指导。如果没有主义，不但不能打倒袁世凯，就算打倒了袁世凯，也不能建设成一个富强的国家。我们认为三民主义，较之西方的民主议会政党政治，更适合中国的国情，能把中国建设为富强之邦。第二，量敌。我们认定，当前主要的敌人是袁世凯，而袁世凯则有四种恶势力作为他的羽翼：是北洋军队盘踞要津；二是反动官僚遍布全国；三是土豪恶霸横行乡里；四是会党游民弥漫当道。这四种恶势力长期以来流毒社会，鱼肉人民，我们和袁世凯作斗争，必须斩草除根，把这些恶势力消灭尽净。第三，党派。我们认定，进步党是一个政治危险性最大的政治集团。它是前清立宪派的化身，主张改良，反对革命，所以甘为独裁者所笼络利用，拼命和国民党作对。袁世凯毁约解散国会，把进步党抛在一边，但是这个投机取巧覆雨翻云的政治集团，只要有机可乘，他们就会不择手段地出现在政治舞台上，肆行争夺。因此在反袁斗争中，我们要注意进步党的动向。第四，宣传。我们认定，必须向全国广泛宣传，造成强大的舆论压力，才能取得反袁斗争的胜利。

世界大战爆发以后，我们为了对世界大战与中国革命的关系作详尽的探讨，组织了一个欧事研究会。为什么要取名为欧事研究会？

对于这个名称，我们是经过深思熟虑才决定下来的。最主要的意思，就是想和一般政党的性质区别开来。这样做有3个好处：一来可以避免发生和中华革命党对立的误会；二来可以借此联络侨居日本的同志，随时随地，互相商榷；三来不怎么显眼，一时不致为袁政府所忌，国内的人士也可以借此联络，互通声气。

在欧事研究会成立之前，侨居日本的同志，如李根源、钮永建、程潜、陈强、陈炯明等28人，曾联名发出了一个停止内争、一致对外的通电。在通电宣言上署名的，大体上就是后来欧事研究会的成员。通电宣言是章士钊起草的（见《甲寅杂志》），略谓：我们秉着爱国天良，反对独裁之志，始终不渝，即使在外患凭陵的时期，我们对袁世凯也不作丝毫让步，不存丝毫幻想；但我们主张停止内争，一致对外，首先是对付日本帝国主义的日益紧逼的侵略。这个通电得到了许多人的同情，也招致了来自不同方面的误解。自浅识者观之，以为我们声称停止内争，对袁世凯表白心迹，一定有所企图。自袁世凯观之，我们的通电宣言，无异给他的通敌卖国、帝制自为，又增加了一层障碍。袁世凯痛恨之余，就贼喊捉贼地诬蔑我们，说我们是“借寇自重”。帝制运动公开化之后，欧事研究会的活动渐渐及于国内，成为反对帝制的一种势力。

在成立欧事研究会的同时，我们还积极筹划倒袁。我们在东京看到日本报纸关于袁氏进行帝制运动的新闻报道，比国内的报纸更为明朗具体。我们分析了国内形势：自1913年讨袁失败后，中国三大流域的各省，都已被袁世凯千方百计地派遣心腹盘踞，只有长江上游西南一隅，袁世凯因鞭长莫及和兵力有限，尚未吞噬。虽然袁氏派陈宧率北洋军入川接管了川政，但大西南的云南，仍是袁氏力所不及的地方，可以作为反袁起事的基地。我们认为云南有 4 个优越条件：

（一）地处偏僻险阻的边区，在军事上扼险要优胜之势；且四川地方军队既杂又乱，陈宧一时统一不起来，可以作为云南的有力屏障。

（二）云南两师陆军的素质，大大超过北洋军队，所有中下级军官，都是讲武堂的学生，学术优良，思想纯正。云南讲武堂是李根源等办的，他曾邀集同学李烈钧、方声涛、赵康时等，参照日本士官学校的教程，结合中国实际所需要的革命精神，认真训练和教育学生，因此造就了不少革命人才。

（三）云南陆军所使用的军械，都是德国克虏伯厂的精良产品，是在清末以重价从德国购来的，其枪炮火力之强，超过南方各省的军队。

（四）云南当时的几个主要当权人物，如唐继尧、罗佩金、殷承瓛、叶荃等，原来都是同盟会员或者有革命倾向的人。因此，如果袁氏称帝，我们可以成功地在云南组织起义，为全国倡。但是，我们也预见到，即使把袁世凯打倒了，袁氏的党羽还要继续和我们作斗争；跟我们同声讨袁的队伍，将因政见的不同而发生分化，其中分化出来的一部分力量，也还要继续和我们作斗争。而我们内部的意见也不是完全一致的，章士钊的调和论，未必可行于中国，我和李根源对此也常有辩驳。总之，这一时期，我们一方面兴奋激动，跃跃欲试，另一方面则是瞻望前途，忧心忡忡。

这年 8 月，正是袁世凯筹备帝制紧张的时候。在北京，以筹安会为核心的一批人物，按照计划，纷纷密电各地，如何组织国民代表团，如何指派劝进代表，如何组织国民代表大会，闹得乌烟瘴气。我们在东京的欧事研究会也积极探讨策划，大家感到，云南方面虽然联络得极好，但能否毫无阻滞地进行发动，还是没有把握。这时王九龄从昆明来，告诉我们，自陈宧率军入川后，云南全省大为震动，人们知道云南已成为袁氏的眼中钉，俎上肉，危险万状，因此群情鼎沸，军队反袁的情绪更是继长增高。王九龄谈到的情况，和我们前此派人联系所得来的情况，有些出入，不能据此决定行动。由于方声涛和云南的中级军官谊属师生，有许多社会历史关系，进行工作诸多方便，因此我提议请方声涛亲自赴昆明一行，探明情况，进行联络，策动工作。大家同意这个提议，并且和方声涛约定了暗号，如联络策动有所进展，我们接信后就立刻回国共策进行。

四　在上海的策划活动

方声涛经中国香港、越南，到达昆明。9月中旬，方从昆明来信称，“尚须多方调查”；10月初又来信称，“销路甚好”；10月10日来函，要我们速到上海面商。大家商量决定：我和李根源为欧事研究会的干事，应首先回国；其余同志，根据情况的发展和工作的需要，陆续回国。我和李根源两人于11月3日由横滨坐邮船动身，两日多就到了上海。在船上遇见朱卓文，他把我们当作袁党，肆意谩骂一通，我们只好付之一笑。到上海后，我们受检查盘问比朱卓文还严，他这才恍然大悟。其实，我们这次能够闯过检查关，也确有些侥幸，因为李根源那副尊容，是最易被人发现识破的。到上海后，我们住在法租界宝康里，方声涛则已于先一日返沪。他说：云南的两师陆军，团、营级的主要骨干，如邓泰中、杨蓁、刘云峰、华封歌、董鸿勋、黄永社、赵钟奇等40余人，都极端反袁，久已跃跃欲试。他们对蔡松坡的情谊很深，听说蔡在京的寓处被搜，情绪十分激昂，并已秘密派人赴京，欢迎蔡离京回滇主持大计。我们听到方声涛说的这些情况后，立刻通知张孝准，要他积极与蔡联系，掩护蔡出京。此时，和云南关系极深的李烈钧，也从香港派人到云南联系策动。不数日，章士钊、耿毅、冷遹、程子楷等，都先后从日本回到上海。此时袁氏叛国称帝，人心丧尽，上海社会舆论反袁的情绪，已达极点。我们这些人先后聚集上海活动，虽然袁世凯的密探爪牙遍布上海，亟欲加害，但他们害怕强大的群众舆论压力，也不敢肆意下手。后来陈其美回上海和我们联系，并保证我们在上海行动的安全，我们也表示愿意和他合作，共同奋斗。

我们的发难基地和发难主力，自然专恃云南。但是我们必须在全国广大地区及早发动讨袁力量，发挥互相策应的作用。这一点，是在我们归国之后才逐渐想到的。我和李根源等商妥，重新规定行动方针：

（一）全国各界人士，凡秉爱国热忱和救国愿望，挺身而出反对袁世凯卖国称帝者，我们都愿与之合作，采取一致行动；

（二）国内平日与我们不同宗旨的党派，只要真心反对袁世凯卖国称帝，我们也愿与之合作，采取一致行动；

（三）反袁斗争主要是武装对抗，但也不排斥其他方法。我们安排分配了一下各人的任务：耿毅担任北方同志的联络工作；熊克武回四川组织地方讨袁军，为云南主力军的响导；柏文蔚、钮永建、冷遹策划苏、皖、浙地方军队的发动；林虎担任广西的联络；李烈钧担任筹划粤赣军事；我和张孝准布置两湖军事及湘省义军的发动。并且相约：组织发动起来的力量有大有小，但是每个同志都必须努力去完成自己分担的任务，在反袁战线上尽量发挥作用。此时，我们又筹组了《中华新报》，从事反袁宣传。

不久我们得到确实情报，张孝准和蔡松坡联系极好，蔡已安全离开北京。一天，我和章士钊往虹口访谭延闿，见面说了些应酬话，然后就把袁氏称帝的情形和全国反袁势力的壮大等形势告诉他，并且问他作何感想。谭说："反对袁世凯称帝，是应有的义举，我竭诚拥护，没有贰心。但是袁世凯掌握强大兵力，我们手无斧柯，这又有甚么办法呢？"章士钊很客气，让我说话。我说："反对袁氏称帝，办法是有的。事在人为，人苟不为，纵有办法，也是枉然。凡事不能只看表面，要看得深一些，透一些。袁世凯掌握着北洋军队和官僚集团的势力，外表强大，但他是不得人心的，他内部又有众叛亲离的趋势，列强加诸袁氏的压力也越来越大。我们顺从民意，以民众的力量为后盾，只要一处发难，登高一呼，四方响应，袁世凯是可以打倒的。"谭延闿说："你们回国活动，是仅仅激于天良血性的义愤，还是有点实力做后盾呢？"章士钊说："既有义愤，也有实力。袁氏集团分崩离析，死在眼前。我们名正言顺，诛暴伐罪，这个号称拥有实力的独夫，是抵挡不住的。当然，反袁还有许多困难，需要大家团结一致，群策群力，困难才能克服。"谭唯唯诺诺，说什么来日方长，可以从缓计议，谈话就此结束。我对谭还存有争取的一线希望，过了几天，就着人送信给他，说有要事相商，请他约期相会。谭对我派去送信的人说，外边风声紧，要我们出入谨慎，并约了日期会晤。到了约定的日期，连人影子也找不到。第二天他打发人送来一信，说是“齿痛爽约，十分抱歉”。这天晚上我凑巧遇见黄梅生。黄告诉我，头一天他还和谭在小有天中餐，谭喝得酩酊大醉。我这才明白，谭怕革命不成，累及己身，所以用虚诈敷衍手段来应酬我们，我们也因之对他产生厌恶绝交之心。过不了几天，我于上午10时在霞飞路步行，谭在马车上发现了我，立刻下车，装出很亲热的样子，问我上什么地方去。我一本正经地说：“到同志处商谈要事。”谭说：“我是特地来拜访你的。”我说：“改日会罢！今天实在没有空。”谭说：“我到你的寓处等你回来。”我到圣母院路章寓谈话一个钟头，赶回接待谭延闿。此人海阔天空，不着边际地谈了一些革命形势，我留他午餐之后分手。

为了策动两湖的反袁力量，我趁在沪方便，进行了一些人事上的联系。上段提到的黄梅生，本是同学黄恺元的兄长，他在上海经营商业多年，夙著信用，两湖的革命同志大多跟他相识。有一次他在寓设宴招待我，谈话间表示近来营业兴旺，颇有盈余。我说：“现在手边拮据，筹款很是为难。”黄梅生说：“你们的困难我深为了解，需要用多少钱，我可以尽力贷垫。”我说：“多多益善，但眼前急需动用的却不多，而且应该不妨碍你的生意才好。”黄梅生当即爽快答应，需款时他能随时垫付。我们在困顿中得此帮助，实不容易。我这时考虑，湖南同志中，冲锋陷阵、披坚执锐的人材是不少的，就是运筹帷幄、全盘指挥的领导艺术稍微差一些。我在癸丑讨袁之役中，认识了杨王鹏、廖湘芸两人，他们是蒋翊武的战友，辛亥年曾一同组织过武昌军队起义，有比较丰富的革命斗争经验。他们和李国柱、邹永成、龚铁铮、段之铬、刘白等组织民义社，是中华革命党的一部分，但和陈其美一派有矛盾，不肯和后者同流合污。我约杨王鹏、廖湘芸谈过两次话。我心里明白，要他们一下子完全听我的话是不太可能的，但大敌当前，正义所在，争取他们合作，也还是办得到的。我和他们作第三次谈话时，袁氏帝制运动正万分紧张地进行，他们情绪激昂，表示愿出死力拥护共和，打倒帝制。我说："你们的斗志坚决真诚，这是很好的。但我知道，你们从前所组织的炸弹队和暗杀队，在武汉、九江、扬州等处都遭到过失败，现在应该中止这种恐怖行动才好。"杨王鹏说："请你明明白白地告诉我，你们到底坚持什么主义？"我说："我们坚持孙中山先生的三民主义，至死不渝，不能节外生枝，立异标新。比方说，三民主义是海，我们和黄克强只能算是百川，而百川终汇于海。但是百川里面有一股浊流，孙中山无法澄清，我们也无法澄清，在一定时期之内，只好潜行不悖，相安无事。倒袁是我们目前的紧迫任务。袁氏虽然众叛亲离，成为全国民众的公敌，但毕竟不是赤手空拳可以吓倒的，也不是策动一部分军队、联络一批会党、占领一个据点，就能够把袁世凯打倒。正确的做法应该是，运用一个基本力量，建立根据地，影响各省，策动有倒袁倾向的军队。这样，袁氏在各省部署的暴力就会如汤沃雪，尽归消灭。你们回湖南去，又预备如何着手进行呢？"杨王鹏说："先在长沙、衡阳策动军队，树立义旗。"我说："这是辛亥年三月二十九日黄克强进攻广州督署的复版。那次黄花岗之役，震动全国人心，为武昌首义之先导。但今非昔比，袁世凯更不同于清朝。长沙、衡阳是冲要地区，袁氏已布重兵，即令得到少数军队的赞助，发难侥幸成功，但离根据地过远，势难长久坚持。我的意见，应该从湘西宝庆边远地方着手，组织队伍，作为根据，等云贵军队出兵湘西，或者那时我由云南带领一部分军队回来会师，一同奋斗，才能恢复湖南。如果不按这个办法行事，冒险妄动，一定会遭到重大损失。”杨王鹏、廖湘芸满口表示愿意接受我的意见。我告诉他们，他们在上海的费用和回湘旅费，我可以尽力支援。

当我布置湘事的时候，耿毅介绍袁乃宽之子袁不同和我见面，我问他袁氏称帝进行的情况，袁不同说：“一般走狗，不顾百姓死活，疯狂地忙着筹备大典，已定明年元旦唱大登殿。我情急万分，希望有人起义讨逆，我也可以从中做点小玩意儿给大家看看。”我说：“如果你能这样做，就是古人所谓大义灭亲了。请你与鹤生密商办理，我们坐听好音。”由此可见，袁氏不仅为国人所共弃，抑且为宗族所不容。

有一天，章士钊告诉我，他想款待一下梁启超，请我作陪。我说：“在反袁不分党派的时候，我当然可以奉陪，听听他的议论。”12月19日晚，章设宴款待梁氏，我于6时先到章寓，梁启超随后也到了。泛泛应酬之后，我对梁启超说：“拜读了你的近作《异哉所谓国体问题者》，非常钦佩。”梁启超说：“我煞费苦心，改稿多次，现在发表的文章，较之原稿，倒是温和得多了。因为我不想牵累同党，所以发表文章，宁愿脱党。”梁启超接着又发表了一大套反对袁氏称帝的言论。我说：“倒袁是不成问题的。重要的是，倒袁之后，应该有一个主义为建设国家之准绳，对袁氏所遗留的北洋军队要迅速收拾。这倒是两个极关重要的问题。”梁启超说：“现在不好刻舟求剑，因为剑虽沉沦在此地，舟是随时移动的，将来只好就事办事。”我因为此人善变，这次反袁的思想动机也不纯正，不好再作深谈。梁启超接着又替蔡松坡吹嘘了一大通。章士钊说："大家都是相知有素的老朋友了。我们确信松坡是玉碎而白不移、金销而刚不易的好汉。"到此宾主尽欢而散。

五　由沪去滇及在滇的活动

我们从东京方面得到确实消息，蔡松坡能于12月20日以前抵达昆明，李烈钧、熊克武、方声涛等在此之前必定到达，云南方面大约一星期之内即可举事发难。此时袁世凯的帝制运动，虽然遇到国内外的同声反对，袁氏集团内部也意志行动不一，但筹安会和各省劝进团的猴子戏还是在积极串演，计划改民国5年为洪宪元年，于1月1日登极。我考虑袁世凯帝制自为势在必行，因与李根源转赴香港，以便对广西作进一步的策动。

我们于12月21日乘邮船离开上海，23日抵香港，寄住跑马地。当晚，我们得悉：蔡松坡于12月19日到滇，23日即以唐继尧、任可澄的名义致电北京，对袁下最后通牒，令袁立即取消帝制，立诛祸首杨度等13人，并限于24日午前10时答复。届时不得答复，便于次日宣告独立。

1915年12月25日，云南省宣布独立，唐继尧、蔡松坡通电正式讨袁，组织护国军。众推唐继尧为都督，任留守；蔡锷任护国军第一军总司令，李烈钧任护国军第二军总司令，唐继尧兼任护国军第三军总司令。第一军出四川，第二军出两广，第三军为总预备军。

袁世凯对云南一隅发难，虽想采取迅速手段予以扑灭，但究竟路远阻隔，力不从心；且五国曾对袁氏提出缓行帝制的警告，现在云南生变，5国的警告更加振振有词。在此情况下，袁氏对外只好仍称“中华民国”，对内则改称“洪宪帝国”，手忙脚乱地于元旦日登上了独夫皇帝的宝座。袁氏称帝后，就派曹锟率第三师，辅以张敬尧所率之第七师，李长泰所率之第八师一部，会合陈宧所率之伍祥桢、冯玉祥、李炳之三旅，作为第一路，由四川进攻云南。又由马继增所率之第六师与第二十师、安武军各一部，从湖南湘西地区进入黔境，作为第二路。再派龙觐光率济军一部，企图由广西进入滇南。

我和李根源商量，一致认为：无论在军事上或政治上，广西这时都处于举足轻重的地位。

（一）护国大业既由云南首义，多数省分势必响应，只要广西起来，取得广东，就有组织革命政府、统一政令的必要。至于这个政府究竟采取什么形式、什么制度，则须事先和唐、蔡协商。因为这次发难，军事上比较单纯齐一，但政治上渗有进步党的力量在内，异常复杂。如果不事先协商一致，将来必然惹起纷争。

（二）广西陆荣廷，对护国军的军事发展，关系至为重要。李烈钧率护国军第二军出广东，如果陆氏不表明态度，李部就无法通过桂省。因此，对于广西方面的策动，现在必须抓紧时间，大力进行。

这时恰好是新年，岑春煊由南洋归国过香港，李根源介绍我和岑春煊见面。岑身着热带短装，说话态度颇为爽直。我们向岑春煊介绍了敌我两方的形势和策动广西的计划。岑春煊和陆荣廷、龙济光旧日关系较深，他说：“陆干卿素有正义感，反袁护国，他一定欣然响应。龙济光不知正义为何物，就利害来讲，他受袁氏的牢笼太深，未必肯听我的话。如果干卿响应，大势所趋，或者可以把龙济光牵进来。目下还只能信使往来，看情势发展再定。”岑春煊表示拟回沪一行，再来港共同策进。李根源又说了些怂恿的话，岑都欣然接受了。

我认为广西的策动工作，今后可能比较顺利，便决定到云南去进行湘事。1 月 13 日，我和陈惟诚、林修梅、李仲麟、王祺、钟宪民等 12 人由港赴海防，抵埠，稽留 3 天，始得法人签字过境；经东京，3 天始邸阿迷州（即开远），晤同学何国钧巡视滇南，招待妥善。1 月 27 日抵昆明，这一天贵州省宣告独立。贵州独立的成功，稳定了云南侧翼的安全，增加了反袁的声势，振奋了护国军前线部队的士气。

我们到昆明后，住在迎宾馆，第二天见到了唐继尧，畅叙旧谊，意隆情笃。我们大大赞扬云南再造共和之功和领导反帝之力。唐继尧说："这次发难起义，以云南一省，对抗袁氏偌大力量，都是松坡前辈回滇提携之功。"我说："师出有名，得道多助。斗争的胜败，不单纯取决于军队力量的对比，更重要的是人心向背。"唐继尧问到孙中山、黄克强的情况，我告诉他，孙中山先生现在日本指导革命工作，黄克强仍在美国，不久均当回国，共策进行。唐继尧又问到对广西的策动情况，我说："林虎担任这一方面的工作，他到广西已有数月，据联系，策动顺利，十分可靠。上回我在香港看见了岑云老，他说，陆干卿有正义感，一定会实践诺言，响应独立，但龙济光热衷功名利禄，极不可靠，大概要等广西响应之后才能看到动静。"唐继尧说："岑老的话是信而有征的。"我们又谈到上海郑汝成被暗杀和肇和兵舰起义的事情，我表示了我的看法：刺杀郑汝成是恐怖的雪愤行动，肇和兵舰起义则是正当的革命斗争手段，不能以一时的得失来作出评价。唐继尧留我们吃饭，并表示为了交换意见，还要约我们深谈。

过了一天，唐又请我们去，他说："贵州省刘如周本来相约同时起义，但是因为云南发动太快，贵州预备不及，同时袁氏曾答应给贵州一批饷械，需待到手之后再行发动，所以耽搁了将近一月。现在贵州省已宣布独立，刘存厚也可加入，虽然内部还有一些问题，但前方的军事行动还算顺利。"我说："这是形势发展很好的标志。我听孙中山先生多次谈过，革命必须首立政府，树起义旗，才有力量和声威来号召全国。因为，立新政府，正是对旧政府的沉重打击。如果广西响应独立，因势取得广东，那么，组织护国政府，就是不可以须臾缓的任务了。"唐继尧说："现在还只有云南、贵州两省，势甚单薄，待到多有数省响应，就好着手组织政府。你前天说，人心向背决定一切，这个意思非常中肯。辛亥年杨荩诚在贵州依恃洪帮，士绅反对，纷纷到云南来请愿。我率领滇军一营入滇，得到各界人士的帮助，很快就赶走了杨荩诚。要是杨荩诚真的没有丧尽人心，那么，我这一营滇军无论如何是敌不过他的。我想，人心向背，关系革命成败，我们必须恪遵这条原则。"唐继尧随后又向我问到湖南的情况，我说："汤芗铭残酷屠杀人民，民怨沸腾，民变时起，湖南民党与汤誓不俱立，间有暴动。但是缺乏主力，发动起来不易久撑，更难扩大。"唐继尧说："湖南地处冲要，对两广和滇黔来讲，军事战略意义极大，我们正应抓紧经营，以便减轻侧面的威胁。"我说："因为湖南重要，袁世凯已令马继增的第六师和范国璋的第二十师进兵湘西，想占先着。"唐继尧说："如果你能回湖南，在政治和军事两方面都能发生作用，对大局很有影响，我们一定竭力协助你。"

我们谈话后的第二天，李烈钧就跑来和我商量，李说："现在云南的军队已调拨殆尽，湖南地位重要，蓂赓非常关心，想请你担任湖南招抚使，派兵一营作为卫队，让你到湖南发展，蓂赓特地要我来征求你的同意。”我当即表示：“护国讨袁，人人有责，无论大小任务，我都一定全力以赴，请你转达蓂赓。”第二天，唐继尧又约我谈话，他先从广西的形势谈起，说：“袁世凯想夹击滇军，监视广西，已命令龙觐光假道广西进攻滇南，1 月间已有部分济军进驻南宁。龙觐光仗着和陆干卿的儿女亲家关系，长驱入桂。但陆干卿岂能让龙觐光平安通过，自取灭亡呢？他一定是诓龙部入桂，企图一举解决，然后响应独立，推动大局。”唐又把话题转到湖南的形势，说：“现在军队不敷分配，但经营湖南又是当务之急，我想请你担任湖南招抚使，已由协和征得了你的同意。你回湘召集旧部，从侧翼牵制敌人，一定能够成功。”我说：“马继增率部进逼湘西已是事实，湖南人民反对帝制情绪日增，你派我回湘工作，我一定竭力以赴，共襄护国大业。陈惟诚同学熟习湘西情况，请你委派他为副使。”唐继尧当即允诺，并称一切公文和卫队调拨，要参谋厅速办，好让我们早日启行。我请唐委派林修梅为参谋长，李仲麟为总务处长，王祺为秘书长，唐继尧悉准所请。2 月 1 日晚，唐继尧在五华山都督府设盛宴替我们饯行，我和陈、林、李、王一同赴宴，席间互相祝酒，情绪热烈。唐继尧并说，如在中途遇到困难，已电刘如周协助。我们于 2 月 3 日离昆明，唐继尧并派唐继虞率卫队送到郊外，珍重而别。

六　在滇黔道上及入湘后的初步部署

从昆明到贵阳，计有 20 站的路程，按例需 20 天才能到达。我们一出昆明，就看到云南乡间人烟稀少，田野荒芜，呈现着一片萧条景象。马龙州一带不产棉花，民众日用所需的布匹，都是商人从湘西经贵州贩运来的，路途过远，运输费用过大，加上商贩贪索利润过高，因此一般贫困人家都买不起布，衣着褴褛不堪，十五六岁的少女，仅仅用一块布条遮蔽下体。及至进入贵州地境，我们发现民众的生活比云南更为贫苦。有的人家没有被子盖，就在室内挖一炭炉取暖，小孩子则用稻草编结的“被子”覆盖。我们看到这些触目惊心的凄凉景象，心情非常沉重。晚间歇店后，我和陈惟诚等议论叹息，大家认为，民不聊生，是政治腐败、经济凋敝的结果，要改变这个悲惨现状，只有革命一条道路。

旅途经过10多天，跨过著名的打铁关，我们到达了安顺地方。安顺是贵州省人口较多、商业较盛的市镇。这里风景如画，苗汉杂居，定期为市，熙攘热闹。苗族男女都从事辛勤的劳动，过着自给自足的生活。苗族妇女一般都穿青布刺绣长裙，赤足草鞋，情绪饱满，体态丰盈。苗族人民多操汉语，大概杂居时间较长，言语的隔阂久经打破了。由安顺前行，数天之后，到了距贵阳不远的阳明洞。阳明洞在大道旁边，是一个天然的石窟，洞顶有很多钟乳石，王守仁当年谪龙场驿的时候，曾经在这个洞里住过，因此得名。刘显世派了参谋长、我的同学韩凤楼先期来阳明洞迎接我们，相见甚欢。

2月23日到贵阳后，我即赴都督府和刘显世见面。刘50多岁，精神饱满，谈吐风趣，历述袁世凯称帝的百般丑态。刘问我们上海的情况如何，我就把郑汝成被杀、肇和兵舰起义、南北各省激烈反袁的情况告诉了他。我说：“护国起义，滇黔合谋，再造共和，人心归往。现在众志成城，士气昂扬，胜利之期，指日可望了。”刘显世谦逊再三，说：“贵州地瘠民贫，力量单薄，所恃人心一致，军队用命，得以宣告独立，响应护国义军。现在贵州的军队已分作两部：一部由戴戡率领，出松坎，协助滇军作战；一部由王文华率领，出湘西，现正在湘黔边境与袁军对峙。据报军事情况都还顺利。”我说：“湘西地势险要，民情强悍，只要组织和领导得宜，就能够发挥重大的潜力，可为义军之助。”刘显世说：“湖南为革命策源地，人才济济，这次护国反袁，全省人民当然同声奋起。你回去登高一呼，必能发生重大作用。我们湘黔一家，应该团结一致，战胜敌人。”我说：“义军初起，从表面的兵力来看，是彼众我寡，但从实际的人心来看，则是彼弱我强。全国人心在我们这边，胜利定然在我们这边。你主张湘黔团结，我极端拥护。”当晚，刘显世用贵州特酿茅台酒替我们接风；第二天，又正式设宴招待一行同人，我和陈惟诚、林修梅、李仲麟、王祺等赴宴，刘热情款接。席间，刘问起湖南革命党的情况，我说：“癸丑之役后，袁世凯派汤芗铭督湘，屠杀了杨德邻、易宗羲、文经纬、伍任钧等同志，去年帝制发生后，汤芗铭极力附和，遥跪称臣，更为人民所切齿。革命同志情绪激昂，但是没有中心力量做骨干，所以屡起屡败，但他们出生入死的精神，实在是值得称许的。”刘表示赞叹，又问及我们回湖南时预备执行的招抚计划，我说：“回湖南后，以一月为期，统一湘西，以湘西作为根据地。一面改编地方守备部队和编练地方团队，使它能够确实具有牵制敌人的力量；一面组织和训练民众，反抗袁军，使敌军处处感到困难，我军处处得到便利。湘西统一之后，准备进一步占领宝庆，整理财政，改善交通。那时广西肯定已经独立，我们就可以依靠湖南民众的力量，西与黔合，南和桂联，把汤芗铭驱逐出湘。”刘显世说：“我非常赞成你这个办法。你和韩参谋长所说的话，我当尽力支援。”我表示随行人员颇多，开支较大，请他支援2万元，刘满口承诺，并嘱军需局立刻送交行营备用。

这天宴毕归寓，我即和陈惟诚、林修梅、李仲麟、王祺商订招抚计划大纲和招抚宣传大纲。

招抚计划大纲的内容是：

（一）以发动湖南民众拥护共和、诛讨袁世凯为目的，摧毁袁氏的反动行政机构，改为护国行政机构；

（二）策动起义之县，由该县民众选择素孚众望的公正人士担任县长，受招抚使之指导；

（三）起义县得组织保卫地方的团队；

（四）起义县的民众必须宣誓拥护护国军，反对袁家军。誓词如下：不为袁军作向导；不为袁军作侦探；不为袁军作运伕；不供给袁军需要物资；不供给袁军米油蔬菜；破坏道路桥梁；夜间虚设疑兵；隘路设路障；污浊饮水井；对敌谎报军情。如违背誓词，愿受公众的严厉制裁。

招抚宣传大纲，列举了袁世凯10项滔天罪行：

（一）擅变国体，逆谋称帝；

（二）独裁专制，蹂躏民权；

（三）出卖祖国，出卖主权；

（四）挟持武力，荼毒人民；

（五）滥借外债，扩充私军；

（六）奖掖奸贪，阻遏民生；

（七）制造恐怖，屠杀民党；

（八）滥发公债，流毒社会；

（九）摧残教育，作法愚民；

（十）横征暴敛，殃民祸国。

这两个大纲此时都是酝酿中的草稿，以后还作了一些修改。

我们在由昆明前往贵阳的征途中，正是护国军和袁军作战紧张的阶段。蔡锷所部之护国军第一军第一梯团，在四川叙府与袁军伍祥桢旅接触。伍是云南人，没有进行顽强抵抗就往后撤。第一梯团于1月21日克叙府，取得首战的胜利。

2月中旬，曹锟率第三师和第七师集中重庆。下旬，在泸州附近集结的袁军有：张敬尧第七师，吴佩孚一旅，伍祥桢、冯玉祥、李炳之三旅，川军周骏一师。护国军和袁军的战斗，至此开始转激。鏖战两旬的结果是，张敬尧的第七师伤亡枕藉，吴佩孚的军队尸横遍野。当然，护国军也有相当的损失，兼以部队长途行军之后投入紧张战斗，体力疲惫不支。此时，袁军第八师的王汝贤旅驰赴增援，护国军方面的援军未到。3月7日，刘存厚的川军溃败，蔡锷乃下令护国军从纳溪后退一程。冯玉祥率部最先进驻纳溪，受到袁世凯“忠勇奋发”的嘉奖，得封三等男爵。蔡部既从纳溪后撤，戴戡所率的黔军也从綦江退出，以便同时整顿，准备再攻。曹锟根据护国军后撤的军事行动，大加渲染，向袁世凯报捷。龙觐光这时在广西进驻剥隘，放肆扩军。第六师周文炳在湘西不发一弹攻下了麻阳。袁世凯一看风势，认为时机好转，打消了原拟缓办帝制的主意，又积极筹备改元登极。以上是我在滇黔途中得知的一些情况。

我们是2月27日离贵阳向镇远前进的，3月7日到镇远，10日遇见龙启缙、彭关和二人。我问他们："你们预备到哪里去？"回答是："由长沙动身急行而来，到云南请愿，请云南派军队支援湖南。"我问："长沙情况究竟怎么样了？"彭关和说："汤芗铭杀人如麻，民党在平江、浏阳、衡阳起义，都被汤芗铭屠杀镇压。长沙的陆军监狱关满了'嫌疑犯'，浏阳门外杀人刑场上日夜听见枪声。杨王鹏等忍不住，纠合一些同志图谋逐汤。2月20日、21日，杨王鹏、殷之辂、龚铁铮等晓得露了风声，就带领100多人进攻将军府，结果被卫队阻击没有成功。杨王鹏等为首的9个人和100多同去的人全部被擒。杨王鹏等9人被挖心割首，悬街示众，其余100多人都被汤芗铭斩尽杀绝了。"我听到杨王鹏等壮烈牺牲的消息，万分哀痛。我说："烈士们为了革命，为了反对帝制，保卫共和，赤胆忠心，奋斗到底，贡献了宝贵的生命。我们只有继承先烈的遗志，继续奋斗。你们两位如果愿意随我一起回湖南工作，就不必再到云南请愿了。"龙启缙、彭关和两人欣然应允，随我们一道前进。

在镇远，为了便利工作，先派第二班工作人员回湘布置。3月11日，由镇远起行，又行数日，到了湘黔接界处的晃县，护国军东路司令王文华的指挥部就设在这里，我和陈惟诚一起去拜访王文华。王文华行动活泼，应对敏捷，是一个勇敢有为的青年。他向我们介绍了前方的军事情况：袁军一部于几天前占驻麻阳，随即停止前进，现在两方处于按兵不动的对峙状态。据确实情报，袁军第六师师长马继增突然自杀，自杀原因没有探明，现在继任师长的是周文炳，军心惶恐，士气很低。我说：“马继增死得扑朔迷离，原因可能很复杂，临阵丧失主将，继任的人表现行动迟滞，这也是常情。”我们又谈论到军事部署等问题，我向王文华建议：贵州军队习惯山地战，湘西山势起伏，正好利用地形，多设疑兵，以分敌势，然后设险置阻，集中精锐力量截击敌军，一定能给敌军以重大杀伤。我说：“湖南地处要冲，我们必须倾全力进行工作。从积极方面来讲，我们应该立刻着手编练地方军队和地方团队，明目张胆对抗袁军；从消极方面来讲，我们应该向民众宣传，不替袁军服务，反而要给袁军制造各种困难。”王文华对我的建议表示赞成，说：“你的这一套办法，由地方组织民众来办比较容易，由军队直接办就有许多困难。我率领的只不过是少数黔军，要取得胜利，还需黔湘两省人士精诚团结，一致对敌。现在湖南已有一部分军队暗地里和我接洽，我建议你早点招抚他们，改编为护国军，以归划一。”我说：“现在应该以前线作战为主。这些军队如果归我招抚改编，正名定分之后，我只担负筹备薪饷和军用物资的责任，至于作战，还是要你统一指挥为好。”王文华说：“军队管理自有定规，指挥作战，不过是暂时权宜的事。”我说：“军队统一之后，都是护国军，就不应再有省界的分别。我想两三天后到靖县去开辟工作，希望你多联系指教。”王文华热情谦让，我和陈惟诚即行告辞归寓。陈惟诚表示愿意到凤凰，策动田应诏，并到永顺一带组织民团，牵制袁军。我同意了陈惟诚的行动计划，并决定自己移驻靖县，招抚辰、沅、靖、邵各县守备部队，整顿民团。送别了陈惟诚，我即率本部人员、卫队，山地行军，3 月 23 日由晃县出发经天柱县于 25 日抵靖县。

靖县的地理位置很重要，这里西通贵州的镇远，南达广西的柳州，东边靠近宝庆，北边邻接辰沅。利用靖县作为立足据点，不但利于经营湘西一隅，而且便于规划湖南全局。我这时考虑，招抚工作的第一着棋，就是摧毁敌人的政权，建立护国政权。于是决定招抚使署加设民政处，以秘书长王祺兼任处长，专门办理民政事宜。这时，前靖县县长早已闻风远飏，征得该县人民团体的同意，委任了黄履安为县长。本县人做本县的县长，在历史上是破天荒第一次，一时传为美谈。

我们进入湘境以后，新化县的陈光斗、邵阳县的胡兆鹏、武冈县的谢宝贤、凤凰县的刘光莹、溆浦县的舒绍亮、靖县的申建藩、麻阳县的米子和、芷江县的杨玉生等人，都先后前来联系。我对这些人，还包括在镇远路遇的常德龙启缙、长沙彭关和，都推心置腹地交谈意见，分析形势，并且都分配了具体任务，使招抚工作一步一步地开展。这时，代理守备司令周则范来靖，表示诚心受编。周所率的守备部队5个营，编制较一般陆军小，我便将卫队一营，与之合编为一旅，任周则范为旅长，朱泽黄、苏邦杰分任第一、第二团的团长。部队编制的缺额，另募新兵训练，陆续补充。守备营改为正式陆军，官兵都很兴奋，士气高涨。派赴各县进行招抚工作的人员，此时纷纷呈报各地响应护国义军，树立革命旗帜的情况。湘西镇守使田应诏，也来电表示拥护护国军。到4月10日为止，湘西地区除常德、桃源、沅陵、辰谿、古丈、麻阳6县因驻有袁军未能响应外，其余21县都已宣布独立，反帝反袁。盘踞湘西的袁军，受到各县人民的紧密包围，陷于进退维谷的困境，军心大起恐慌。我将以上情况，向云南唐继尧作了报告，并通报于川、黔、桂各友军。

七 反袁胜利声中的问题

上边说到，3 月 7 日，蔡锷下令护国军从纳溪后撤，袁世凯闻讯，欢喜不置。可是，到了第二天（3 月 8 日），桂军一举将龙觐光的军队全部缴械，这就等于给袁世凯迎头浇了一盆冷彻骨髓的冰水。紧接着，3 月 15 日，陆荣廷在广西柳州宣布广西独立，就任广西都督兼护国军两广总司令的职务。3 月 17 日，蔡锷率护国军向纳溪全线猛烈进攻。这又是给袁世凯的两个接踵而至的深重打击。

广西省的独立已经酝酿了相当长的时间，为什么待到云南起义 80 多天之后，才见诸行动呢？这里头有一段曲折的斗争过程，应该在此扼要补叙。在这个过程中，陆荣廷的的确确起过一定的作用。首先，云南起义后，袁世凯派遣两个兵团由川湘两路进攻滇黔，想用快速手段扑灭滇军。袁世凯担心两个兵团不能解决问题，曾于 1 月间征求陆荣廷的意见，拟派北洋军两师过桂攻滇，希望得到陆荣廷的协助，陆荣廷以广西军民反对为词予以拒绝。袁世凯未便勉强，就改用拥有地方实力的蒙自土司龙觐光组织攻滇军，企图利用龙陆儿女亲家关系，令龙觐光假道广西攻滇。这明明是一条假虞灭虢之计，并且含有借龙觐光监视陆荣廷的恶毒深意。陆荣廷心里明白，诈称承诺。2 月间，龙觐光从龙济光的济军中抽调 3000 人作为基干，开赴桂滇边界，并从边界游民中招募 4000 人，仓促编组成军。袁世凯于 2 月 8 日封龙觐光为临武将军，并任云南查办使之职。陆荣廷派了他的儿子陆裕光率领精锐，名为协助龙军，实则暗中监视，待机而动。3 月 7 日，袁世凯用调虎离山之计，任陆荣廷为贵州宣抚使，任师长陈炳焜护理广西军务，借陈制陆。因此陆裕光于 3 月

8日由龙军内部发动，在剥隘附近将龙觐光编组的乱七八糟的军队全部缴械，龙觐光父子也成了俘虏。这件事，说明陆荣廷的用心深远。其次，袁世凯想做皇帝，他的内心秘密是不轻易向外人泄露的，即使对于平日和他同功共事之辈，也是讳莫如深的。因此，袁世凯帝制自为的部署步骤，冯、段、徐、王都不得闻其密，只是由袁克定和筹安会的一批小丑们经办。这就使得袁世凯的军政核心集团，发生了无法弥缝的裂痕。陆荣廷看准了这点，就利用自己的地位和势力，和冯国璋暗中结合，遥相呼应，予袁世凯以沉重压力和致命打击。最后，陆荣廷反对袁世凯的帝制自为，也是发意颇早的。有人说陆荣廷是土匪出身，据我所知，陆荣廷的出身还是清白的。他在年轻时代，激于爱国热忱，反对外国侵略，曾杀死了法国传教士，因而被迫走险为“匪”。受招安之后，陆荣廷一直为清朝官吏所排斥，待到岑春煊督粤，才以乡谊关系得到提携。护国反袁，陆荣廷先是容纳了林虎的进言，继而接受了岑春煊的劝告，最后又慕梁启超的虚名，延揽梁启超赴桂共策行动。因此，在广西独立的复杂斗争中，应该承认陆荣廷所起的一定作用。

与广西独立的同时，蔡锷所率的滇黔护国军发动了全线的猛烈进攻。这次军事行动的特点是：部队经过休整，体力大增；后方增援部队到达，陆续投入战斗；广西宣布独立，加大了革命声势；民众热情拥军，鼓舞了军心斗志。激战七昼夜的结果，袁军全线崩溃，护国军占领了纳溪、江安、南川、彭水、綦江等要地，袁家军的两张“王牌”张敬尧部和吴佩孚部伤亡惨重，溃不成军，抱头鼠窜地退回泸州，如果没有袁军第八师的王汝贤旅上前掩护，张、吴两部很有可能全军覆灭。曹锟无法掩饰败绩，只好据实上报，请求袁世凯迅速增援。

袁世凯罗掘俱穷，派不出援兵，利用双饷双薪，高官厚爵的办法，怂恿前线官兵残部继续替他卖命送死，但是这个办法不灵，挽不回前线官兵厌战畏战、离心离德的颓丧情绪。

前方败讯纷至沓来（第一路在泸州败绩，第二路在湘西受到包围，第三路龙觐光部被陆荣廷全部缴械），北洋派内部的分裂又接踵爆发。由袁世凯一手培养提携、取得心腹重任的冯国璋、李纯、靳云鹏、陈宧、汤芗铭等，这时看到袁氏称帝，人心丧尽，举国反对，如果支持袁氏蛮干下去，势将触及己身的存亡，因此就有所谓5省将军联名通电请求袁氏撤销帝制、惩办祸首之举。这个通电，借直隶巡按使朱家宝的告密，故意透露给袁世凯知道。袁世凯得到这个消息，有如雷轰电殛，吓得魂飞魄散。在全国人民同声反对，前方战事节节失利，北洋内部离析分崩的情势下，袁世凯迫不得已，作急转直下的收场，于3月22日声明撤销承认帝位案，复任徐世昌为国务卿，并指使黎元洪、徐世昌、段祺瑞对护国军诱劝议和。徐世昌以国务卿的身份，和起义各省打交道，受到冷嘲热讽和无情讥诮，解决不了问题，于是改变手法，将议和与停战分途进行。议和属全国性，由冯国璋从中斡旋商办；停战属地方性，由张敬尧与蔡锷直接商洽。蔡、张洽商的结果，取得协议，从3月31日起，到4月6日止，停战一星期，期满可再延长。

停战协议生效的次日（4月1日），袁世凯用徐、黎、段3人的名义，向护国军提出了卤莽灭裂的和议条件6项：

（一）滇、黔、桂取消独立；

（二）三省治安，由三省长官负责维持；

（三）三省新兵一律解散；

（四）三省派往战地的兵一律撤回；

（五）三省自即日起不许与官兵交战；

（六）三省各派一人来京商筹善后。

袁世凯俨然以战胜者的要求，以中央对地方的命令口吻，向护国军提出如此无理的哀的美敦书，遭到了全国的怒骂和护国军的痛斥。

4 月 17 日，护国军提出的条件也是 6 项：

（一）袁世凯退位后，贷其一死，但须逐出国外；

（二）诛帝制祸首杨度等 13 人以谢天下；

（三）大典筹备费及用兵费 6000 万元，应查抄袁世凯及帝制祸首的财产赔偿之；

（四）袁世凯子孙应三世剥夺公民权利；

（五）依照约法，推黎元洪副总统继任大总统；

（六）除国务员外，中央行政人员照旧供职。关于军队驻地，必须接受护国军都督的统一指令。

袁世凯这时明白大势已去，但还想利用冯国璋所提倡策动的“南京会议”，来保持自己的总统职位。

这时的护国军方面，存在着两个亟待解决的问题：一个是领导人物的问题，另一个是根据地的问题。

本来，滇、黔、桂 3 省独立起义，在军事上就没有一个统一的计划。云南首张义旗之后，贵州将近一月才开始行动，广西则行将 3 月始告独立。在政治上则鱼龙混杂，几如一盘散沙。这次反袁护国，国民党和进步党都参加了，领袖人物大体上可以分为3派：一派以梁启超、蔡锷、刘显世、戴戡为代表，这是进步党的头面人物或后台的有力支柱，他们是不会接受三民主义的政治纲领的；一派以唐继尧、李烈钧、罗佩金、陈炯明、朱执信为代表，这是国民党的骨干，他们是不会迁就进步党的改良主义的；一派以陆荣廷、陈炳焜、谭浩明、莫新荣为代表，这些人思想保守，又因梁启超参与了广西独立，所以这一派接近进步党的改良主义。三派人物的政治信仰不同，意志歧异，要从中拥戴一个人出来挈领提纲，领袖群伦，确实有很大的困难。而且当时的主要领导人，或以身临前线，担任指挥，或以督理军务，运筹补给，颇难调动。当时有人提出请中山先生出来主持，但党派混杂，心志不一，就令中山先生出来，也是难收驾驭节制的实效的。这是领导人物的问题。

再说根据地的问题：滇、黔、桂起义，扼据险阻，从军事战略上来看，作旷日持久之计，的确有一定的价值；但3省僻处西南一隅，交通阻滞，很难发挥更大的动员号召作用。如果护国军能取得广东，并以广东为根据重地，那么，川、滇、黔、桂、粤联成一个弧形，政治声势就完全改观了。

广东为龙济光盘踞已久，这时实际上已经陷入反袁势力的重重包围之中：进步党人徐勤、魏邦平、李耀汉、陆兰清等在肇庆、三水等地树立护国义旗；国民党人陈炯明、朱执信、邓铿、叶夏声等在东江惠州、潮州一带组织护国义军；林虎、黄明堂、李福林、马伯麟等在南路高雷地区成立讨袁军队；此外还有一些县市的民军闻风兴起。这些民军一般都掌握有从港澳秘密运进来的步枪和木壳枪，力量较大。3月下旬，陆军团长莫擎宇在潮汕宣布独立，钦廉镇守使隆世储继起响应。这时，龙济光一面在广州观音山构筑工事，企图顽抗，一面沿铁路北上至韶关一线部署军队，预为后撤之计。广西独立后，陆荣廷给龙济光打了几个电报，促龙迅速行动，并称将率部入粤援助民军。龙济光在这种内外夹攻的形势下，就制造了准备独立的烟幕弹，希图麻痹群众、缓和民军的进攻，同时密电袁世凯派兵来粤，镇压革命势力。袁世凯令海军总长刘冠雄，率领驻沪第十师南下，不料袁军还没有开拔，4 月 4 日，广东军舰江大、江固、宝璧突然起义，响应独立，与民军联合，声称要进攻广州。龙济光慌了手脚，向袁世凯请示，袁世凯电令龙济光“独立拥护中央”。这是一个偷梁换柱的鬼把戏，明眼人一看就知，但龙济光竟也假戏真做，于 4 月 6 日宣布广东“独立”，改称都督，并贴出告示限制民军行动，“如有不逞之徒扰乱秩序，定当依法惩办”。4 月 12 日，龙济光以停止党派争端、停止民军进攻省城、讨论民军与警卫军合作等问题为名，在海珠召集各方面的代表人物开会。会上，龙济光指使贺文彪提出建议：取消民军、护国军名义，归并于警卫军。正在辩论这个建议的时候，警卫军统领突然开枪，击毙了陆荣廷代表汤叡、海军司令代表谭学夔、警察厅长王广龄、商会会长吕清等多人。造成了有名的“海珠凶杀案”。

有的人责怪陆荣廷对龙济光一味示弱，姑息养奸，甚至怀疑陆想保留龙这一股势力，用来对付广东的民军。平心论事，这种责怪和怀疑，都是不公允的。龙济光盘踞广东 3 年，已经组织和训练了大部私人军队。陆荣廷的左右，例如莫荣新、韦荣昌、黄培桂、林俊廷、沈鸿英、贲克昭、陆裕光、陈坤培、马济等将领，都是从防营提拔上来的，这些人的脑筋比较顽固守旧，他们训练部队时墨守腐朽陈规，加以军队的编制小，装备劣，战斗力是不强的。如果把龙、陆的军队作一个对比，那可以说，一个是半斤，另一个是八两。陆军要战胜龙军，实在没有多大把握。因此，龙济光宣布假独立的时候，陆荣廷不惜下气柔声，多方迁就，心想推戴岑春煊出来，统一两广，对龙济光或可潜移默化，消隐患于无形。等到“海珠凶杀案”发生，陆荣廷恼火了，他和梁启超赶到梧州，倡言要用武力解决。但是，经过张鸣岐的斡旋，龙济光又亲往求情，并答应以肇庆作为西南政府的驻地，陆荣廷又只好忍气吞气，取得和平了局。那个时代的陆荣廷，只有那么宽的眼界、那么高的见识、那么大的力量，又怎能对他有所苛责苛求呢？

八　在湘西举起反袁义旗

我这时在湘西的招抚工作，已经收到一定成效。群众起来了，全国反袁形势发展，湘西地区有组织的群众和地方民团力量也随着不断壮大。袁军第六师师长马继增自杀，继任的周文炳又因得了神经病而撤职，齐燮元当了第六师师长。这个第六师，加上第二十师，再加上倪毓棻所率领的安武军，本来是袁世凯部署的一个大兵团，用来包围、消灭滇黔护国军的。但是，奇怪得很，这一路荷枪实弹的大兵团，逍遥辰沅，经时 3 月，行所无事，根本没有打仗的意图。这究竟是什么原因呢？说穿了是一点也不奇怪的。这一部分军队本来从属于冯国璋系统的李纯所部，他们的头子对袁世凯的前途，已经丧失了信心，晓得大势所趋，人心所向，又怎么会在这个时候来替袁世凯卖命殉葬呢？

湖南人在汤芗铭的压迫下，反袁情绪越来越高，议论纷纷。有人说：反抗袁氏暴政，是深明大义的湖南人应有之举，不须招抚。有人说：程潜回湖南组织护国军，我们极端拥护，如果畏首畏尾，坐失良机，前途就未可乐观了。有人说：招抚是对敌方的说法，如汤芗铭那些人，招之未必肯来，即令肯来，他又要做都督，我们老百姓还是要长久遭殃。我听到这些来自群众的舆论，五中震动，益发感到责任的重大. 我把这事和参谋长林修梅商议，林修梅说："万事齐备，缺少东风。"我说："我倒是不愁兵力过少，依我计算，至少可以有1万多军队归我们掌握了，现在的问题，是用什么名义，这个名义如何产生。"我们考虑再四，决定于4月26日在靖县召开护国军湖南人民讨袁大会，在会上宣布湖南独立，推举护国军湖南总司令。新化陈光斗、长沙李仲麟、邵阳胡兆鹏、黔阳胡学藩、衡阳王祺、靖县申建藩、常德龙启缙、溆浦舒绍亮、芷江杨玉生、武冈谢宝贤等，作为大会发起人，李仲麟为大会筹备处长。此时，长沙、衡阳、宝庆等县来靖县的已有30人，于是通知没有代表在靖的各县，请他们速派代表一人于25日来靖县报到。到25日截止，全省到达靖县的代表有48个县。

26日，护国军湖南人民讨袁大会在靖县公署开会，推举陈光斗为大会主席，李仲麟为副主席，王祺为秘书长，并通过大会议程：上午讨论袁氏叛国，湖南响应云南首义和宣布独立案；下午讨论推举护国军湖南总司令案。上午陈光斗致开幕词后，各县代表作了慷慨激昂的发言，历数袁世凯称帝卖国、荼毒人民的滔天罪行，并表示湖南独立反袁的坚定意志。大会作出决议，略谓：自袁世凯专政以来，我省地当要冲，人含痛苦，三湘九澧，久已不见天日。上年日本乘欧战勃起，攘夺胶州，无端提出亡国条件，独裁政府束手无策，唯知出卖主权。凡有血气之人，莫不愤怒填胸，愿与独夫偕亡。外交失败之余，不思痛改前非，公然卖国筹安，妄图变更国体，以遂其祸国殃民之私。是以去冬云南护国兴师，今春黔、桂响应。袁世凯驱北洋虎狼之众，三面进攻云南，终于剥隘全军被俘，纳溪师徒挠败，始知崩溃在即，自愿撤销帝制，逆诈求和，企图保持名位，喘息时间，以为卷土重来的张本。此等奸谋，肺肝如见。我湖南人民，忠诚卫国，义不后人，决议同心同德，响应云南，自即日起宣布独立。凡袁世凯所任官吏，一律视为逆党，立予摈弃，为维护共和、殄除国贼而奋斗。

下午，李仲麟说明推举总司令案，与上午决议湖南宣布独立、维护共和案是相联的：欲维护共和，就必须独立，欲殄除国贼，就必须组织军队，指挥这些军队，就必须推举一位总司令。李仲麟建议：程潜招抚使是老同盟会员，众望所归，我们推举他总理全省军务，请大会讨论。这时全体代表一致赞成，决议公推程潜为护国军湖南总司令，授予讨逆职权，务希统率湖南所有军队，殄除逆贼，以竟全功。大会最后还通过了致云南、贵州、广西各省都督、总司令的电文。这次会议，在形式上虽然只有 48 县的代表参加，但实际上可以代表湖南全省人民的意志。

4 月 28 日，我在靖县受湖南全省人民的推举，就护国军湖南总司令职，宣布湖南自即日起独立，誓师讨袁，凡袁世凯所任命之湖南官吏，立予摈弃。

护国军在肇庆设立军务院，以及浙江、山东、陕西等省独立运动的风起云涌，虽然对袁世凯是一些直接间接的打击，但还没有使袁氏死了那颗保住总统职位的贪心。袁氏此时还认为他的北洋军队实力雄厚，可以当作一份拼死挣扎的本钱。前此3月间，冯国璋等五将军请取消帝制、惩办祸首的电报，有意泄露于袁氏，袁已于3月22日下令将帝制撤销。袁氏自忖，这些将军们身受重恩，断不至离我而再有要求。但是，形势一天一天发展，这些将军们看到，反袁怒火已成燎原之势，首恶不去，天下汹汹，将集矢于将军们自己身上。因此，冯国璋发出铣、宥两电，委婉其词，劝袁世凯退让，敝屣尊荣。此电一出，所有北洋军队的高级将领，都电请袁氏退位让贤。冯国璋在宥电中，直截说到当时的状况：北洋军队毫无斗志，政府财政捉襟见肘，国家外交走投无路，人民反抗怒海狂涛。如果长此迁延，各方动摇，寖至交通断绝，孤立寡援，必将陷入不堪设想之境。袁世凯接到这些亲信部下的警告，恐慌万状，始知内部崩溃，实在没有办法维系挽回。

5月22日，四川将军陈宧，宣布四川独立，与袁世凯脱离关系。对于谲诈自用的袁世凯，这是没有意想到的晴天霹雳，是迎头猛击而来的一记“闷棍”！

九　驱逐汤芗铭

5月29日，湖南将军汤芗铭宣布“独立”，声明和袁政府脱离关系。

汤芗铭是甚等样人？

汤芗铭就是众所周知的、杀人如麻的汤屠户。1913年汤以查办使督湘，3年之间，用惨绝人寰的血腥手段，屠杀了大批的革命党人和无辜群众，被称为袁世凯手下的头号刽子手。当袁世凯肆无忌惮地筹备帝制运动时，汤芗铭怂恿劣绅叶德辉以湖南教育会会长的身分，发起组织筹安会湖南分会，制造舆论，表示拥护，并上表劝进，电中有“芗铭所部，为王前驱”之语。他亲率全体文武官员及“国民代表”北面长跪，“拥戴袁世凯为中华帝国皇帝”，由袁册封为“靖武将军”。

这样一个反动透顶的人物，怎么忽然间又闹起“独立”来了呢？说穿了，只不过是“投机”两字。他的靠山主子袁世凯要垮台了。皮之不存，毛将焉附？在绝境面前，汤芗铭这个袁世凯豢养的忠实鹰犬，只好取巧投机，依赖一些复杂微妙的关系，走上了背离袁世凯的“独立”道路。

4 月间，我们在靖县宣布湖南独立时，已有 48 县响应。5 月中旬，望云亭在湘南宣布独立，又有 10 来县响应。省会长沙周围的重要县份，在 2 月间早有一批英勇卓绝的民义社党人纷纷起义（湘乡有刘重平，平江有彭泽鸿，益阳有邹永成，宁乡有廖湘芸）。因此，汤芗铭实际上是处于反袁势力的重重包围之中，但他盘踞省会长沙，假托这个政治中心来宣布“独立”，还有一定的价值。此外，直接或间接促使汤芗铭采取“独立”行动的，还有一些复杂微妙的社会政治关系。

（一）汤芗铭和黎元洪有旧交情，袁世凯垮台，黎元洪势将续任。汤芗铭一方面参加冯国璋的南京会议，置身于 5 将军之列；一方面极力拥护黎元洪，接近于西南护国军方面所提的条件，陆荣廷因此极端拉拢，电劝汤芗铭及早独立，并且保证他原有的地位。

（二）汤芗铭的长兄汤化龙，是进步党的首领之一，与谭延闿交谊极深。由于汤化龙的斡旋媒介，谭、汤得以弃怨合作，并由谭推荐国民党军人曾继梧、赵恒惕、陈复初（赵、陈二人，民 2 曾被汤锁解赴京办罪，后由蔡锷保释）、陈嘉祐等，为汤芗铭练兵保镖，压制民党的反对行动。

（三）汤氏弟兄处心积虑，通过进步党的关系，运动蔡松坡出面调停。据《松坡军中遗墨》5 月 31 日复陈宧的电云："铸新（汤芗铭字）在湘舆情极不洽，纵独立揭晓，亦恐不免冲突。弟曾迭电湘中健者，务与铸新互相提携，力戒龃龉。现济武（汤化龙字）既赴湘，更可望水乳，不独湘局之幸也。"蔡松坡这封电报，偏袒汤的意旨颇浓，但也反映出蔡松坡心中有数，晓得汤芗铭在湘极其不得人心，因此和汤化龙都曾直接插手进行弥缝补漏的调停工作，使汤芗铭能免于"冲突""龃龉"地进行"独立"的活动。

从历史的角度来评价，蔡松坡强调护国反袁大业，关心湘局，的确未可厚非；汤芗铭终于"独立"，客观上对促成袁世凯反动统治的崩溃，也起了一定的影响。但汤芗铭满手鲜血，罪恶滔天，要得到"湘中健者"发自内心的"互相提携"，和湖南人民的谅宥拥戴，则是难而又难的。

我们在靖县经营一月，建立了根据地，收编了矿警和一部分民军，编为第二旅，令驻新化县加紧训练。同时，我们又着力整顿民政，革除积弊，废止袁世凯政府所颁布的反动法令，使湘西人民能够吞吐民主空气。

5 月 3 日，我们离开靖县，路过绥宁、城步，每县都花了两天时间从事视察。这两个县田瘦山多，人烟稀少，群众的生活很苦，大部分贫苦农民的境遇更加悲惨。这里，少数民族和汉族错杂而居，分地而种，大体上都能按历史的传统习惯相处。他们终日生产劳动，见闻闭塞，很少过问政治。因为时间仓促，只是走马看花，不及周巡详察，引为生平憾事。及到武冈，则见人烟渐次稠密，物产也很丰富。李钟奇是武冈人，他常称赞刘泽霖为人公正有才，我便从其议请刘泽霖出来，担任武冈县的县长。在武冈住了3天，继续前行，于5月22日到达湘西南重镇邵阳。邵阳是蔡松坡的故乡，人文蔚起，我请友人岳森出来担任县长，岳森欣然承允。到邵阳的第二天，岳森来告诉我们："得到长沙消息，汤芗铭封了刀子，不杀人了。有人传说汤芗铭也想宣布独立。"我说："据你所谈材料，我集成了一副对联。上联是：总统退位，将军独立；下联是：国民革命，屠夫封刀。你可以把这副对联写了赠给汤芗铭。"我这一说，引起了哄堂大笑。

到邵阳不久，李根源从肇庆打电报给我，内容是：袁世凯执迷不悟，不肯退位，和议不得要领，陆荣廷准备北伐，并已电促汤芗铭早日宣布独立，颇有就范希望，云云。我复电表示：陆荣廷如果来湖南，我当前往衡阳迎接；我收编新旧部队有众三旅，加紧训练，可以参加北伐战斗；汤芗铭因全湘反袁，局面无法维持，迟早必投护国怀抱。

按照我原来拟定的西与黔合、南和桂联的行动计划，现在可说时机已大体成熟。我想：久驻湘西的北洋军队，各派军阀一定会把它们调回原防，以求自保。桂军虽然是旧式部队，但也可以作为新生力量，与之结合，借其声势，正可一举恢复全湘。但要办到这一点，必须我亲自到衡阳去和陆荣廷面商，取得他的全力赞助才行。

5月29日，汤芗铭外面得到梁启超、蔡松坡、陆荣廷的确实保证，内面得到谭延闿及其党徒的有力保镖，宣布湖南“独立”，促袁退位。我这时的布置怎么样呢？真可以说是雨后泥沙，未经团结。但我并不因此气馁，我不相信跳梁小丑苟求自全的“独立”把戏，能够骗得过群众的眼睛；我相信收拾人心，是一切胜利的根本。我于6月3日离开邵阳，5日抵达湘乡。到湘乡一看，四处暮气沉沉，了无生意，使我非常惊诧。细询当地人士，他们的答复是：汤芗铭投机“独立”，已着先鞭，取得主动，民众饮恨吞声，敢怒而不敢言，所以有暮气沉沉的现象。我说：“救国讨袁，匹夫有责。汤芗铭为虎作伥，罪恶滔天。现在袁氏虎既不存，汤贼伥又将何有？”

6月6日晚，电报员截得北京电讯：袁世凯于是日暴死。我集合大家报告消息，这时有人以为我是安定人心，故作谑语，我将电报稿宣读，一时人心大快，欢声雷动。我对袁世凯深恶痛恨，不能因其一死，置之不议不论，判曰：

袁世凯凶残暴虐，桀黠恣肆，挟权谋诈术，鞭笞天下，猖獗一时。举其滔天罪行：曰窃国专政，曰叛国称帝，曰卖国求荣，曰祸国殃民。是以举国上下，罹其荼毒，莫不愤懑填膺，同声公讨，佥谓当执而置诸典刑。今天夺其魄，得保首领以死，致使法无所施，恨无所泄，孰不引为遗憾？袁世凯以清朝一介官僚，值武昌首义、清朝颠复之际，夤缘时会，假借武力，翻云覆雨，挟北制南，窃踞民国临时总统。嗣复凭借封建余孽，群丑遘衅，人欲横流，造成黑暗统治，阴谋变更国体。适欧战突起，日寇侵华，贪图帝位，卖国求荣，遂使举国骚然。云贵兴师问罪，袁氏统率百万狼兵，不戢自焚，掩旗败北，犹复不知进退，逆诈求和，希图保持名位，以遂其奸。

终于土崩瓦解，投北不受，不死何待？是知历史如车轮前进，不可扭而背驰：时也。文化似江水东流，不能挽而西泽：势也。袁氏恃有群丑麕集，用以扬其末焰余辉：因也。群丑赖有袁氏总持，故能促其回光返照：果也。封建将亡，妖孽同烬，按之规律，有由然矣！而举其倒行逆施，可得而成定论。法服祀天，论文不及王莽，谬依周官复古，而诈伪加多。军旅未闻，论武不如朱温，尚能战阵亲临，而矜夸过甚。称孤道寡、暴厉比于袁公路而增高；卖国荣身，罪恶浮于张邦昌而加等。衡以古来败类，实居下流。有癌必溃，无疽不流。毒且延于亦世，灾必逮于己身。凡为国民，不可不戒！

6 月 10 日，我驰赴宁乡，令第二旅旅长周伟前来接受训示，并令该旅于 6 月 20 日全部开到宁乡道林之线，听候命令。这时，汤芗铭已委曾继梧为军长，成立四个梯团，以赵恒惕、陈复初、刘建藩、陈嘉祐为梯团长。陈复初由长沙来宁乡，经我再三说服，晓以大义，很受感动。15 日，我移驻湘潭布置防线，得到陆荣廷抵达永州的消息。这时，捕获汤芗铭派到湘潭来暗杀我的密探杨让。通过杨让供认的线索，又捕获了汤所派遣刺杀陆荣廷的恶探沈康益、夏有才、手枪队长江元鋆、李桂森 4 名。汤芗铭此时已宣布“独立”，对护国同志尚采取这种鬼蜮勾当，其用心之险，不言自喻。

6 月 20 日，我乘汽船赴衡阳，陆荣廷已先我两日莅衡，抵埠后我就去拜访他。陆荣廷当时年已花甲，但语言沉着，态度安详，确是磊落人物。我们从广东军务院的情形，把话题转到了广东的现状。

我问：“龙济光盘踞广州，对护国事业的前途，究竟有没有障碍？”

陆说："障碍是有的，要铲除这个障碍也不怎么难。我们的顾虑是怕战火毁坏了广州名城，想伺机设法把龙济光调开。"

我说："这是老成谋国之见，我很赞成。但广东是一个重要省份，军队派系十分复杂，龙济光人心丧尽，若令他长此盘踞省垣，群众反对，迟早会要发生意外事变的。"

陆荣廷解释说："岑云老、梁任公正在竭力进行调护工作，目的决不是偏袒支持龙济光，而是想兵不血刃，减少广东人民的痛苦，希望各方面不要误会。"

陆荣廷随即又征求我对整个大局的意见，我表示谦让，陆执意要我谈谈，于是我把我对整个大局的看法讲了一大篇。我说："袁世凯暴死，黎元洪依法继任，和议的主要问题既已大体解决，此外就是恢复国会问题，可能引起一些争论。现在最严重最困难的事情，倒是北洋军队如何处理。袁世凯掌政以来，背叛共和，图谋帝位，不顾利害，不择手段，以北洋军队作爪牙，压制百姓。他以为凭借权谋诈术，对自己所卵翼的爪牙工具，都能够任意指使，随收随发。实际上他早也看到了尾大不掉之势，曾经采取过改都督为将军的措施。但利专于上，权自下移，祸生有胎，实在不是权术所能感格的。明明把自身放在火药库上面，又怎么能幻想它不爆发而毁灭呢？袁世凯播下了这个遗毒，段祺瑞走上了这条罪恶的老路。段祺瑞冥顽不灵，刚愎自用，他以为只要掌握了北洋军队的实力，任何国家大事都能逞其私意而获得解决。其实，北洋军队毫无民族意识，纯粹是个人野心家猎权攫利的工具。段祺瑞服袁之服，行袁之行，以北洋军队为支柱，黩武穷兵，轻举妄动，局势发展的危殆结局，是不难逆料的。袁世凯以地盘为饵，使国土尽化为侯王分领，任其贪婪残暴，鱼肉人民。这批侯王在袁世凯没有死的时候，就已经落地生根，不服袁世凯的调度；现在袁世凯死了，段祺瑞又怎么能够任意指挥他们呢？段祺瑞看到了这点，所以他现在竭尽心力，号召北洋派整齐步伐，团结统一。因此，在这两月以内，我们只有用迅雷不及掩耳的手段，恢复湘粤，安定人心，使段祺瑞在既成事实面前，无能为力。如果稽延时日，坐待段祺瑞施展手腕，撮合了北洋派力量，他就会毫不客气地挟中央之势，以统一为名，对各省事事干预过问，步袁世凯的后尘，因势因地因人，运用铁棒手段，打击革命势力。这也是局势发展的可能结局，不能不预为计及。另一方面，现在世界大战正进入紧张阶段，英、俄、法、德等列强，对中国内政无暇过问，日本趁此时机想独占中国，美国又倡言‘利益均沾’，企图插手。这两个国家，都想利用北洋军首领，通过贷款等办法，进一步攫取在华的利益，加深中国人民的负担。这是国际局势发展的十分危险的趋势，不容我们稍微忽略。内忧外患，煎相交逼，我们不能不抓紧时机，进行护国统一大业。”我说了这么一长篇话，陆荣廷都留心细听，并且表示同意。

我继续说：“中国受到列强侵略和袁世凯的蹂躏，已经弄得经济破产，财政空虚，人民贫困，没有一线生机。袁世凯死了，北洋各派军阀因势出笼，群魔乱舞，国无宁日，真正令人寒心！我们西南兵力比较单薄，地域比较狭小，但我们的目的，是要求中国奋发图强，民主统一。所谓统一，当然是统一于合法的中央政府，而不是统一于北洋军阀的淫威之下以求自全。既然一时无法统一，我建议提出共存的口号。至于军队，他们提议要我们先裁，他们后裁。但谁都知道北洋军队只是那些野心家猎取权位的工具，因此我建议提出平裁的口号。现在陈宧已被川军驱逐，四川谁属，取决于黔滇军的处理如何。两广地区现在也还没有得到真正的统一，从政略和军略两方面来说，光有两广也还是站不住脚的，必须取得湖南，作为屏障，两广才能安稳。我建议，迅速安定湘粤，作为目下军务院的首要任务。先站住脚，积蓄力量，平时牵制监视敌人，遇到意外风险，可以有恃无恐，相机对付。只有这样，才真正符合于起义护国的方针。”

陆荣廷说：“谭延闿和汤芗铭早有结合，谭推荐了一些军官回湖南训练军队，汤芗铭又宣布了独立，本来可以相安无事的。但如你所说，则又必须把汤芗铭除掉，而后湖南才得安定，这不是平地又起一桩是非、一场风波么？”

我说：“这场是非风波是历史注定了的，是逃不掉躲不脱的。谭组庵所荐军官，在5月中旬回湘，只可说是作为一种保镖，推动汤芗铭宣布‘独立’。这种‘独立’，决不能代表湖南民众的意志。陈宧在川，用虚伪的谦和手段对付川人，尚且不容于川；作恶多端、杀人如麻的汤芗铭，又怎么能够见容于湖南呢？汤芗铭现在迫于时势，宣布‘独立’，实际上，一有机会，他又会趋炎附势，投靠权贵，翻过脸来拆西南护国政府的台。他这种反复无常的惯性，是很难改变的。汤芗铭在湖南犯了骇人听闻的罪行，如果不严肃法办，让他逍遥自在，继续在政治上投机取巧，这是很难平服湖南民众的满腔怨愤的。”

陆荣廷说：“汤芗铭的确不得人心，我来湖南后也听到湖南人数说他的罪状。我赞成你的主张，但你准备多少兵力和他作战呢？”

我说：“汤芗铭现在的军队只有车震一旅，能够派出来作战的顶多不过一团。我准备的兵力，只要在数量上比他稍占优势就行了。”

陆荣廷说：“为慎重起见，我拨山炮6门归你指挥，以壮声势，表示我帮助的微意。”

我表示了感谢，并告诉他：“汤芗铭除了派恶探杨让到湘潭企图暗杀我之外，又派了恶探沈康益等4人赴衡，企图对你进行暗杀。现在恶探都已拿获，并且供认不讳。汤芗铭现在还下此毒手，行为鬼蜮，真是江山易改，本性难移。”陆荣廷点头同意。

6月23日，我再到行辕会见陆荣廷。陆见面就说：“贲克昭现驻岳麓山，炮兵营归他指挥，兼领步兵四营，以便联合作战。你把我的信交给他，他一定会遵照办理的。”我说：“得炮兵帮助，很是感激。岳麓山在长沙对河，形势险要，是通湘西的大道。现在北洋军队还有大部集结在常德，长沙孤单单地突出于三角洲上，很受北洋军队的威胁，应该在岳麓到宁乡一线布置重兵，作为掩护，才能确保长沙的安全。但军队到了宁乡，不必再进，免得惹起误会。至于谭延闿所推荐的军官，虽然招募了一些新兵，但他们是不会为汤芗铭出力卖命的。汤芗铭现在已经完全孤立，陷于进退两难的境地了。”陆荣廷说：“广西军的主力，都已经布置在岳麓山到宁乡一线，可以确保长沙安全。你可以迅速放手去做，我另派马济前驻长沙，协助你进行。”

辞别陆荣廷的次晨，我即由衡阳乘汽船回到湘潭，和林修梅、李仲麟等晤面。我们根据前秘密组织的汤芗铭祸湘调查委员会所搜集提供的材料，邀请湖南报界、教育界名流傅熊湘、邹代藩、张定、易象、李隆建、刘泽湘和秘书长王祺等为起草委员，着手起草“护国军湖南总司令程潜布告汤芗铭罪状”一文。这篇布告把汤芗铭的罪恶归纳为10条（原文附录于后）。10大罪状都有具体证据，这等于在政治上宣布了汤芗铭的死刑。

这个通电于6月30日发出，我军第二旅全部即于7月1日由宁乡的道林进迫长沙。汤芗铭派所部模范团两营企图阻止我们前进，在道林附近遭遇，两营官兵全体倒戈。汤芗铭得到了这个败讯，于7月4日乘黄昏时候坐汽船逃遁。湖南败类汤荫棠、施文尧等，拥曾继梧自称代理都督。7月6日，我率护国军进入长沙，以正义的主张，打击曾继梧的轻举妄动，取消了他自称的代理都督之职。为了暂时安定湖南政局，经省内各界代表人物协议，于7月7日推举刘人熙为湖南省都督兼省长。先一日，北京曾派陈宧任湖南都督，陈宧没有到任，几经折冲，最后刘人熙去职，由谭延闿出任湖南省长兼都督之职，我随即辞职离湘。从此，湖南又转入南北军阀混战的局面当中。

附　录：

护国军湖南总司令程潜布告汤芗铭罪状

照得汤芗铭窃踞湘政；迄今三年，罪恶贯盈，全湘痛憾。潜忝列戎行，岂忍吾湘父老昆季久罹水火，永堕地狱，坐视不顾？

兹胪特列汤芗铭十大罪恶，昭告大众。文曰：

一曰吞没巨款，紊乱财政。查湖南省银行自前清起发行纸币，至谭（延闿）交卸时止，总数不过千万两左右。“二次革命”之役，用耗仅及百万。汤以查办使莅湘，为乘机敛财灭口计，首先诬杀财政司长杨德邻、审计处长易宗羲，后乃报销七百余万。当时金库尚存黄金一万两，纹银七十余万两，银圆一百余万元，均架词伟人卷逃，悉行吞灭；即在潜充军事厅长移交时，由军需科长廖家栋交出银六十三万有奇，仅报销十九万，其余四十余万即入私囊。今用移款项均犹有案。旋引鄂痞胡瑞霖等把持财政，增发纸币至今已达四十余万串之多。又假前谭督名义，增发银票数百万元，而其用途报销，更无底册可查。近为多方搜刮之计，更发行一种流通纸币，只凭手书数字，即迫市面通行。票面金额，从百两起至五百两止，既不许兑现，又不许拆零，致使商民穷困，价格低至五成以下。驯至今日，湖南正货已为汤吸收净尽，纸币充盈，汇水日涨，市面恐慌，达于极点。其在民国2年湘票纹银每两尚值一千三百两。3年春，汤授意银行总办刘昌宪将银价抬高至一千八百两以外，营业两旬，获利百万，悉饱私囊。然市价以官力伸缩之者，转瞬仍趋于平，商户因此倒闭者更不知凡几。至于抄没民党家财，及提拔实业、矿业公司及茶叶、银行等款至三十余万，仅用去四五万，他皆侵蚀。自政府方面言，则湘省必破产以亡；在人民方面言，则百业必停顿待毙。其大罪一。

二曰惨杀无辜，力长元恶。汤自莅湘以来，即承袁逆痛恶湘民意旨，遂乃弁髦法律，淫刑以逞。自杨、易被难而后，及今3年间，大小株连者案近二百起，惨遭屠戮者已达一万余。或以与民党稍有戚故，辄受牵连，或以言语稍涉愤懑，动遭奇祸。巷议株及妇孺，腹诽罪至徒刑，甚至营业商民，每身横东郭，负笈学子，多不见生还。种种惨切，难以言宣。湘人何辜，遘此凶闵？袁逆戕湘，汤实为伥！故湖南通行语有“汤屠户之要政有三，曰：抄、押、杀。”迨筹安会发生之时，各省尚未表示意见，汤首先上表劝进，电中有“芗铭所部，为王前驱”之语。各省劝进文以汤为多而无耻，据报纸所载，先后共四八十余件之多。是其逢长袁恶，不下杨（度）、孙（毓筠）。滇、黔起义，犹复怙恶不悛，先后令陶思澄、严家炽于正供外，搜刮现金三百余万两，辇送都门，借伸供献。是对袁则邀宠固权之计，对湘则行釜底抽薪之策。湘民忍无可忍，于是有二月二十一之事，接踵有五月十三之役。计两役被戮者四百有奇，犹复奋其爪牙，抗拒义师，喋血省城，伏尸枕藉。迨袁逆势穷，桂军整旅，乃假护国军之名，私遂固权位之计。故宣布“独立”以来，政治未有丝毫改革，更援引筹安会渠魁，盘踞要津：吴嘉瑞屡次领衔劝进，而立任为民政厅长；廖名缙（原系同盟会会员，为袁所收买）系发起筹安会要人，乃首委为武陵道尹。行为如此，居心可知！其大罪二。

三曰蓄植游探，流毒社会。汤既日以残贼为事，遂乃广蓄侦探，如江元鋆、李桂森、任震（同盟会叛逆）等无赖之徒，以刺民隐。据本省《大公报》六月底所登“侦探队差遣王仕和符号作废”广告，其号数为“宇字 2038”。据此，即仅以“宇”字前“天”“地”“玄”“黄”，又当推之以如许豺狼猛兽，纵于闾埜，其公款之虚糜，人民之骚扰，何堪设想！故睚眦有怨，动遇缇骑，道路无辜，时遭陷阱，伯有冤魂，弥满湘泽！无辜既惨受诛求，而鬼蜮四布，妖孽横行，道德遗忘，廉耻丧尽，几成为“侦探国”社会，遂沉沦于无可挽救。尤可恶者，陆（荣廷）都督为当代元勋，南方天柱，国人敬仰崇拜之不暇，此次出湘救民水火，汤竟敢派恶探沈康益、夏有才及手枪队长江元鋆、李桂森等赴衡，希图刺杀陆都督，比为潜部拏获。汤派刺潜侦探内杨让所首供，与四人次供称皆同。杨等现尚未处决，有实可质。其嗾使恶探无故谋杀元勋，不惜摧陷国家如此，实为阴险已极！其大罪三。

四曰纵恃北军，蹂躏人民。吾湘军队本不让人，汤恐其异己悉数解散。既率北军来湘蹂躏，复新募混成旅北兵三团及模范团等营，仅用湘潭人陈嘉猷充混成旅团附，此外上自旅长，下至兵卒，无一湘人。掳掠奸淫，无所不至；北军入境，鸡犬不宁；军士犯烟，反杀巡丁以取媚，倒行逆施，难以数纪。自义军临湘，逆兵抗命，则又任其饱掠而西，田庐遭其蹂躏，妇女受其奸淫。湘西一带，夷为平野，呼吁呈诉，置若罔闻。嗣闻倪（嗣冲）军南来，则临时招募军队，以为抵制。及至袁逆暴毙，又复任意解散，以图盘踞，唆使北兵，凶纵无论。其大罪四。

五曰摧残教育，毒戮士林。湖南教育办理多年，颇具端倪。汤莅湘开始，即诬为乱党策源之地，横被封闭搜查者计省城内各中小校不下数百，外县学校亦横加诬枉摧抑。尤敢挪移教育经费，以为广蓄侦探之资，各学校因此倒闭或缩小范围者又不知凡几。更可异者，李洞天以讲学感时而杀身；毛保华因立案来省而毙命；彭焜年年十四以谈国事而枪毙。遂使长沙市上，惨若酆都，枉死城中，皆为冤鬼。至若指为乱党，惨杀生徒，尤为屡见。据调查所得，杀修业、明德学生达三百人，合师范、军官（学校）又及千数；省城学校以实业办理最善，乃无罪解散；东西学生其程度较优，竟无故取消。教育为立国之本，汤必欲摧陷求尽，以趋于灭亡。其大罪五。

六曰酷用毒刑，绝灭人道。汤使其军法课长华世羲惯用毒刑，故入人罪。据陆军监狱释放二百人禀称：汤所用刑具，为古今所无。如削锐利寸竹，刺入指甲，曰“钳指刑”；铺炭火于地，令人裸体辗转其上，曰“煨烙刑”；用铁丝床犀利其矩，炽炭于下，卧人于上，曰“铁烙刑”；划人头肤成十字形，旁立四人，四向分扯，曰“剥肤刑”；以长铁针入阴茎，曰“针刺刑”；以大洋钉钉人手指悬于木柱，曰“双手拱龙刑”。其他皮鞭、铅鞭、铁杠、军棍、夹棍、梭子，凡被拿者必尽受之。三尺之下，何求不得，即令须臾忍死，亦已俱成残废。兴言及此，盛暑犹寒，天良绝灭，什伯兴悛，为人道公法所不容。其大罪六。

七曰滥用私人，秽乱吏治。汤莅湘以来，庶政不修，从前贤吏能员，下至科员小吏，概予撤换。其所委任知事、承审各员，十九无赖，多由随从小丑，骤升显官。大抵非汤私人，即私人之私人。故一入公门，如临鄂渚（因汤系湖北人），省中大小机关及全省七十五县局长等，若辈实占大半。前巡按使刘心源曾谓汤所任用，多系武汉流氓，可见公理在人，刘虽鄂人，亦持正论。以致吏治紊乱，怨渎熏天，暴戾贪污，民不堪命。潜前在招抚使任内，所收此类控状，日数十起。私人充斥，官箴污邪，为全国冠。其大罪七。

八曰盗卖矿产，次第卷逃。湖南元气凋伤，至于此极，稍存命脉，即在于矿。汤犹以为未足，复擅将常宁矿山抵借外款二百余万元，此次再欲增抵五百余万，以为权位不保，即行卷逃之计。此议若成，则我湖南必至万劫不复。其前日解款回鄂，总计在千余万。邓振玑节次解款到沪，屡见沪报。而“独立”后复先后解现银六次，计二十余万，有邮政（汇单）可稽。以国家财产，抵为私财，诡计卷逃，纵其奢欲。其大罪八。

九曰出入警跸，阻绝交通。汤恶既播，深恐人之图己，防伺特严。居则一夕九迁，出则清道检查，从者荷枪持刀前后以千计，预令断绝交通。商贾闭户，偶误窥伺，拿获随之，指为乱徒，登时处决。

如码头城门之搜检，尤其余事。在昔专制时代，皇帝出入，无此尊严，僭窃仪位，目无法纪。其大罪九。

十曰援结败类，败坏风俗。三湘民气，素称勇朴，自汤入湘中，正士相继诛黜，小人道长，君子道消。凡舆论不齿之徒，如舒礼鉴、叶德辉、施文尧、袁家元、汤荫棠、张树勋、陶忠洵辈联翩重用（上文略去二人）。由是稍事违忤，捕逮随之，派别不同，立予倾陷。非卑鄙不能在位，非狡狯或不保身。平时则自效鹰犬，猥屈供命，去秋则发起筹安，上表称臣，近虽“独立”，而其活动凶横如故。卑鄙反复，无耻之尤，汤皆结为朋比腹心，且令遍布教育界中，以此辈污秽青年，其造就可知。贻害湖湘，实较洪水猛兽为尤烈。其大罪十。

以上十端，略举大概，无不证据确凿，有案可稽。其他罪愆，尤为贯盈，无言可尽。匪恳从严彻究，殊不足以张法纪而弭祸乱。除电呈大总统（黎元洪）暨抚军长（唐继尧）、摄行抚军长（岑春煊）核办并通令各都督、各军司令及质问汤芗铭勒限答复外，合行布告，俾众周知，仰军民人等一体知照。此示。（括号内注文是后加的）

（选自全国政协文史资料委员会编《中华文史资料文库》第1卷，中国文史出版社1996年4月第1版）

蔡锷回滇迎护记

王印源 *

一

1915 年 12 月，是云南准备起义最紧张的时期。云南人民和唐继尧很希望各方要人来云南从事起义。李烈钧、熊克武、戴戡等人，已相继秘密到昆明。李烈钧住城内五福巷临时眷属公馆，由宪兵化装暗中保护。我曾见李烈钧等人于夜间密往五华山警卫团部与唐继尧会谈，唐继尧也曾在夜间到过李的住所与众聚谈。但这时独不见蔡锷。听说众人很希望蔡锷早日到云南共谋起义大事，尤以唐继尧和许多军人很重视蔡锷。12 月初间，唐继尧接到谍报，

* 王印源：时在云南昆明宪兵分队任职。

说蔡锷托庇外人，不日可到越南河内，然后来云南。唐探知袁世凯派人跟踪刺杀蔡锷，曾电请河内梅总督于蔡入越南境时，加意保护。又虑及蒙自关道尹周沆、阿迷（即开远）县长张一鲲系袁世凯派来的人，必已奉袁密电于滇越铁路沿线暗杀蔡锷，遂电令临安驻军开一营到阿迷、碧色寨两路驻防，并令滇越铁道警察局长商若星督率所属认真巡查铁路沿线，防止匪类破坏交通，危害行车安全。

12 月 16 日，接法国领事转来蔡锷由河内即将来昆的密电。唐继尧召其弟唐继禹（警卫团长后改名继虞）面授机宜，命其率警卫两连（第一连长曾得胜，第二连长杨占元）、宪兵一分队，于 17 日搭滇越车前往迎接。区队长刘以椿（兼将军行署谍查主任）命我率本分队准备随唐团长前往迎接要人。17 日晚到阿迷，团长驻洋酒店。当夜 9 时阿迷县长张一鲲来会，约 10 多分钟即走。10 时许，唐继禹召集驻军营连长讲话，我也在座，略谓将军命我到河内迎接要人，责任重大，要妥为保护回来的专车安全到达昆明，途中应注意下列事项：

（一）临安驻军，分两连驻碧色寨。专车到时，若蒙自关道率众欢迎，会有警备队在内，则驻军全部应警戒第一线，蒙自关道与绅众代表在第一线后，警备队在关道后，蒙自驻军派来的队伍又在警备队后，以单行横列，暗作备战。临安驻军与蒙自驻军勿失联络，警卫连在第二、三线。宪兵守专车，分队长带兵二名任传达。各项临机应变，从容对付，听候指示，勿得妄动。

（二）临安驻军在专车未到阿迷前，须随时调查张县长及其有关者的行动，并与路警联络，互通消息。专车到站前，须配备部署妥善；专车到站，任何人不许进入专车近旁，须听传达人员的传达，并划出专车停住处和客车停车处。在客车范围内，听接客人出入，客人出站后，全部警戒，须有临时出入证者（如公司职工）才许可出入。

12 月 18 日，唐率警卫和宪兵乘车到河口，唐驻督办署，和督办商定：关于河口至芷村沿途行车安全，派河口独立营负责，勿得疏虞。19 日，唐团长带亲随二人，并携有唐继尧手书两封，亲自搭车到河内。20 日，河内梅总督派专车二辆、法宪兵两班，护送蔡、唐二人到越境老街。是夜蔡宿于老街。唐回河口，召集全体警卫营官兵及宪兵讲话，谓专车到河口站接车后开行，各照指定任务，认真保护，若专车在行进中，闻前方号炮响，即停车不进，表示前有危险，警卫连下车严密戒备，勿得张皇失措，宪兵负责守专车。21 日晨 6 点半钟，专车过河口，前后有兵车各二辆，前方兵车接行李货车一辆，再前又有兵车一辆，直接车头，后方兵车后也有货车一辆。最后兵车一辆。专车在客车前 1 点钟开行，一路无事。

至距碧色寨不远时，蔡已避入前方货车内。将近车站，远远看见约有千人挤在一团，似甚热闹。专车停时，警卫连士兵下车警戒二、三线，团长由车上递名片给我，叫我送呈关道，辞以都督和团长有病，不能下车，谢谢诚意。此时人声鼎沸，口喊请蔡都督和唐团长下车用午宴。我至关道周沆面前呈递名片，举目一看，关道前后左右，围绕着数十个身材壮大穿着农民装束之人，内一人貌很凶恶，暗怀小枪和插子（略如匕首），好像是为首者。后面紧紧排列警备队伍约数百人，左后方设宴十数桌，有许多绅耆在场。我看那种现象，颇感紧张险恶。为首者一人，率众欲涌至专车近旁，声称是乡下代表，请求见都督一面。我即止之，告以改日可见，不一定在今日。这时驻军戒备很严，制止冲入；蒙自驻军也到左右包围。我见周沆背转身暗示为首者，那人遂站住，口中絮絮烦言。此时车头鸣汽笛，我即辞周，上车时车已开行。我立于车门，远远看见周沆率众在酒席间徘徊，警备队已向后开走，驻军仍然警戒，并有哨兵于高处了望，车行渐远，才看不见。

车过大庄站未停，直到阿迷站。站上驻军警戒线外，阿迷县长张一鲲同绅众等，均不得进入警戒线迎接。专车开到北基口车房停住，警卫连下车警戒周围。此时蔡仍在货车内。唐团长递名片给我，命告知张县长勿须等候，可到招持所会面。我将名片送到张一鲲前，一面交名片，一面说请至招待所相见。夜 9 时，周沆率众乘客车至阿迷站，与张一鲲相见，欲并力图谋，终未知蔡居于何处，无从下手，只有到洋酒店等候。张亲至车站来请，不得入站，请转达。唐派我向张说，勿须等待。张回洋酒店，我追至，见周沆在洋酒店内，我对二人转达唐意。他们互相观望，如呆如痴。时已 10 点多钟。张对我说："都督和团长有病不来，我们只有回县署休息。"所设筵席，他们也无心饮用，我走后他们也走了。我把这种情况回报于唐，唐命我派人轮班守护，并转知警卫连照办，是夜无甚异状发生。22 日[①]，由阿迷开车，一路平安无事，直达昆明，候迎者甚多。蔡下车后，即到五华山警卫团部休息，我也率队休息。听说夜 9 时，蔡和唐继尧到大会议室与驻军带兵官见面，因病讲话不多，即回警卫团部安息。

---

① 据文史资料出版社《蔡锷集》年谱载：蔡锷到滇日期为 12 月 19 日。

二

我吃饭后，把此次出差经过详情报给区队长刘以椿听，他把谍报文件递给我看，我说将军早已知道，故对蔡都督如此周密保护。据谍报文件说，蒙自关道周沆和阿迷县长张一鲲，早奉袁世凯密电，防止蔡入滇异动，务须跟踪谋杀，若已入滇境，须沿铁路侦查捕杀。周、张接电后在蒙自关道署开过多次会议，决定组织暗杀队，自越至滇捕杀或狙击。继侦知蔡已至河内，不日乘滇越车入昆明，如中途狙击不能得手，即于碧、阿两站，借设宴欢迎，暗放毒药于白兰地酒内毒死，抑或劫杀等情。又一谍报文件说：周、张二人所谋不遂，已畏罪潜逃出境，省方知悉，电令河口督办捕获，捕解到省法办。河口督办奉电在后，周、张先一夜就偷过界去了。再一谍报文件说：周沆已到省港，张一鲲还逗留在越境老街，等候其爱妾张素娥，河口督办正欲向法方引渡张一鲲归案；第二日其妾张素娥到河口被检查处挡获，命其请妥保，若请不着妥保，可通知张县长由老街过河口来证明是他的眷属，准许由他领过河口。张一鲲接函后，过河口来证明，被捕解到省法办。

三

1926年，我驻扎蒙自（佽飞军第三十二团二营），在镇守使何海清的副官薛明海家，遇见一人似觉面熟，经介绍，说是马玉堂管带，大庄回族。我回忆与10年前周沆的警备大队长很相像。我问他："你是不是关道身边的警备大队长？"他答说："就是我。"

并说：“我觉得和你很面熟。”我说：“当日在碧色寨车站，周关道要请蔡都督下车饮宴，唐团长派我将名片向关道辞谢。你记得么？”他连声说：“对！对！”我接着问他：“当日周关道同张县长奉袁世凯电令谋杀蔡都督可真么？”他答说：“的确是真的。他二人常在蒙自道署开秘密会议，都要我到场。我主张在蔡未入滇时，以重金收买越籍亡命徒，组织暗杀队，在越境刺杀蔡都督。因蔡经外国人保护入境，河内总督接唐继尧电请照料，就把蔡接在总督衙门里居住，我们知道希望很少，只得作罢。后来见唐继禹带领警卫连声称到河口接要人，当唐继禹经过阿迷时，张县长去见唐探听虚实，唐虽不露一点真情，我们还是认为肯定是接蔡锷。张当夜到蒙自与关道商量，第二日召我参加密会，二人主张设宴用毒药酒连同唐一齐毒杀。我说：‘如他们不下车赴宴又怎样？’二人说：‘若碧色寨站不济事，千万不要动声色，使他们怀疑，再以阿迷洋酒店为招待所，设西餐招待，即他们不赴宴，一定要宿招待所，那时乘机图之，事必有济。’我说：‘最好由我挑出敢死队数十人，予以最优的奖叙，装成农民模样，冒充沙甸、大庄回族代表，若蔡、唐不下车赴宴，我们就请求上车与蔡都督一面，那时把蔡杀死，擒获唐团长迫令其下令缴械，否则制唐于死命。唐既被擒，部下即使要动，我们拿出袁大总统电令，我想谁也不敢动，其气已馁。我们有警卫队数百人，气是壮的，围剿他们很容易。再者龙济光已奉令出兵征云南，派黄成伯先入邱北、弥勒一带集合家乡兵，黄已在弥属竹园家里，又派龙小诚到蒙自属逢春岭家乡，召集哈尼族人数千，曾到蒙自道署与关道商量。我主张先通知二人准备于蒙自附近发动。’但关道认为太声张不好，仍然照他的计划，在碧色寨站能无声无息办理得手为好，否则到阿迷与张县长合力图谋，是会成功的。但事与愿违，我们当初估计保护的兵力，警卫连不上 300 人，加上临安开来的军队在碧色寨防备的约百多人，总计不到 500 人，我们警备队除摆在车站上迎接的 300 多人外，连同埋伏共六七百人，干起来有把握，并且黄、龙二人闻信会赶来帮助，张县长在阿迷已调有警备队和地方武力六七百人，可以阻碍省方援军。停车时间我们已告知路局多延长 10 分钟，公司已答应。可是到了碧色寨后，驻蒙自的军队随后开到，排列在我们后面。车到站时，警卫下车戒严，蔡、唐二人不唯不下车饮宴，连面都不得见。而关道是文人，没有见过战事，胆小心虚，干起来没有把握，更怕惹动外交，考虑太多，正在犹疑不决的时候，车将开行，我看看关道，他暗示停止行动。照计划到阿迷再看有无机会，可是到阿迷站，据张县长说，当时情况更不如碧色寨那样还可以干一下，在洋酒店连请数次，蔡、唐不来，时已 10 点多钟，都认为没有希望了。我问关道说：‘究竟干不干呢？’关道说：‘要干是盲目从事，毫无把握，对方警戒如此严密，如进车站，不惟不容易，且恐惹出外交，徒资外人借口。’我说：‘费了这许多心机，得来这样结果，我真不服。或者你们二位先走，我来冒险干一下看如何？’关道说：‘你要蛮干，不顾一切，我们决不赞成，你快送我们早点离开此地。’我只好顿足捶胸地领着众人送他们。张县长还想回县署，再商议一下。关道说大势已去，如何商议也无用，只有快走，迟则不利。张县长遂派人回县署告知家眷，第二日到河口，他在老街等候。我们让二人坐轿加班赶至碧色寨站搭货车逃至河口，并派亲信五人护送。第二日晚回报说天亮时货车出河口，关道早备有出境证，并且河口机关里的人都知道他是关道，无人过问。我听他们出了河口才放心，也连忙收拾，带了10人离开蒙自，回家暂避。……想不到事隔10多年，我们还能聚会谈一谈往事，这也是一种缘分了。”

（选自全国政协文史资料委员会编《中华文史资料文库》第1卷，中国文史出版社1996年4月第1版）

护国讨袁时期冯玉祥在四川

张之江　吴景南*

护国之役，冯玉祥在四川的活动，对于推动川督陈宧宣布独立，使护国军得以在比较顺利的情况下，达到推翻袁世凯洪宪帝制的目的，起了一定的积极作用。当时笔者都在冯的十六混成旅任职，并且亲身参预了此役。现就回忆所及记述如下：

一

冯玉祥远在1911年于滦州起义失败后，得到陆建章的维护和

* 张之江：时任北洋第十六混成旅第二团团长，后任南京国民政府委员，国民党中央执行委员。新中国成立后，任第二届全国政协委员，民革中央委员。
吴景南：时任北洋第十六混成旅军官。

拔擢，直到1914年已升为第七师第十四旅旅长时，还率部随陆（时陆任陕西将军兼第七师师长）驻防西安，并为其所倚重。但冯对陆在陕横征暴敛，尤以其派种鸦片、贩卖烟土等行为极为不满，曾数谏之，不为所采纳。陆之左右用事者，多半为其乡亲（陆系安徽蒙城县人。当时陕西有"会说蒙城话，就把洋刀挎"的说法）。此辈惮冯严峻，不便他们的私图，就不免多方从中隔离，使之不得随时与陆接近。冯察觉，感到人事难处。同时考虑陆必将因此失败，而又无计可施。苦闷之余，常借视察部队为名，时往来于三原、兴平各防地以避之。

是年10月，北京政府将张敬尧旅改编为第七师，将原第七师改编成两个混成旅，该师第十三旅改为第十五混成旅，第十四旅改为第十六混成旅，仍以冯为旅长。改编甫就绪，又电令冯率部进驻汉中，以防川北变兵滋扰。此举实际是袁世凯行将称帝，已内定其心腹陈宧督川，以便控制西南，故预为配备兵力，乃有此调遣。陆建章虽不愿冯率部远戍，无如混成旅已直隶中央，不便擅留。在冯的内心，正欲避地避人，认为此去，即可远离西安这个对他不利的环境，又可摆脱陆对军中人事的控制，自己可以放手整军，所以乐于受命。后来陆虽任冯去，但只准其随带步兵5营、炮兵一营、机枪一连、骑兵一连。其余步兵一营留驻宝鸡，骑兵三连留驻西安。二团二营营长主智怀、骑兵营长刘信诚等与陆关系较密，皆自请留陕。

冯自成立混成旅后，稍稍引用了一些和他在滦州举义共事的人，如李鸣钟、韩复榘、赵席聘等，又成立了一个模范连，以李鸣钟为连长，过之纲、宋庆霖、郭杏村等为排长，蒋鸿遇、刘郁芬、吴景南等为教官，由各部队挑选葛金章、石友三等为班长，吉鸿昌等为学兵，共130人。后来西北军许多高级干部多为模范连出身。但旅中干部人员来自各方，情况比较复杂。旅部除参谋蒋鸿遇、刘郁芬、吴景南，书记官邵杨辉、薛笃弼等少数人系冯自己所延揽，其余各有背景，不能控驭自如。又如军官方面，除第一团外，余皆由警卫军改编。连长以上的任免，向由陆建章决定，多是他的亲信，遇事总得迁就一些。

冯于11月中旬率部由西安出发，12月底到达陕南。在褒城、沔县一带驻定后，即积极整训，人事上也进行了调整。至是，十六混成旅的规模和阵容为之一新。1915年6月，袁世凯任命陈宧为四川将军。北京统率办事处及陈宧先后来电令冯率部由汉中取道剑阁，随陈入川。早年陈任二十镇统制时，对冯就特别赏识，曾由营副擢为营长，关系非同泛泛。此次之被指调，固非偶然。陕西将军陆建章亦是冯的“恩上”，这支军队又是他的老营底子，当然不肯轻易让他离开陕西。不过为了袁世凯做皇帝，还是陈的任务重大，自难抗拒成命。最后还是平分春色，陆将第二团（团长何乃中）留驻陕南，冯只能带走步兵一团，炮兵一营，骑兵、机枪各一连。冯当以所部积年假、革、逃亡，缺额甚多，请准于陆，派赵席聘赴河南招募新兵500名，后来送到绵阳，才得到补充。这支游离部队，从此方逐渐充实起来。

二

1915年5月底，冯玉祥率部由陕南到达四川绵阳，即分驻于罗江，德阳各县。因军饷问题，川陕两省互相推诿。结果，仍由陕省拨发。由于饷源和建制的不统一，使冯受到许多牵掣。时川省棒匪蔓延，商旅戒途。8月，陈宧划定分区清乡的办法，派冯负责嘉陵道各县。这一道属，尤以仪陇、营山、广安等县的匪风最盛，必须先行解决。冯以这是他入川后第一个任务，很想好好地完成。乃抽调步兵一营，附炮、骑、机各一连，亲自率领，取道阆中前进。开始时东击西追，颇感疲于奔命。后来利用自首的匪首何鼎臣作内线，剿抚兼施，才大著成效。正由阆中转向仪陇清剿的途中，忽接陈宧和陆建章先后转来对袁称帝劝进的表文，要旅长以上的将官签名。冯阅毕，频以指敲案，慨叹不已，沉思良久，卒置之不理。故劝进表公布时，其中独缺冯玉祥的名字。一天，他在感情激动之下，曾毫不顾忌地向军官们讲话。首先宣布此事，然后对那些劝进的人进行了指责，说他们干这种事是无耻。辛亥革命推翻了清廷王朝，现在又搞帝制，真是国家的不幸。行见人民又要遭受糜烂，随即督队经过仪陇、营山，继续清剿，又获匪首陈兆祥、郑老大王等，破其巢穴，匪患遂平。队伍未及休整，陈宧又来电调冯率部即开顺庆，接替第四混成旅的防务。这时，袁氏称帝的声浪，已经是“山雨欲来风满楼”了。

冯率清乡部队甫到顺庆，喘息未定，又接陈宧来电，以蔡锷已于12月25日在云南宣布独立，反对帝制，自称护国军总司令，分三路向四川进攻，命冯率部南下防守泸州，着即星夜开拔。而北京统率办事处及陕西陆建章亦均同样来电催促。这时，冯随身的部队不过一混成营，极感力量薄弱。遂电陕西陆建章请其速拨开拔费，并令驻汉中的何乃中团星夜来川，又分电驻德阳、罗江各部迅速集中绵阳，乘船由涪江东下至太和镇，转遂宁，与清乡部队会合，然后一同向泸州前进。

1916年1月，冯率清乡部队由顺庆向泸州进发。经蓬溪到遂宁，侦悉绵阳开来的部队尚未到太和镇，停一日始南行，经安岳到内江，为等部队的集中，又留住数日。冯对袁世凯称帝的问题，早于征集签名劝进时，即表示反对的决心。现在局势又有了新的发展，他的心情是很沉重的。一天在内江，他曾召集主要干部及军官讲话，略谓“大局情势日益紧张，我们处境极为困难，但为人民和国家着想，不能违背良心”。大家都能领会他的意思。当时许多人认为应该相机应付，以保全实力为先。冯睹内部意见一致，乃密函他在辛亥滦州革命时旧同志刘一清（时任陈宧的总参议）。大意是：

一、说明护国军是正义的，得道多助，不可与之开战的道理；

二、回想我们在滦州举义为的是什么？那时陈将军也是二十镇的领袖，彼此都有光荣的革命历史。况您与蔡松坡（蔡锷的字）先生是契友，切望帷幄运筹中向陈将军进言，进而谋取陈蔡的携手合作，共维大局，拥护共和。如前途有何困难，誓率全旅官兵拥护到底等语。

那时，冯信基督教，所至常与教会有联系。当地基督教会中有英籍唐（译音，可能记得不准确）教士者，和冯有来往。他同冯谈及当前局势，由护教保侨问题说起，他表示极端反对中国内战，并希望当地能避免战祸。冯谓实同具此意。虽两军对垒，如果能够沟通，使双方取得默契，至少也可得到局部安定。又盛称护国军是正义行动，表示同情。唐说：“川南各县均有他们的教会，经常往来，如欲与护国军联系，愿为奔走。”经冯同意，遂持冯致蔡锷函以行。

既而，各方催冯旅开拔之电文又纷至沓来，不容再停，冯乃率部离开内江。进至隆昌时，先派骑兵一连往泸州视察情况，并筹备粮秣、驻地。泸州原是川军第二师刘存厚的防地。刘虽态度不明，但已移驻蓝田坝、江安一带。冯得报后，率部陆续进驻泸州，即在附近侦察地形，布置防御工事。未几，突接陈宧急电，说叙府已于1月22日失守，电令冯率部星夜前往收复。接着由叙府溃退下来的第四混成旅（伍祥祯）的一团，零乱不堪地乘船纷纷到泸。冯看见他们吃了这样的败仗，正不知前方情况是如何的紧张。陈又来电，令冯就近收容这部溃军，整理后，归冯节制，率同反攻叙府。其时，北京统率办事处及陆建章皆电冯，严限收复叙府。周骏的旅长熊祥生奉陈宧令已到泸接防，第七师张敬尧的先头部队又紧跟在后面。冯正感进退维谷的时候，唐教士携蔡的复信赶来，但所接洽的结果，只是一般的联系。蔡的复信只说希望冯部驻在泸州，接应护国军北进，虽措辞谦和，却未指出其他具体的合作办法。唐与冯系初交，对冯过去的历史，及所部兵力和所处的环境，都不免隔膜，当然向蔡说得不够详细。蔡与冯也素昧生平，仅凭一个外国人的三言两语，当然难作过多的表示。所以唐教士的联系任务只能得出这样的结果。冯以情势紧迫，非常焦急，于是，又密请唐教士再往蔡处作进一步联系，并说明自己处境困难，现时在泸不能停留不进。未几，冯得悉攻占叙府的护国军为刘云峰部，刘与冯部参谋蒋鸿遇是同乡同学，且有亲戚关系，适间通叙府的电线尚能通报，乃命蒋鸿遇利用电报线，冒名刘云峰之戚某找刘云峰说电话。殊来者非刘本人，乃其参谋长张璧，蒋即告以冯与蔡已有联络，唯冯部处在袁世凯嫡系军队重重包围之下，仓卒之间，尚未能作好应变的部署，故仍须向叙府继续前进。为避免彼此冲突计，届时佯攻空射，请护国军暂时退出叙城，冯部到达后，再设法撤退，仍交护国军接防。不料张璧却傲慢地说："摆在你们面前的，只有两条路：一是通电讨袁；二是缴械投诚。"蒋再欲说时，电线已断。冯闻之，无可奈何，遂率部由泸经南溪前进。进至叙城约20华里的白沙场时，发现了护国军布置的前进阵地，战斗即开始。不半日就占领了白沙场。由俘获的士兵口中述说，得知护国军的主力阵地是由岷江岸沿催科山，凭险要布置的。预计着这是一个阻碍。次日拂晓，分路进攻，所经过的十数里地区，均是岗峦起伏，随处有险可守，步步设防，经过逐步攻击，才进至催科山麓附近，竟日在激烈战斗中。入夜原地露营，研究安全的办法，决定派韩复榘押船将伤病员（内有护国军被俘的兵）送回泸州疗养，以减少前进的累赘。次晨，又发动进攻，一连突击数次，虽未得手，但士气甚旺，估计有足够的力量可以攻下。这时，冯有两种心情表露：一方面是，在他辛苦下亲身练兵以来，部队还未曾正式作过战，这次经过实际考验，看到部队确有很强的战斗力，且能指挥如意，颇有自得之色；另一方面，这个仗本不愿打，而又欲罢不能，长此打下去，将如何了局？更不愿作此无谓牺牲，损失实力。正踌躇间，时已傍午，忽接南溪联络站电话报告说，韩复榘护送的伤病员船行至江安，被刘存厚截留。得此消息，冯就以腹背受敌为借口，在夜间率部向富顺撤退。适值阴雨，田埂小道，泥泞不堪，夜行极难。忘却当晚是农历的除夕，四围山上农民过年燃放爆竹，真以为被刘存厚追袭包围。幸官兵沉着，一无惊扰。天明，至李家场始解除紧张。嗣悉，韩复榘见了刘存厚，说他的弟弟韩复达亦是日本留学，又都是革命的同志，因此得了刘存厚的谅解。刘就到船上查看，果有滇军伤病员在内，就很客气地将船放行。

冯率部撤到富顺后，电报陈宧不得不撤兵的理由，并强调官兵都有厌战心理，故不敢久持。陈复电令到自流井休整，静待后命。陈固是袁世凯的亲信，与冯亦有历史源渊。这时，冯和他的关系搞得怎样，说来亦甚曲折。冯很受陈的知遇，中间亦发生过隔阂，当冯率队入川在行军的途中，陈曾迭电告诫，所过不得向地方需索，骚扰百姓。冯很不愉快，认为陈不应该不知道自己一向是爱惜名誉，治军严明的。及至驰谒时，又见陈的态度冷淡，不类往日，发现他妄听小报告，认为冯剿匪失利。这都说明陈惯于以耳代目，易受群小包围的。使冯想起在陕西和陆建章相处的经验教训，深深体会到要与长官处得好，必须保持密切的联系，防止因隔阂而为人中伤。所以当陈要十六混成旅骑兵第二连到成都入卫时，他顺便推荐参谋刘郁芬、营副张吉士长期留在将军署，经陈允许，分别派在参谋处、军务处服务。同时又邀请陈入川的参谋张之江到十六混成旅服务。陈亦许可。从此内外联系，声势互通，确有很多裨益。按陈的左右分新、旧两系，旧系以参谋长张联棻为首，是倾向拥袁世凯的；新系以总参议刘一清为首，是同情护国军的。刘与冯系辛亥滦州起义的旧同事，这次旧友重逢，异常欢洽，政治见解也是一致的。护国讨袁军兴以来，冯不断为陈出谋划策，建议审慎自处，勿违潮流。并动以利害，谓反袁的声势越来越大，不如早日宣布四川独立，陈颇受其影响，然幕后之助，刘实有力。但陈一时尚未下定决心，表现为首鼠两端：一面采纳对蔡锷取得联络的意见；一面又不断向袁世凯表示忠诚。冯由攻叙前线撤退，为保全自已的实力，同时也是为了进一步促成早决大计。初不料陈之优柔寡断一至于此。冯遵令率部撤到自流井后，各方责言交至。北京统率办事处来电云：“该旅长进锐退速，是何居心？”并令陈查复，仍督饬其速再攻叙。这时陈的态度依然暧昧，曾派刘一清到自流井慰问，实际是催冯再次进攻。刘到后和冯密谈，以陈的内心尚存在着许多顾虑，欲其表明态度，还未到成熟阶段。现在情势急迫，宜遵令率部前进，若留后方，徒遭疑忌，再受处分，甚至发生其他意外之事，便无法挽回。不妨于前进中，相机与护国军取得联系。冯深以为然。刘复命时，诿称冯部兵力不足，如能与之稍加补充，便可继续进攻。陈乃调第四混成旅第一团回成都，改派第二团来自流井，令冯率同攻叙。另予补充山炮六门、机枪八挺及其他枪炮、弹药，均随二团运来。

在这一次攻叙前，先就地形详加研究，得悉催科山是叙府城外的制高点，只要占了这座山，居高临下，叙城即不难攻取。当时，询之当地人民，知由邱场登山，缘岭南行，即可占领山头。布置就绪，于3月初开始向邱场进发，经两日到达，次晨复分3路前进：左路沿山之东麓，右路沿山之南麓，中路由冯亲自率领循正岭南进。第一日未见护国军的踪迹，中路进至距叙城40华里高峰之凉风垭，右翼至象来场即行宿营，决定次日试攻。次晨出动，中路前进10余华里，与护国军遭遇，对方退入阵地射击，其炮兵亦隔江发射助战。同时，两翼山坡间均有接触，战斗至下午3时，将其阵地突破，护国军且战且退。傍晚，冯部右翼抵江岸，隔江炮击对方吊黄楼及翠屏山阵地。中路在山顶上亦向城内轰击，均极猛烈。入夜，护国军仓皇退却，江上浮桥亦无暇破坏，右翼即占据桥头。次晨，绅商结队出城欢迎，告以滇军已在夜间向横江退去，请即入城“安民”。当就七星山，翠屏山高地据险设防，对护国军并未追击。进城后，除安定地方秩序外，又派军医副官到城内医院治疗和慰问留下来的滇军伤病人员。同时发电向陈宧告捷。未几，陈派员携大批物品前来劳军，袁世凯来电封冯为陆军中将，三等男爵及世袭一等轻车都尉，并令将出力官兵分别列报候奖。有的人喜形于色，要给旅长庆贺，张之江婉言劝止说："这不是旅长意愿，他心里并不高兴。"不数日，驻汉中的第二团一、二两营开到。至是全旅官兵始得集中，声势更振。同时，在各方面对这部分的力量，也更加重视。

其时，曹锟、张敬尧等所部在纳溪之线战事正烈。曹深怪冯攻占叙府后未乘胜追击，他主张令冯率部向云南进攻，直捣护国军的后方，则川境战事很快地就可取得完全的胜利。就当时形势说，此议如果实行，护国军腹背受敌，前途确有不堪设想者。不久，北京统率办事处果然采纳曹的建议，据以电冯，令速率部进攻云南，陈宧亦来电督催。冯复称所部伤亡颇多，无力再进，请准予到河南省募新兵 2000 名，俟补充整理后再行前进。陈允之。冯遂派团长杨桂堂带百余人出发去河南招募新兵。

这时，冯虽借故推迟了进兵时间，但如何与护国军取联络，达到携手合作的目的，还是一个急待解决的问题。乃又派参谋长蒋鸿遇偕同宜宾教会美籍罗教士为代表，径往横江与护国军第一梯团长刘云峰再度进行接洽。可能是护国军方面对冯的真正意图尚不了解，结果仍是不得要领而还。刘派了一个上尉副官伍彪（百锐）来作为联络，其意似在窥察虚实。当时，蒋鸿遇向冯报告接洽经过后退出，冯正无计可施，拟仍部署防务，以备万一。适参谋张之江在侧，当即向冯建议说："目前能毅然响应护国军，宣布起义，讨伐叛国的袁逆，就以我们所部实力，援助蔡松坡军，最为直截了当。否则，亟宜向护国军切实接洽，万不可再次兵戎相见。蒋参谋长为人固属长厚，又与刘云峰系同乡同学，但究非革命同志可比，所以如隔靴搔痒，刘绝对没有真心话和他谈。必须重选派具有革命历史的同志为代表，再向刘云峰洽谈，当能取信。如一时无适当人选，我愿效毛遂自荐，前往横江一行。”冯深以为然，并拟烦罗教士偕同前往。张说：“这是我们自己的事情，可以直接倾谈，何用外人相伴？”遂偕同刘云峰派来的副官伍彪前往。当日下午3时半由宜宾旅司令部出发，当晚8时许到达横江护国军第一梯团团本部，即与刘云峰相晤。彼此推诚，一见如故。张之江把冯玉祥的处境、为人与迭次通款曲、诚心寻求合作的经过，从头到尾谈了一遍，刘大为动容。立既召集支队长邓泰中、杨蓁等主要干部与张见面，聚餐畅谈，详商合作办法。约至11时许，刘拟留张住宿，张以时机紧迫，仍偕伍速赶回。刘表示：护国军从明日起上街不带刺刀（即解严不设备的意思），以示合作诚意。张表示：必尽一切力量促使联合行动的成功，并说向冯复命后，拟再趋谒蔡总司令，请为先容。遂乘下水小船夜航，拂晓已达宜宾。张向冯报告后，又陈述对当前局势要抓紧时机，应速与蔡锷总司令直接取得联系，以全部实力应援护国军，并赶快促成四川的独立。冯完全同意，立命张代表赴纳溪谒蔡。张应命，复偕伍彪即日乘肩舆出发。宜宾距纳溪约5日行程，经过途程概系作战地区，居民率多逃避。行至中途，见有一人迎面而来，接近时始认清是一个外国人。张问伍：“你判断此人是干什么的？”伍说，“哪里晓得呢！张说：“依我揣测，此人是一个负有使命者。”及至相遇，向他攀谈，知道他就是宜宾基督教会中常驻内江的英籍唐教士受冯玉祥委托往蔡总司令处接洽归来者。张、伍以实情相告，并问他有无蔡的信件带回，他从衣袋内取出蔡给冯的复信。伍问："可以给我们看看里面怎么说的吗？"唐面有难色。张以戏言解之，说："信里话我已知道了，不必看了！"遂将原信交唐，告别，各奔前程。张对伍说，"那信的分量很轻，说明内容简单，他所接洽的事，显然还是不得要领。唐教士是一个外国人，蔡总司令怎能把这样重大的事对他讲呢？"伍颔之。行至距纳溪县城尚有一日行程的某地（地名忘记），得悉护国军受张敬尧第七师的压迫，已向以南地区转移。张等立即变更路线，兼程前进。次日上午到达纳溪以南 70 里之大洲驿，护国军总司令部行营即设于此。张之江和蔡锷相晤，当即代表冯玉祥向蔡表示诚恳地慰问，随即说明来意。时见蔡面容清瘦，颇有劳瘁之色。护国军屡受曹锟、张敬尧的攻击，兵力单薄，战争失利，后方接济缺乏，通讯联系中断已近两周。为维持士气，保全声势，迫不得已，曾在铁筒里燃放鞭炮，以淆惑敌军的耳目。蔡曾一面向梁启超诉苦，一面责唐继尧不应坐视。但情况迄未好转，前有劲敌，后无支援，孤军奋战，其危殆艰苦可以想见。张之江与蔡锷畅谈，蔡大悦，与张畅叙多时，并共进午餐。张复将冯之为人及其过去参加滦州起义、反对清室帝制的历史，所部实力、装备、组织、训练等作了简要的介绍，并表示今后一切行动悉遵蔡的领导。蔡极兴奋，亦将其起义经过及护国讨袁大计，畅叙靡遗。并向张说明自己的意见主要有 3 点：

（一）当前最大问题须积极促成四川独立；

（二）派川南巡阅，使陈铭竹为代表答访，并希望冯派张之江与陈铭竹赴蓉，合力促成四川将军陈宧宣告独立；

（三）拟暂编冯玉祥所部为护国军四川讨逆挺进军，必要时移防成都。

并说，以上所谈种种，俟征得冯的同意后，即积极进行。又给冯有亲笔信一封，达十数页之多，装在一个大信封里，由伍彪交给张之江，并说："你可先看看！"张对伍说："这封信比在路上遇到的唐教士那封信的分量大得多，所以说那封信看不看无关紧要，这封信才值得看一看呢！"两人相视一笑。伍又对张说："蔡总司令极嘉许你的热忱和卓见，他说自古燕赵多慷慨悲歌之士，张之江可算是一个。"张于是向蔡告辞。后来李烈钧每见张之江，就以大洲驿呼之，盖以撮合蔡、冯的合作，促成四川的独立，很快地取得护国讨袁的胜利，是与蔡、张在大洲驿的一次会晤有重大关系。

张之江、伍彪、陈铭竹 3 人一起由大洲驿启程，约第五日下午抵宜宾。张向冯报告接洽经过，并交给蔡的亲笔信，冯阅毕，极感兴奋。当即接见陈铭竹，表示对蔡的主张完全同意，绝对照办。即派张之江陪同陈铭竹往成都见陈宧，劝其早日宣布独立。另致刘一清一函，请其从中促成。张等去后，冯又致电陈宧，大意是："审时度势，在川言川，应早日宣布独立。即为保持个人过去辛亥革命光荣历史计，亦当义无反顾，不宜后人。此后如有何困难，誓率全旅官兵拥护到底。"约两周之久，陈仍无表示。适陕西将军陆建章在西安被陈树藩围攻，来电令冯星夜率队赴援。冯遂以此为借口，离开叙城，让给刘云峰接防，自己率部退至自流井。冯将陆建章之电转电陈宧，并说明官兵驻叙日久，人心不固，深虑日久无法维系，现已退至自流井待命。陈复电要冯去成都支持危局，并派刘一清前来敦促。刘喜谓冯曰："促陈独立，今正其时，宜急往勿延！"冯乃率队驰至距成都 40 华里之龙泉驿停止。自己到成都去见陈宧，痛陈、袁氏祸国，舆论哗然。护国军兴，各处响应。今袁大势已去，绝无幸存之理。并谓四川当西南护国军之冲，祸福成败，间不容发。请速宣布独立，以免失去时机。刘一清等复为陈剖析利害。陈意始决。次日，电袁请取消帝制，以顺舆情，同时通电宣布四川独立。当改十六混成旅为川军第五师。袁世凯闻讯，恼愤成疾，犹发布乱命，将四川将军陈宧撤职查办，遗缺以重庆镇守使兼陆军第一师师长周骏继任。周固川人，利禄熏心，甘作袁氏的鹰犬，不惜背叛共和。受逆命后，先电陈宧，要他让出成都，高唱川人治川。旋即率队进逼。是时，冯玉祥部以暂编四川讨逆挺进军名义驻防成都。当由挺进军抽调最精锐的一部，改编为护国讨逆挺进军狙击兵团，任张之江为该团司令，命其率往迎击周骏。

张之江率队出发时，成都各界人士悬灯结彩，锣鼓喧天，鞭炮响彻街巷，群聚郊外欢送出征将士。当时的人心向背可以想见。因此，将士们亦大大受到鼓舞，增加了杀敌胜利的决心与信念。张率兵团进至龙泉驿，与周骏部队遭遇，立即迎头予猛烈痛击。周骏逆军不支，纷纷败退。张接到冯的命令，令暂在龙泉驿布防待命，故未追击。次日，接到后方送来报刊，登载袁世凯死耗，悉用红字排印。标题大书“袁世凯天夺其魄”“袁世凯竟遭天谴”等字样。当时大家都如释重负，欢喜若狂。有的人说：“四川独立，气死袁逆，共和再造，民主奠基。”就成为当地流行很久的歌谣。

先是周骏来攻成都时，陈宧曾电蔡锷告急。蔡商之唐继尧，唐见事机成熟，即派罗佩金、顾品珍两梯团及戴戡一旅西上驰援。迨周骏已被击溃，无力再犯，而滇军仍由自流井前进不已，盖欲攫取成都。陈宧再三交涉无效，乃放弃成都，退往重庆（按：陈宧退后，周骏进入成都数日，为滇军所逐——原编者）。原欲带冯部同去，但冯以该处为曹锟、张敬尧等大军屯驻地区，势难相安。故未随行，决定开回汉中，陈赠送一批四川中国银行纸币作为军饷而别。

三

袁世凯死后，黎元洪继任总统，段祺瑞组阁，任命陈宧为湖南督军，湘人反对。冯听说陈宧怏怏不得意，在渝养病，即派吴景南前往慰问，并表示，如有需要，愿随其赴湘履新。吴衔命前往，正值沿途北军纷纷撤退，无论渡口码头，无论饭馆酒肆，都能听到骂冯玉祥的声音。他们见了十六混成旅的人尤其仇视。吴改着便衣潜行至重庆匿居同乡李炳之处（李时任第十三混成旅旅长），并诡称经此赴汉接新兵。其实派员往河南招来的新兵，开至老河口，早于四川宣布独立时，被袁政府令襄郧镇守使张联陞就地解散。次日，吴往陈宧行辕先见刘一清，说明来意。刘说："陈公抱病谢客，看情况，湘督新命，他不能接受。焕章的意思当为代达。你明日来听消息吧！"次日，吴再往见刘，刘说："陈公已坚辞新命，决不赴湘，你可回报旅长吧重。"冯得报，颇感喟。

是时，南北局面变化很大。蔡锷病休，护国战争已告结束。陆建章被围，早已退出西安，援陕更无必要。冯感到皇皇无归，电北京政府请示今后驻地，多日未获答复。当陆建章被陈树藩驱走时，陕南镇守使贾德耀亦受当地驻军压迫，曾迭电邀冯回陕相助，并云陕南尚可相容，但不久亦离去。冯以四川既不能停留，而东路又势不能走，只有暂行回陕再说。乃自行取消川军第五师番号，仍称第十六混成旅，向汉中前进。行抵绵阳，接北京陆军部复电，令开宜昌，归长江上游总司令吴光新节制。冯不愿接受，复电以正向汉中开拔途中，不便改变。

当部队初离成都时，冯见凤凰山军械库所存的枪炮子弹甚多，意不忍舍，而又苦无运输工具，乃下令全旅官兵将行李丢弃，以后再予赔偿，每人必须携带步枪弹500发，或炮弹两颗。冯自己也背着两颗炮弹。到绵阳后，由大土匪何鼎臣在川、甘边区地方代雇来驮骡若干头，帮助运至汉中。冯部弹药正苦无多，不料得到了这一次意外的补充。

（吴锡祺　姚凌九　记录整理）

（选自四川省政协、四川省省志编辑委员会编《四川文史资料选辑》第15辑，1964年7月）

回忆我父黎元洪二三事

黎重光*

一 被迫做了军政府都督

辛亥革命前，我父任清新军第二十一混成协协统，驻在武汉。他不是革命党人，对革命是不赞成的。

武昌起义的前一天上午，我父从总督衙门回家，怀着满腹心事说："昨夜杀了3个革命党，搜获了革命党的秘密名册，名册上很多是军中兵士，恐怕要出乱子了。"

1911年10月10日夜，工兵营兵士熊秉坤第一个动手，举行起义，接着大家响应，首先攻打楚望台军火库。那时，我家住在武昌

* 黎重光：系黎元洪之子，曾任山东济南鲁丰纱厂、中兴煤矿公司董事长。

中和门正街，离军火库很近，相距不过半里，枪声清晰可闻。我父得悉事情爆发后，怕被人发现，匆匆换了一套便服，躲到参谋刘文吉家里去了。刘家有个卫兵，见我父躲在那里，就偷偷地告诉了革命军。当时革命军正在找寻我父出来担任都督，遂派人到刘家邀请。我父起初不肯答应，来人说："我们来是请你担任革命军领袖，领导革命。"我父说："革命光靠湖北也不行，军饷军粮都无法解决。"来人说："这再商量。"我父无奈，遂一起到谘议局商议。在商议中，我父提出只管军事，不管民政，于是民政部长由汤化龙担任，我父做了都督。后来，我还听到父亲谈起辛亥革命时说："当时有一些兵士哪里知道革命的意义，他们还说请统领'黄袍加身'。"

我父不是革命党人，不赞成革命，为什么要推举他当都督？原因是：

（一）当时有军事知识的人很少，而我父毕业于北洋水师学堂，海军出身，曾赴日本考察陆军；建立新军后，又参加过军事学习，并在太湖、彰德两次秋操中获得了一定成绩，在湖北军中有较高威望。

（二）那时候，在军队中普遍存在着克扣军饷、中饱私囊的情况，而我父所部军饷按期照发，并且还设立了一个被服厂，士兵被服也较整齐，不像其他部队破破烂烂，因此士兵对他有较好印象。

（三）与部下比较接近。别的军官经常住在家里，而我父经常住在营中，就是在过年时也不回家，记得每逢新年我们还到营中去拜年。这说明他与士兵的关系是比较好的。

武昌起义后，清政府派北洋军南下"讨伐"，并命海军提督萨镇冰率海军协助进攻。萨是我父水师学堂老师，师生感情甚好。那时武昌虽有炮，但远不及海军炮的威力，如果海军参战，武昌损失一定很大。我父得悉海军是萨率领，连写了两封信给萨，信上语极恳切，记得第二封信大意是："吾师向来知道元洪为人一贯谨慎，这次起事，实是人心所向，经过再三考虑，乃接受此职。望吾师眼光看得远一些，与革命军合作。"此信去后，很有成效，兵舰相继离去，然情况还是相当危险。这时同盟会领袖黄兴来汉亲自指挥。都督府对黄兴应采取什么态度，大家曾进行商议。胡瑞霖（汤化龙亲戚）出了一个主意，用汉高祖"登台拜将"的仪式，由都督请黄兴任总司令，大家都同意，遂在阅马场正中搭了一座高台，举行了"登台拜将"的典礼，相当隆重。

黄兴任总司令后，情况还是没有好转，汉口、汉阳相继失守。我父担心武昌也有危险，考虑家庭安全，于是托人在上海麦根路借了一幢房子，把一家人都送到上海避难，住了半年，至第二年军事已经停止，才迁返武昌。

二　我父与袁世凯的关系

袁世凯做了总统以后，对于我父亲仍在湖北兼任都督是很不放心的。所以，他一方面另派军队到湖北来，并把段芝贵留在湖北；另一方面不断邀我父北上。当时我父认为革命已经成功，军队已没有保留必要，也愿意北上。1913 年冬，袁派段祺瑞到汉口来邀请我父去北京，当时决定得很匆促，段上午到汉，我父下午就离汉北上，过了二三天家眷才迁去。

到了北京以后，袁指定把南海瀛台作为我们居住的地方。大家知道，瀛台是过去慈禧太后软禁光绪皇帝的地方，四面都是水，现在把这个地方作为我家住所，他的用意是可想而知的。

我父对长居瀛台，当然感到不满，同时我母亲又有了病，于是向袁提出，瀛台太冷，不宜养病，要求另找地方。袁最初只是敷衍，推说："别的地方也是一样，还是这里好。"经再三要求，袁不得已，同时又为结好起见，花了10万块钱，在东厂胡同买了一所房子送给我父（后来这笔礼在袁死后，我父送了10万元奠仪，作为归还），在1915年下半年终于搬出了瀛台，然而已被软禁了两年。

袁世凯为了巩固自己的地位，就多方面笼络我父，两家的联姻，也是出于他的这种企图。我们到京后的第二年，袁就托人（我记得是唐在礼）前来说亲，他提出了两家交换联亲的办法：一是我的妹妹绍芳（当时年仅8岁）嫁给袁的儿子，袁子老九、老十年纪相仿，任挑一个。另一是袁的女儿嫁给我。这件事，遭到我母竭力反对，尤其是反对袁的女儿嫁过来。她说："袁世凯的女儿要做我的媳妇，我这个婆太太吃不消。"经过商量，觉得全都拒绝，怕会伤感情，结果是我妹妹做了政治牺牲品，与袁克久定了亲。这件政治上的封建婚姻，结局当然是悲惨的。订婚后，我妹随着年龄的增长，越来越对自己的婚姻不满，终日郁郁不欢，成了精神病。到1934年，袁克久从美国回来，提起了这门亲事，我与袁克定说："现在我妹有了病，这桩亲事算了吧！"克定说："我们有两代交情，父辈做的事，反悔也不好，有病婚后也可治疗。"结婚后，病情有增无减，只得又回到娘家疗养，不久进精神病院治疗，迄未好转，终于死去。

袁世凯做了总统以后，就积极准备做皇帝的活动。他曾数次探听我父口气。有一次，袁问我父说："近来有许多人要我做皇帝，亲家，你看怎样？”接着马上又表白：“这些人当然是胡闹。”我父就告诉他：“革命的目的是推翻专制，建立共和。亲家，如果你做了皇帝，怎能对得起武昌死难烈士？”从此以后，他就不再与我父谈起做皇帝的事了。然而他的帝制活动并没有停止，反而更加露骨了。他先把总统任期延长为 10 年，后又改为终身，接着又决定总统继任人选由原总统生前指定，办法是在中海卐字廊造一座石屋，内放一只金匮，匮内放一张写好继承人姓名的纸，在总统死后打开，宣布继承人选。金匮有三把钥匙，同时使用才能把匮打开。后来，在我父继任总统时打开了这只金匮，见里面有一个黄布包裹，内包长方形一尺多长泥金纸一张，上写“兆民托命”4 字，下写“民国万年”4 字，中间写了 3 个名字：黎元洪、徐世昌、段祺瑞。我听有人说，这张名单是在袁取消帝制后调换的，原来写的是他的大儿子袁克定。

袁做皇帝时，首先封我父为武义亲王，遭我父坚决拒绝。我父几次反对帝制，遭袁所恨，因此考虑到自己的安全问题。为了预防遭袁暗算，由刘钟秀经常到日本公使馆打听袁的动态。刘是我父的秘书，留学日本，与日公使馆人员熟识。但这事不久被袁获悉，开始对刘的行动注意起来。有一天，刘与日公使馆人员在某酒楼吃酒，日人把袁的情况写一纸条给刘，移时，突然发现警察包围酒楼，进行查搜，刘忙将纸条连酒一起吞下，才没有出事。

在全国人民反对下，袁被迫取消了帝制，接着便生病了。我父得悉袁病后，曾再三考虑是否要去看他一次，结果我父自己没有去，叫我的姊姊去探望一次。据我姊姊回来说：“袁虽取消帝制，然左右的人还是称他‘皇上’。”

三　出任总统到被逼去津

袁世凯死后，当时内阁总理段祺瑞对总统的继任问题考虑了很久。据后来张国淦对我说：“段曾召集幕僚整整开了一夜会，商讨要不要让副总统黎元洪继任总统。段拿了笔，考虑了一夜，想不出好主意，最后把笔向地上一甩说：‘好吧！去接他来吧！’”当时北洋派当然是不欢迎南方军人来做总统的，因此，我父就任总统后，就把内阁改为责任内阁，把权力集中在国务总理身上。不久，国务院秘书长徐树铮写了一张通知，送到新华门总统府传达室，说现在是责任内阁制，所有总统的信件都要送到国务院开拆（包括私信）。我父当时对这一通知并不知道，直到有一天徐世昌来访，问起前两天有信寄来，曾否看到。经查询后，才知道有这件事，这封信也在国务院。

1917 年，张勋进行复辟活动。记得复辟这天早晨，我在家里听到父亲在前面办公室大发脾气，后来得知原因是梁鼎芬在劝说我父“归政”，说“归政”后可以加封，因而被我父大骂一通。这天，我父情绪非常不好，坐立不安。晚饭后，他向后门走去，我们为防止发生意外，就跟在后面。他见我们跟着，就光火说：“你们不知道的，快回去！”他亦随即返回，不久返而复出，从后门乘了蒋作宾的汽车而去。原来他已与刘钟秀、蒋作宾等几个人商议决定，一旦发生变化，便乘坐蒋的汽车赴东交民巷法国医院避难。那天到医院时候已晚，医院不肯开门，遂与刘、蒋商定转往日本公使馆。到日使馆后，发了两道命令：第一道是叫段祺瑞复任国务总理；第二道是讨伐张勋。待复辟事平，我父从日使馆仍回东厂胡同居住。

不久，家里发生一件凶杀案，一卫兵欲刺我父未成，刺死了一卫队官长，据说是受人指使。我家遂因此搬到天津租界里居住。

1922 年，吴佩孚等直系军阀得势后，又拉我父出来担任总统。这时曹锟也一心欲谋此位。据说他有一次算命，命相者说他不能过 60 岁，所以更急于要在 60 岁之前尝一下大总统的滋味。第二年，他主使在京的军警包围总统府，向我父索饷，我父只得离京返津。

当我父刚抵天津北站时，直隶省长王承斌奉曹命阻止火车向东站前进，拉掉了火车头，并派士兵将车站包围，要我父交出总统印信。原来我父来津前，已把印章交给了他的姨太太，带到东交民巷去了，当然无法交出。我那时刚从日本读书回来，与一些日本人相熟，为了这事还曾到日本兵营，希望协助营救。日本兵营派了两个宪兵到车站，但被王的部下拦住，不许进去。后来，我父派秘书瞿瀛到北京将印交给他们，到第二天才解除了包围，在车站扣留了一夜。放行前王承斌到车站来向我父说："恭送总统回家。"我父回答说："也恭喜你大功告成。"此后，我父就一直住在天津。

我父于 1928 年因中风而死。虽然高血压症原来就有，但还有另外因素。1927 年，蒋介石到南京后，于 1928 年向中兴煤矿摊派了 100 万二五库券的任务。我父当时担任中兴煤矿的董事长。煤矿因为历年内战，交通不畅，维持已很困难，但是摊派任务不得不认，于是只得将所认库券打了一个折扣让给银行，总算应付过去。不料蒋介石见中兴认得"爽快"，接着就再要中兴负担 100 万军饷，并规定期限，到期不交，煤矿没收。中兴哪里还拿得出 100 万军饷？到了期限，只好眼看被没收。后来，虽经多方设法，用借款、预收货款等方法把煤矿保存下来，可是我父经此打击，病情加重，不久就病逝于天津。

（桂寅华　笔记）

（选自全国政协文史资料研究委员会编《辛亥革命回忆录》第6集，中国文史出版社2012年6月第2版）

张勋策动丁巳复辟失败经过

商公泽 *

先父商衍瀛字云亭，广东番禺人。前清癸卯翰林，清末曾任翰林院侍讲兼京师大学堂预科监督。公元1912年清帝退位后，先父携我前往青岛，因为我的弟弟们当时都在青岛上学。那时所谓遗老们，去青岛的还不多。我记得前清亲贵中，第一个首先携眷来青岛的，是溥伟，他是农历九月间到的（后迁居大连）。随后遗老们如徐世昌、赵尔巽、周馥、吴郁生、刘廷琛、陈毅、于式枚、劳乃宣等，连翩接踵而来。他们时相过从，密谋恢复清廷帝国，因而将青岛造成丁巳复辟的策源地。1914年（甲寅）先父又参加了徐州戎幕，充当张勋的长江巡阅使署顾问，所以对于丁巳复辟的前因后果，知之较详。

---

* 商公泽：系长江巡阅使署顾问商衍瀛之子。

复辟失败以后，先父常向我述及当日经过情形，兹就先父记载关于复辟的一部分遗稿，并记忆所及，分述于后。

辛亥后张勋的反革命行动

辛亥十月武昌起义，两湖总督瑞澂逃亡，清廷闻报，手足失措，袁世凯利用时机，东山再起。攫得政权后，逼迫清廷于 1912 年 2 月 12 日下诏，改国体为共和制。初张勋任江南提督，他所统的江防营，仅有 5000 人，大半分布在长江下游一带，驻南京的不过 2000 人，城广兵单，不足言守。这时江苏巡抚为程德全，与第九镇统制徐绍桢（字固卿），联合地方进步人士，欲谋独立，与总督张人骏商议。张人骏反对独立，与将军铁良谋战守。某日召集全城官员会议，藉探张勋的意向。张勋到会声言，诸位今天是我的同僚，明天如果独立，我即拿他当做敌人看待，莫怪我无情云云。张勋说完以后，大家默默无言而散。当晚藩司、臬台等各自携印逃往上海。第二天早晨徐绍桢的第九镇有一部分官兵起义，结果都被张勋捕杀于雨花台下。苏浙沪革命军随即分 3 路围攻南京。张勋顽抗月余后，退往徐州，检点残部，不满千人。清廷闻张勋退保江北，乃升他为江苏巡抚，署理两江总督，兼南洋钦差大臣。

及共和诏下以后，张勋仍坚持反动立场，欲顽抗到底，于 1912 年（壬子）2 月将所部移驻兖州，妄图北遏济南，东通青岛，以便向德国购入军火。这时溥伟寄身青岛，正想联络张勋以图恢复，秘令刘廷琛（字幼云，江西人，前清翰林，曾任陕西提学使）、陈毅（字诒重，湖南人，甲辰进士，清末任邮传部左丞，丁巳复辟时任邮传部侍郎）和从兖州来的王宝田，以及从天津来的温肃（毅夫，广东顺德人，癸卯翰林，清末任都察院御史），集议于刘廷琛所居的潜楼，和张勋秘密联系，由于式枚（字晦若，广西人，壬辰进士，李鸿章幕僚）草檄，另外有叶泰椿（字鹤巢，江西人）等10余人参预筹划。一面派温肃前往天津联络冯国璋（时任直隶民政长），通过冯的幕僚胡嗣瑗（字晴初，甲辰进士，“九一八”后任伪满宫内府秘书长），获得冯国璋的赞同；同时王宝田与张勋同乡涂芝岩，奔走于兖州、青岛间，约定于1913年（癸丑）春间发动，声讨袁世凯。不料预备好的檄文布告等，尚未发表，即被田中玉（字蕴山，山东第五师师长）设计诳骗到手，送呈袁世凯。袁既获悉张勋等密谋后，佯为不知冯国璋参预此事，亲自打电话给冯，叫他防堵，并令山东全省布防，由第五师截断兖州铁路，扼守济南。当时张勋的步卒仅2000人，饷械俱缺，力量薄弱。4月17日张派部下军官阎肇兴前往济南，去见督军靳云鹏和民政长周自齐、第五师师长田中玉，车开到党家庄后，被田中玉的军队将路轨拆毁，阻其前进；经阎下车说明来意后，得到谅解，才将路轨修复，开到济南，传达了张勋的意见。这时袁世凯不欲引起战争，乃用釜底抽薪法，密派田文烈（时任内务部总长）和阮忠枢（时任总统府秘书）前往济南，约周自齐一同赴兖州调停，才将讨袁一举打消。

讨袁之举未能实现，黄兴在南京得悉，便派张鸿遇来兖州，游说张勋，欲假道北伐，遭到张勋的拒绝。1913年（癸丑）3月，黄兴派冷遹（字御秋），进攻韩庄，田中玉第五师的旅长方玉普支持不住，急电张勋求援。张勋不念旧恶，命部将张文生率军前往援救。车刚开到韩庄，冷遹的兵便蜂拥而来，张文生下车后，整队冲上去，一举夺下二郎山，冷遹气慑，方旅才得保全。张勋此次援救方玉普，人说他既要讨袁，何以又去援救袁的羽翼，似不近情。不知张勋内心仇恨革命军，远远超过了仇恨袁世凯的程度，由此可见张勋顽固不化，达到如何程度了。袁世凯获悉张勋援救韩庄，不仅不以为功，反而增加了对张勋的疑忌，命徐世昌来兖收回了张勋的两江总督和南洋大臣两颗印信，同时断绝了张勋的饷械接济以困之。以后还是胡嗣瑗劝冯国璋替张勋向袁世凯疏通，于7月命张和冯一同南下进攻黄兴。袁世凯任命张勋为江北镇抚使，冯国璋为江淮宣抚使，命冯率第一军由天津向浦口，段芝贵率第二军由湖北往江西，张勋率第三军由江淮直捣南京。张勋奉命后大卖力气，7月攻克徐州，击走了冷遹；8月由台儿庄沿运河南下，得了淮安后，直趋杨镇，一口气打到金陵城下，夺到紫金山，进攻天保城，于9月1日用地道轰城，攻下南京，黄兴退走。冯国璋因铁路阻滞，此时才进到芦席营。段芝贵还在上游，仅令雷震春率一小部份队伍来宁会战。

南京攻下后，他们3人都希望得到江苏督军一席。冯国璋来到浦口后，命胡嗣瑗草一长电给袁世凯，说什么张勋此次攻坚夺隘，劳苦功高，且居南京较久，与南人相得，保举张为江苏督军，自愿让贤北归。袁世凯乃授张为苏督，但心中对张仍怀疑忌。因前次讨袁之举虽未实现，但冯国璋固预闻其事，今又保张督苏，冯张交欢，恐其日久难制。所以在同年12月，便命冯国璋代张督苏，改任张为长江巡阅使，令驻太平，欲分散他的兵力于上下游，削弱其军。张勋心里明白袁的用意，不南下巡阅反而北上，于1914年1月移军徐州。

当时的政局变幻离奇，机诈百出，现将经过情形，略述于下：

冯国璋是袁世凯小站练兵时代三杰之一（所谓北洋三杰，是冯国璋、段祺瑞、王士珍），与袁相知最深。辛亥武昌一役，国璋未竟全功，心中颇为怏怏，所以屡次和张勋密谋恢复清室。及洪宪揭幕，全国哗然，冯见时机已至，阴图继任总统之位，欲假借西南独立的声势推翻袁世凯，便决定召集各省实力派前来南京共决大计。但恐张勋从中作梗，所以事前密电张勋，大意说，袁既称帝，则大总统的资格已经消灭，今各省群起反对帝制，是袁已失却领导全国之地位，今后军国大事应举何人主持，应由南京会议解决云云。张勋复电说，假借西南的势力来倒袁，西南的人是否可以和我们同心协力合作到底，我认为此举不过徒生枝节而已。冯国璋收到复电后，亲自来徐州面商，张仍不允列名。冯来徐时，安徽督军倪嗣冲和他同行。倪是忠于袁世凯的，冯因张勋拒绝列名，结果约倪列名加入会议，倪不得已只得加入。1916年（丙辰）5月，冯国璋召集各省代表在南京开会。会议尚未进行，袁世凯猝然死去。张勋急派参谋长恽毓昌带了张勋的亲笔信来到南京，约冯国璋共复清室。函中大意说，我公（指冯）平日的主张，今天时机已经成熟，静待我公的宏谋硕画以竟厥功云云。冯得函后，慨然允诺，并亲笔作复，请张勋带兵万人先行发难，他本人（冯）当带兵5000人为后继云云。恽得函后，立派专人飞递徐州。张勋得到回书大喜，一面分电平日赞成复辟各军阀们，一面派顾问王宝田往上海约胡嗣瑗来宁和冯国璋商量进行办法。等到胡到了南京，不想冯忽然变卦，左右的人也嚣然反对复辟。原来冯国璋在袁世凯未死以前，自知见忌于袁甚深，欲结张勋以自固，所以和徐州信使往还甚密，力主复辟，并和张勋指天誓日约同生死。殆至袁世凯一死，冯国璋便尽反前言，前后判若两人。国璋本意不过志在富贵，原非真心主张复辟，不过投其所好骗骗张勋而已。倪嗣冲则因为他所辖地盘和张毗邻，故用其甜言蜜语欺骗张勋。张为人粗鲁，信以为真，上了他们二人的大当，结果弄得自己身败名裂，贻笑中外，实属咎由自取。

当张勋收到冯国璋复函后，曾密电各省督军，征询意见。旋冯国璋因袁世凯病故，无所顾虑，欲为自谋，不愿再居人下，故忽然反悔。张勋恐有后顾之忧，不敢冒昧发动。未几倪嗣冲邀集参加南京会议的各代表们到徐州开会，是为第一次徐州会议（时在 1916 年 6 月 9 日）。冯国璋平素外表颇恭维张勋，称为大哥，并云：一切事务，唯大哥马首是瞻。故倪等在徐开会时，报告南京会议之情况，及推崇张勋为盟主，兼因康有为这时到徐州，欲探听张勋抱何态度。

北伐计划既已失却时机，各省军阀们多怀观望，此时黎元洪以副总统资格代理大总统，段祺瑞仍任内阁总理。当时北洋军阀的势力尚强，黎元洪孤立其间，不甘徒拥虚名，想要总揽大权，因此对内阁所拟命令，凡有不合自己意思的，每每不予署名盖印，段祺瑞无可如何，只好加紧联络各省督军，扩充实力。黎元洪则倚靠议会为后盾，以相对抗。1917 年（丁巳）3 月，段祺瑞以对德宣战及改定宪法为名，召集各省督军省长来京会议，用以钳制黎元洪。在这以前，北京有过公民团包围议会的事，国民党人归罪于段祺瑞。段提出对德宣战交议院通过，议院无辞拒绝，乃乘机提出议定宪法，以扩张议院之权，段亦无法阻止，乃密电各省督军唆使他们加以反对。吉林督军孟恩远受段指使后，便联合北洋系各军阀由孟领衔通电全国勒令议院修改宪法，否则将议院解散，以相恫吓。黎元洪本靠议会来维持他的地位，岂能坐视，乃用总统名义，严饬各督军，不许军人干涉立法，并说解散国会非军人所应言。如此一来，黎段二人便形成了紧张的对立局面。

段祺瑞对德宣战，徐世昌认为是外交上一个好机会，不但可以制黎元洪的死命，而且可以得到协约国的援助，增长北洋派的势力，不只是可以保住段祺瑞的内阁，徐本人在下届选举中还有被选为总统的希望。此时各省督军，反对参战者很多，但来京以后，经过几天，都变为一致赞同了，其中内幕，不问可知。黎元洪老羞成怒，便假借前此公民团包围议院一事，毅然下令解散内阁，免去段祺瑞的国务总理职。段祺瑞出京赴津通电各省，声言凡未经他副署的命令，一律无效。于是交通系、研究系的政客们，利用此时机，纷纷赴津，与段结合，谋在政治上取得地位。其中如梁启超、汤化龙等当时都被段祺瑞收买，用为爪牙。

当段未下台召集各省督军来京会议时，黎元洪曾对倪嗣冲面加申斥。元洪本痛恶倪嗣冲，早想将他撤换，只因当时北洋派的声势尚盛，未敢贸然实行，嗣冲早已知道。此次遭受申斥，认为如果不去元洪，则自己的地位必将不保，乃于北京会议后纠合张镇芳、雷震春、张怀芝、王占元、赵倜、李厚基和13省的代表们，同赴徐州，求救于张勋，是为第四次徐州会议，时在1917年（丁巳）5月。

倪嗣冲在京邀同各军阀赴徐时，段祺瑞的内阁尚未动摇；他们到了徐州后，听见段祺瑞被明令免职，一齐愤怒，大骂黎元洪不止。第二天举行会议，倪嗣冲首先倡议推翻黎元洪，请大家商议继任人选，有人推举徐世昌以海陆军大元帅名义出面维持。张怀芝说：徐世昌未经过国会选举，而我们又没有选举总统之权，不如按照少轩（张勋字）平日的主张，实行复辟，恢复清室。张怀芝的提议，获得倪、王、李诸人的赞同，并说如此一来，则黎元洪不推自倒，且可以收拾天下人心，在会的都无异言。张勋说各位既都有思念旧君之心，但进行步骤应如何着手？大家说：先由各省联合成立督军团，一齐出兵开向北京；然后电徐州请张勋北来主盟，最后通电全国，请旧君复位。决定后，张勋大喜，由万绳栻将会议记录请到会各人签名，作为决议案。

各省代表回去后，皖、奉、直、鲁、豫、晋 6 省督军先后举兵，逼近京畿。5 月 28 日公电张勋北上主盟。黎元洪闻报，吓得手足失措，也于 6 月 1 日电邀张勋迅速来京，共商国事，希望挽回大局。张勋知道黎元洪无能为力，接电后故意迁延，不即北上，想不到各省督军在此期间，突然变了态度。袁世凯死后不久，徐世昌曾派陆宗舆往徐州，带去了徐自拟的复辟条件，征求张勋同意。其中一条的内容大致为宣统复位后，下面设辅政王一人，代皇帝执掌政权，以曾官大学士、军机大臣的汉人充任，由皇帝任命，十年一任，任满得联任等语。张勋看后大怒，直斥陆宗舆说这个辅政王与皇帝有何区别？怎能说是复辟呢？我看这不过是徐某图谋个人富贵的计划而已，真正岂有此理。

当督军团举兵声讨黎元洪时，居住天津的北洋、交通、研究各系谋设总参谋处于天津，推举徐世昌为海陆军大元帅，以雷震春为总参谋长，由钱能训携带梁启超所拟电稿，请张勋领衔通电各省派代表来津，组织临时政府。张勋不赞成此举，说他们横生枝节。研究系在一怒之下，遂通电全国，保持共和国体，以掩饰他们的称兵讨黎，同时总参谋处也无形消灭了。

丁巳复辟失败经过

公元1913年（癸丑）后，张勋打算通过青岛向德商人购买军火，托梁敦彦（字崧生，广东顺德人，幼年留美学生，曾任外务部尚书）在北京和德国公使辛慈商洽。辛慈答应援助。中国参加欧战后，中德邦交断绝，辛慈下旗回国，专车经过徐州，特停留两小时，在车中和张勋当面商议此事。

朱家宝任直隶省长驻天津时，看见了日本人歼灭了青岛的德国驻军，占领该岛，认为日本兵力强盛，可以利用，引为奥援，遂极力和天津的日本驻屯军司令官石光真臣少将拉拢，时常向石光谈说复辟之事。石光认为中国如改君主制，则日本君主为德不孤，因此引朱、张为同调。1916年（丙辰）11月，石光真臣带同翻译员中岛比多吉前往徐州，与张勋秘密议定条件。返津后，将条件内容呈报了日本内阁。此时日本是寺内正毅当国，乃派参谋部次官田中义一于1917年（丁巳）4月到徐州和张勋协商具体办法，临别时再三嘱咐张勋，无论如何必须等待他回国后，有信来，才可发动。因为田中离徐后，还要赴南京、上海、汉口转往北京，以掩饰他此次来徐的行动。不料田中走后不久，各省派了代表见张勋，匆匆商定回去随即举兵。6月6日张勋在徐州尚未动身，田中由汉口派来中岛比多吉见张勋，告以各省态度暧昧，万不可恃，最好不要北上，但此时张勋同意入京的复电已经发出，举国皆知，不便中止。等到5日以后，各省来电意见不一致，而徐州会议内部密约，又不便宣布，张勋不得已只好率领少数部队北上，以观时局的变化。6月7日张勋车过济南，张怀芝到车站去接他，见面后，张怀芝力言，时局已变，万不可再照前议进行。张勋说：徐州会议是你首先提倡复辟，今各省大军已经调动，你应该坚持原议，力排群言，岂可畏首畏尾，为天下耻笑。二人在车中一路辩论，到了德州，张怀芝下车别去。沿途经过各站转给张勋的各处来电，无非阻止此举，请他慎重。8日车抵天津，朱家宝候于车站，见面第一句便说时局大变，不宜轻率。张勋下车后，往访徐世昌、段祺瑞二人，均不以诚意相待，未得要领，张勋只好在天津停留下来，不再前进。此时适逢李经羲（字仲山，安徽合肥人，李鸿章之侄）想要组阁，自任总理，便自己动笔，拟了一通请求解散国会的通电，请张勋署名后，随即拍发出去。

黎元洪与段祺瑞相持不下，本倚国会为后援，看到张勋通电后，自己考虑，权衡轻重，认为解散国会或者尚能保住总统地位，于是派夏寿康（字锡祺，前清翰林，公府秘书）往天津见张勋，接受他的意见，允许下令解散国会。6月12日解散国会令下，26日张勋、李经羲入京，通电各省取消独立，并将已开拔的军队调回原防。不料李经羲的组阁消息传出后，各省督军群起反对，以致未能实现。

由徐州随张勋北上的，有定武军司令苏锡麟，统领李绍臣、陈德修，参加者有奉天第二十八师长冯麟阁，旅长张海鹏、汤玉麟。定武军的队伍，分驻廊坊、丰台、天坛一带。奉军二十八师的队伍仍在奉天，并未进关。

张镇芳和雷震春二人多年以来充当徐世昌的密使，往来徐州，和张勋联络已久，督军中无人不知。张、雷以徐世昌的策谋，一再不遂，这次督军团支持的总参谋处，又成泡影，不甘心就此罢休，乃与万绳栻密商，联络督军团一部分人，坚决进行复辟，以图一逞。张勋起初不以为然，他说解散国会，取消独立拥护中央的电报，早已发出，今又反复，恐为人耻笑，坚拒不允。张、雷二人无法劝他，只好坐在万绳栻的办公室中，一见张勋便向他聒絮不休，张勋每每不等二人说完，便拂袖而出。有一天张镇芳写了一封长信给张勋，说他们已经联络好了某某等省，近畿军队中的刘金标、李长泰等亦已洽妥，并且准备好了饷糈若干、军械若干，万事俱备，只待我公决定早日发动，今若食言，将失信于天下云云。张勋看完，置之不理。第二天张勋又来到办公室，雷震春搬了一张椅子坐在门口，阻其出路；张镇芳又将前函要点向张解说，并云康有为来京，复辟之声，已经闹得满城风雨，我们以七省兵威，仅只解散一个国会，虎头蛇尾，岂不令人笑我们怯懦。张勋为人粗鲁，被张、雷二人用话一激，便问道：你们所说某省某军靠得住吗？饷械备妥若干不至误事吗？我因为军队太少，所以不敢冒昧发动。雷、张见张勋口气已经活动，便进一步说：不需要徐州出多少兵，只要大帅出面主持全局，便可一举成功。张听后未再反驳，此事便就此决定了，由万绳栻和雷、张二人筹划进行。这是6月28日的事。

6月30日夜间，张勋由江西会馆公宴回宅，已经夜半，急召刘金标、李长泰二人，命他们将军队开入城内。刘、李两人均不奉命。张勋此时方知张、雷二人所说的话不可靠，但事已至此，骑虎难下，只好强迫开城将定武军开到城里。

7月1日天亮，张勋和刘廷琛等11人一同进宫。在头一天并已约妥陈宝琛、世续，在乾清门外内务府朝房中等候，共商所拟条件。宣统在养心殿召见张勋，说什么朕幼冲不习外事，天下事至此，人民何托，朕很耽忧。张勋奏道："皇上睿圣，天下皆知，过去圣祖皇帝也是冲龄践祚，戡定大难。"宣统谦逊地连说："余何敢比圣主，余何敢比圣主。”张勋退出后，刘廷琛等一一晋见，退下后集于毓庆宫。这时宣统不过12岁。

这天将拟就的宣统谕旨发出，其文如下：

朕不幸，以四龄继承大业，茕茕在疚，未堪多难。辛亥变起，我孝定景皇后至德深仁，不忍生民涂炭，毅然以祖宗创垂之重，亿兆生灵之命，付托前阁臣袁世凯设临时政府，推让政权，公诸天下，冀以息争弭乱，民得安居。乃国体自改革共和以来，纷争无已，迭起干戈，强劫暴敛，贿赂公行，岁入增至四万万而仍患不足，外债增出十余万万而有加无已。海内嚣然，丧其乐生之气，使我孝定景皇后，不得已退位恤民之举，转以重困吾民。此诚我孝定景皇后初衷所不及料，在天之灵恻痛而难安者。而朕深居宫禁，日夜祷天，彷徨饮泣，不知所出者也。今者复以党争激成兵祸，天下汹汹，久莫能定，共和解体，补救已穷。据张勋、冯国璋、陆荣廷等，以国体动摇，人心思旧，合词奏请复辟，以拯生灵；又据瞿鸿禨等，为国势阽危，人心涣散，合词奏请御极听政，以顺天人；又据黎元洪奏请奉还大政，以惠中国而拯生民，各等语。览奏情词恳切，实深痛惧。既不敢以天下存亡之大责，轻任于冲人微眇之躬；又不忍以一姓祸福之讆言，遂置亿兆生灵于不顾。权衡轻重，天人交迫，不得已允如所奏，于宣统九年五月十三日（按即阳历7月1日）临朝听政，收回大权，与民更始。而今以往，以纲常名教为精神之宪法，以礼义廉耻收溃决之人心，上下以至诚相感，不徒恃法守为维系之资，政令以惩毖为心，不得以国本为尝试之具。况当此万象虚耗，元气垂绝，存亡绝续之交，朕临深履薄，固不敢有乐为君之心，稍自纵逸。

尔大小臣工，尤当清白乃心，涤除旧染，息息以民瘼为念，为民生留一分元气，即为国家延一息命脉，庶几危亡可救，感召天庥。所有兴复初政，亟应兴革诸大端，条举如下：

一、钦遵德宗景皇帝谕旨，大权统于朝庭，庶政公诸舆论，定为大清帝国，善法列国君主立宪政体。

一、皇室经费，仍照所定每年四百万数目，按年拨用，不得丝毫增加。

一、懔遵本朝祖制，亲贵不得干预政事。

一、实行融化满汉畛域，所有以前一切满蒙官缺，已经裁撤者，概不复设。至通婚易俗等事，并着所司条议具奏。

一、自宣统九年五月本日以前，凡与东西各国正式签订条约，及付债款各合同，一律继续有效。

一、民国所行印花税一项，应即废止，以纾民困。其余苛细杂捐，并着各省督抚查明，奏请分别裁撤。

一、民国刑律，不适国情，应即废除，暂以宣统初年颁定现行刑律为准。

一、禁除党派恶习，其从前政治罪犯，概予赦免，傥有自弃于民扰乱治安者，朕不敢赦。

一、凡我臣民，无论已否剪发，应遵照宣统三年九月俞旨，悉听其便。

凡此九条，誓共遵守，皇天后土，实鉴临之！将此通谕知之！

谕设内阁议政大臣7人，为：张勋、王士珍、陈宝琛、梁敦彦、刘廷琛、袁大化、张镇芳。张勋力辞，他说一生只会带兵，不懂政治，愿回徐州练兵。载沣和上述诸人坚决挽留，不放他回徐，说京师乃根本重地，若没有得力军队驻守，恐生意外。

7 月 2 日，召见议政大臣 7 人，问了以下 3 事：

（一）京师地方安否？

（二）各省军民长官有无来电？

（三）各外国使臣意见若何？

7 人退下后，当天用内阁名义拍电各省军政长官，电文如下：

目顷政象谲奇，中原鼎沸，蒙兵未解，南耗旋惊，政府几等赘瘤，疲氓迄无安枕。怵内讧之孔亟，虞外侮之纷乘，全国飘摇，靡知所届。勋等惟治国犹之治病，必先洞其症结，而后攻达易为功；卫国犹之卫身，必先定其心君，而后清宁可长保。既同处厝火积薪之会，当愈励挥戈返日之忠，不敢不掬此血诚，为天下正言以告。溯自辛亥武昌兵变，创改共和，纲纪隳颓，老成绝迹，暴民横恣，宵小把持。奖盗魁为伟人，祀死囚为烈士；议会倚乱民为后盾，阁员恃私党为护符；以滥借外债为理财，拟剥削民脂为裕课；以压抑良善为自治，以摧折耆宿为开通。或广布谣言，而号为舆论；或密行输款，而托为外交。无非恃卖国为谋国之工，借立法为舞法之具。驯至昌言废孔，立召神恫，悖礼害群，率由兽行。以故道德沦丧，法度凌夷，匪党纵横，饿殍载道。一农之产，既厄于讹诈，复厄于诛求；一商之资，非耗于官捐，即耗于盗劫。凡在位者，侵吞贿赂，交济其奸，名为民国，而不知有民，称为国民，而不知有国。至今日民穷财尽，而国本亦不免动摇，莫非国体不良，遂至此极。即以此次政争伊始，不过中央略失其平，若在纪纲稍振之时，焉有纠葛不解之虑？乃竟兵连方镇，险象环生，一二日间漫大地。迄今外蒙独立，尚未取消，而西南乱机，时虞窃发。国会虽称解散，政府久听虚悬，总理既为内外所不承认，仍即觍颜通告就职，政令所及不出都门，于是退职议员，公诋总统之言为伪令。推原祸始，实以共和为之厉阶。且国体既号共和，总统必须选举，权利所在，人怀幸心，而选举之期，又仅以五年为限。五年更一总统，则一大乱，一年或数月更一总理，则一小乱，选举无已时，乱亦无已时。小民何辜，动罹荼毒，以视君主世及，犹得享数年或数十年之幸福者，相距何啻天渊？利病皎然，何能曲讳，或有谓国体既改共和，倘轻予更张，恐滋纷扰，不若拥护现任总统或另举继任总统之为便者。不知总统违法之说，已为天下诟病之资，声誉既隳，威信亦失，强为拥护，终不自安；倘日后迫以陷险之机，曷若目前完其全身之术？爱人以德，取害从轻，自不必佯予推崇，转伤忠厚。至若另行推选，克期继任，讵敢谓海内魁硕，并世绝无其人？然在位者，地丑德齐，莫能相下；在野者，资轻力薄，孰愿率从？纵欲别选元良，一时亦难其选。盖总统之职，位高权重，有其才而无其德，往者既时蓄野心；有其德而无其才，继者乃徒供牵鼻。重以南北趋向，不无异同，选在北则南争，选在南则北争，争端相寻，而国已非其国矣。默察时势人情，与其袭共和之虚名，取灭亡之实祸，何如屏除党见，改建一巩固帝国，以竞存于列强之间。此义近为东西各国所主张，全球几无异议。中国本为数千年君主之制，圣贤继踵，代有留贻，制治之方，较各国为尤顺。然则为时势计，莫如规复君主；为名教计，更莫如推戴旧君。此心此理，八表攸同。伏思大清忠厚开基，救民水火，其得天下之正，远迈汉唐，二祖七宗，以圣继圣，我圣主仁皇帝圣神文武冠古绝今，历传至我德宗景皇帝，时势多艰，忧勤尤亟，试考史宬载笔，历朝爱民之政，如普免钱粮，叠颁内帑，多为旷古所无。即至辛亥用兵，孝定景皇后宁舍一姓之尊荣，不忍万民之涂炭，仁慈至意，沦浃人心，海内喁喁，讴思不已。千百年后，平心论事，谓为亡国，夫岂其然。昔少康以臣靡之师，而光复夏物；宣王以召伯之辅，而复周宗。功在千秋，至今不朽。前者朝廷逊政，另置临时政府，原谓试行共和之后，足以弥乱绥民，今共和已阅六载，而变乱相寻未已，仍以谕旨收回成柄，实与初旨相符，以视夏周中兴，尤属事半功倍。况我皇上冲龄典学，遵时养晦，国内迭经大难，而深宫匕鬯无惊。近且圣学日昭，德音四被，可知天佑清祚，特畀我皇上以非常睿智，庶应运而施其拨乱反正之功。祖泽灵长，于兹益显。勋等枕戈励志，六载于兹，横览中原，陆沉滋惧，比乃猝逢时变，来会上京。窃以为暂偷一日之安，自不如速定万年之计，业已熟商内外文武，众议佥同，谨于本日合词奏请皇上复辟，以植国本而固人心，庶几上有以仰慰列圣之灵，下有以俯慰群生之望。风声所树，海内景从，凡我同袍，皆属先朝旧臣，受恩深重，即军民人等，亦皆食毛践土，世沐生成。接电后，应即遵用正朔，悬挂龙旗。国难方殷，时乎不再，及今淬砺，尚有可为。本群下尊王爱国之至心，定大清国阜民康之鸿业。凡百君子，当共鉴之。

有人向张勋建议，说黎、段在外容易和各方人通声气，应派人监视黎元洪，并往天津接段祺瑞来京，免生意外。张勋说我此来本为援段，我和他多年同袍，在徐州时，他曾派徐树铮为代表，和我接洽多次，今若强接来京，将他监视，未免令他难堪。至于黎元洪本是庸碌无能之辈，无关重要的人，如对他相逼过甚，恐怕他自寻短见，反贻国人口实，乃派梁鼎芬前往慰黎元洪。一面派胡嗣瑗往南京去见冯国璋，请他实践前言。胡到南京后，得知冯国璋反对复辟的电报已经拍发，无法挽回。这天晚间，黎元洪离开总统府，往投法国医院，院中以深夜无院长手谕，不允收留，黎不得已改投日本公使馆，随即通电任命段祺瑞为国务总理，又电冯国璋代理大总统职务。

7月3日，冯国璋在南京召开特别紧急会议，致电各省督军省长，反对复辟，同时派军队一旅开往徐州。7日正式就任代理大总统，并将徐州的定武军划归倪嗣冲节制。另一方面段祺瑞接到黎元洪的电报后，即携梁启超同赴马厂第二十八师长李长泰军中，宣布讨逆，自任讨逆军总司令，任段芝贵为东路司令，曹锟为西路司令。当段祺瑞派梁启超、张志潭到李长泰处，要他举兵时，李一面敷衍，一面向曹锟问计。曹派人到京探得张勋任北洋大臣兼直隶总督，曹只是巡抚，怒甚，随即同意举兵讨张。16日张勋电达保定的曹锟、济南张怀芝、蚌埠倪嗣冲、杭州杨善德、福州李厚基、南昌李纯、开封赵倜、洛阳张福来、武昌王占元、奉天张作霖、太原阎锡山、西安陈树藩。电文如下：

保定曹仲帅，济南张志帅，蚌埠倪丹帅，杭州杨树帅，福州李培帅，南昌李秀帅，开封赵倜帅，洛阳张师长，武昌王春帅，奉天张雨帅，太原阎百帅，西安陈伯帅：

前荷诸公莅徐会议，首由张志帅、倪丹帅、赵倜帅、李培帅及诸代表揭出复辟宗旨，坚明要约，各归独立，前言在耳，皇天后土实鉴临之，故弟带队北上，临行通电谆谆，以达到会议宗旨为言。弟之托任调人者，以未得京师根本之地，及弟至津京犹未敢揭出本题，盖以布置未妥未敢冒昧从事，故请解散国会，听李九（李经羲）组织内阁，并请各省取消独立，所以示天下以不疑。及事已熟，乃取迅雷不及掩耳之计，奏请皇上复位，然事前未与诸公奉商者，恃有徐州会议之要约也。今事已举办，皇上御极日万众欢腾，亦可见天心民意之所在，诸公意怀观望，复电均以事前未商为言，闻之不胜悚愧。然徐州会议之要约，诸公岂忍寒盟？且天下苦共和久矣，舍复辟安有补救之方？诸公明哲素有同心，若疑弟专擅，顿食前言，则弟一身不足惜，设国事动摇，将陷于危亡之地，诸公岂不因小嫌而误大局。且事已至此，安有更改之理？同属北派，何忍同室操戈？用特沥血披诚，务恳飞速赞成，以践前约，万勿稍存意见，天下万幸。特陈委曲，万乞见谅，立候赐音，是所至盼。

7月4日，段祺瑞的兵由马厂开到杨村，曹锟的兵由保定开到长辛店，7日在廊坊和定武军开火。定武军不及千人，退保丰台，随又退到永定门。当天的中午南苑的飞机在皇宫投弹3枚：一落御花园池内，一落交泰殿侧西长街门瓦上，皆未炸；另一弹落在乾清门前，炸死轿夫一人。

7月8日张勋奏请开缺，9日各处军队包围北京。计安定门外为第一师，西直门外为第十三师，朝阳门外为近畿军第一旅，广渠门外为第一师第二十九团，永定门外为第十一师，彰仪门外则为第三师、第十二师、第二十师，计凡14纵队，每队约4000人，共约57000人，大炮70余门，机枪80余挺。而定武军在天坛的不及百人，在南河沿张勋宅中的不过300余人，不堪一战。日本人佃信夫见战事已不可免，跑到张勋宅中拉住张手大哭，叫张携带幼子一人避居他处。张一言不发，走到室外，取香槟酒一瓶，倒了两杯，与佃各饮一杯为别。少时辜鸿铭带英美记者3人来访张勋，问张勋索要前此各省赞成复辟的通电，以及徐州会议的名单。记者们说："此事已经各省同意，所以先后独立举兵推公（指张）为主盟，中外皆知，今天他们反戈相向，实在令人不平，最好将经过事实宣布中外，何必代人受过？"张勋说："复辟是我向来的主张，至于关系文件，我早已烧毁了。"

10日消息益紧，都劝张勋将少子一人寄居到外面去。张勋对先父说："自古全家殉难的，历史所载，指不胜屈，本是一件很平常的事。不过我过信人言，草草举事，以致贻忧君上，实罪该万死。"

王士珍连日到张宅请张勋将军队交出，他的生命财产由各国公使签字担保安全，张勋置之不理。王又说："如不幸而战，你有多少军队，子弹能支几天，能保必胜吗？"张勋说："军队多少，子弹充足与否，兄不必问，敌众我寡，但毫不放在我的心上。"

自7月1日起，张勋嘱先父每日随同至内阁，并无正式职责（内阁设在旧日的上书房）。先父自徐州动身以来，即患温滞病，到京后每天卧在床上，困顿不堪。8日，张勋开缺，先父请求不再到内阁，张勋不允。

9日，入值的只先父商衍瀛和王士珍二人。王请宣统降旨，照辛亥逊政办法，将大政归还民国，未准。11日，又请照庚子义和团事件前例，将复辟上谕自行取消，亦不准。这天中午先父出神武门走到张宅，听见各处纷纷打来的电话，都说各城门已下攻击令，明天（12 日）拂晓开火。这天夜间万绳栻将各省往来密电和徐州会议签名单及冯国璋约张一同举兵北上的亲笔信，与徐世昌拟的复辟条件等，共计 72 件，包为一包，托先父为他保存。夜半先父将这个包携至东四牌楼报房胡同法华寺。

12 日天微明，枪声密如雨下，朝阳门外之兵进到东安门和定武军接触，不能再进。到中午，炮火命中了张勋住宅，凉棚着火，延及住室，张勋亲自指挥救火，态度镇静。各军官早知必定失败，已于先一日约妥荷兰公使欧登科，俟危急时，开来汽车将张勋接走，此时荷使见张宅火起，如约将汽车开到张宅，藉他事请张勋离宅。张不肯行，由部下几个军官将他拥上汽车，开往东交民巷德国兵营。张的家眷上下共 52 人，则由南池子送往德国医院。沿途通过枪林弹雨，无一人受伤。下午 5 时枪声渐息，先父从法华寺走出来，想打听张勋消息，往扶桑馆访日人佃信夫，正值有段祺瑞部下某军官先在佃处，未便相见。晚间先父在朋友家寄宿，才听说张勋已入荷兰使馆。

13 日早，先父偕外交部友人往荷兰使馆，知张勋在德国兵营，未能见面。随即往奥国使馆访辜鸿铭，由辜介绍荷兰使馆翻译，翻译说现在不便见人。过了几天，张勋眷属移居荷兰使馆，仍无法与他见面。

14 日，听说万绳栻在法国医院，先父乃将他所托代为保存的复辟文件一包还给万绳栻。

15 日，徐世昌入京，以宣统尚无明文将统治权归还民国，乃和内务府商量发出一件公函。29 日用冯国璋代理总统命令将此函公布。

16 日早，黎元洪因为居宅卫兵持刀伤人，移居法国医院。法国公使康悌来到法国医院对万绳栻说，黎与万等是仇敌，劝万移住法国兵营，康悌将复辟的重要文件带走。

17 日，先父出京赴曲阜将家眷接到天津。安顿后，旋即进京，直到中秋后，才见到张勋。此时张勋左右只有唐宗源一人，为他奔走。

1918 年（戊午）11 月，外交部和各国公使商量，要将张勋流放到南洋某岛上去。法国公使首先赞成，各国公使也同意，荷兰公使虽不以为然，但因自己代表的是一个弱小国家，不敢提出异议。先父听说此事后，找荷使研究救张办法。荷使说，只要中国外交部不坚持，可以不致实行。先父乃请陈宝琛向他福建同乡外交部某次长疏通，此事才算作罢。这年冬天发布了对张勋的特赦令。

关于张勋特赦令的发表，尚经过一段小小波折。先是先父听说张勋的特赦令已经总统府盖印发交内阁了，但被总理钱能训（字干臣，浙江嘉善人）压住不予发表。先父乃往访钱能训的门客张寿镛（字伯颂，时任全国烟酒事务督办），张伯颂见面后先不谈本题，只说钱总理在北京还没有适当的住宅，急于置一所 3 万元左右的宅子。先父知道了他们的目的在于索贿，便直爽地告诉张伯颂说，此事我个人不能做主，需要到天津去一趟和张勋太太商量，才能决定。说毕辞去，随即赴津，取得张家同意后，再往访张伯颂。张伯颂很高兴，立即约先父一同去看房子。先父说，我对于此等事向来外行，如果尊意认为合适，即算成交，房屋看完以后，张伯颂又说，还有税契印花等项，需要数千元，请一并支付。先父因不便再为此小节再去天津商议而耽搁时日。便毅然做主，替张勋答应下来；但同时要求内阁，应将张勋被没收的全部财产早日发还，不可再生枝节。

张伯颂一口答应照办，但说此事需要你们具一公呈请求发还，我兄（指先父）不便领衔，最好另外找一个合适的人。先父回家中途遇见了阮斗瞻（名忠枢）告知此事经过，又约了几个张勋旧友出名，由阮领衔具了一张呈文，才将张勋的财产全部发还。

（胡君素　整理）

1965 年

（选自天津市政协文史资料研究委员会编《天津文史资料选辑》第 31 辑，天津人民出版社 1985 年 4 月第 1 版）

我随段祺瑞离京到马厂的见闻

贾润泉 *

我于民国元年冬，开始给段祺瑞当上差，一直到把他的灵柩从上海送到北平，前后共 20 余年。在他和黎元洪因对德宣战问题发生冲突离开北京，先到天津，嗣去马厂讨伐张勋后，又返回北京这一时期，目睹耳闻，尚有可述，兹择要叙述于下，藉供参考。

1917 年 5 月 21 日上午 10 时左右，段祺瑞去总统府见黎元洪，一个多小时才回来。段一进屋，我接过他脱下来的马褂，看见他的鼻子向左边歪了许多。他一生气就歪鼻子倒是常见的事，但歪得这样厉害，是空前的一次。与段同去的副官池俊臣对我说："老总要求总统下命令对德国宣战，总统说国会不同意，不肯照办，越说越僵，

* 贾润泉：时为段祺瑞手下上差。

老总拍着桌子和总统大吵，临走到客厅门口，用力一跺脚，回过头向黎说：‘我不干了。’咱们要小心点伺候，别找倒霉。”一会儿，段要我去叫卫队营长杜奎来。段自当陆军总长起，即编有卫队一营，名为陆军部卫队，实际是段个人的卫队。共辖步兵4连、机关枪一连、骑兵一连、便衣侦探一连，分驻铁狮子胡同东口海军部对过和陆军部西隔壁。粮饷等一切供应，均由陆军部直接拨发。杜营长来后，段叫他马上到前门车站预备专车去天津。杜带卫队一排、便衣侦探一排，到车站找站长。站长适才接到总统府电话指示：“不经总统批准，任何人不得开行专车。”经杜强迫，站长只得备好头、二等车辆各一的专列，杜即向段报告，车已备好。段饭后照例的午觉没有睡，即带我和池俊臣、冯金铭等上差6人，均便衣暗藏勃朗宁手枪，连同便衣带自来得手枪的卫队20人，分乘汽车两辆，直奔前门车站。段刚上专车，吴光新来陪段去天津。等了10余分钟，吴问我：“怎么还不开车？”我答：“杜营长已经去找站长了！”吴生气地说：“快把站长叫来。”一会杜奎和站长及几个站内办公人员均来。吴问站长：“为什么不赶快开车？出了事故你负得了责任么？”站长说：“刚才总统府来电话指示，没有总统的命令，谁也不能擅开专车走。”吴说：“他是放屁，胡说八道。不开不行，赶快开车。”杜营长马上掏出手枪，指着站长的胸前说：“你开不开车？”站长吓得脸都白了！一面大声喊叫快开车，一面向随在身旁的站内职员说：“赶快打电话向总统府报告：专车不开不行。总理大怒之下，不开车就枪毙我。专车已经开走了！”第二天，黎即明令免去段的国务总理职。

段到天津，暂住意大利租界二马路段芝贵家。吴光新和营长杜奎，当日返京。段芝贵住的楼房共六楼六底，外带小楼，系段祺瑞所有（民国 16 年由姚国桢介绍卖归张廷锷）。段芝贵要搬家，段祺瑞说：“我不能久住天津，你又何必迁出迁入地找些麻烦呢！”住了 7 天，即租妥意租界大马路吕调元的楼房一所迁入，由我去北京将全部眷属接来。因与王郅隆住隔壁，他经常来陪段打牌。靳云鹏、段芝贵、傅良佐、徐树铮、曾毓隽、曹汝霖、陆宗舆、王揖唐等常来，徐世昌曾来过两次，每次都是闭门长谈。徐与王揖唐，向来不陪段打牌。有一天上午，倪嗣冲来见段，大声说：“黎宋卿曾对我说：‘不经国会通过，径行对德宣战是不合法。’什么他妈的法！总理是责任内阁的领袖，总理说的话就是法律。他不经内阁副署，就免去总理的职务，是合法吗？辛亥武昌之变，黎宋卿听到枪声吓得钻了床底，因缘时会，依人成事，忝居高位，优柔寡断，竟然妄自尊大，以开国元勋自居，还有谁来拥戴他呢？”段说：“国步方艰，庸才足以误国。”

是年 6 月中旬的一天上午，张勋带着 15 辆小福特汽车，张车居中，前后各 7 辆，满载便衣带手枪的辫子兵来到段宅。张光着头拖一个辫子，穿着马褂，持黑折扇，满面风尘，精神很是疲劳，见段密谈约半小时，临行将出客厅门口，段问：“你几时去北京？”张答：“今天下午就去。”段说：“好吧！你到北京看着办吧！”

7 月 1 日早 7 时以后，段芝贵的副官李化甫来电话问我：“段总理起来了没有？”并说：“刚才雷震春派人来说：‘有圣旨要将军（指段芝贵）去北京辅佐皇上，连红顶子、大花翎、靴子、袍套等穿戴的衣物都送来了！将军不去，都退交来人带回北京。听来人说：‘宣统又当皇上了！北京城内各衙门、商号、住户都要挂上龙旗，天还没有大亮，市面和车站方面就很热闹。’”我据以告段。段没有说什么，也没有表现惊慌的神气，马上去到段芝贵家。一会儿段芝贵之弟段永彬和傅良佐都到了。段祺瑞即派傅良佐去马厂联络，直到 12 点段才回家吃午饭。是日下午 6 点以后，傅由马厂赶回来见段说：“李师长欢迎总理去。”段即嘱傅找段芝贵秘密在天津北站，接洽备妥一个头等、一个二等的专车一列。当夜 11 点左右，段上车，我同王希文、池俊臣、冯金铭等上差 6 人，中、西餐厨师倪、杨 2 人，连同便衣卫队 10 名，一同上车。段芝贵、傅良佐陪段前往。午夜 1 点钟以后，车到马厂。第八师师长李长泰率领该师中级以上各军官迎至车站。因师部在人和镇，距车站约有 4 里，备有车马让段等乘坐，段愿步行，遂一同徒步到人和镇。第八师炮兵团长冉繁瑞、步兵营长冉繁敏均紧随段左右护卫。他二人系亲兄弟，均给段当差多年，由段一手提拔的。二人常到段家，还是以当差的身份伺候段，和第八师的同事们相处很好，该师团、营长等知道他二人和段的关系很近，而冉繁瑞又是段的亲信魏宗瀚的母亲的干儿子，以故均愿和他二人接近。段到马厂指挥第八师讨伐张勋，在人事方面，从下到上是有一定把握的。

7 月 2 日早点后，李长泰之妻由他儿子李壮飞扶着到师长办公室来见段，李长泰陪来。段迎在办公室门口，笑问：“大嫂你好哇！”李妻说：“总理好哇！你还是那样年轻，没看出老来呢。”进屋后，坐谈约半小时，互询两家眷属情况。最后李妻向段说：“你大哥（指李长泰）当了半辈子官了没有剩下什么，都老白了毛了，还能干多少年哪！总理你若不提拔他，还能有谁提拔他呢！这次你回北京，把九门提督（民国后改称步军统领）给他吧！”段略加考虑说：“大嫂放心！一定照办。”李妻回师部后院后，陈文运来见段，一会儿就走了。靳云鹏在12点以前也来了。午后梁启超到，段在办公室门口对梁说：“任公此来，大振军威。”梁笑说：“打仗我是不行，我来给总理当个小秘书吧！”梁略事休息，即起草讨张通电。梁在黎段争吵的前几天的上午10时左右，曾到府学胡同段宅见段，段对来见他的任何人，向不迎接到所住的楼门以外，这次梁来，竟穿上马褂迎接到院内梁坐的汽车旁边，握梁手说：“老弟，久违！久违！”让梁到小会客厅后，叫我告诉管中餐的倪师傅，预备大便饭留梁午餐。段留客人吃饭，经常是预备便饭，指明预备大便饭，是暗示加添燕窝、鱼翅等海菜，以表示格外尊重。段、梁自上午10时后，连续谈到下午3点多钟，梁才辞去。这是段会客最长的一次。梁说话的主要内容是：“同盟国和协约国战争的胜负，不在于军队和武器的强弱优劣；既已相持3年，最后取决于经济方面能否持久。德国势孤，人力、物力业已捉襟见肘；英法等各协约国，资源丰富，又有美国在后面支援，在经济方面，远胜于德，一定能击败德国；中国既已与德断绝邦交，如迟不参战，德国若胜，势必居于战败国的地位；英法若胜，因并未对德宣战，也不能列为战胜国。从此国际地位更加低落，将何以自存？况日本业已参战，到德国战败，则东邻虎视，列强环伺，中国的前途，更不堪设想！”段曾到德国学炮兵一年，平素盛赞德国的军队精强，武器优良，虽主张参战，但还有一定程度的崇德、惧德思想。经梁这一次长谈，对德宣战的意志更为坚决，以故急于要黎明令宣战。梁启超所拟的讨伐张勋通电连夜发出。

7月3日，汤化龙来到马厂。同日，段就任讨逆军总司令，在天津督署设立司令部，第八师步兵二旅、炮兵一团，先后徒步开往廊坊，由段芝贵指挥。他先行返津转往前方督师。马厂车站设立稽查处，检查由北京、徐州间往来乘车的张部官兵，陆续扣留达三四百人。靳云鹏要求李长泰先杀几个扣留在车站的辫子兵，悬首示众，以振军威。李谓由靳先请示段后再办。靳在晚饭时，就便向段报告请示，段未作答复。第二天午饭时，靳又向段提及此事，段很不高兴地说："罪在张勋一人，这些官兵们有什么罪？杀几个有什么用处？你们总是好杀人，杀人者人恒杀之，哪一个好杀人的有好结果呢！"在张勋复辟失败后，所有扣留的张部官兵，均分别编隶第八师或给资遣回原籍。

7月8日，各省已先后响应讨张，东西两路的讨张军队，已逼近北京，驻防北苑的陆军第一师蔡成勋部，已会同段的卫队营，以张勋住宅为目标，开始进攻东华门；段祺瑞即同靳云鹏、梁启超、汤化龙等返回天津，在讨逆军司令部办公。临行，梁书写一幅字赠李长泰，为"上将军段祺瑞，讨叛国逆张勋"。李对此很是珍视。段素不喜欢字画，以前有人送给他的今古名人的字画，并不悬挂，都弃掷床下地上，任其霉烂。梁知之，以故未将字幅赠段。

段回天津后，每日9时左右就到督署内讨逆军司令部办公。在司令部午餐，直到晚饭时才回家。专心致力于讨张军事，对癖好很深的下棋、打牌也缩短了时间和减少了次数。段在督署中院办公，幕僚人员均在第三层院内办公，靳云鹏经常在第三院正中办公室内。在10日左右，徐树铮来司令部见段，适段外出。即到第三层院各室，在室门和窗外向内窥视，巡视一周，并未进屋，即行离去。靳闻之，立即到办公室门外，怒目视徐背后，以山东土话大声骂道："徐树铮你奶奶的×，你鬼鬼祟祟的干什么？你来考查谁呀！你管得着么？婊子的儿，整天价不干人事，出坏主意，你是人做的么？王八旦 × 的。”徐假装没有听见，快步走出中院去了。

段自讨张通电发出后，卫队营长杜奎家住船板胡同；陆军部军学司司长兼编译局局长魏宗瀚，家住东四七条八宝胡同；吴光新也住家东城，都在卫队营的防地以内。他们3人常用家中电话接通铁路电话线，先后打到马厂、天津，向段报告北京军事进展和张勋的一切情况。张被迫逃至荷兰使馆，主要由于蔡成勋的第一师和卫队营攻下东华门，逼近张勋住宅。蔡部第一师驻防北京北苑，并非段的嫡系部队。因蔡与魏宗瀚系同县同学，又系盟兄弟，段到马厂后，即密电魏宗瀚与蔡联系，派兵开进东城，会同卫队营进攻东华门内南河沿张勋住宅。双方约定，先由杜奎率部分卫队秘密到齐化门，城墙上以红灯笼为标志，俟蔡部开到，即开城门迎接进城。

7月5日午夜，第一师师长蔡成勋派所部第一旅旅长李焕章，率步兵二团、炮兵一营、机关枪一营，绕过安定门外开到齐化门。卫队开城后，陆续集结于东四牌楼附近，略事休息，即分兵两路：一路以步兵二营、炮兵一营，由东四牌楼往南到灯市口布置阵地，二步兵营同机关枪连营进入金鱼胡同布防；另一路以步兵二营同卫队营的重机关枪二连，由猪市大街经八面槽进入翠花胡同，以皇城翠花豁街为攻击目标。旅长李焕章为前敌总指挥，指挥部设于翠花胡同西口。张勋部队在东安市场联接金鱼胡同一带及东华门大街两傍，均堆集麻袋，设有防御工事。双方接触以后，张部略事抵抗，即退守东华门。灯市口和金鱼胡同的蔡部军队向东华门大街一带推进，猛攻东华门；与此同时，翠花豁子方面亦下令总攻，并以卫队营的4个步兵连、一个骑兵连为预备队，便衣侦探连维持后方治安。

从7月7日到8日深夜，经过两昼夜的猛攻，张部凭藉皇城高厚坚固，奋力死守，未能攻入。双方死伤惨重。

7月9日，营长杜奎以电话向段报告，并请示拟将皇城凿洞设置炮位，轰击张宅。段准许，但指示："对张宅炮击，意在恫吓他逃走，不可过多的实弹轰击。"夜间，征集石匠五六人，在东华门南段，靠近张宅的皇城墙，开凿洞口3个，中间一个洞口，设小钢炮阵地，两边洞口，各设重机关枪一架。

7月10日夜间，又总攻击翠花豁子和东华门两处。蔡成勋悬赏2万元攻东华门。张宅院中和大门前各落一炮弹，重机关枪由洞口扫射两攻击目标的后方，东华门内大石桥守军，死伤枕藉。

7月11日，步兵营长王绩吾，督队攻入东华门；翠花豁子亦被攻陷。张宅门外设有防御工事，密布机枪。营长王绩吾乘胜攻过大石桥，在逼近张宅时中机关枪阵亡，停止前进。正在两路会师准备并力攻击张宅时，警察总监吴炳湘派人来指挥部与旅长李焕章联系说："不久即有插荷兰国旗的汽车，由东交民巷经南河沿到张宅接走张勋，请勿射击，并暂停攻击。"商定以12日早10时以前为限，暂停进攻。

7月12日早，张勋被接到南河沿南口，距东交民巷百余步的地点停车。张及车上所有的人，均下车徒步进入东交民巷。前线官兵，疑汽车上带有贵重物品，欲将汽车抢来，李旅长恐车系外国人所有，不准前往。炮兵即开一炮，弹落车傍，车被震翻。在警察人员会同商会清理战场时，发现车内有20万元中交纸币，系张勋遗忘在车上的，即收归公。李旅长闻之，极为后悔。12日，战事全部结束。

7月14日早，段祺瑞专车返回北京，下午其眷属亦迁回。黎总统下台，冯国璋以副总统代理大总统，段复任国务总理。

8 月初，即通告对德、奥宣战。第八师师长李长泰调任步军统领，遗缺由王汝贤继任。炮兵团长冉繁瑞调升步兵旅长，步兵营长冉繁敏调升团长。第一师师长蔡成勋，调升绥远都统，仍兼师长。旅长李焕章将攻东华门的 2 万元奖赏只发放 2000 元，中饱 1.8 万元，并乘机向蔡成勋借 2 万元在老家买地，为蔡所不喜，只改调了混成旅长。当要免去李长泰兼师长一职时，李见段表示愿仍兼任。段说："大哥，你年纪大了，应该休息。第八师要外调他省，你哪能遥领呢？"李又找靳云鹏向段说："李师长在马厂有首义之功，步军统领非封疆大吏，若不使其兼任师长，恐予人以薄德之讥。"段说："步军统领一职，是我刚到马厂时李太太向我要求的，李师长也在坐。李身为军人，又与我有桃园之义，功未成而先要酬庸，迹近要挟，非他所应为。李暮气沉沉，第八师将担负重任，李何能胜任？"终以王汝贤继任第八师师长。

（赵钟璞　整理）

1964 年 8 月

（选自全国政协文史资料委员会编《文史资料存稿选编》第 1 卷，中国文史出版社 2002 年 8 月第 1 版）

复辟的形形色色

溥　仪*

一　在袁世凯时代

幼年时代，在紫禁城中的早晨，有时候可以遇到这种奇异的现象：处于深宫，但能听到远远的市声。有时是很清晰的小贩叫卖声，或者听到大兵的唱歌声。太监们把这种现象叫作“响城”。离开紫禁城以后，在我的回忆中，“响城”给我印象最深的是有几次听到中南海的军乐演奏。

“袁世凯吃饭了。”在我身旁的总管太监张谦和有一次告诉我，“袁世凯吃饭的时候还奏乐，比皇上还神气！”

---

* 溥仪：清朝末代皇帝。
新中国成立后，任全国政协文史资料研究委员会专员，第四届全国政协委员。

张谦和的光嘴巴抿得扁扁的，脸上带着忿忿然的神情。我这时不过9岁上下，已经能够从他的词色中感到类似悲凉的滋味。在当时的年岁上，我可以从“响城”的各种音响上想象传说中的街道是什么样，叫卖的小贩如何站在我想象出的舞台上表演他的嗓音，大兵们又如何想用歌声压过小贩的叫卖……它把我带进了一幅引人入胜的城厢生活的图画，也把我引入耻辱难忍的想象中：袁世凯面前摆着比太后桌上还要多的菜肴，有成群的人伺候他，给他奏乐、搧扇子……

但也有另外一种形式的“响城”，逐渐使我发生浓厚的兴趣，使我想象的翅膀飞得更高：陈老师（陈宝琛）给我讲的同治“中兴”、康乾盛世等等景象是构成想象的主要材料。这种音响不是我站在养心殿的宫院里而是在毓庆宫从老师的嘴里听来的。那就是种种关于复辟的传说。

复辟——用紫禁城里的话说，也叫作“恢复祖业”；用遗老旧臣们的话说，就是“光复旧物”“还政于清”——这种活动并不始于尽人皆知的“丁巳事件”[①]，也并不终于民国13年被揭发过的“甲子阴谋”[②]，可以说从颁布退位诏起到伪满洲国成立止，没有一天停顿过。起初是我被大人指导着去扮演我的角色，后来便是凭着自己心灵的指导去活动。在我童年时期给我直接指导的是师傅们，在他们的背后自然还有内务府大臣们和由内务府大臣世续得民国总统同意来照料皇室的“王爷”（他们这样称呼我的父亲，我也这样

① 丁巳事件即1917年的张勋复辟。
② 甲子阴谋是1924年故宫博物院将金梁、康有为等活动复辟的文件印行出版，书名《甲子复辟阴谋文证》。

称呼他）。这些谨慎而稳重的人的内心热情并不弱于任何紫禁城外的人。但是后来我逐渐地明白，实现复辟理想的实际力量并不在他们身上，连他们自己也明白这一点。说来滑稽，但是事实：紫禁城的希望是放在取代大清而统治天下的新贵们的身上的。第一个被寄托这个理想的人，正是引起紫禁城忿忿之声的袁世凯大总统。

照我的理解，这种幻想是从袁世凯为隆裕太后治丧开始的。在那些日子里，宫中气氛变化如此剧烈，以致连我这 8 岁的孩子也很诧异。太后在世时，宫里总是阴阴郁郁的，好像祸事随时都会降临的样子。每天我向太后请安时，常看见她在擦眼泪。有一次我在西二长街散步，看见成群的太监在搬动体云殿的自鸣钟和大瓶之类的陈设。张谦和愁眉苦脸地念叨着："这是太后叫往颐和园搬的。到了颐和园还不知怎么样呢！"

大批太监逃亡的事跟着发生了。因为太监们纷纷传说，到了颐和园，一包围，全都活不成了。张谦和也成天叨念这些事，免不了又露出忿忿然的神色说："万岁爷到哪儿，奴才跟到哪儿保驾，决不像那些胆小鬼！"不过我还记得，那些天早晨他在我的龙床帐外替我念书①的声音，也是有气无力的了。

民国 2 年的新年，气氛开始有了变化。在阳历除夕这天，陈师傅在毓庆宫里一落座，一反常态，不去拿硃笔圈书，却微笑着瞅了我一会儿，然后说："明天阳历元旦，民国要来人给皇上拜年。是他们那个大总统派来的。"

这是不是他第一次向我进行政务指导，我不记得了，但他那少

① 为了帮我记忆，太后规定：每天在我起床前，由张谦和替我把昨天念的书朗诵一遍。

有的得意之色大概是我第一次的发现。他告诉我，这次接见民国的礼官，采用的是召见外臣之礼。我也用不着说话，内务府大臣绍英就全代办了，我只坐在乾清宫龙书案后头宝座上看着便是。

到了元旦这天，我被打扮了一下，穿上了金龙袍褂，戴上珠顶冠，挂了朝珠，稳坐在乾清宫的宝座上，两侧站着御前大臣、御前行走和带刀的御前侍卫们。总统派来的礼官是朱启钤，他一进殿，在门口那里向我鞠了一个躬，向前又鞠了一躬，走到我的台前又深深鞠了一躬，然后朗诵“大中华民国大总统敬向大清皇帝问好……”的贺词。内务府大臣绍英走到我的台上跪下，我从面前龙书案上的黄绢木匣子里取出答辞交给他，他站在台上向朱启钤念了一遍，又跪着交还给我。朱启钤又向我鞠躬后退，于是礼成。

第二天早晨，我就发现了气氛的变化：首先是我的卧室床旁又出现了张谦和的朗朗念书声，其次是毓庆宫里陈师傅对我微笑着捻那乱成一团的白胡子，摇头晃脑地说：“优待条件，载在盟府，为各国所公认，连他总统也不能等闲视之。”

过了阳历元旦，不久，到了我的生日（正月十四日，因为和道光皇帝的忌辰是一天，改为十三日）。这天，大总统袁世凯又派了专使到乾清宫向我致贺词，于是在民国元年间几乎已经消声匿迹的“王公大臣”们，又穿上了蟒袍补褂，红顶花翎，出现在神武门前和紫禁城内。……在民国元年间到宫里来的大多数在进城前穿着便服，进了城才换上袍褂，顶戴花翎。……现在他们经过阳历元旦一场演出的启示，又敢于明目张胆地穿戴齐全地走在大街上了。

完全恢复了落日城中繁华气象的，是隆裕太后的寿日和丧日那些天。隆裕寿日是 2 月 15 日，过了 7 天她就去世了。在寿日的那天，袁世凯派了秘书长梁士诒又来致贺，国书上赫然写着：“大中华民国大总统致书大清隆裕皇太后陛下”。袁世凯另又派国务卿赵秉钧率领了全体国务员以外国使节之礼来祝贺。隆裕去世后，袁世凯的举动更加动人：他自己臂缠黑纱致哀，并通令全国下半旗一天，文武官员服丧27天，又出动了全体国务员致祭。接着，在太和殿举行了所谓国民哀悼大会，由参议员吴景濂主祭；军界举行了所谓全国陆军哀悼大会，领衔的是袁的另一心腹，上将军段祺瑞。在太监干号的举哀声中，我看见了夹杂在玄色袍褂中的民国大礼服，看见陈师傅下巴的白胡子团得更乱，父亲脑后的花翎更加跳动，被赏穿孝服百日的亲贵的脸上洋溢着得意的神色。让他们感到新的希望的还有另一个因素，是太傅徐世昌也从青岛赶来了，接受了清室赏戴双眼花翎。徐世昌在颁布退位后带着一根辫子到德国人盘踞的青岛当寓公，起了一个含意双关的别号“东海”。他这次出现的意义，我在下文中还要谈到。

隆裕的丧事未办完，南方发起了讨袁运动，即所谓的二次革命。不多天，这次战争就以袁世凯的胜利而结束。袁世凯接着用军警包围国会，强迫国会选他为正式大总统后，给我写了一个报告：

大清皇帝陛下：中华民国大总统谨致书大清皇帝陛下：

前于宣统三年十二月二十五日奉大清隆裕皇太后懿旨，将统治权公诸全国，定为共和立宪团体，命袁世凯以全权组织临时共和政府，合满、汉、蒙、回、藏五族，完全领土为一大中华民国。旋经国民公举，为中华民国临时大总统。受任以来，两稔于兹，深虞险越。今幸内乱已平，大局安定，于中华民国2年10月6日经国民公举为正式大总统。国权实行统一，友邦皆已承认，于是年10月10日受任。凡我五族人民皆有进于文明，跻于太平之希望。此皆仰荷大清隆裕皇太后暨大清皇帝天下为公、唐虞揖让之盛轨，乃克臻此。我五族人民感戴兹德，如日月之照临。山河之涵育，久而弥昭，远而弥挚。维有薰督国民，革新治化，恪守优待条件，使民国巩固，五族协和，庶有以慰大清隆裕皇太后在天之灵。用特报告，并祝万福。

中华民国2年10月19日　袁世凯

由于这一连串的现象，遗老们中间便起了各种议论。

“袁世凯究竟是不是曹操？”

“项城当年和徐、冯、段说过对民军只可智取，不可力敌，徐、冯、段才答应退位的主意。也许这就是智取？”

“我早说那个优待条件里的辞位的辞字有意思。为什么不用退位退位，袁宫保单要改成个辞位呢？辞者，暂别之谓也。”

“人总统常说办共和，办的怎样。既然是办，就是试行的意思。”

不管怎样猜测，遗老们有不少人反正是越来越兴奋了。这年冬天，在光绪和隆裕奉安的时候，梁格庄的灵棚里演出了一出活剧。主演的是那位最善表情的梁鼎芬，那时他还未到宫中当我的师傅；配角是另一自命孤臣的劳乃宣，是宣统三年的京师大学堂总监督兼学部大臣，辛亥后也躲到青岛，在德国人专为收藏这流人物而设的“尊孔文社”主持社务。在这出戏里被当作小丑来捉弄的是前清的山东巡抚、袁政府里的国务员孙宝琦，这时他刚当上外交总长（他父亲孙诒经被遗老们视为同光时代的名臣之一）。那天这一批国务员由赵秉钧率领来致祭，在致祭前赵秉钧是先脱下大礼服，换上清朝素袍褂行三跪九叩的礼。这又给孤臣孽子梁鼎芬觉出了气候，也不知怎么回事，在那些没带清朝袍褂来的国务员之中，叫他一眼看中了孙宝琦。他直奔这位穿大礼服只鞠躬的国务员的面前，指着鼻子问："你是谁？你是哪国人？"

孙宝琦给这位老朋友问怔着了，旁边的人也都转过头来向这边。梁鼎芬接着更提高嗓门说下去："你忘了你是孙诒经的儿子！你做过大清的官，你今天穿着这身衣服，行这样的礼来见先帝先后，你有廉耻吗？你——是个什么东西！"

"问得好，你是个什么东西！"劳乃宣跟了过来。他们俩一唱一帮，引过来一大群人，把这3个人围在中心。孙宝琦面无人色，低下头连忙说："不错，不错，我不是东西！我不是东西！"

梁师傅后来给我描绘得有声有色。这个故事和后来的"结庐守松"和"正颜退刺客"，是他一生最为得意的事迹，讲了不知多少次，而且越讲情节越完整，故事越富于传奇性。

到民国3年（1914年），就有人称这年为复辟年了。让孤臣孽子兴奋的事情越加多了。袁世凯祀孔，采用三卿士大夫的官秩，设立清史馆，擢用前清旧臣等等举动，令人眼花缭乱。前东三省总督赵尔巽被任为清史馆馆长，陈师傅称之为贰臣，他自己却自言自语地宣称道："我是清朝官，我编清朝史，我吃清朝饭，我做清朝事。"当局也不为怪。于是那位给梁鼎芬在梁格庄配戏的劳乃宣写出了正续两篇《共和解》，公然宣传应该"还政于清"了。他写了信给徐世昌让徐代向袁世凯去游说。这时清室太保徐世昌同时又成了民国政府的国务卿。徐把劳乃宣的文章给袁看了，袁叫人带信给劳乃宣，让他到北京做参议。这样一来，又有了一位前清京师大学堂的刘廷琛也写了一篇《复礼制馆书》，一位国史馆协修宋育仁发表了还政于清的演讲，都一时传遍各地。据说在这个复辟年里，连四川一个绰号十三哥的土匪也穿上清朝袍褂，坐上绿呢大轿，俨然以遗老自居，要投复辟之机了。

紫禁城里搬家的事根本不提了。谨慎稳健的内务府大臣世续为了把事情弄牢靠些，找了他的把兄弟袁世凯一次。袁说："大哥你还不明白那些条还是应付南边的吗？太庙在城里，皇上怎么好搬？再说皇宫除了皇上住，能叫谁住？"

这是很久以后在内务府做过事的一位遗少告诉我的。当时世续和王爷根本不和我谈这类事情，要谈的也要经过陈师傅。照师傅当时的说法，"看样子他们总统，倒像是优待大清的。优待条件本在盟府，为各国所承认的……"

师傅的话，好像总是没有说完全。现在回想起来，这正是颇有见地的"慎重态度"，和紫禁城外的劳乃宣那些遗老比起来，紫禁城里在这段时期所表现的乐观确实是谨慎而有保留的。袁世凯的种种举动——从公开的不忘隆裕"在天之灵"到认定"皇上"不能离开皇宫和太庙，这固然给了紫禁城的人不少幻想，但是紫禁城从"袁宫保"这里所看到的也就只限于此，所生的幻想也还是一相情愿的多。何况在醇王兄弟们心里更不相信袁世凯会捐弃旧嫌，因此，紫禁城就不能表示出太多的兴奋。后来不久，当复辟年到了年底，北京开始变风头的时候，事实证明这种"审慎"的态度更是完全必要的了。

风头的变幻，是由一个肃政史提出要追查复辟传闻开的头。袁世凯把这一案批交民政部"查明办理"，接着演讲过还政于清的宋育仁被步军统领衙门（等于警备司令部）递解回籍。这个消息一传出来，不少人恐慌了，劝进文章和还政于清的言论都不见了。在青岛正准备来京赴任的劳乃宣也不敢来了。但这时人们还有些惶惑不解，因为袁世凯在查办复辟的民政部呈文上又批上了“严禁复辟谣言，既往不咎”这种奇怪的话。而宋育仁的递解也很别致：袁世凯送了他 3000 块大洋，一路上又大受各衙门的酒宴欢送，叫人弄不清宋育仁到底是受罚还是受奖。一直到民国 4 年，总统府的美国顾问古德诺发表了一篇说是共和制不适中国国情的文章，继而又有筹安会出现主张推袁世凯为中华帝国的皇帝，这才扫清了满天疑云，使人们明白了袁世凯要复的什么辟。

事情已经清楚，而紫禁城的恐怖和愤激也一齐发生了。我从响城中听见袁世凯乐队奏乐，就是在这时候。那几天，三大殿（太和、中和、保和 3 殿，辛亥后属民国所有）进行油缮，在养心殿院子里可以看见油缮工的脚手架，张谦和告诉我，那是袁世凯要在三大殿登极。

不论是谁，只要在院子里行走，都要关心地向那边张望一下，想看出附近工程进行的情况，好像自己的命运就决定在工程的结束上似的。太妃们每天都要烧香拜佛，求大清的“护国神协天大帝关圣帝君”的保佑。仪仗是忙不迭地让溥伦搬走了，玉玺因为是满汉合璧的，并不合乎袁世凯的需要（历史上出名的和氏璧在清朝不用作玉玺，而是当作古董玩赏了），倒是一块也没有拿去。事实上如果袁世凯说一声全要，交泰殿的所有“御玺”也会乖乖地交出去，因为太妃她们早已吓得不知如何是好了。这种空气的重压，特别可以从太监们的神色上感觉出来。早晨我卧宝内的背书声不用说又低沉了，御前小太监们也常常交头接耳，有时竟神不守舍地传说着：“太和殿油漆完了！”

毓庆宫有了一个最显著的变化：师傅们对毓崇特别和气，没有人再拿他当“伯禽”来看待。毓崇在太妃那里也成了红人，常常被叫进去赏赐些鼻烟壶、搬指之类的玩艺儿。当我说话一提到袁世凯，师傅就向我递眼色，我就赶紧改嘴，以免让毓崇听见传到他父亲溥伦耳朵里去。

有一天，毓崇又高高兴兴地应召到太妃那里去了，陈宝琛看见窗外已经没有他的影子，从怀里拿出了一张纸条，秘密地对我说：“这是臣昨天卜得的易卦，皇上看看。”

我拿过来，看见这一行字：“我仇有疾，不我能即，吉！”

他解释说，这是说我的仇人袁世凯前途凶恶，不能危害于我，是个吉卦。他还烧了龟背，弄过蓍草，结果一切都是吉利的，说我可大大放心。这位老夫子为了我的命运原来把原始社会的一切算命办法都用过了。我因此大受感动，也大受安慰。陈老师傅还摆头摆脑地说：“天作孽，犹可违，自作孽，不可活。元凶大憝的袁世凯作孽如此，必不得善终；‘我仇有疾，终无尤也！’优待条件载在盟府，为各国所公认，袁世凯焉能为疾于我乎？”

为了“不我能即”和保住优待条件，师傅、王爷和内务府大臣们除卜卦之外所进行的活动，他们虽没有告诉我，我也知道了。他们和袁世凯谈了一笔交易，总起来说，就是由清室表示拥护袁皇帝，袁皇帝承认优待条件。内务府给袁一个正式公文说：“现由全国国民代表决定君主立宪国体，并推戴大总统为中华帝国大皇帝，为除旧更新之计，作长治久安之谋，凡我皇室，极表赞成。”这个文换回来袁世凯亲笔写在优待条件上的一段跋语："先朝政权，未能保全，仅留尊号，至今耿耿。所有优待条件各节，无论何时断乎不许变更，应当列入宪法。袁世凯志卯孟冬。"

这两个文件的内容，后来都见于民国 4 年 12 月 16 日的"大总统令"中。这个令发表的一个月前，我父亲日记里还有这样一段记载：

"十月初十日（即阳历 11 月 26 日）：上门（意为到紫禁城）偕世太傅公见四皇贵妃，禀商皇室与袁大总统结亲事宜，均承认可，命即要行筹办一切云。在内观秘件，甚妥，一切如恒云云。"

所谓秘件，就是袁世凯在优待条件上手写的跋语。所谓亲事，是袁世凯叫江朝宗向我父亲同世续提出的，太妃们心里不愿意，可是也不得不从。其结果，自然优待条件没列入宪法，我也没当上袁家的女婿，因为袁世凯作了八十几天的皇帝就下了台，不久也就气死了。

二　丁巳复辟

袁世凯去世的那天，消息一传进紫禁城，人人都像遇见了大喜事。太监们奔走相告，太妃们去"护国神协天大帝关圣帝君"像前烧香，毓庆宫无形中停了一天课……

接着紫禁城中就听见了一种新的"响城"声：

"袁世凯失败，就在动了鸠占鹊巢之念。"

"帝制非不可为，百姓要的却是旧主。"

"袁世凯与拿破仑三世不同，他并不如拿氏有祖荫可恃。"

"叫姓袁的当皇帝，还不如物归旧主呢。"

……

这些声音，和师傅们说的“本朝深仁厚泽，全国人心思旧”的话形成共鸣。

我的思想感情这时和头几年已大有不同了。这年之初，我刚在奕劻谥法问题上表现了“成绩”，这时候，我又对报纸发生了兴趣。

袁世凯死了不多天之后，报上有了“宗社党起事未成”，“满蒙匪势猖獗”的消息。这是肃亲王善耆这些人所谓勤王年地活动起来了。当初公开反抗共和的王公大臣——善耆、溥伟、升允、铁良被称作4个申包胥的，哭秦庭都没成功，后来除了铁良躲到天津的外国租界，其余的都住在日本租界地旅顺、大连，仍然通过手下的日本浪人勾结日本的军阀财阀，从事复辟武装活动。其中最活跃的是善耆，在他任民政部尚书任上当他的警政顾问的川岛浪速跟他在一起，给他跑合拉纤。日本财主大仓喜八郎男爵给他拿出活动费100万日元。日本军人有森、土井等人给他招募满蒙武装，编练军队，居然也有了好几千人。袁世凯一死，就闹起来了。其中有一支由蒙古人巴布扎布率领的队伍一度逼近了张家口，气焰十分猖獗，最后以巴布扎布本人被部下刺杀告终结。在闹的最凶的那些天，有一个很奇怪的现象，“勤王军”和民国的军队在满蒙几个地方乒乒乓乓地正打得热闹，在北京城里的民国政府和清室小朝廷照旧祝贺往来，应酬不绝。紫禁城从袁世凯死后那天开始的“兴隆”气象，蒸蒸日上，既不受善耆和巴布扎布的兴兵作乱的影响，更不受他们失败的影响。

袁死后，黎元洪继任总统，段祺瑞任国务总理。紫禁城派了那个曾向袁世凯劝进过的溥伦前去祝贺，黎派了代表来答谢。民国政府又把袁世凯要去的皇帝仪仗送回到紫禁城。元旦和我生日，大总统的礼官和民国的大官又来祝贺。我父亲也向黎总统、段总理赠送肴馔。内务府比以前忙多了。拟旨赐谥法，赏朝马、二人肩舆、花翎顶戴，要授什么南书房行走、乾清门各等侍卫，带领秀女供太妃挑选，也偷偷地收留下优待条件所禁止的新太监。当然还有我所无从了解的多种交际应酬，由个别的私宴到对国会议员们的公宴……

总之紫禁城又活跃起来了。到丁巳年（民国6年）张勋进宫请安这天，就开始出现了高潮。

在这以前，我亲自召见请安的人还不多，也大都限于满族。我每天的活动除了到毓庆宫念书，在养心殿看看报，其余大部分时间还是游戏。我看见神武门那边翎顶袍褂多起来了，觉着高兴；听说勤王军发动了，尤其兴奋，而勤王军消灭了，也感到泄气。但总的说来，我也很容易把这些事情忘掉。听说肃亲王逃亡旅大，消息不明，未免为他担心，可是一看见骆驼打喷嚏很好玩，肃亲王的安危就扔到脑后去了。既然有“王爷”和师傅大臣们在，我又何必操那么多的心呢？到了事情由师傅告诉我的时候，那一准是一切都商议妥帖了。

新授的“太保”陈宝琛和刚到紫禁城不久的“毓庆宫行走”梁鼎芬两位师傅一齐走进了毓庆宫，不落座就由陈师傅先开口：“今天皇上不用念书了。有大臣来给皇上请安。一会儿奏事处太监会上来请示的。”

“谁呀？”

“前两江总督兼摄江苏巡抚张勋。”

“张勋？是那个不剪辫子的宣武军张勋吗？”

“正是，正是，”梁鼎芬赞许地点头，“皇上记性真好，正是那个张勋。”梁师傅向来不错过颂扬的机会，为了这个目的，他正在写我的起居注。其实我并没有什么好记忆，只不过前不久才听师傅们说起这个张勋的故事。自从民国以来，张勋和他的军队一直保留着辫子。袁世凯在民国2年（1913年）扑灭“二次革命”，以辫子兵攻陷南京而大功告成。辫子兵在南京大抢大烧，误伤了日本领事馆的人，惹起日本人的抗议，辫帅赶忙到日本领事面前陪礼道歉，赔偿一切损失，才算了事。这些事是我后来从报上看到的。当时从师傅口中只知道这位旧臣的“忠勇”，知道了他在隆裕死后通电吊唁称为“国丧”，还说了“凡我民国官吏莫非大清臣民”的话。袁世凯死了不久，报上登过张勋的一封公电，我也记得，这件公电说的是徐州的督军会议对时局的态度，头一条是“尊重优待清室各条”。总之，我相信他是个忠臣，愿意看看他是个什么样的。

按清朝规矩，皇帝召见大臣时，无关的人一律不得在旁。因此，凡是召见外来的不经常见的人的时候，师傅总要先教导一番，告诉我要说些什么话。这次陈师傅用特别认真的神气告诉我，要夸赞张勋的忠心，叫我记住他现在是长江巡阅使，有60营的军队在徐州、兖州一带，可以问问他徐、兖和军队的事，好叫他知道皇上对他很关心。末了，陈师傅再三嘱咐说：“张勋免不了要夸赞皇上，皇上切记，一定要以谦逊答之，这就是示以圣德。”

“满招损，谦受益。”梁师傅又补充说。

“越谦逊，越是圣明。上次陆荣廷觐见天颜，就称颂圣德……”

陆荣廷是两广巡阅使，也是历史上第一个被赏赐紫禁城骑马的民国将领。两个月前他来北京会晤段祺瑞，不知为什么，他到宫里来给我请了安，又报效崇陵植树1万元。在回养心殿的轿里，我忽然想起了那次陆荣廷觐见时师傅们的神色和对我的谆谆教诲，是和这次一样的。那次陆荣廷的出现，好像是紫禁城的一件了不起的大事。内务府和师傅们安排了不同平常的赏赐，有我写的所谓御笔福寿字各1张和对联1副，有无量寿金佛1龛，三镶玉如意1柄，玉陈设2件和尺头4件。陆荣廷走后来了一封信请世续"代奏叩谢天恩"。从那时起，"南陆北张"就成了上自师傅下至太监常提的话头。张谦和就说过："有了南陆北张两位忠臣，大清有望了。"

在轿子里，我根据太监给我买的那些各种石印画报中就去设想张勋的模样，到下轿的时候，他在我脑子里也没成型。进养心殿不久，他就来了，我坐在宝座上，他跪在我面前磕了头。

"臣张勋跪请皇上圣安……"

我按着陈师傅的教导，问了他徐、兖地方和他的军队情形。问的目的也不是真想得到什么答案，他说了些什么，我也没用心去听。我对这位"忠臣"的像貌多少有点失望，张勋穿一件纱袍褂，黑红脸，两道浓眉，胖呼呼的，看他似乎太短的脖子就觉得不理想，如果他没有胡子，倒像御膳房的一个太监。我也注意到他的辫子，的确有一条。

后来他的话转到我身上，不出陈师傅所判，他见我问了他许多的事，他果然对我恭维起来了。

他说："皇上真是天禀聪明！"

我说："我差得很远，我年青，知道的事也少。"

他说："那么，本朝圣祖仁皇帝也是冲龄践祚六岁登基呀！"

我说："我哪敢比圣祖，那我可差得太多太多了……"

这次召见并不比一般的时间长，他也不过坐了五六分钟就走了。我觉得他有点硬转文，显得比师傅们粗鲁，大概不会比得上曾国藩，也就觉不到特别高兴。可是，第二天陈宝琛、梁鼎芬见了我，笑眯眯地说张勋夸我聪明谦逊，我听了这话，又得起意来了。至于张勋为什么要来请安，师傅们为什么显得比陆荣廷来的那次更高兴，内务府准备的赏赐为什么比对陆更丰富，太妃们为什么还赏赐了酒席等等，这些问题，我连想也没有想到。

过了半个月，农历五月十三这天，又是在毓庆宫、陈宝琛、梁鼎芬和朱益藩 3 位师傅一齐出现，面色都十分庄严，还是陈师傅先开口：

“张勋一早就来了……”

“他又请安来啦？”

“不是请安，是万事俱备，一切妥帖，来拥戴皇上复位听政，大清复辟啦！”

他看见我在发怔，又赶紧说：“请皇上务必答应张勋，这是为民请命，天予人归。”

我被这个突如其来的喜事弄得昏昏然。我呆呆地看着陈师傅，希望他多说几句，好明白得多些，我该怎么当这个“真皇帝”。

“用不着和张勋说多少话，答应他就是了。”陈师傅又提醒我，“不过不要立刻答应，先推辞，最后再说既然如此，就勉为其难吧。”

我又回到养心殿召见了张勋。这次张勋说的和他的吁请复辟折上说得差不多，只不过不像奏折说的那么斯文就是了。

“隆裕皇太后不忍为了一姓的尊荣，让百姓遭殃，才下诏办了共和。谁知办得民不聊生。……共和不合咱的国情，只有皇上复位，万民才能得救……”他念叨完了，我说：“我年龄太小，无才无德，当不了如此大任。”他又夸我一顿，又把康熙皇帝六岁做皇帝的话搬出来。听他叨叨着，我忽然想起了一个问题：

“那个大总统怎么办呢？给他优待还是怎么？”

“黎元洪奏请让他自家退位，皇上准他的奏就行了。”

“唔……”我虽然还不明白，心想反正是师傅们必是商议好了，现在我该着结束这次召见了，就说：“既然如此，我就勉为其难吧！”于是我又算是“大清帝国”的皇帝了。

张勋下去以后，陆续地有成批的人来给我磕头，有的请安，有的谢恩，有的连请安带谢恩。然后又有奏事处太监拿来了写好的一堆“上谕”。头一天一气就下了以下几道“上谕”：

即位诏；

黎元洪奏请奉还国政，封黎为一等公，以彰殊典；

特设内阁议政大臣，其余官制暂照宣统初年，现任文武大小官员均著照常供职；

授7个议政大臣：张勋、王士珍、陈宝琛、梁敦彦、刘廷琛、袁大化、张镇芳，和两名内阁阁丞（张勋的参谋长万绳拭和冯国璋的幕僚胡嗣瑗）；

授各部的尚书（外务部梁敦彦、度支部张镇芳、参谋部王士珍、陆军部雷震春、民政部朱家宝）；

授徐世昌、康有为为弼德院正副院长；

授原来各省的督军为总督、巡抚、都统（张勋兼任直隶总督北洋大臣）。

据老北京人回忆当时北京街上的情形说，那天早晨，忽然有警察叫各户悬挂龙旗，居民们没办法，就用纸糊个旗子来应付。接着，几年不见的清朝旗袍又出现在街头上，好像从祖先画像上跑下来的人物，满街跑着祖宗。在这奇观之中，还可听见报贩们叫卖宣统上谕的声音，“6 个子儿买古董咧！这玩艺过不了几天就变古董，6 个大子儿买个古董，可不贵咧！”

前门外有些店铺，生意大为兴隆。一种是成衣铺赶制着龙旗发卖；一种是卖估衣的，清朝袍褂成了刚做了官的遗老们争购的畅销货；另一种是做戏装道具的，纷纷有人去央求用马尾给做条假发辫。我倒是记起那些日子来，紫禁城的袍子、褂子、顶子、翎子，都拖着一条辫子。后来讨逆军打进北京城，又到处可以捡到丢弃的真辫子——辫子兵在逃命中把急于要命的标志剪下来扔了。假如紫禁城里的人能有一点儿的报贩的眼光，能预知一些关于辫子的命运的话，在开头那几天就不会那么情不自禁了。

那些日子里，内务府的人员穿戴特别整齐，人数也齐全（总管内务府大臣特别嘱咐过），但人数仍嫌不够，特别又从候差人员中调去几位。有一位现在还健在，他回忆说：“那两天咱们这些写字儿的散班很晚，总是写不过来。每天各太妃都赏饭，到赏饭的时候总少不了传说：不叫谢恩了，说各位大人的辛苦，4 个宫的主子都知道。”他不知道，几个太妃几乎天天都去神佛面前烧香，乐得不知怎么是好呢。

不高兴的是王公们，这是另一种的情不自禁。张勋在复辟发动第二天就作出一个“上谕”，禁止亲贵干政，引起王公们十分忿激。醇亲王又被那些贝勒贝子王公们包围起来，要和张勋理论，还要亲自找我做主。陈宝琛忙来嘱咐我说：“本朝辛亥让国，就是这般王公亲贵干政闹出来的，现在还要闹，真是无知已极，皇上万不可答应他们！”

我当然信从了师傅。自知孤立的王公们并不死心，整天聚在一起开会寻找对策。这个对策还没想好，讨逆军已经打到城里了（这倒成全了他们，事后更容易地摆脱了这次复辟的责任）。

最情不自禁的是陈宝琛师傅，陈师傅本来是个最稳重、最有见识的人。在这年年初发生的一件一件事情上，刚给我留下了这样的印象。在我生日的前后，劳乃宣悄悄地从青岛带来了封信，发信者的名字已记不得，只知道是一个德国人写的，代表德国皇室表示愿意支持清室复辟，劳乃宣自己还有个想法，是由德、清两皇室结婚，这就更有把握些。朱益藩把那封信带进来，到了我手里，我扔在长春宫卧室帐子里的条桌上。敬懿太妃无意发现，看作是件了不起的宝贝，特意给我送来一个带锁的匣子，嘱咐我好好保存，可见这封信引起了太妃多大的希望。可是陈师傅知道了这件事，极力表示反对，说劳乃宣这个人十分荒唐，是成事不足，败事有余的人；即使外国人有这个好意，也不能找到劳乃宣这样的人。结果，太妃们深信陈师傅的话。这次这个稳重老练的老夫子，一下子失去了常态。

本来张勋决定最初的议政大臣名单中还有世续，但世续无论如何不肯干，声明自己只作太保，不作其他攀龙附凤的妄想。其实世续这时看出了张勋的势派不妥当，凭着他 40 年的宦海经验，这位老军机大臣心中犯了犹疑，不收贸然从事。陈师傅原先要和世续一致行动，看世续不就职，他也递了奏折“恳请天恩，收回成命”，经我一挽留，也就和他教导我的一样，说了一句“既然如此，也就勉为其难吧”，就劲头十足地干起来了。

“独孤臣孽子，其操心也危，其虑患也深，故达。”

复辟的第一天，我受过成群的孤臣孽子叩贺后回到毓庆宫，就听见陈师傅这么念叨，他捻着白胡子团儿，老光镜片后的眼睛眯成一道缝，显示着操心和虑患在危深之后达到的兴奋。

这一天让我感到惊奇的倒不是他的兴奋，也不是我第一次发现在拒绝亲贵干政上表现出与王公们的对立（虽然直接冒犯的是我的父亲），而是在处理黎元洪这问题上表现出的激烈态度。

他脸上的笑容完全没有了，露出铁青的颜色，失去了控制地对我说：“梁鼎芬力劝黎元洪离开总统府，遭到拒绝，黎这样拒不受命，请皇上赐他自尽吧！”

先是梁鼎芬向张勋等几个议政大臣自告奋勇地要见黎元洪（黎过去是梁的学生），劝他离开总统府，接受命令，不意遭到黎的拒绝。梁愤然回来，和陈宝琛、朱益藩一同来见我。

我吃了一惊，觉得太过分了。

“民国对我不是也优待过吗，我刚一复位，怎么能就赐黎元洪死，这是绝不应该的。”

陈宝琛出乎意外地听了我的话，因为这是头一次我公开驳老师的话。陈宝琛气呼呼地说：“他岂但不退，还公然拒绝梁鼎芬劝告，赖在总统府不走，乱臣贼子元凶大憝，焉能与天子同日而语。”

但是他见我表示坚决，也就不再坚持他的话了，说仍由梁鼎芬再设法去劝黎出来。但他还没有去，黎元洪便抱着总统印跑到日本公使馆去了。

陈师傅的反常举动，最惊人的还有一件，是在复辟已经成了绝望的挣扎的时候。那正是讨逆军的炮火已逐渐逼迫北京城的最严重时候，陈宝琛在和张勋、王士珍等聚议之下，突然灵机一动，想出了一个最后办法，亲自拟了一道给张作霖的上谕，授他为东三省总督，命他火速进京勤王。张作霖当时是奉天督军，对张勋给他一个奉天巡抚，是很不满意的。陈师傅对张作霖大概还有点什么关系吧！所以在这紧急时刻寄托了最大希望。这个上谕安排好了，用御宝却发生了问题，因为按例盛印的宝箱的钥匙是在我父亲的手里，派人去取是太费时间了，陈师傅又当机立断，叫人把箱上的锁头索性砸开，这才用了“法天立道”的宝。这道“上谕”并没有能送到张作霖的手里，因为这信由张勋交给张海鹏后，他一出城就被截住了。但是我对师傅的“忠心”表现，又留下了深刻的印象。

“复辟”的开头几天，我每天要用半天时间在毓庆宫，书是不念了，不过还要见师傅，因为每样事情都要听听师傅们的嘱咐。其余半天的时间是看看待发的上谕和内阁官报，接受人们的叩拜，或者照旧去欣赏蚂蚁倒窝，叫太监把养的哈叭狗放出来玩玩。这种生活过了不过四五天，宫中掉下了讨逆军飞机的炸弹，于是又完全改观了。磕头的也不来了，上谕没有了，议政大臣们也根本不见，纷纷地东逃西散了，只剩下了王士珍和陈宝琛。

飞机空袭那天，我在书房和老师们谈话，听见了飞机声和从来没有听过的炸弹声，吓得不知怎么是好。师傅们也是面无人色。在一阵忙乱声中，太监们簇拥着我赶忙回到养心殿，好像只有睡觉的地方才最安全，我就钻进卧室，再也不敢出来。太监们还说太妃传旨把寝宫（卧室）外遮风雨的竹帘子（当时叫作雨搭）全放下来，楞说为的是遮蔽炸弹的破片，和防止窗上玻璃的震碎。当时周章狼狈，人声嘈杂，乱成一团。听说太妃们也都在太监们扶掖下各自躲进卧室的角落里，荣惠太妃还钻到漱芳斋后殿的桌子底下。这次空袭还是中国历史上的第一次，中国空军也是第一次投入战斗，如果这也可以叫作空战的话。因此，我们这个家庭，也可以算作中国历史上第一次空袭的目标。对付空袭的办法也就是躲到卧室里，外面放下雨搭。幸亏讨逆军这次空袭，不过是为了恐吓一下，一共不过扔下3个尺把长的小炸弹。这3个炸弹一个落在隆宁门外，炸伤了抬“二人肩舆”的轿夫一名；一个落在御花园水池里，炸死了池里的几条小鱼；第三个落在西长街隆福门的瓦檐上，落下来没有炸，不过把聚在那里赌钱的太监们都吓得个要死。

发出命张作霖勤王的“上谕”后，第二天，王士珍和陈宝琛也不来了，宫内宫外失掉了一切联系，外面枪炮声从早晨响得更密了。雨搭又放了下来，要它起防弹的作用。正当宫中乱成了一团的时候，奏事处太监传来了“护军统领”毓逖禀报的消息：“奏上老爷子，张勋的军队打了胜仗，段祺瑞的军队全败下去了！”这个消息也传到太妃那里，这时，外边的枪炮声也真没有了，这一来，大家全眉开眼笑了。太妃们赶紧到钦安殿真武大帝和关帝像前烧香。我也到钦安殿那里。因为听太监说关老爷骑的赤兔马身上出了汗，可见关帝显过圣保驾，张勋才打败了段祺瑞。我去摸了摸那个木雕的坐骑，却是干巴巴的。有个太监就说，今早上，他就听见养心殿西暖阁后面有叮叮咚咚的盔甲声音，这必是关帝去拿放在那里的那青龙偃月刀了。听了这些神话，太妃和我都又到钦安殿叩了头。正在高兴成一团的时候，第二天一清早，内务府来人禀报说：“张勋已经逃到荷兰使馆去了！”

我的父亲和陈师傅又出现了。他们都脸色发灰，垂头丧气。当我一看到他们带来拟好的退位诏书，又害怕又悲伤，不由得放声大哭。

宣统九年五月二十日，内阁奉上谕：

前据张勋等奏称：国本动摇，人心思旧，恳请听政等语。朕以幼冲，深居宫禁，民生国计，久未与闻。我孝定景皇后逊政恤民，深仁至德，仰念遗训，本无丝毫私利天下之心，惟据以救国救民为词，故不得已而允所请，临朝听政。乃昨又据张勋奏陈，各省纷纷称兵，是又将以政权之争致开兵衅。年来我民疾苦，已如火热水深，何堪再罹干戈重现国家。言念及此，辗转难安。朕断不肯私此政权，而使生灵有涂炭之虞，致负孝定景皇后之盛德。著王士珍会同徐世昌迅速通牒段祺瑞，商办一切交接善后事宜，以靖人心，而弭兵祸。钦此。

三　北洋系的元老

这个退位诏并没有发出去。当时公布的只有裹夹在大总统命令中的一个内务府的声明。

大总统令

据内务部呈称：准清室内务府函称：本日内务府奉谕：前于宣统三年十二月二十五日，钦奉隆裕皇太后懿旨，因全国人民倾心共和，特率皇帝将统治权公诸全国，定为民主共和，并议定优待皇室条件，永资遵守，等因；六载以来，备极优待。本无私政之心，岂有食言之理。不意七月一日张勋率领军队，入宫盘踞，矫发谕旨，擅更国体，违背先朝懿训。冲入深居宫禁，莫可如何。此中情形，当为天下所共谅者。著内务府咨请民国政府，宣布中外，一体闻知，等因。函知到部，理合据情转呈等情。此次张勋叛国，矫挟肇乱天下，本共有见闻，兹据呈明咨达各情，合亟明白布告，咸使闻知。此令

中华民国 6 年 7 月 17 日国务总理段祺瑞

由自认“临朝听政”的退位诏，一变为“张勋盘踞，冲入莫可如何”的内务府声明，这确是北洋系 3 位元老与紫禁城合作的结果。想出这个妙计的是徐世昌太傅，执行的是冯国璋总统和段祺瑞总理。

这次复辟中紫禁城的作为，被轻轻掩盖过去了。紫禁城从复辟败局已定那天起展开的新活动，就更不为外界所注意。这是醇亲王记在自己日记中的。

二十日：上门。张绍轩（勋）辞职，王士珍代之。觅徐菊人（世昌）往见皇帝，告知外边情形。……

二十一日：上门。现拟采用虚下渐停（原文）之法。回府。已有表示密电出发，以明态度云云。荫兄（载泽）来谈。

二十二日：上门住宿。近日七弟屡来电话、信札及晤谈云云。张绍轩来函强硬云云。

二十三日：上门。回府。……闻冯（国璋）已于南京继任（代

理大总统）云云。张绍轩遣傅民杰来谒。六弟来函。……

二十四日：由寅正余起，南河沿张宅一带开战，枪炮互放，至未正余始止射击。张绍轩已往使馆避居。

二十五日：丙辰。上门，始明白（这三个字旁书后加）宣布取消五月十三日以后办法（指宣布退位）。

二十八日：上门。差片代候徐太傅、段总理两处。

二十九日：初伏。差人赠于徐太傅洗尘肴馔，大雨。世相（续）来谈，据云已晤徐太傅，竭力维持关于优待条件，惟二十五日所宣布之件（指“退位诏”）须另缮改正，今日送交云。徐太傅差人来谒。申刻亲往访问徐太傅晤谈刻许。

六月初一日，壬戌，朔。上门。偕诣长春宫（敬懿太妃）行千秋贺祝（这后面贴着大总统令，将内务府的卸复辟之责的公函布告周知）。

初四日：徐太傅来答拜，晤谈甚详，并代段总理致意阻舆云。

十二日：小雨。民国于六月以来关于应筹皇室经费及旗饷仍如例拨给云云。

十四日：遣派皇室代表润贝勒往迎冯总统，甚妥洽。……

十五日：差人持片代候冯总统，并赠肴馔。

十六日：上门。绍宫保（英）来谈。

十七日：上门。民国代表汤总长化龙觐见，答礼毕仍旧例周旋之。……

十八日：亲往访徐太傅，晤谈甚详，尚无大碍。

二十一日：上门。……一收六弟自津寓今早所发来函，略同十八日所晤徐太傅之意，尚好尚好。……

二十七日：七弟自津回京来谈。阅报民国竟于今日与德奥两国宣战了。由绍宫保送来五月二十二日之强硬函件，存以备考。

二十九日：亲访世太傅致嘱托之意。

七月初一日：壬辰。朔。上门偕见四宫皇贵妃前云云。……接七弟电话，畅谈许久。

初四日：七弟来谈，已见冯总统，意思尚好。……

上述日记括弧内的注是我加的。在日记最末一页上，可以看出了紫禁城又取得了新的稳定，有了顺心的新环境。在紫禁城从事着这些奔走之中,社会上的目光正集中在紫禁城外的那一部分人身上。因此我从报上的揭露和师傅们的议论中，很快地得到了互相印证的消息，明白了这次复辟的内情真相。

参加洪宪帝制的孙毓筠在上海《中华新报》上发表的一篇文字和上海《新闻报》署名“指迷”写的一篇通讯，是大致和师傅们的消息相符的。复辟的酝酿至晚也发生在洪宪帝制失败，袁世凯的北洋系陷于四面楚歌的时候。袁的“军师”徐世昌这时用密电和张勋、倪嗣冲商议说：“民党煎迫至此，不如以大政归还清室，项城仍居总理大臣之职，领握军权。”这个主意得到早有此心的张、倪二人同意，但因后来没有得到北京的外国公使方面的支持，未敢行动。袁死后，徐州、南京都开过北洋系军人首脑的会议，都一再讨论过复辟的问题；袁的舆榇移到彰德，北洋系的首脑、督军们齐往致祭，在徐世昌的主持下又取得了一致同意复辟的决议。

取得一致同意之后，实行复辟的组织者却分为了两个中心：一个是徐州的张勋，另一个是天津的徐世昌。张勋由彰德回徐州，又把督军们邀集一起（所谓第二次徐州会议）开会，决意先找外国人的支持，目标是日本。经过天津的朱家宝（直隶省长）[①]的关系和天津日本驻屯军的一个少将发生了接触，得到了赞助。又经过日本少将的关系，在满蒙活动的善耆和蒙古匪首巴布扎布，徐、蚌的张、倪，天津的雷震春、朱家宝，也发生了关系，共同约定：俟巴布扎布的军队打到张家口，雷震春策动张家口方面响应，张、倪借口防卫京师发兵北上，如此便一举而成复辟之“大业”。这个计划后来因为巴布扎布的军队被奉军抵住，以巴布扎布被部下刺杀而流于失败。另一个复辟活动中心徐世昌那里，派了陆宗舆东渡日本，试探日本政界的态度。日本当时的内阁与军部并非完全一致的，采取了和天津驻屯军少将相反的态度，不表示兴趣。陆宗舆的失败，曾引起津沪两地遗老普遍的埋怨，怪徐世昌用人失当。陆宗舆不但外交失败，内交弄得也很糟。他东渡之前，先过徐州访问了张勋，把徐世昌和日方协商的条件等给张勋看，本想取得张的首肯。不料张对于徐世昌答应日本方面的条件倒不觉得怎样，唯有徐世昌自己要日方谅解和支持的有一条是他当议政王，这把张勋惹恼了。他对陆说：“原来复辟大业只成全了徐某一人。难道我张某就不配作这个议政王吗？”从此张、徐二人猜忌更深了。

过了不久，协约国拉段内阁参加已打了3年的欧战。徐世昌看出了一步好棋，认为以参战换得协约国的支持，大可巩固北洋系的地位，怂恿段祺瑞去进行。段也认为得计，于是提交国会。但国会的多数反对参战。正想夺取实权的黎元洪总统和国会联合一起反对

---

① 《中国近代史词典》载：朱家宝在“民国成立后，于1914年任直隶民政长兼直隶都督”。

段祺瑞，所谓府院之争发展到白热化。结果是国务总理被免职，跑到了天津。段一到天津便又暗地策动北洋系的督军们对黎元洪的中央闹独立，要求解散国会，同时发兵威胁京师。这又给张勋看成了好机会，他在第四次徐州会议上取得各省督军和北洋系冯、段等人代表们一致的支持，便认为自己确实做了督军们的盟主和复辟的领袖。于是骗得黎元洪把他认作是个和事佬，请他到北京担任调解。阳历的 6 月下旬他率领军队到了天津，又和北洋系的首领们做过接触，先逼迫黎元洪以解散国会为条件，然后进京。7 月 1 日就演出了复辟那一幕。

许多报纸都分析张勋失败是由于独揽大权，造成了自己的孤立，首先他只肯给威名高于他的徐世昌一个弼德院长的空衔头，这就注定了败局。更重要的是，他当时竟忽略了野心不下于他而身边挤满了"研究系"谋士们的段祺瑞。他认为段早已附议复辟，现在又成了无一兵一将的在野人物，在他过津时的最后时刻里段也没表示过任何不赞成复辟的意思，因此在他心里认为北洋的元老徐与段已无问题，只差一个王士珍态度不明。最后在北京他把王士珍也拉到手了，即认为任何问题没有了。不料他刚发动了复辟，天津的段祺瑞就在马厂誓师讨逆，各地的督军也变了卦，由拥护复辟变为保卫共和了。结果这一场复辟倒成全了段祺瑞，又重新当上了国务总理，冯国璋也成了总统。

张勋气得暴跳如雷。他警告段祺瑞和那些督军们说："你们不要逼人太甚，把一切都推到我一个人身上，必要时我会把有关的信电和会议记录公布出来的。"醇王日记说的"来函强硬"就是指的这件事。张勋这一手也很有效，原先充当他的后盾，出力支持了他的德国人在炮火中冒险把他从南河沿住处救出来，也无非是防止他变成俘虏之后把另一方的内幕兜出去。冯、段这方面自然也知道张勋的危词的分量，因此也就没有逼他。冯、段政府公布命令为清室开脱的那天，同时发布了一次通缉康有为、万绳栻等 5 名复辟犯的命令，但被讨逆军冯玉祥部队捕获的复辟要犯张镇芳、雷震春等人立刻被段祺瑞要去了，随即释放。过了半年，又明令宣布免除对一切帝制犯（从洪宪到丁巳复辟）的追究，只把张勋一人除外。但他实际上已经自由自在地走出荷兰使馆，住到新买的漂亮的公馆里。第二年，徐世昌就任总统后不到两个星期，又明令免予追究。后来张勋被委为林务督办，他还看官小不干呢。

这些内幕新闻最引起我注意的，是民国的头面人物，特别是当权的北洋系的元老们都曾经是热心于复辟的人。虽然这次都把张勋当作靶子来打，但对我都还是尽力维护的。

段祺瑞在讨逆的电报里说：

“张逆挈康有为闯入宫禁，强为推戴。世中堂续叩头力争，血流灭鼻；瑾瑜两太妃痛哭求免，几不欲生；清帝孑身冲龄，岂能御此强暴，竟遭诬胁，实可哀怜！”

这样的绘声绘色，真是费尽了苦心。冯国璋在通电里也说：张勋“玩冲人于股掌，遗清室以至危”，又说“国璋在前清时代，本非主张革命之人，遇辛亥事起，大势所趋，造成民国”。他们为什么这样为紫禁城开脱呢？又何以甚至情不自禁地发抒了自己的感情呢？我得到的唯一结论是：这些人并非是真正反对复辟的问题，不过是由谁来带头罢了。

在紫禁城看来，只要能捉老鼠，花猫白猫全是好猫，无论姓张姓段，只要能把复辟办成，全是好人。所以在冯、段上台之后，孤臣孽子们的目光就集中到这两位新的当权者。在张勋的内阁中当阁丞的胡嗣瑗，当过冯国璋的幕府的，就去活动冯国璋去了。后来段祺瑞也和世续有过接洽，但在冯、段这一年任期中，事情都没有结果，因为冯、段上台之后就闹了一年摩擦。北洋系也由此开始分裂为直系（冯）和皖系（段）。在忙于摩擦中，冯没有给胡嗣瑗什么明朗的答复就下了台。同时段也找过世续，透露出复辟也无不可的意思，但经过丁巳事件变得更加谨慎的世续摸不透这位讨伐复辟而成功的总理是什么意思，他先拒绝了。

但冯下台后，徐世昌出任总统，情形就不同了。在复辟刚失败之后，上海新闻报那篇文章里有一段是最打动了紫禁城的心的：

“使徐东海为王，决不卤莽如是，故此次复辟而不出于张勋，则北洋诸帅早已俯首称臣……”

这不但是我这刚发了皇帝瘾的人为之动心，这也是紫禁城内外的孤臣孽子们普遍的想法，至少徐世昌上任的初期是如此。

有位 60 多岁的满族老北京和我说：

“民国 7 年徐世昌一当上了大总统，北京街上的旗人、大鞍车、两把头又多起来了。贵族家里又大张旗鼓地作寿、唱戏、摆会，热闹起来。贵旅票友团——就是叫作玩龙票的也办起来了……”

有位汉族的老先生说：“民国以来，北京街上一共有 3 次跑祖宗，一次是隆裕死后那些天，一次是张勋复辟那几天，最后一次是从徐世昌当大总统起一直到‘大婚’，算闹到了顶点……”

徐世昌是袁世凯发迹前的好友，发迹后的“军师”。袁世凯一生中的重大举动几乎没有一件不经过与这位军师的合计。这是尽人皆知的事实。据说袁逼劝隆裕“逊国”之前，和军师邀集了冯、段等人一起商议过，认为对民军只可智取，不可力敌，先答应民军条件，建立共和，等离间了民军，再让“辞位”的皇帝复位。后来袁世凯自己称帝，徐世昌是颇为不满的。我的一位亲戚听徐世昌一个外甥说过，“洪宪”撤销的那天他在徐家，恰遇袁世凯来找徐。他听见袁一进了院子就喊大哥，他的舅舅也不像往常那样连忙出去迎接。袁世凯进了客厅，他被堵在里边的卧室里没敢出来。从不太完整的外间谈话里，他听见徐世昌在劝袁世凯“何不维持原议”。袁世凯最后怎么说的就没听清。后来的事实说明，袁世凯没有照这意见办，或者想办未来得及办就死了。但徐世昌自己从来没有放弃过这个念头，几乎是当时人所共知的事实。

在众目睽睽之下，民国7年（1918年）9月就任大总统的徐世昌[①]不肯进中南海的总统府，声称在正式总统府建成之前他在自己家里办公，因为中南海的风水不好，弄得前面3任总统全没好收场。他赦免了张勋，提倡读经，尊孔，举行郊天典礼；在他任内，皇室王公有的（毓朗）当了议员，有的（载涛）授为“将军”；他无论在人前人后都把前清称为“本朝”，把我称作“上边”……

在众目达不到的地方，紫禁城和徐太傅进行了不可告人的活动。在冯国璋总统任内，内务府世续让徐世昌拿去了票面总额360万两的优字爱国公债券（这是袁世凯当总理大臣要去了隆裕太后内帑全部之后交内务府的，据最保守估计，实际数目比票面也要多一倍）。徐世昌当上总统也少不了这笔活动费的作用。当选总统已成定局的

① 《中国近代史词典》载：民国7年9月初“北京国会选徐世昌为大总统。10月10日就任。”

时候，增崇、继禄作陪，单请了徐世昌，地点是东兴楼。酒过三巡，世续问“徐太傅出任大总统有何抱负？”徐太傅慨然回顾了过去，说“慰亭（袁世凯）先不该错过癸丑年的时机（指民国2年扑灭“二次革命”），后不该闹什么洪宪。张绍轩（张勋）丁巳的举动，又不免卤莽灭裂，不得人心……”然后举杯，谦逊地说：“世昌这次出来，不过为幼主摄政而已……”

我后来才知道的这个千真万确的故事，当时身边的人都不肯直接告诉我。我只知道人们一提起了徐太傅，总是流露了很有希望的神情。我也记得从徐上台起，紫禁城又门庭若市，紫禁城的谥法、朝马和空衔号似乎又增了行情，各地真伪遗老一时趋之若鹜。至于和徐世昌的来往的进展，师傅们都又语焉不详。有一次陈宝琛在发议论中间，以鄙夷的神色说：“徐世昌还想当议政王，未免过矣。一个‘公’也就够了。”

此后又有一次说：“当初主张以汉大臣之女为皇后，徐世昌就引起了众人讥刺。如此居心叵测……以清太傅而出仕民国，是忠是贰，于此可见。”

从那以后，紫禁城再提起徐世昌，就没有过去的那般热情。我记得陈师傅把徐称作贰臣，也是徐总统4年任期里后两年的事。总之，到民国12年左右，紫禁城对徐世昌的希望淡下去了。

东兴楼之后的情形，我始终不明其详。但是事情也是很明显的：徐世昌上台一年后，他自己情形就很不如意，自从北洋系冯、段摩擦而分裂为直系、皖系，奉系崛起于关外，吴佩孚又在中原养好羽翼，他已无力凭其北洋元老资格驾驭各方。何况段祺瑞从他一上台就和他摩擦，上台次年又发生了震动全国的五四学生运动，北洋政府更成了众矢之的。在这样的情形中，徐太傅即使复辟心愿有多高，对清室的忠顺多么让陈师傅满意，他也是无能为力的了。

尽管徐太傅那里的消息沉寂下去了，然而紫禁城小朝廷的前途，并没有绝望……

（选自全国政协文史资料委员会编《中华文史资料文库》第1卷，中国文史出版社1996年4月第1版）

我所了解的护法运动

龚师曾*

我于护法之役前，曾任云南讲武堂少将炮兵科长兼教官。护法之役发生后，我回粤出任援赣第四军少将参谋长，旋又因唐继尧电邀回滇，担任联军总司令部少将参议，经常往返于滇、粤之间，奔走联系。兹就记忆所及，作一回顾。

一　中山先生南下护法

孙中山在二次革命失败后，于1914年在东京组织中华革命党，开展反袁运动，并于1915年结合云南起义，组织各地力量，出兵讨袁，

* 龚师曾：时任粤军援赣第四军少将参谋长，后任北伐军赣军别动军副指挥兼第二路司令，南昌市市长。新中国成立后，任江西省人民政府参事室参事。

终于打倒了袁世凯。在北洋军阀解散国会和张勋复辟事件发生之后，他宣称：今张勋虽败，而段祺瑞等以伪共和易真复辟，其名则美，其实则窳。同时他提出打倒伪共和，建设真共和的主张，自组护法军政府，以与拒绝恢复原国会的段祺瑞政府相对抗，这也就是护法的由来。

先是，当段祺瑞组阁并拒绝恢复民元约法和国会的时候，广东、广西及云南等省，先后宣布暂行自主；驻上海的海军亦宣称以保障共和为目的，非俟恢复临时约法、重开国会，决不受北京海军部的命令。与此同时，众参两院议员在国会被迫解散后，亦纷纷南下，在上海法租界恺自迩路（今金陵中路）唯善里设立国会议员通讯处。至是，中山先生以复辟之祸肇于解散国会，故应群众之请，主张恢复国会。乃段祺瑞于复辟平定后，拥冯国璋代黎元洪为大总统，主张对德宣战，以原国会曾阻挠其宣战之主张，故不欲恢复国会，且另行召集临时新国会，以贯彻其主张。中山先生以国会为民国根本，立法机关不容中断，乃于 1917 年 7 月，与南下国会议员，及前国务总理伍廷芳、海军总长程璧光，会同第一舰队总司令林葆怿率舰赴粤，贯彻护法宗旨，以维国家法纪。时两广虽在桂系军人陆荣廷（时任两广巡阅使）等掌握之下，广东督军陈炳焜，亦迫于形势，不得不表示欢迎，而广东省长朱庆澜则表示拥护。当先生乘海琛巡洋舰抵埠时，朱、陈亲诣黄埔伫迎，并开大会于黄埔公园。程璧光与林葆怿则乘坐海圻巡洋舰，并率肇和、永丰、同安、豫章、舞凤、飞鹰和福安运输舰南下。海军舰队抵粤时，孙中山及粤军政商学各界、粤省议会和到粤的国会议员等，均出黄埔外五里欢迎。有乘江防兵轮的，有乘小火轮和汽轮的，也有乘紫铜艇的，各插欢迎旗帜，鞭炮之声不绝，十里江天为红，盛况空前。在欢迎大会中，适逢下雨，到会数万人，鹄立水中，无先去者，凡四小时许始散会。中山先生作了演说，阐明护法大义。这些南下舰只，加上原驻广州的楚豫、永翔2舰，共计11艘，编为护法舰队，由林葆怿任舰队司令。各舰只分别驻泊黄埔及省城白鹅潭与天字码头一带水面，海军司令部设在海珠。

1917年8月18日，中山先生与国会议员开聚餐会于黄埔公园，决定贯彻护法主张，组织护法军政府。25日，国会非常会议开幕，孙中山、程璧光、林葆怿、朱庆澜等均到会致词，陈炳焜则仅派代表到会。是日，粤各界举行提灯会。长堤一带，悬挂欢迎国会旗帜，与会者数万人。在先后讨论通过了《国会非常会议组织大纲》及《中华民国军政府组织大纲》之后，9月1日，依照大纲开会选举，孙中山当选为中华民国陆海军大元帅，陆荣廷、唐继尧为元帅，设大元帅府于珠江河南士敏土厂。本来，预定选元帅3人，因程璧光表示不就，故从缓议云。

孙中山由黄埔乘军舰抵广州大元帅府，宣誓就职，并发表护法宣言。又依军政府组织大纲，设内务、财政、外交、交通、陆军、海军6部，任驻粤滇军第三师师长张开儒为陆军部长，程璧光为海军部长，伍廷芳为外交部长，孙洪伊为内务部长，唐绍仪为财政部长，胡汉民为交通部长。并派代表邓家彦、黄大伟赴桂，派章太炎、郭同赴滇，赍送陆荣廷、唐继尧两人的元帅证书。

二　唐继尧拒就元帅职

我于二次革命失败后，曾潜居浙江，化名任教员。袁世凯死后，由留日同学蒋作宾（时任参谋部次长）推荐在陆军部任职。护国军副都（作总字解）参谋长李根源来北京，乃函介到云南讲武堂任少将炮兵科长兼教官。孙中山来粤护法后，分别组织了援湘、援赣各军，援赣第四军军长伍毓瑞又约我任该军参谋长，因此又回到广东。当我承伍军长之命，一度赴日本购枪，在日本会见唐继尧的弟弟唐继虞，他谈到联帅（指唐继尧）要我重回云南，我未表示意见。回粤后，果然接到内容相同的3个电报，一致参谋部总长李烈钧，一致军长伍毓瑞，一则给我，要我回滇任职。在唐系对广东情况不够了解，要我向他反映；李参谋总长也觉得要有自己的人，推动唐继尧，所以同意我回到云南。到云南后，即被委充联军总部少将参议，仍兼炮兵科长。

唐继尧，云南会泽人，原来是前清的一个秀才。在日本陆军士官学校第六期炮兵科毕业后，回滇任职，又承云南都督蔡锷之命援黔，那时只是一个团长，但他联络地方武力刘显世等，将贵州“光复”人员杀光，自任贵州都督。蔡锷由袁世凯调往北京，唐继尧接任云南都督，刘显世任贵州都督。护国之役，蔡锷潜回云南起义，仍推唐继尧为云南都督兼护国军第三军长（第一军长蔡锷、第二军长李烈钧），留守云南为总预备队。肇庆军务院成立，唐被推为抚军长，岑春煊为副抚军长，这样也就提高了唐继尧的地位。在护法之役中，唐的势力已远及四川（顾品珍、赵又新等部）、贵州（刘显世、王文华等部）、广东（李烈钧、张开儒等部）、陕西（于右任、叶荃等部）、福建（方声涛、伍毓瑞等部）、湖南（刘建藩、林修梅等部）、湖北（黎天才、石星川等部）等省，自命为联军总司令，隐然以西南王自居。那时西康尚未建省，他的日本士官同学殷承瓛

（五期）任川边镇守使，所以西康也是他的势力。他与新疆督军杨增新（云南同乡）也有联系。

我到云南后，唐继尧除向我了解广东情况和孙中山先生的政见外，并经常派我往来滇、粤之间，与参谋总长李烈钧、粤军总司令陈炯明接洽军务。我也曾几度劝唐就任元帅职。我说："联帅要与孙中山先生合作，事业才可以得到更大的发展。现今世界潮流，政治总要有主义才足以资号召。孙先生是我国首任总统，世界知名的民主领袖，护法又有一定的主张，我们应该从实力上支持他，我们自己也便造就了仅次于孙中山的领导地位。"在这些问题上，唐总是不置可否，或微笑颔首，避不作答。窥其用意，好像云南地处边陲，孙中山鞭长莫及；自己位居联帅，犯不着俯首听人。同时，他与广西陆荣廷同被选元帅，也认为和他的身份不合。陆是岑春煊任两广总督时收抚的由土匪出身的两广巡阅使，而自己是秀才出身，日本士官毕业，身任川滇黔三省的联帅。

唐不就元帅职，除了他的主观因素而外，客观起作用的，还有他的一些幕僚。如钟动（字辟生，广东梅县人，向在港澳及南洋群岛各报社任新闻记者，是香港某报社社长钟独活的胞弟。原任护国军第二军李烈钧部秘书长，李因他文学湛深，下笔千言，并有世界知识，转荐给唐继尧，初任云南教育厅长，后任联军总部秘书长）最反对孙中山，认为他是"孙大炮"，只会鼓吹，没有实力。钟在南洋群岛时，常劝华侨不要跟孙中山去革命，而要跟黄兴、李烈钧去革命，所以也劝唐继尧不要跟孙中山合作。还有王有兰（字孟迪，江西兴国人，在昆明任市政督办，为政学会成员之一）也劝唐不要就元帅职。所以唐继尧在护法军政府未改为总裁制以前的一阶段中，和广西的陆荣廷一样，一直没有就任元帅。直至1918年5月孙中山辞去大元帅职，他和护法军政府一直保持若即若离的状态。

三　护法军政府改总裁制

当护法军政府初成立时，陆荣廷等原非诚意参加，不过顺时势以保地盘，对孙中山的护法大义，实阳奉而阴阻之，多方掣肘，以便私图。据我的同乡吴宗慈告诉我，军政府成立前夕，他曾由国会派充代表，前赴南宁会晤陆荣廷，迎陆来粤主持讨逆（指段祺瑞）军事，陆荣廷曾向他表示以下几点意见：

（一）对援湘之举，力持谭组庵（即谭延闿，时任湖南督军）先行宣布自主，然后桂军可径入湘境——盖此时桂军3000人，已发桂林抵湘边境，所须湘先宣布自主者，陆恐骤入湘境，人将谓桂侵略湘地也。

（二）对于大局，他认黄陂（指黎元洪）复位为合法；不赞成另举总统——说解散国会的黎元洪合法，这样基本上就谈不上什么护法了。

（三）对于在粤组织政府，主由西南各省派全权代表立一会议机关，以后进行各事，均由此机关发动——说明他根本否定了旧国会的地位，而且对一长制也不赞成。

（四）对于国会事，主暂缓开会，俟军事得手后集会于武昌为当——这是要把中央机构推出去，以免在自己的领土上还会有个管辖机构。

（五）对于两粤之局，主先解决粤事。粤事之为梗者，一为朱庆澜未去职，恐与北方暗结；次则滇军不受粤督调遣——这是因为广东省长朱庆澜首先表示欢迎孙中山，故欲借词去之；驻粤滇军系受孙中山直接指挥，故以滇军须受粤督调遣为言。并谓：粤军果完全解决，则无后顾忧，驻粤桂军，即可调作援湘之用云。

（六）对来粤事，则以病躯未愈谢——意与孙中山不惬也。

从以上政见看来，陆荣廷对孙中山来粤护法，并未衷心拥护，而且意见还相左。所以后来军政府组织成立，并推陆为元帅之一，陆也借口生病躲在原籍武鸣，延不就职。那时，南宁到武鸣交通，尚无汽车线路，往来均靠乘舆。从广东到南宁来促驾的，桂系当局都把他们留在南宁，借口从南宁到武鸣途中不靖，而且陆病中不宜见客。因为陆荣廷本来是悍匪出身，原名陆阿宋，系由岑春煊收抚的。辛亥革命后，袁世凯为巩固在广西的统治，派他为都督。护国之役中，他逼走广东都督龙济光，由桂军第一师长陈炳焜任广东督军，桂军第二师长谭浩明任广西督军，黎元洪派他做两广巡阅使。两广本来是他的地盘，现在却凭空加上一个中央政府，这是他所不愿意的。

再从广东局势来看，陈炳焜是陆荣廷一手提拔起来的，当然唯陆荣廷之命是从。海军南下时，陈慑于声势，不得不表示欢迎，但在军政府成立后，在督署上面还来了个大元帅府，自非其所乐从。后来粤督换了莫荣新，更加骄悍，遇事为难，甚至将帅府派往外县招兵人员，目为土匪，虽经帅府派人往保，电饬释放，亦不听命，竟予就地枪决。中山先生睹此情况，甚为愤怒，乃于 1918 年 1 月 3 日命同安舰长温树德、豫章舰长吴志馨炮轰观音山督署，共发 100 余炮。当时，林虎任莫荣新部警卫军参谋长，驻军江防司令部，曾奉莫荣新之命，开炮回击各兵舰。林虎因与参谋总长李烈钧系湖口起义同志，曾将此情用电话咨会李烈钧。李即劝阻林虎说：“大元帅是吾国民主革命领袖，手创民国，中外同钦，一切言行，吾人皆宜拥护。此次在粤，地方政府不听命令，完全是地方政府的不对；大元帅下令炮轰，实系地方政府自己招致，也是对地方政府的一种警告，劝令就范。你通知我，当然也是照顾孙先生，这是好意。你也是孙先生的旧部（林曾任民元大总统府警卫军军长），兄千万不能还击，自隳令誉。你如不慎重考虑，不但地方治安从此破坏，领袖安全，莫由保障，而且你个人身败名裂，永贻历史上的骂名，殊为我兄前途惜。”经此一番说服，林虎果未还击，仅将炮衣卸下，排列为备，终未开炮。莫的参谋长郭椿森亦劝莫应力持镇静，始未至公开决裂。

翌日天明，莫鉴于海军威力，又恐滇军、粤军群起声讨，特出布告，安定人心，把炮击事件说成是龙济光余党作乱，目的是为了掩盖自己的罪恶，同时又讽刺中山先生为乱党。本市各报也根据此项布告撰成新闻。孙中山见报，非常气愤，一定要各报将炮轰督署真相公布。当时很多人劝先生不要将攻打莫荣新的事承认下来，先生却说：“将来历史上会记载某月某日孙中山私打莫荣新，这多么不好！”（以上情况，都是李烈钧后来亲自告诉我的）最后，莫荣新还是迫于正义，派人出面先容，并亲赴帅府卑辞谢罪，以示服从，事情才告解决。

经此一番斗争，桂系军阀对孙中山先生怨恨愈深，乃于2月26日在海珠将接近孙中山的海军部长程璧光刺死，以为报复。同时，在供应上，处处为难。本来孙中山莅粤后，曾向桂系表示，不用地方款项，但由粤海关税务司代管的应解缴中央的关余、盐余、烟酒税以及印花税款，则由护法军政府向外交使团交涉后由军政府截留使用。桂系亦以该税款等在独立后，从未解往北廷，即为地方之款项，军政府截留使用，也等于支用了地方的财源。

桂系军阀又与政学会岑春煊等运动各省自主，倡议改组军政府，另设联合会议，轮流主席，借以削弱大元帅的事权。当时，国会议员党派分歧，异常混乱，也受到岑、陆的蛊惑，表示赞同。中山先生乃于 1918 年 5 月 4 日向非常国会辞大元帅职，并发表宣言，详述护法经过及辞职始末。

四　军政府改组以后

广州军政府在孙中山离粤赴沪后，于 1918 年 7 月 5 日正式改组为总裁制，推岑春煊、孙中山、陆荣廷、唐继尧、伍廷芳、唐绍仪、林葆怿 7 人为政务总裁。8 月，岑春煊以首席名义，通电赞成直系师长吴佩孚和平会议之主张。9 月，安福国会选徐世昌为总统，徐亦以和平为号召，时值欧战告终，终以人心思定，致使段祺瑞及段系之主战者，亦不得不附和之。至 1919 年 2 月，南方代表唐绍仪、胡汉民等与北方代表朱启钤、王克敏等议和于上海。北方代表极力主张解散非常国会，南方代表极力主张恢复旧国会。孙中山在沪亦发表宣言，以恢复国会，完全自由行使职权为和平唯一条件。但因南北两方各挟私图，拂逆民意，孙中山乃正式向非常国会辞军政府政务总裁职，并嘱胡汉民辞去代表，以示与桂系决绝。

1920 年 5 月，岑春煊以总代表唐绍仪坚持恢复旧国会，不利其订立秘密条约，乃易温宗尧为代表，并怂恿国会选举温宗尧与熊克武、刘显世为政务总裁，以递补孙中山、伍廷芳、唐绍仪之遗缺。孙中山先生乃与唐绍仪、伍廷芳、唐继尧等，以过半数之总裁，否认岑、陆私自议和、牺牲护法的主张，声明广州军政府无效，并于6月3日，移国会及军政府于云南。这时，我也在云南，章太炎及众议院副议长褚辅成等都到了昆明，唐继尧均优礼有加。这时，似乎唐继尧已转向孙中山先生这一面，进而与桂系相决裂。我也曾乘机劝唐继尧参加国民党，唐坚持不肯，甚至顽固地说："我不参加国民党，就会讨饭吗？即使是讨饭，我也是甘心的。"

唐素来自命不凡。他有一颗水晶图章，上镌"东大陆主人"。后来在昆明办了一所学校，也命名为东陆大学。他之所以在孙中山辞去大元帅之后，与孙中山合作，为的是排斥桂系的扩张。原来两广的饷源在开赌，滇黔的饷源在售烟（鸦片烟），陆曾派代表段尔源（云南蒙自人）到云南，要求云南出口货物（特别是大烟）通过广西，以充裕广西的税收。唐继尧也派孙志曾、詹秉忠报聘，却口惠而实不至。他很怕桂系在逼去孙中山之后，利用军政府的名义来控制西南，所以，他要宣告军政府无效，并把非常国会议员接到昆明（后移重庆），也就是"拆"桂系的"台"，但也同样不会"捧"孙中山的"场"的。

五　孙中山就任非常大总统

孙中山任大元帅时，曾将朱庆澜之亲军20余营改组为粤军，命陈炯明为粤军总司令，并发表陈为惠、潮、梅防务督办，从事编练新军。1920年8月，孙中山命陈炯明由漳州率师回粤，声讨岑、陆，在粤滇军及地方民军亦群起响应，克复广州。岑春煊、陆荣廷、林葆怿、温宗尧等领衔通电解除军政府职务，取消自主，声明南北统一；

孙中山即联合唐绍仪、伍廷芳、唐继尧诸人，通电反对，否认岑、陆宣言及其非法撤销军政府的声明。11月，孙中山回粤，重整军政府，发表宣言，指斥北方政府破坏和平，提出建设正式政府之方针，在广东设一正式政府，以为对内对外之总机关。盖以护法乃国内一部分问题，对内仍承认北京政府为中央政府，对外亦不发生国际上地位之效力，故须设一正式政府，庶名正言顺，得与北政府抗衡。且“军政府”3字，英译有武力团体之意，造成外交上之不便，因径改为护法政府。

1921年4月，国会议员开非常会议，议决：“中华民国政府组织大纲”，同时选举孙中山先生为非常大总统，于5月5日宣誓就职，并发表任命，以伍廷芳为外交部长兼财政部长，陈炯明为内务兼陆军部长，汤廷光为海军部长，唐继尧为交通部长，未到任前由王伯群代理，徐谦为司法部长，李烈钧为参谋总长，马君武为大总统府秘书长，护法政府于焉成立。

为什么这时的唐继尧只有一个部长的位置呢？因为这时唐已被顾品珍赶出云南，流亡在外，同时他也不在广州。本来，云南是个贫瘠省份，前清养兵一镇（师），尚须四川协款80万两。护国之役以后，唐继尧继续扩充军队至八个军：第一军军长蔡锷，字松坡，湖南人，日本士官三期毕业。第二军军长李烈钧，又名协和，江西人，日本士官六期毕业。第三军军长庾恩旸，又名泽普，云南人，日本士官六期毕业，初任参谋长，后升军长。第四军军长黄毓成，字斐章，云南人，日本士官六期毕业。第×军军长赵复祥，字又新，云南人，日本士官六期毕业。第×军军长顾品珍，字筱斋，云南昆明人，日本士官六期毕业。第×军军长罗佩金，字熔轩，云南人，日本士官六期毕业。第八军军长叶荃，字香石，云南人，日本士官六期毕业。

以上有几个军序和负责人，因隔时太久，记忆不清。这里只谈由唐继尧派充为滇东边防督办的顾品珍部1920年12月由四川回师袭击昆明，唐派我到粤向孙中山先生求援，想把驻粤滇军调回云南。这时，张子贞（字青圃，云南人，日本士官八期毕业）部驻在大理，刘祖舜（云南人，日本士官六期毕业）部驻在蒙自，唐继虞部驻在昆明。张、刘两人因与唐、顾均系日本士官同学，不便有所轩轾，故按兵不动。唐继虞部因战斗力不强，无法拒敌，只得在1921年2月7日（农历庚申年除夕）离开昆明出走。顾品珍被推为滇军总司令，总揽全省军民事宜。当我以代唐请援的事向孙中山陈述时，先生已接有情报知道唐已退出昆明，出走越南了。先生要我转告唐继尧，劝他把度量放大些，昆明虽被顾品珍夺去了，到底还是自己人，不必一定要打回去。现在北伐大计，正在需人，仍望来粤协助，共商大计，等北伐大业完成后，云南僻处边隅，只消一纸命令，便可解决云云。后闻唐出走到香港，孙中山又派我往香港迎唐来粤。唐为了争取外援，果曾一度来到广州。孙中山与唐欢宴。一见唐便说："你来了，与我合作，我有办法。"言下情谊备至，足见孙先生伟大无私，与人为善的崇高风格。唐虽表示拥护，但仍念念不忘于云南。先是，唐离昆明曾令龙云由建水移驻蒙自，与南防司令李友勋部集中。至是，李友勋、龙云率部由蒙自涉历险阻，来到广西柳州待命。唐见孙志在北伐，不久又潜回香港，旋又由香港亲赴柳州策动，又以巨款派朱培德往桂林接收原驻粤滇军张怀信、杨若谦部，作为回滇的军事资本。这时，孙中山已驱逐桂系，底定广西，驻节桂林，准备北伐，当派我到柳州，劝唐率师一同北伐，要饷给饷，要钱给钱。唐表示："请以云南为后方革命策源地，愿先回云南整饬戎行，及时简拔精锐，督师驰赴广州，惟先生命，效力北伐事业。”本来，唐继尧已约定朱培德为回滇部队总指挥，但参谋总长李烈钧以唐抽兵回滇，将会削弱北伐力量，且唐继尧回滇以后，也未必乐为所用；同时朱多年在外，为自身利害计，归志亦不坚决。唐继尧只有率同龙云、李友勋的部队回滇。宜良天生桥之役，顾品珍与其参谋长姜梅龄均死之，唐终于在 1922 年 3 月重返昆明，取得云南政权。

1922 年 5 月，孙中山以湘省倡联省自治，不允假道北伐，因移大本营于韶关，准备由赣北伐，并将原编滇军朱培德部、赣军彭程万部、黔军谷正伦部合编为滇黔联军，派参谋总长李烈钧为联军总司令，扩充为 5 路大军：第一路蒋尊簋（参谋部次长），第二路朱培德，第三路 ×××，第四路谷正伦，第 5 路胡瑛，我也被任命为滇黔赣联军总司令部参谋长，随师北伐了。1922 年 6 月，陈炯明叛变，围攻总统府，孙中山指挥海军与叛军相持 40 多天，始离粤赴沪。我等入赣部队回师靖难，又以形势恶劣，北有蔡成勋北洋援赣军，西有沈鸿烈所率旧桂军，南有陈炯明所部叛军，三面围攻，便随同许崇智、李福林、黄大伟等部由赣东退入福建了。

孙中山先生就任非常大总统以后，我尚未随师北伐以前，一直以唐继尧的代表身份往来滇粤之间。当时总统府曾给我以特别出入证，不要参军报告，不要卫兵传达，直接可以到中山先生的办公室。我每次到中山先生的办公室，总见他除批阅公文而外，便是手不释卷地读书。他所看的书报，都是原文的，只见书架上琳琅满目。每到会客时间，参军分席次送来一张名单，先生略看一下，便走向会客室。他的会客室也很别致，是一个大厅，好像广东的一般茶室一样，座分两行，每行摆七八张圆藤桌，桌子下面都有 4 只没有靠手的藤椅，桌面上还编有号码。有的一席三两人，有的多至七八人。在每桌的空席前顺序地摆着一叠名片,这个空席是留着孙先生坐的。孙中山进入会客室，并没有什么仪式，人们也并不起来打招呼，先生到哪一桌，便坐下来和哪一桌的谈话。他有时听取来客的报告，有时发表自己的见解。如果只是一般会见，他谈几分钟后就到另一桌去；如果是重要事件，谈上个把钟头也常见不鲜。在这一桌谈完了之后，他起身又到第二桌去了。已经谈过了的，如不愿再留，便可以自动退出；如果想多休息一会，也不会有人叫端茶送客，不受任何拘束。有人建议分批接见，以免他们会碰头。孙先生说："和我谈话的人都是谈革命，革命是天下为公的，又何必要回避呢？"当然，有关军事秘密的，那是例外。由此可见先生胸襟的一斑。来会的客人中，有的系运动军队需要活动费的，先生也常满口答应，一拿就是二三百元。有的幕僚劝孙先生提防有来骗钱的。先生却说："他要骗我，也只骗得一回；而且，百人之中有 5 个不骗我们，也算成功。"果然，此后便有人领到活动费拉来了军队，也有人自己报销军费来组织军队的。例如，李钟本（云南大理人）曾领过活动费 500 元，拉来了滇军杨希闵等的部队，后来编为西路讨贼（陈炯明）军（东路讨贼军系许崇智）。又如卢师谛（江西大余人）用自己的家私，在讨陈（炯明）的占城战役中，派谭鸿（南台人）为独立支队长，收编了林虎的部队，组成中央直属第三军，卢任军长。像这样的事例很多。

（选自全国政协文史资料研究委员会编《文史资料选辑》第 103 辑，文史资料出版社 1985 年 11 月第 1 版）

我所知道的章太炎

汤国梨*

结婚前后

我是浙江吴兴乌镇人。30 岁时，由上海务本女塾师范同学张默君的父亲、同盟会会员张伯纯（通典）先生介绍，与章太炎结婚。时为辛亥革命后的第三年，即 1913 年 6 月 15 日。当时胜利果实已为袁世凯所窃，当上了临时大总统，任命太炎为东三省筹边使。

和太炎结婚之前，我在上海务本女塾师范第三届毕业，成绩为第一名，后应浙江吴兴女学之聘，担任过该校校长。1911 年武昌起

---

* 汤国梨：系章太炎夫人，时任“神州女界共和协济社”编辑部部长，后任上海女权同盟会临时主席，章氏国学讲习会董事长。

新中国成立后，任江苏省文史研究馆研究员，江苏省人大代表，苏州市政协委员，民革苏州市委员会主委。

义后，全国各省大部分宣告独立，但南京的清廷两江总督张人骏及江宁将军铁良、江南提督张勋犹负隅顽抗。这时同学张默君、谈社英等准备在上海发起组织“女子北伐队”，邀我参加并作为发起人之一。但是经费无着落，于是我建议在安凯第组织游园会进行筹款，邀请务本女校同学及她们的亲戚朋友参加，以高价推销入场券，同时准备许多高级饮料、纸烟、雪茄、饼干、糖果、水果、鲜花和妇女用的化妆品，还有我们当场自制的“三明治”，在会场中举行不定价的义卖，招待员则由务本同学担任。我的主张为大家所接受，经过准备，游园会终于开幕。

游园进行了 3 天，每天下午 4 时前后，来宾逐渐涌到，我也担任招待，盛妆到会服务。在招待时，我们都手端一只装了各色义卖品的托盘，供来宾选择。所谓“不定价的义卖”，即是由来宾自愿出高于市价一二十倍甚至百倍以上的价钱,选购一种或几种义卖品。当时各界人士已有热烈拥护革命的倾向，在义卖中踊跃输将。但我在担任义卖招待时，却碰到了一件相当尴尬的事情：有一位肥头胖耳、大腹便便、西装笔挺的来宾，坐在椅子上，向我招手，我托了盘子走上前去，他在盘中拣了一支雪茄烟，付了 20 块钱，然后注视着我的表情，看我对他花 20 块钱买一支雪茄如何反应，同时又把这支雪茄衔在嘴里，用手指指，意思是要我用火柴给他点上。我擦了 3 支火柴，都没有点着，这大胖子不耐烦起来，说：“看你至少有 20 多岁了，难道火柴都不会划吗？真是聪明面孔笨肚肠！”当时许多在场人对我看着，这是我从来没有受过的难堪。至今想起，也感到忿然。

游园会结束，共募得现款 5 万元。但此时南京已被苏、浙、沪联军攻克，组织女子北伐队似无必要，由张默君向孙中山先生请示所筹之款该怎么办？孙先生说：“你们这批青年有为的女同志，可以做宣传和教育工作，游园会募集的5万元，即可作为办学校与报社的经费。”于是由张默君、谈社英与我等发起，在上海创办了神州女学与《神州女报》，我担任神州女学教师和《神州女报》编辑。就在这时，我接受了太炎的求婚。

我和太炎结婚之前，彼此并未见过面。1913年5月，太炎在武昌与黎元洪商议“二次革命”时，来信向我求婚。当时张默君曾征求我意见，说双方是否要先见面谈谈。我对这项婚事，没有表示反对，就算已经同意，所以感到没有见面必要。我在求学时，即已参加各种社会活动，对当时知名人物多少有所了解，关于择配章太炎，对一个女青年来说，有几点是不合要求的：一是其貌不扬，二是年龄太大（比我长15岁），三是很穷。可是他为了革命，在清王朝统治时即剪辫示绝，以后为革命坐牢，办《民报》宣传革命，其精神骨气与渊博的学问却非庸庸碌碌者所可企及。我想婚后可以在学问上随时向他讨教，便同意了婚事。

当时办婚事，男方需要先送四色聘礼，像太炎这样有声望的人，聘礼自不当轻，可是他只知闹革命，生活一直不富裕，便将自己所受的一枚勋章也作聘礼，凑满四色。他在前来上海与我成亲时，携带了筹边使任内所积俸给以及北京等地友好所赠贺仪，共现钞7000元。到沪后，亲友们闻讯都去探望他，有个在上海新闻界工作的苏州人钱某对太炎说，这7000元现款以存入银行为妥，太炎表示同意，便将这包钞票交给他代存银行。移时，钱持一存款为3500元的存折给太炎，谓经银行职员当面点清，只有3500元。太炎除瞠目结舌外，毫无办法。

1913年6月15日，我与太炎在上海哈同花园举行婚礼，一时贺客盈门，孙中山、黄兴、陈其美等均亲临道贺。当时太炎着西式礼服，脚穿皮鞋，后来据人告诉我，太炎没有穿皮鞋的习惯，竟将左右鞋穿错，后经指正，惹得大家捧腹。婚礼由蔡元培先生为证婚人，张通典和沈介和为介绍人。婚书词华典赡，是太炎自撰的，尚存于家中，全文如下：

证　书

盖闻梁鸿择配，惟有孟贤，韩姞相攸，莫如韩乐；泰山之竹，结根在乎山河，南国之桃，蕡实美其家室。兹因章太炎君与汤志莹女士，于中华民国二年六月十五日举行婚礼，媒妁既具，伉俪以成。惟诗礼之无愆，乃德容之并茂。元培忝执牛耳，亲莅鸳盟，袗以齐言，申之信誓。嘉耦立名故曰配，邦媛取义是曰援，所愿文章黼黻，尽尔经纶，玉佩琼琚，振其辞采。《卷耳》易得，官人不贰乎周行；松柏后凋，贞干无移于寒岁。此证。

证婚人　蔡元培　（盖章）
夫　　　章炳麟　（盖章）
妇　　　汤国梨　（盖章）
介绍人　张通典　（盖章）
　　　　沈善保　（盖章）

中华民国2年6月15日

结婚后，孙中山、廖仲恺、苏曼殊等人时常往来，有时在我家叙谈，有时中山先生派人接太炎去。有一次他从中山先生家回来，孙家车马刚好都有事去了，门口只停了一辆人力车，他跨出门就上了人力车，挥手呼快走。拉车工人问："拉往哪里？"太炎向前一指说："家里！"拉车的便径往前走。拉了一程又问："家住哪里？"太炎说："马路上弄堂里，弄口有家纸烟店。"拉车工人没法，只得拉了太炎走一程问一问，在马路上大兜圈子。中山先生家陪送太炎的人，当时要找一辆人力车同行，等找到另一辆车时，太炎已不知去向，便用电话向我家询问，得知太炎并未回家，急得孙家和我家分别派人四出寻找。终于在大世界附近，发现他坐在车上顾盼自若，迎面而来，才拦住送回家中。事后非但孙中山、廖仲恺等引为笑谈，就连我们家中，亦为之忍俊不禁。

东三省筹边使

太炎任东三省筹边使，设署于长春，僚属 10 人，经费每月 3000 元。当时他颇有开发东三省的雄心，同时对袁世凯犹有幻想，所以接受了这项任命。后来才感到是受了袁世凯的骗，所谓筹边使，只是一个空头名义而已。

是年 3 月，袁世凯嗾使爪牙刺杀宋教仁于上海。5 月，太炎至北京晤袁，袁为了笼络太炎，下令授以勋二位勋章，并语太炎："清帝退位，革命成功，参加革命的识时务者，今日多已踞显要，住洋房，子女玉帛，如愿以偿，唯君犹孑然一身。近来南方报纸，对予颇多毁谤，谓予将复辟称帝，蛊惑人心。今特授君 4 万元支票一纸，以去沪办报为名，实际只须向上海各大报以津贴为由，酌予点缀，所余大部分，可由君自由支配。”当时太炎颇为踌躇，但还是接受了下来。辞别回寓后，愈想愈不妥当，感到受此4万元，实质是向上海各报行贿收买，这样做，连自己也一并被收买，有玷人格，决不可干。但已经受了下来，如何处置，一时苦无善策。恰好有南通张謇（季直）来见，开门见山地说：听说项城给你拨款4万元去上海办报，今共和党在上海出版的《大共和日报》经费支绌，尔我（指太炎与张）同为共和党发起人，用此4万元维持《大共和日报》，既符合项城在沪办报之要求，又无须由君为此繁琐劳神，现在计亦良得。太炎便不再思索，将4万元支票交与张謇。事后始知，张季直有人布置在项城左右，所以太炎接受支票刚归，张便接踵而至。

太炎离京抵沪，结婚后不多天，便上书袁世凯，辞去了东三省筹边使这个有名无实之职。

羁禁北京

自袁世凯刺杀宋教仁后，当年7月，“二次革命”发生，讨袁义军蜂起。袁世凯密布网罗，搜捕革命党人，孙中山、黄克强等均去日本，亦劝太炎同行。太炎不但坚决拒绝，且谓要去北京质问袁世凯。他理直气壮地说：“以前为了反帝反满，所以在日本闹革命，现在已经‘光复’，为什么还要去日本！”我也曾力劝他东渡，他毅然说：“事出非常，明知虎穴，义不容辞，我志已决，子毋多虑。”遂匆匆首途北上。

太炎去北京被袁世凯幽禁经过，报刊杂志记载很多，但与真相有出入者不少。尤以章鉴主编的上海《神州日报》，除谓太炎以大勋章作扇坠大闹总统府外，且多嘲讽。其实太炎此次去京并未携带勋章，而且当时太炎仅获勋二位勋章，并无大勋章。直至袁世凯当了 83 天洪宪皇帝，身败名裂，呜呼哀哉，太炎才获释，南返上海，黎元洪为表彰他反袁有功，才晋升勋一位，派专员到上海授勋。在授勋时，要举行一种仪式，由受勋者备军乐队，吹打欢迎授勋大员，由大员代表政府授以勋章和证书。当时太炎曾吩咐家人去雇了一个军乐队，郑重其事地接受了勋一位的勋章和证书。

1914 年 1 月，太炎前往总统府见袁世凯，袁不予接见，太炎便在总统府闹了起来，袁命陆建章将太炎拘禁。陆建章对太炎相当尊重，在移送时，亲自骑马前导。人问陆何必如此尊重太炎，陆说："他日太炎若能为我草一檄文，则我可少用10万兵马，安得不尊？"其实陆之所以对太炎故作尊重，不过是为了表示自己不与陈宧同流。当时陈宧也是袁的亲信（后策划袁称帝，在护国之役见大势已去，又宣布倒袁，袁闻讯口吐鲜血），民国元年太炎在京时，见了陈宧曾对人说："此中国第一等人物，然他日亡民国者，必此人也。"闻者皆以为妄，而陈恨之入骨，故有为袁献策，串通共和党人郑洪年等诱太炎入京，予以控制之事。太炎死，陈宧亲作挽联寄苏州，上联云："囊括大典，整齐百家，否岁值龙蛇，千载修名君比郑"；下联是："人号三君，国推一老，抗颜承议论，世间北海亦知刘。"并对人说："太炎云殁，世间无真知我陈某为何等人者，太炎真知我，我亦真知太炎，彼陆建章谓得太炎一篇文字，胜过用 10 万兵马，犹轻视太炎耳。我则谓太炎一语，足定天下安危也。"以上陆建章、陈宧两人对太炎的看法，都是湖北刘成禺先生在所著《世载堂杂忆》

中语，我于太炎逝世后，收到陈宧寄来的挽联，再看了《世载堂杂忆》，才对挽联的涵义有所了解。

是年6月，太炎以资斧不继，即令厨司断炊，决意绝食。此事传出后，太炎友好纷纷致书袁世凯表示愤慨。袁惧，除令医生诊视外，并将太炎移禁于钱粮胡同，由政府月致500元作为赁屋与伙食费用，但太炎仍然绝食如故。弟子朱希祖等曾往力劝太炎不能绝食，朱对太炎说："袁欲杀先生只须命其爪牙一举手之劳，其所以不敢贸然下此毒手者，正因畏于先生声望，如先生绝食而死，正投其所好。"后希祖来沪见我时说，太炎认为他的话言之成理，但仍未进食，那时绝食已七八天，仅饮茶水，身体很虚弱，而精神还不差。

后来有一天，马夷初（叙伦）先生去探望太炎，两人对时局越谈越起劲，到黄昏时分意犹未尽，好像还有许多话要说，马却起身告辞，说过几天再来看望。太炎说："时间尚不太晚，可以再谈谈。"马说："因为没有吃晚饭，肚子饿了，要回去吃晚饭。"太炎便说："这个问题容易解决，我这里也有厨房，比回家去吃还可以快点。"马说："知道你这里有厨房，但想到面对一个绝食的人，自己据案大嚼，试问情何以堪？何况你是为了民国的存亡绝续而绝食斗争的，我今面对一个舍命为国的好友，自己饱餐，岂仅自私，简直太残忍了。君如绝食而死，予今晚在此吃这餐饭，能不给天下人鄙视？"太炎听后略一思索，便说："那我就同你一起进食如何？"马夷初非常高兴，与太炎一起吃了两个水煮鸡蛋。这是马夷初先生来沪时和我所谈太炎停止绝食的经过。许多年后，有一次我问太炎，你在北京绝食近半月几死，当时有何感觉？太炎答："头晕得很呵！"

太炎被囚于北京时，我只身在上海，因无人可以商量，曾派家内勤杂工寿荣专程去杭州，拟请太炎伯兄章籛到上海或通信交换营救太炎的意见。不料章籛及章氏族人因太炎早年剪辫断发，投身革命，1903年为邹容《革命军》作序，倡言反清，下狱3年，后被逐出国，闹得全国闻名，人称章疯子，今又被囚，他们恐受牵累，已在余杭家祠中开了全族会议，将太炎开除出族。所以寿荣去见章籛，进入大门后，即被命站在天井中，不准进入室内，并对寿荣说：太炎被捕，家族无能为力，且恐祸及全族，已将他开除出族了。说完，挥手令去。寿荣无奈，只得回沪向我报告了经过。

这时我住在上海，经常有来历不明的人来家中进行威胁利诱，要我去京探望太炎，劝其勿再反对袁世凯。有次来了两个口操北方口音的彪形大汉，说要护送我去北京照顾太炎，如果不去，则对太炎将有不利云云。两人软硬兼施，我则相机应付，他们舌疲唇焦，不得要领，悻悻而去。我即从后门出去，将额前留海掠向后面，把裙子撩起，临时化妆，紧紧尾随他们。他们出弄堂坐上人力车，我亦乘人力车遥遥相随，紧盯不放，及至小南门，见两人下车进入一座黑门大宅。我停车向对面一家烟纸店打听这大宅之中居住的人姓什么，做什么事。据答称，这宅里进进出出都是高大的汉子，不知干什么的，更不知主人姓名。我只得看清门牌号码，回家后托人探问，后来才知道是北洋侦探的一个驻沪机关。

太炎被囚在钱粮胡同时，女儿章叕（已故前妻之长女）于1915年4月去京省视老父，后悉此举恰恰无意中落入袁之圈套，非但将致老父于死地，即自身亦陷入绝境，遂于9月间自缢身死。当时国内外报纸误传太炎已死，我在上海见报，急电北京问安，旋得太炎复电曰：“在贼中，岂能安！”露章明发，袁氏无可奈何。

当时我与太炎通信，得知所有往来信件均由警察总厅检查。而袁世凯为了阴谋称帝，正不顾一切，一意孤行，竟与日本签订卖国条约“二十一条”，全国人民群起反对，袁犹悍然进行称帝活动。如我去北京，则正自投罗网，太炎与我必将同被杀害。这看法在袁败亡之后得到证明。有位我原熟识的无锡女子杨清如，中西文均有根底，曾在袁的新华宫当过家庭教师，对当时袁的阴谋略有所闻。袁死后，她来上海，和我谈起太炎幽禁北京事，知当年我与太炎的估计，基本上是相符的。

这期间我与太炎通信共 84 封，起于 1913 年 8 月，讫于 1916 年 6 月，辛亥革命 50 周年时，曾由中华书局出版了影印本，题为《章太炎先生家书》。

参加护法

太炎在北京获释，回沪住了一个不长时期。到 1917 年 7 月，我生了大儿子章导，孩子尚在襁褓之中，太炎事前一声未关照，即随中山先生乘舰赴广东，宣布护法。

在太炎与中山先生去广东后的某日晚子夜时分，我抚导儿入睡后，自己尚未睡着，忽闻后面房间有人翻箱倒笼，当时常有暗杀革命党家属事发生，我很惶恐。根据我们住房（现上海连云路也是庐）的结构，我估计不速之客是从晒台进来的，所以才先至后房，如果侵入前房，将不堪设想。约半小时过去，那人仍在后房，此时我也镇定下来，乃故意使导儿啼哭，并哼催眠曲，抚拍导儿，以安慰婴儿的口吻自言自语说：“奶妈马上来了，不要吵，不要哭。”又过了近半小时，即听那人越晒台而去。我乃下床唤醒佣妇，前去一看，被窃去许多东西。翌晨至晒台察看，则我家晒台与邻家晒台中间有一条夹弄，如要跳跃过来，必须有相当本领。我对邻家窗内一看，只见室内陈设相当富丽，不像是做坏事的。

太炎参加护法回来，有一天谭人凤先生来晤，太炎谈起家中失窃事。几天之后，有一个人仪表轩昂，衣冠楚楚，来拜访太炎，据他自我介绍，叫龙在田，住在我家晒台对面，是贴邻。他很坦率地向太炎说："以前你家楼上失窃，是我所为，当时不知是你的府上，现在知道后，觉得非常抱歉，因为大家知道你太炎先生靠写文章过活，一心为国，所积的钱来之非易，我不应该来窃取。但窃去的东西早已变卖，目下手头拮据，现以公债票200元及文房四宝4件作为赔偿，聊表歉意。"太炎见这龙在田不是寻常的窃贼，便接受了这批退赔的东西，而且很高兴，并嘱不必介意。龙在田走后，太炎才把这事告诉我，我以未能面见其人为憾。4件文房四宝是用优质青玉制成的，古朴可喜，我一直珍藏，在十年动乱中被"动员捐献"。抗战前，曾在报上见过有关龙在田的报道，记得是从了军，还当了官。

（胡觉民 章念驰 整理）

（选自全国政协文史资料委员会编《文史资料存稿选编》第11卷，中国文史出版社2002年8月第1版）

张謇与辛亥革命

刘厚生[*]

一般人都知道张謇对辛亥革命有重要的关系，但有什么具体事实，则知者甚少。在张謇自编年谱中，也不愿详言其内容，主要是洪宪一幕，使他十分懊丧之故。我始识张于庚子年，宣统元年他负责大生一厂，我为大生二厂经理，后又与张奔走南北。1914年，张任农商总长，我为次长，虽仅数月我即辞退，但前后共事既久，接谈之机会较多。其中如辛亥前他在预备立宪公会、谘议局的主持和活动，清帝退位诏书的草拟，他和袁世凯由离而合的经过，都与辛亥前后大局有不少关系。兹就起草清帝退位诏书和张袁离合两事作一回忆。

---

* 刘厚生：时任北洋政府农商部次长。

一　起草清帝退位诏书经过

辛亥十二月，南北议和代表佥推张季直先生起草清帝退位诏书。盖其时北方代表唐绍仪自审未便属稿，清廷重臣徐世昌怕担“逼宫”之名，亦不愿草拟，而南方代表则主予稿清廷，可免措辞失当。

季直先生初既彷徨于执笔责任，又踌躇于如何落墨，见询予于隔室（即上海小东门大生二厂办事处）。予当答以：“今天既不是张某篡位自立，而且把政权还给老百姓，这是普天同庆的事，正应慨然承当，何所用其犹豫？”季直先生欣然动容，微笑点头说：“那么，拜托，拜托。”我立即动笔，在二三十分钟内草就，内容大致是：“前因民军起事，各省响应，九夏沸腾，生灵涂炭，特命袁世凯为全权大臣，遣派专使与民军代表讨论大局，议开国民会议，公决政体。乃旬日以来，尚无确当办法。南北睽隔，彼此相持，商辍于涂，士露于野。徒以政体一日不定，故民生一日不安。予惟全国人民心理，既已趋向共和，……更何忍侈帝位一姓之尊荣，拂亿兆国民之好恶。予当即日率皇帝退位，……听我国民合满汉蒙藏回五族，共同组织民主立宪政治，……务使全国一致，洽于大同，蔚成共和郅治，予与皇帝，有厚望焉。”

稿成，以示季直先生，先生默诵一过，略易数字，连说“可用，可用”，就转与唐绍仪，唐据以电告北京。

据好几个参与清廷机密的老朋友说：电稿到京后，袁世凯、徐世昌就把稿子交给汪衮甫（荣宝）。汪读后，就说：“张季直为文，力模班史，词句硬碰硬，此稿却婉转庄肃，情见乎词，不类季直手笔，或当另有其人。”汪遂援笔修改，把我原文末句“有厚望焉”改为“岂不懿欤”。定稿后，就送给隆裕太后。隆裕太后见稿，泫然流涕说：“我和皇帝决不以一姓尊荣，叫四万万人吃苦头。”她一头看，一头哭，忍泪说道：“这里所说的话，都是我心里要说的话。”后来内阁就这件经过修改的稿子，电复上海和议代表，在十二月二十五日发出了“懿旨”。

为了对照我的初稿和北京增改部分，兹录诏旨全文（据军机处现月档）于下：

奉旨：

朕钦奉隆裕皇太后懿旨：前因民军起事，各省响应，九夏沸腾，生灵涂炭。特命袁世凯遣员与民军代表讨论大局，议开国会，公决政体。两月以来，尚无确当办法。南北睽隔，彼此相持，商辍于涂，士露于野。徒以国体一日不决，故民生一日不安。今全国人民心理多倾向共和，南中各省既倡议于前，北方诸将亦主张于后，人心所向，天命可知。予亦何忍以一姓之尊荣，拂兆民之好恶。是用外观大势，内审舆情，特率皇帝将统治权公诸全国，定为共和立宪国体，近慰海内厌乱望治之心，远协古圣天下为公之义。袁世凯前经资政院选举为总理大臣。当兹新旧代谢之际，宜有南北统一之方，即由袁世凯以全权组织临时共和政府，与民军协商统一办法。总期人民安堵，海宇乂安，仍合满汉蒙回藏五族完全领土为一大中华民国。予与皇帝，得以退处宽闲，优游岁月，长受国民之优礼，亲见郅治之告成，岂不懿欤。

钦此。

内阁总理大臣臣袁世凯，署外务大臣臣胡维德，民政大臣臣赵秉钧，署度支大臣臣绍英（假），学务大臣臣唐景崇（假），陆军大臣臣王士珍（假），署海军大臣臣谭学衡，司法大臣臣沈家本（假），署农工商大臣臣熙彦，署邮传大臣臣梁士诒，理藩大臣臣达寿。

二 张袁离合

宣统三年春天，各省请愿开国会之声浪日高，张謇当时任江苏省谘议局议长，隐然为各省谘议局的中心人物。时某省谘议局代表两人去南通访张，要他亲至北京，观察形势，以决定各省谘议局对于国是应取之态度。张受此敦促，即与苏省谘议员雷奋、杨廷栋及两代表商，决定北行。时适上海等地四商会推他代表至京，与清廷接洽组织赴美国报聘上年南洋劝业会美商来华参观事，张遂借此作为北行的表面任务，实际则是去观察政治中心的实况。

张謇北行之议既定，即要我与雷奋、孟森同行。我请张先至汉口，取道京汉铁路北上，过彰德时下车访问袁世凯，以交换对于政局演变之意见。但是，由于张謇和袁世凯在20年前曾有芥蒂，对我的建议初不接受。

张袁相左，事由张函责袁忘恩负义而起。袁于光绪七年（1881年）赴登州投效吴长庆总兵，时张在吴幕主军事机密，遂与袁相识。次年吴奉派东赴朝鲜，张荐袁补营长兼锋队。事定，袁得吴信任，权力日渐扩大。后吴率三营返国，留三营归吴兆有统领率领，以袁为军务帮办。1884年，张不满于袁世凯自结李鸿章，露才扬己，使吴长庆难堪，乃撰庆军同人致袁世凯之公函，具名者为朱铭盘、张詧、张謇，责袁忘恩负义，斥其有三可笑，谓："仆等与司马，虽非旧识，要亦贫贱之交，而往春初见，虽诩诩作公孙子阳见马文渊之状，[①]一再规讽，不少愧悔，此一可笑。謇今昔犹是一人耳，而老师、先生、某翁、老兄之称，愈变愈奇，不解其故，此二可笑。詧司筱公（吴长庆字）支应所，司马既有领款，应具领结；詧因司马问领结格式，遂即开写，辄斥为何物支应所，敢尔诞妄。不知所谓诞妄者何在？勿论公事矣，詧与司马平昔交情何如？而出此面孔，此三可笑。”函末谓：“愿司马息心静气，一月不出门，将前劝读之呻吟语、近思录、格言联璧诸书字字细看，事事引镜，脚踏实地，痛改前非，以副令叔祖、令堂叔及尊公之令名，以副筱公之知遇。……此信不照平日称谓，而称司马；司马自思，何以至此？若果复三年前之面目，自当仍率3年前之交情。气与词涌，不觉刺刺，听不听，司马其自酌之。”

张既以旧嫌未释，不拟与袁相晤，我乃商于雷奋，雷谓当于途中再商。嗣在离沪去汉航轮中，雷以两个黄昏之时间，说动张同意访袁。雷并曾对张忠告：“切勿因为自己是清朝状元，要确守君臣大义，而躲避现实。对袁应态度诚恳，以测彼动向。”张为之动容。

轮抵汉口，雷奋因家电催归，我和孟森在京汉车上与张商晤袁时如何交换对时局意见。五月十四日晚7时车抵彰德，袁已遣副官备轿迓张到洹上相见。袁初见张，以未明来意，谈吐闪烁；后见张态度坦率，就对张说：“有朝一天蒙皇上天恩，命世凯出山，我一切当遵从民意而行；也就是说，遵从您的意旨而行。但我要求您，必须在各方面把我的诚意告诉他们，并且要求您同我合作。”五月

---

① 后汉光武时，隗嚣叛，据陇西，自称王。马援率兵破嚣。援欲说公孙述降，往见之，公孙述盛张威仪见援。本文引“公孙子阳见马文渊之状”一语，意指摆足架子见客。公孙述字子阳，马文渊是马援的字。

十五日上午3时，袁躬送张至门外，互道珍重而别。张登车时，对我们说：“慰亭（袁字）毕竟不错，不枉老夫此行也。”这次密谈，影响到后来袁在和议中的态度和张謇投身政海。

武昌起义，清廷命袁为总理国务大臣。袁派唐绍仪为议和代表，嘱唐到上海后，必须想法先与张謇见面，并告唐：“你必告张謇，我必尊重他的意见而行事。”唐到沪，即在南阳路赵凤昌家与张晤见，唐先致袁对其殷拳之意，并询整个局面应如何措理，愿听张的指示。当时绍仪已露出：若推袁为总统，则清室退位，不成问题。

和议告成，袁当总统，张任临时政府实业部总长；卸职后，复于1913年为熊希龄内阁的农商总长，袁并派军舰迓其北上就职。直到1915年筹安会事起，张始请假南旋。

（严服周　笔记）

（选自全国政协文史资料研究委员会编《辛亥革命回忆录》第6集，中国文史出版社2012年6月第2版）

辛亥革命前后封建士大夫阶层的动态

陈　谦[*]

辛亥革命距今已 70 年。这场资产阶级民主革命，结束了中国历史上 2000 多年的封建帝制而建立了中华民国。那时我方冲龄，谈不上参加革命活动，但在辛亥革命前后，我在广州和香港两地的所闻所见，虽局限于封建士大夫阶层，然今日回忆起来，似也有些历史价值，因录之以供参考。但年老记忆力衰退，错误在所不免，希读者有以正之。

* 陈谦：系广东新军军医局中医长陈广保之子。

一　在广州

（一）庚戌正月初三日新军起义

先是，清宣统二年庚戌正月初一日（1910 年 2 月 10 日），因新军士兵于除夕为刻图章与店主发生争吵，在双门底（今北京路）引起巡警干涉而被逮捕，导致新军与巡警冲突，清吏突然下令闭城，并派满旗兵在大东门、小东门及大北门、小北门一带登陴扼守，如临大敌，使城内城外交通断绝，人心惶惶。新军起义领导者倪映典，时在同盟会南方支部的指导下，任新军各营联系工作，见事势危急，便迫不及待，于清宣统二年正月初三日（1910 年 2 月 12 日）率领广州新军 3000 名在城郊起义，与清军水师提督李准部展开激战。因事先准备不周，孤立无援，结果起义失败，倪映典等相继牺牲。

当时我家住在广州城小东门外仁秀里，祖父母、父母皆在堂，弟妹年幼，在家里遥闻炮声，从东郊轰轰而来，大有逼近东校场之势。举家惶恐，不知所措。及我父（陈广保）冒险出外探听，稍知一二。同时我老母家的二舅父刘学询（字翰周，老司法界，颇有名望）也立即过访，与我父亲在书房里展开《番禺县志》中的番禺县全图研究万一事情扩大，应如何走避。但事起仓卒，两人俱愁眉不展，久而无言，临别时只说各自保重而已。当时我父亲任广东省全省新军军医局中医长，新正休假，更恐起义后，职位有所变动，尤为焦灼。

那时居住东关一带的居民夕都争先恐后地涌至三角市市场争购咸菜、梅菜、咸蛋、咸鱼，虽一时咸杂商品价值飞涨，也被一扫而空。其余如饼干、炒米饼等干粮，更不论价格，争相购备。但令人气愤者，于新正期间，大小当押本有开门营业者，乃一闻新军起义，立即闭门，门前标出“止当候赎”或“东主旋乡，暂停交易”等字条，更令贫苦工农受到打击。直至该日傍晚时，我家佣人出市场看看有无蔬菜出售，顺便购回，回来时说：“新军起义已得到解决”，那时我父母亲疑信参半。及至翌日（初四日）我老母家五舅父刘学椠（字鑊民，那时在高等学堂任庶务）由西村通过大北门回来，一路平安，知道事实，举家才露欢容。

新军起义后，寓居于城郊的封建士绅，惊慌惶恐，群思他避。富有资产者，以香港、澳门为目的地，即中小资产者，亦深信“大乱居乡”的古训，群以广州的近郊村落，如河南、黄埔、佛山等较为安全，于是纷纷迁往。我母亲外家刘姓，是广州东关大族，外祖母虽年迈，也于新军起义后不久，一家老少携挈箱箦，雇请舆夫，迁往石牌戚家暂避。直至端阳节过后，才敢回城。至于前闽浙总督许应骙的儿子及前四川总督骆秉章的后人，即急忙迁居香港，买屋置产，过其高等华人寓公的生活。我祖父（陈经民）当年已 70 多岁，是香港九龙关退休帮办，保守思想极端浓厚，在新军起义后，我年虽小，但祖父亦谆谆训诲我说：“朝廷训练新军，本为图强御敌，但今日起来革命，冒天下之大不韪，失败是理所当然，杀头是绝对应该的。汝日后长成，读圣贤书，忠君爱国，必须戒之慎之！”

总之，新军起义虽然失败，但大部分革命军官和部队幸都得到保全，此役实为 1911 年黄花岗之役的前奏。

（二）辛亥三月二十九日的广州（黄花岗）起义

庚戌新军起义与辛亥三月二十九日（1911 年 4 月 27 日）的广州（黄花岗）起义，相距时间一年两个月有多。在此期间由于清政府假托预备立宪的美名行蒙骗愚弄民众之实，革命在广州虽似暂时无事，但实际上孙中山先生已与黄兴、赵声等在南洋槟榔屿议定要在广州大举起义的计划。为此，同盟会在香港跑马地35号设立了起义的领导机关——统筹部（据姚雨平的《新军起义前后及辛亥三月二十九日之回忆》《广东辛亥革命史料》第62页），由黄兴任部长，赵声为副部长。另设广州起义指挥部，举赵声为总指挥，黄兴为副指挥。但赵声以在广州识之者多，露面活动不易，因之事先暂不能赴广州策划，而由黄兴代理总指挥职务。

三月二十九日下午，广州起义爆发了，黄兴以总指挥的名义亲自率领党人英勇杀敌，但终因寡不敌众，这次起义失败了。由党人潘达微收殓烈士遗骸七十二具合葬于黄花岗。读当年广州黄花岗七十二墓正门对联云：“七十二健儿酣战春云湛碧血，四百兆国子愁看秋雨湿黄花”，使人不胜感慨系之。

这次起义虽然失败，而革命精神却影响全国，振奋人心，更震骇清廷。故辛亥八月十九日（10月10日）武昌一呼，全国响应，不旬日而清社倾，民国立矣。

在广州起义前，清广州将军孚琦被弹身亡（于三月初十日被同盟会员温生才行刺），广州全城戒严，到处搜捕，尤以城内一带为甚。因此住在邻近衙门的街道居民，纷纷暂时走避东关、西关和城外。当时来我家暂避的陈姓戚属，原住在华宁里，她是负责管理鳌山书院香火的，在孚琦被刺的当晚，巡警等曾多次到书院及她的家里严密搜查，甚至连神主牌也揭开细看有无暗藏武器，大声呼喝，使人战栗：因此翌日趁城门有一个时辰暂行开放（只准出而不准入），即举家携小衣包走出，情形狼狈。

由于此次起义在广州城中心爆发，在城外地方比较安谧，但城门竟日只开放一二小时，城乡来往、运输困难，交通不便，影响所及；市上食品价格飞涨，且购买不易。这样持续数天，才告平息。于是拥有资产的官僚、地主，更加恐惧，迁居港澳者大增。如前南昌知府曹秉溶的儿子受墀，前山西道台曹秉哲的儿子受培，皆在起义后不久即举家迁居香港，受墀更令儿子习英文，任慎昌洋行买办；受培则买了屯门盐田，经常管理，置产收租，过其奢侈生活。至于一般的穷秀才，平日靠坐馆为生的，为自己未来的衣食计，也宁舍却妻儿，纷纷请托在港澳的亲友代谋港澳富商的专席西宾，认为万一遭遇事变：一则可以暂时栖身，再则可以汇款回家而使妻儿不致饥馁。就我回忆所及，如前清翰林吴道熔的侄儿吴子馨，便是在这一年初前往香港就当时富商何棣生之聘，在家教其子女，并代东主请吴太史为书“甘棠第”的匾额，各戚友咸为之羡慕。

（三）武昌起义前后的广州城

武昌起义与辛亥三月二十九日的广州黄花岗起义相距时间有180多天。在此期间，广州表面上又回复熙采攘往的繁荣景象。然而，人民要革命的洪流，清廷统治当局是无法遏止的。在辛亥闰六月十九日（8月13日），经过黄兴的部署，同盟会会员林冠慈、陈敬岳于广州炸伤镇压黄花岗起义的刽子手清水师提督李准，林、陈两人先后牺牲。于是全广州城的大小官员都处于戒备状态，巡警当局采取措施，着各区警局严密稽查户口，尤以旅店、学旅、试馆、书院、会馆为甚，遇有其中住客是剪辫的青年，即严加诘问，动辄拘留。至于居民屋舍，倘有生面的外地人来往出入，或有剪辫志士、西服革履者频频探访，巡警必密告警局，向左邻右里盘查，并责其暗中监视。在轮渡码头、车站等处，所有旅客行李搜查则倾箱倒箧，携带文书则细意翻阅，倘发现可疑的旅客，常被带至警局扣留审讯，使来往旅客出入广州视为畏途。

风声所及，人心动荡，如学堂即将毕业班提前考试，提早毕业。而各学堂监督、校长更责成监学、舍监务要时时注意有无革命党人混入其间。以此凡已剪辫的学生，都戴了假辫上课，偶一摇头，假辫每多脱落，十分狼狈。对言论也加以注意，不准学生议论国事政局。当时两广最高学府高等学堂，监督吴道熔即因有些学生在学堂里谈论政治，对学堂当局有所不满，便以“不堪造就”为名，开除白刚（字直甫，已病故，前香港汉文师范学堂教员）等8人的学籍。至于当时广府中学堂校长卢乃潼，教忠中学堂校长丁仁长等，都是前清科举中人，对待学生尤为严厉，稍一发现有些可疑的学生，即斥令退学。因此，那时在广州的大中学堂，首重封建人伦道德，忠君孝亲的说教，并把它奉为金科玉律，更慎选修身教员，以评列学生的行检为主要任务。

那时士大夫之家对于子弟唯恐其走上革命道路，因此均千方百计训诫其子弟要忠君孝亲，保家保产，切勿与革命党人为伍。在其子弟十七八岁时，即纵其吸食鸦片，横床直竹，一灯相对，俾昼作夜，认为子弟吸食鸦片，糜费无多，却可以约束子弟置国家民族的前途于不顾，不致生事，为益甚大，是保家保产的唯一善法。

那时士大夫之家认为“身体发肤，受之父母，不敢毁伤”是圣人的明训，倘若私自剪掉辫发，便是大逆不道的行为。吴道熔太史的长子吴景涵（字伯海），受新学影响，不甘守旧，曾从河南 × 教堂美国教士 ×× 学习英文；从西学堂毕业生曹汝英（字粲三）学数学，两者都有成就：志图出洋游学，为了避免被洋人讥为“豚尾儿”之诮，偷偷将辫子剪去，而以假辫盖上，久未被人发觉。怎知一天他与弟妹等戏于厅前，欢笑过甚，辫发脱落，为吴太史所见，立即大发雷霆，杖责儿子，且逐出家门，不以为子。景涵逼不得已，随美教士往美，独自谋生，至吴道熔逝世时，电召也不回来。

及辛亥八月十九日（10月10日），湖北武昌起义爆发，八月二十日（10月11日）起义军攻陷两湖总督衙门，正午占据汉阳，湖北革命党人同时成立中华民国湖北军政府，推举新军协统黎元洪为都督，革命热流风靡全国，各省相继起义。时广东地方政权仍握在清廷手里，清廷乃欲维持其摇摇欲坠的统治，故于辛亥九月初四日（10月25日），特派将军凤山前来广州，企图坐镇广东，安定南方。黄兴因派同盟会会员李沛基，乘凤山乘舆往将军衙门之际，在永清门附近街道炸死凤山，使那时总督张鸣岐及水师提督李准束手无策，唯有遍闭城门，断绝城内外交通，严加搜索。

在辛亥九月初四日（10月25日），省中各大团体为维持广东公安事，假座下九甫文澜书院召开会议。主席为邓华熙宫保，副主席为梁鼎芬廉访。当日梁鼎芬慷慨陈词，认为：“广东者广东人之广东……今日革命党所持主义在改良政治耳，政治若良，革党应不来，即来也可以对付。”继而江孔殷太史发言：“鄙人日前往香港与各报界论及广东提倡独立，不如利用官府改良独立，当求完全，不可糜烂……从前一切政治之不便于吾粤民者，官府能一一革除之，如昨日豁免屠捐、酒捐之类，事事餍民之心，则革命党所求不过如此，何所借口用其破坏……”其后大会将议案宣布，总督张鸣岐随即饬令选举代表与各绅商洽商。

但是在辛亥九月初八（10 月 29 日），总督张鸣岐又将粤人独立称为匪徒，一时城中居民纷纷迁徙，城里各街道铺户多以铁链锁门，或用木板钉盖，街上行人稀少，到处满目荒凉，使人有羊城不胜今昔之感。后来张鸣岐接粤人梁某在北京拍来的电报“京陷帝崩”，甚为震骇，同时也因龙济光多次被人谋刺；前山新军，实行反正，且四乡民军，群起响应。至此，张鸣岐、龙济光等知大势已去。张乃微服遁逃，龙亦不敢反抗。九月十九日（11 月 9 日），省城各团体于谘议局开大会，议决拥护民党组织共和政府，发出独立的告示，布告拥护中华民国，推举胡汉民为广东都督。于是，广州城兵不血刃，和平反正，结束了清朝在广东 260 余年的统治。

九月十九日，在广东宣布实行反正后，无论男女老幼都眉飞色舞，鼓掌欢呼，踊跃庆祝。张鸣岐眼见革命军声势如此浩大，只好微服出走；同时，满城司道府县以次文武官员也均先后出走。接着胡汉民由港到穗任广东都督，又举陈炯明为副都督。颁布了一系列“除旧布新”的法令，如废除苛捐杂税，严禁烟赌和兴办教育等。那时广州市民多自动地剪除发辫，废止跪拜，鄙弃缠足、纳妾等陋习，使社会风尚急剧地起了变化。但是，前清遗老表面上是同情共和政体，实质上仍顽固效忠清廷，对剪辫大加反对，冠帽袍褂坚决保全，尤其是诰命飞御赐“福寿”字等，更秘密保留。更有甚者，如吴道熔、张学华、陈伯陶等竟先后在罗浮山黄龙观列名道籍，盘辫于头顶上夕声言“死以道服葬”。其他拥有资产的士绅，更视香港为安乐窝，纷纷迁往。甚至一些志局续修县志，亦在香港成书。如陈伯陶纂辑的《东莞县志》，赖际熙纂辑的《增城县志》皆是。我父亲在反正后也以省城殷富多迁居港澳，医务大不如前，为养亲活儿计，乃于辛亥十二月中旬挈我和弟妹等举家迁居香港，至舍馆已定，又奉祖父、祖母前往。

二　在香港

（一）辛亥革命前后香港洋务人员的一些动态

自孙中山先生在香港与杨衢云、陈少白、陆皓东等倡始革命活动后，香港同胞逐渐有所觉醒。眼看清廷政治腐败，屡战屡败，割地赔款，国几不国，而居于香港的中国人，在英帝统治下，更身受帝国主义和封建势力的双重压迫。最明显之例，如香港的高级行政官员，中国人不能担任，即事务人员，也事事须受英籍长官监督指挥。甚至警差，第一级者为英差，其次为印差，然后才数到华差，以堂堂中国人在香港任警察，反而处在印度人之下，国际地位低下，痛苦难言。因此在香港的一些洋务人员，在形势逼人之下，也念及天下兴亡，匹夫有责，要救国，非革命无以图强，而亟思有所行动。但是这些人除了少数是自由职业的西医师、教员等外，其余大部分都是受雇于英帝国殖民地的政府机关和各银行、洋行的职员，完全是年在30左右的青壮年，并且都是年轻结婚，儿女成行，家累甚重；各人再三考虑，都以为难于摆脱家庭、放弃职业而只身参加革命。于是为了不愿自身为亡国奴隶，最好的方法是节衣缩食，储蓄金钱：助孙中山先生筹饷购械，推翻帝制，国家民族才有光明的希望（据说，有一次捐过千元、百元或数十元者，也有按月定期捐献三五元者）。但由于多数是殖民地政府的职员，所有捐款，都不予公布姓名，以避免当地政府的查究。其后企图作进一步的行动，更思练好身体，操习野战，留待将来为国革命。因此那些人在荷李活道赁屋一层，组织“体育俱乐部”。发起人（仅就我所能记忆的）有何高俊（西医生，香港西医学堂毕业，伍廷芳之内侄）、冯乐园（香港上海汇丰银行办房高级职员）、陈捷生、陈伟生（香港谦利船务行经理）、林藻庆（锋也船厂核数师）、陈锡如（香港水务局高级职员）、区斯湛（西医生，香港西医学堂毕业，区凤墀牧师之子），其余会友如陈墨香（辛亥革命后曾在广州消防队任职）、伍景誉（香港洁净局高级职员）、罗启康（香港太古洋行省港澳轮船公司办房）等，最多共约 30 人。据陈锡如说，其中一部分会员于每星期休假日上午清晨，聘在香港的同盟会会员李自重为洋操教习，制定一式服装，负木枪，实铅弹，从荷李活道俱乐部出发，至马利球场做兵式体操。正如张瞬村在《庚戌新军起义前后的回忆》一文所说：“不过表面上挂着体育会招牌，实际则是革命党人进行集体军事训练，培养干部的场所”（见《广东辛亥革命史料》第 96 页）。但行之不及一月，为香港的警察所注意，强行干涉。当时警察当局认为情节严重，本拟呈准香港总督采用“香港不欢迎的人”之罪名，将体育俱乐部参加兵式体操的会友限于若干小时内自由出境。由于各人的身份、职业、地位以及与当地的种种关系的有利条件，立刻聘请何启大律师进行辩护，据理力争。大致说各人在香港都是有正当职业，不是无业游民；练习体操并不是从事政治活动，而且多数是香港皇仁书院毕业的学生，成绩优良，受英国良好的教育。他们穿着同一服装，持木枪，实铅弹，往球场练习，并没有执任何旗帜游行，沿途也没有高呼口号，更无鼓动群众。可见他们完全是为了强壮身体，无任何不法行为和政治意味。根据上述理由，无理由使之自由出境。经过何启大律师的申辩后，香港的警察当局不能再寻出其他证据以为借口，唯有将当日操练为首的何高俊西医生，强令自由出境5年，其他一律不追究。但又命此后须将该俱乐部依照香港法例，选出主席冯乐园（即持牌照人）、值理陈锡如、区斯湛、司库陈伟生、司数林藻庆等，在华民政务司署（当时名为抚华道）作为会所注册。自此之后，会员日渐发展，增至60余人。在辛亥革命前一年，主席冯乐园等以该俱乐部会员子女众多，而那时香港教授汉文者，只有蒙馆私塾，尚未有稍具规模的中文学校，为后一代计，建议组织会员子弟学校，得到全体会员合议通过。乃租赁俱乐部附近的楼房一排数间辟作学校，名为“体育学校”，最初只是招收会员子弟，其后逐渐扩大，成为完全小学，非会员子弟除应收学费外，并酌加堂费。全校采用商务印书馆编辑的《共和国教科书》，为香港汉文学校采用民国教科书的首倡者，并悬挂中、英两国国旗。

在1913年国庆，由于香港华商总会的绅商向殖民地政府申请，准许定是日为香港公众假期，各行各业休假，并准悬旗结彩鸣炮庆祝。当时香港的商店、社团、学校都国旗飘展，如同中国的宝岛，并且竟日燃烧鞭炮，游人络绎，充满节日气氛，兴高采烈。至于“体育”会友，更在会所内高悬国旗，烧长达层楼的鞭炮，会友联欢，喜气洋洋。而“体育学校”除放假外，更请熟谙辛亥革命历史的教员演讲民国成立的经过，以激起后一代的爱国心。到日本侵华，香港沦陷，“体育学校”随即解散。总之，那时“体育”会友在辛亥革命时期虽说不出有什么重大贡献，但处在当时帝国主义者的势力下敢于自觉提倡体育，和殖民地警察作斗争，一心一意为富强祖国计，为革命前途计，也可以看出当时香港的一些洋务人员对腐朽旧王朝的憎恨，对新兴革命事业的倾向。

（二）清帝退位后寓居香港遗老的动态

辛亥九月十九日（11 月 9 日），广州“光复”后，清廷仍然进行着收复广州的规划，于是年九月加梁鼎芬廉访以三品京堂衔，命为广东宣慰使，使其与广东水师提督李准共同进行规复广东。当时梁鼎芬方拟谢恩，而清监国摄政王载沣奉隆裕太后命归藩，袁世凯任内阁总理。梁鼎芬知事不可为，恸哭出都。因此寓居广州的晚清遗老外逃者更多。至辛亥十二月二十五日（1912 年 2 月 12 日），清隆裕太后颁布了清帝退位诏,结束了我国数千年的封建王朝统治，举国欢呼，群相庆祝。

那时寓居香港之遗老，读清帝退位诏，惊惶失措，心情紧张，感怀身世，无可奈何，只有诿之劫运，日以李淳风的《推背图》和刘伯温的《烧饼歌》等预言，细意推寻，冀得大清有朝一日复兴的线索。然而，毕竟事与愿违。那一厢情愿，也只能成为他们日常谈话以慰无聊的资助而已。那时香港虽然已归英统治将 70 年，但对于我广东人居住往来却未有任何限制，极为自由，而且市面商场仍然使用我国的龙银毫、龙钱币（至第一次世界大战时才一律须用港纸），只是纳税、交租必须港纸，因此我省各地方的官绅地主，挟其剥削得来的资产和造孽钱，源源汇至香港置业经商，过其豪华奢侈的生活。更由于英统治者声声说尊重华人风俗习惯,判案也沿用《大清律例》。遗老们在清帝退位后居于香港也沿用官场惯例，厅称花厅，房称上房，大人、老爷、太太、奶奶尊称不变，少爷、少奶、小姐、姑娘的盛风仍在，越使遗老们视香港为“世外桃源”“安乐窝”，大有终老于此，乐不思蜀之慨。

那时寓居在香港的遗老中，一部分人正如何藻翔在《邹崖六十自述》中所说：“上有尧舜之君，下不可无巢、许之臣，白发满簪，宁堪再嫁，贰臣传末，位置殊难。”因而顽固不化且兼保守，誓忠清廷，不剪辫，不易服。此类人有如江宁布政使陈伯陶等是。陈伯陶遁居九龙半岛九龙城，斥资买地而筑室，引用故秦东陵侯召平于秦亡后，不复仕，为布衣，种瓜自给故事，名其室日“瓜庐”：又以逸民自居，改号曰“九龙真逸”，日与其同乡举人苏选樱等徘徊于官富山之宋皇台，吟诗寄兴，写成《宋台秋唱》一集，以抒发其怀君念国之幽思，复搜辑史籍，编成《宋东莞遗民录》二卷、《胜朝粤东遗民录》四卷，附录一卷、《明季东莞五忠传》二卷。并于每岁农历正月十三日清逊帝溥仪寿辰，于“瓜庐”集遗老多人，展出溥仪肖影，衣蟒袍，着补服，花翎顶戴，行三跪九叩礼，表示海隅孤臣拳拳未忘故主。

1915 年，袁氏当国，筹安事起，袁党议于广州开广东志局，网罗遗老，预备登极强背签名贺表，而陈伯陶、吴道熔、丁仁长等皆辞，皆誓如宋谢枋得《却聘书》所说：“生称善士，死表于道，曰‘宋处士谢某之墓”’以自励。但是在此期间，遗老中有并未迁居香港，而频频来往于北京、天津、青岛、上海、广州、香港各地，日与清朝皇族、前清封疆大吏、将军统帅等相联络，互通声气，密图候机恢复，献谋划策者。在广东则以温肃为著，他不辞艰苦，仆仆长途，与张勋、冯国璋、徐世昌及清朝德王、溥伟等广通声气。寓居香港的遗老赖际熙太史则与温肃结儿女亲家，事事相助。赖太史并结交那时香港之殷富如陈步墀（子丹）及陈殿臣等等，甚至与远至南洋的殷富如增城郑桂及大埔戴培基等，也皆深相结纳，冀于必要时使他们可以大力捐献。

但是其中也有一部分遗老，如前清河道总督苏槐子、内阁中书苏志纲等，本着《书经》之“抚我则后，虐我则雠”之义，认为“中国改为共和政体，是适应世界潮流”，他们自己迁居海外，不问世事，没有受任何威胁，因而以香港为第二故乡，作长久寓居之计，养儿育女，供书教学。但他们不送子弟入学校，不读教科书，宁聘前清举人、秀才在家作西宾，教子弟读四书五经，灌输腐朽的封建思想，而他们自己则日夕文酒高会，高谈阔论，吞云吐雾，俾昼作夜，过其奢华高贵生活。然而遗老中也有一部分翰林太史，如赖际熙、区大典等，子孙众多，家累甚重，养家活儿不能不靠自己的力量，因此在香港大学成立后，赖、区二人都就港大中文教习，受英统治者薪俸。其后清帝出宫，温肃由北京回到广东，也借赖陈熙之介，就香港大学哲学、文科教习。至于吴道熔、张学华等则认为香港洋场十里，开支甚大，米珠薪桂，不能久居，因此他们两人虽然在辛亥革命后曾一度暂迁香港，但不久便举家迁回广州。

丁巳年五月十三日（1917 年 7 月 1 日），辫帅张勋与陈宝琛、梁鼎芬、康有为等拥溥仪复辟，在香港的遗老们便弹冠相庆、置酒高会，胡说：“中华民国命运只是五年半，预言应验不爽，从今可天下太平了。”不意 7 月 3 日段祺瑞誓师马厂，12 日收复京师，使帝制复辟顿成昙花泡影，恍如一梦。然而他们效忠清室心犹不死，所以直至 1921 年宣统大婚，陈伯陶时已 70 高龄，还在大婚时贡献万金，香港遗老殷富又贡献逾万，陈亲自前往北京故宫叩贺；1928 年盗发东陵，陈伯陶更痛哭流涕，复捐献数千元，并向寓居的遗老殷富募捐数千元，又亲自赍往天津，作为修复陵寝之用，得到溥仪亲自召见，温语嘉奖，视为荣幸。

总之，在辛亥革命后寓居香港的遗老们，念念不忘故主，长袍马褂，瓜皮小帽，厚底毡鞋，岁时令节，则互馈礼物，群相庆贺，其广有资财者，更于门前高挂大灯笼，直书某府字样。至于婚丧大事，恪守旧制，迎亲或出殡时则仪仗成行，更多制“高脚牌”，备列官衔，愈多愈以为荣。甚至如商人陈步墀捐了官衔，也在家里特筑一室，专悬挂“御赐福寿字”及“诰命”等，夸耀亲友，以示自己曾受清廷之殊恩。臣下献媚，主子也不无恋栈，如陈伯陶之死，溥仪即赐谥“文良”；吴道熔八十寿辰，溥仪赏给“行为士表”横额，尤为一般遗老所乐道称羡。

（选自广东省政协文史资料研究委员会编《孙中山与辛亥革命史料专辑》，广东人民出版社 1981 年 8 月第 1 版）

辛亥革命前后大事记

1885年（清光绪十一年乙酉）

6月9日，清政府与法国签订《中法会订越南条约》，承认法国对越南的保护权等。

是年，孙中山萌生推翻清廷、创建民国的志向。

1888年（清光绪十四年戊子）

10月9日，孙中山、尤列、杨鹤龄、陈少白在香港结拜为兄弟，决心“驱除满人，实行大同”。他们经常纵论时局，大谈反清逐满及太平天国遗事，被时人称为“四大寇”。

1892 年（清光绪十八年壬辰）

3 月 13 日，杨衢云、谢缵泰等人在香港召集 10 多位同志成立辅仁文社，以“进行中国大众的革新运动”“驱逐满族鞑虏”，建立“民国”为宗旨，推杨衢云为会长。

秋，孙中山与杨衢云相识，商议合作事宜。

1893 年（清光绪十九年癸巳）

冬，孙中山、尤列、郑士良、陆皓东等人在广州策划成立团体（未定会名），以“驱除鞑虏、恢复华夏”为宗旨。

1894 年（清光绪二十年甲午）

6 月，孙中山上书直隶总督、北洋大臣李鸿章，提出“人能尽其才，地能尽其利，物能尽其用，货能畅其流”的改革主张，但未被采纳。

7 月，日本发动甲午战争。

9 月，清军兵败平壤、黄海。

11 月，日军占领旅顺。

11 月 24 日，孙中山在檀香山召集 20 多位同志成立兴中会，通过《兴中会章程》，以“驱除鞑虏，恢复中华，创立合众政府”为宗旨，推刘祥任主席。

1895 年（清光绪二十一年乙未）

2 月 21 日，兴中会与辅仁文社在香港合并，成立兴中会（总会），修订《兴中会章程》，推黄咏商任临时主席，策划广州起义。会后，孙中山赴广州设立兴中会分会。

3 月，兴中会在香港开会，决定以陆皓东设计的青天白日旗为革命军旗。

4 月，中日签订《马关条约》。随后，列强掀起瓜分中国狂潮。

10 月 10 日，兴中会在香港选举杨衢云为总办（会长）。月末，广州起义事泄，失败。

11 月 7 日，陆皓东等人就义，孙中山称陆是“中国有史以来，为共和革命而牺牲第一人”。11 月，孙中山在日本横滨设立兴中会分会。

1896 年（清光绪二十二年丙申）

6 月，孙中山在美国旧金山设立兴中会分会。

9 月，维新派在上海的报纸《时务报》刊发“社会党开万国大会”。这是中国首次报道第二国际的情况。

10 月，孙中山在英国伦敦被清政府驻英公使馆诱捕，后经英国友人康德黎等营救脱险，遂详细考察欧美各国，初步形成三民主义思想。

是年，杨衢云在南非设立兴中会分会。

1897 年（清光绪二十三年丁酉）

8 月，孙中山自美国赴日本横滨从事革命活动，化名中山樵，始有中山先生称谓。

11 月，德国借曹州教案出兵占领胶州湾。随后，俄军进驻旅顺，英军占领威海，法军占领广州湾。

冬，陈少白在台湾设立兴中会分会。

12 月至次年 3 月，杨衢云到印度、锡兰、马来亚、新加坡等地设立兴中会分会。

1898 年（清光绪二十四年戊戌）

3 月，杨衢云到日本横滨与孙中山会聚。

6 月 11 日，光绪皇帝载湉下诏“明定国是”，宣布变法维新。

7 月，谢缵泰绘制的《时局图》在香港《辅仁文社社刊》刊登，后被广为转发。该图以漫画形式反映甲午战争后中国被俄、英、法、美、日、德等帝国主义列强瓜分豆剖的严重危机，试图唤起国人救亡图存的激情。

9 月 21 日，慈禧太后叶赫那拉氏发动政变，再度训政，幽禁光绪帝，戊戌变法失败。随后，康有为、梁启超到日本。经日本友人联络，孙中山与康、梁商谈合作事宜，但因康坚持保皇、反对革命，合作未成。

1899 年（清光绪二十五年已亥）

4 月，英国传教士李提摩太译《大同学》连载于基督教会在上海设立的广学会主办的《万国公报》。这是英国哲学家本杰明·颉德所著《社会进化》一书的前四章，文中首次提到马克思的名字和《共产党宣言》的一段文字。

夏、秋，杨衢云、孙中山在日本横滨再度与梁启超商谈两派合作事宜，但因康有为强烈反对而未果。

秋，义和团运动在山东兴起，口号由“反清复明”改成“扶清灭洋”。随后，横扫直隶。

11月，陈少白、郑士良等邀哥老会、三合会首领在香港商议成立兴汉会，推孙中山为总会长。

12月，陈少白在香港创办《中国日报》，宣传革命思想。

1900年（清光绪二十六年庚子）

1月，杨衢云辞去兴中会会长，推荐孙中山任会长。

6月，清廷对英美等11国宣战。

8月，八国联军占领北京。慈禧太后和光绪帝等皇室成员逃往西安。

秋，义和团被八国联军和清军镇压。

10月，俄军占领中国东北。郑士良等以会党为主力，在广东惠州三洲田起义，失败。

12月，中国留日学生在东京创办《译书汇编》。

1901年（清光绪二十七年辛丑）

1月，《译书汇编》登载日本有贺长雄《近世政治史》一文，成为介绍马克思主义和共产主义运动的首份中国报刊。杨衢云在香港被清廷特务刺杀。清廷在西安宣布，“参酌中西政要”，实行“新政”。

9月7日，清廷与英美等11国签订《辛丑条约》。条约是空前严重的不平等条约，规定中国付出巨额赔款、允许外国军队长期驻扎、禁止中国人民反帝等，标志中国半殖民地半封建社会完全形成。

1902 年（清光绪二十八年壬寅）

1 月，慈禧太后、光绪帝返京。直隶总督袁世凯在保定选 6000 壮丁编为 10 营，称为“新练军”。

2 月，孙中山在日本与章太炎、秦力山等讨论推翻清朝之后的典章制度、土地赋税、建都等问题，提出革命程序论的初步设想。

4 月，章太炎联络侨居日本的中国人和留学生在东京组织“支那亡国二百四十二年纪念会”，纪念明朝亡国，号召推翻清廷，孙中山任大会主席。参会人员以后大多成为同盟会骨干。

10 月，梁启超在《新民丛报》发表《进化论革命者颉德之学说》，介绍社会主义并谈到马克思，此后相继发表系列介绍马克思主义的文章。

12 月，孙中山在越南河内设立兴中会分会。

1903 年（清光绪二十九年癸卯）

5 月，邹容所著《革命军》出版。上海《苏报》聘章士钊、章太炎为主笔，陆续刊发《中国当道者皆革命党》《革命军自序》《读 < 革命军 >》《驳康有为论革命书》等文，系统批判保皇立宪主张和儒家学说，抨击封建专制，论证革命流血不可避免。章太炎称《革命军》为“义师先声”。

6 月，清廷勾结上海公共租界工部局查封《苏报》，制造“苏报案”。随后，章太炎、邹容入狱。

8 月，孙中山在日本东京青山设革命军事学校，首次提出“驱除鞑虏，恢复中华，创立民国，平均地权”宗旨。

秋冬间，陈天华创作《猛回头》《警世钟》，成为革命号角。

10 月，孙中山抵檀香山，重建革命组织，命名“中华革命军”。

12 月至次年 1 月，孙中山在《檀香山新报》上发表“驳保皇报书”等文章，批判保皇派。

1904 年（清光绪三十年甲辰）

1 月，孙中山为争取洪门支持，加入致公堂。

2 月，日俄战争爆发，清廷宣布中立。

2 月 15 日，黄兴、宋教仁、刘揆一等在长沙成立华兴会，推黄兴为会长。

5 月，孙中山在美国旧金山为致公堂重订章程，以“驱除鞑虏，恢复中华，创立民国，平均地权”为宗旨，把一个封建帮会改造成具有民主主义性质的进步组织。

7 月，吕大森、胡瑛、曹亚伯、宋教仁、张难先、刘静庵等人在武昌成立科学补习所，推吕大森为所长。

10 月，黄兴等筹划华兴会长沙起义，事泄失败。科学补习所因策应起义，遭查封。

11 月，蔡元培等在上海成立光复会，推蔡元培为会长。

12 月，黄兴、程潜等在日本东京组织革命同志会。

1905 年（清光绪三十一年已巳）

1 月至 2 月，孙中山在比利时、德国等中国留学生中建立革命团体，并会见第二国际领导人王德威尔德。

2 月，陈独秀、柏文蔚等在安徽芜湖成立岳王会，推陈独秀为总会长。以后，接受同盟会领导。

8 月 20 日，兴中会联合华兴会、光复会等革命团体在东京成立中国同盟会。这是中国第一个资产阶级革命政党，孙中山任总理。

9 月，日俄战争结束，日本从沙俄手中夺得中国辽东半岛控制权。孙中山委任冯自由、李自重为同盟会香港、广州、澳门主盟人。革命党人吴樾在北京前门车站炸出洋考察五大臣，殉难。

10 月，孙中山在越南西贡设立同盟会分会。

11 月 26 日，同盟会在日本东京创办《民报》。孙中山在发刊词中首次提出“民族、民权、民生”三大主义。随后，《民报》成为针对保皇派《新民丛报》激烈论战的阵地。

1906 年（清光绪三十二年丙午）

2 月，原科学补习所的刘静庵、曹亚伯等在武昌成立日知会，推刘静庵为总干事。

4 月，孙中山抵新加坡，建立同盟会分会。《民报》发表“《民报》与《新民丛报》辩驳之纲领”，归纳革命党人和保皇派的原则分歧。

5 月，同盟会湖北分会建立，日知会成员全体加入。

6 月，章太炎出狱后赴日本，加入同盟会。7 月，主编《民报》。

8 月，孙中山抵吉隆坡，建立同盟会分会，旋派人到槟榔屿建立同盟会分会。

9 月，清廷颁发《宣示预备立宪谕》。

11 月，孙中山在东京与俄国社会革命党人吉尔约尼会谈，主张建立新共和政体，采取五权分立。

12 月，孙中山提出“五权宪法”之说。同盟会员蔡绍南、刘道一等联合会党在江西萍乡与湖南醴陵、浏阳起义，失败。孙中山、黄兴派同盟会员分赴江苏、安徽、湖南、湖北、江西等省策动起义，响应萍浏醴起义。

是年，广西、福建、陕西、江苏等省建立同盟会分会。

1907年（清光绪三十三年丁未）

1月，秋瑾在上海创办《中国女报》月刊。

3月，日本应清廷要求，驱逐孙中山出境。孙中山赴河内，建立同盟会分会及领导粤、桂、滇武装起义总机关。

4月，宋教仁等建立同盟会辽东支部。

5月，同盟会员陈涌波联合会党在广东饶平黄冈起义，失败。

6月，同盟会员邓子瑜领导会党武装在广东惠州七女湖起义，失败。

7月，徐锡麟在安庆枪击安徽巡抚恩铭，率巡警学堂学生起义，失败。秋瑾因响应起义，在浙江绍兴大通学堂被捕，就义。

8月，共进会在日本东京成立。张继、刘师培在东京发起“社会主义讲习所”。

9月，同盟会员王和顺在广东钦州发动防城起义，失败。

11月，《新民丛报》停刊，革命派取得对保皇派的舆论战胜利。

12月，在孙中山领导下，同盟会员黄明堂组织广西镇南关起义，失败。

1908年（清光绪三十四年戊申）

2月，清廷通令全国缉拿孙中山。

3月，黄兴等人自安南进攻钦州，发动钦廉上思起义，失败。

4月，同盟会设缅甸支部。孙中山派黄明堂、王和顺领导云南河口起义，失败。

6月，孙中山、黄兴在新加坡讨论今后革命方略。

7月，日知会部分会员在武昌成立湖北军队同盟会。

8月，清廷颁布《钦定宪法大纲》等，宣布预备立宪期九年。

10月，孙中山在新加坡设立同盟会南洋支部。

11月14日，光绪帝去世。慈禧太后指定溥仪为帝，醇亲王载沣摄政。15日，慈禧太后去世。

11月，熊成基等发动安庆起义，失败。岳王会随之解散。

12月，同盟会河南分会成立。湖北军队同盟会改组为群治学社。清帝溥仪登基，改明年为宣统元年。

1909年（清宣统元年乙酉）

1月，清廷以军机大臣、外务部尚书袁世凯患足疾为由，令其开缺回籍。

3月，同盟会员佘英、熊克武利用会党在四川广安发动起义，失败。

4月，孙武、焦达峰在汉口法租界设立共进会总部，群治学社与共进会建立联系。

5月，孙中山自新加坡赴欧美筹款，委托黄兴、胡汉民负责国内革命运动。

10月，各省谘议局正式成立。同盟会南方支部在香港成立。

11月，江苏谘议局议长张謇发起各省谘议局代表集聚上海，磋商进京请愿速开国会。

12 月，孙中山在美国纽约成立同盟会分会。

1910 年（清宣统二年庚戌）

1 月，孙中山在美国芝加哥成立同盟会分会。

2 月，同盟会员倪映典领导广州新军起义，失败。孙中山在美国旧金山创立同盟会分会。光复会在东京成立总部，与同盟会分裂。

3 月 31 日，喻培伦、黄复生、汪精卫在北京谋炸摄政王载沣不成。4 月，黄复生、汪精卫被捕入狱。

4 月至 5 月，湖南、江苏、浙江、河南、江西、山东、奉天等地发生抢米、抗捐等风潮。

6 月，孙中山、黄兴等在东京秘商革命方略，拟设秘密机关，统一各省革命团体行动。

9 月，湖北革命党人杨王鹏等在武昌改群治学社为振武学社。

10 月 11 日，《民立报》在上海创刊，为同盟会机关报。

10 月，直隶保定、北京、天津学生罢课，要求召开国会、争取东三省路矿权。各省督抚联衔入奏，要求即设责任内阁，明年开国会。

11 月，清廷宣布于宣统五年开议院，预行组织内阁。

12 月，奉天学界发动第四次国会请愿运动，遭军警镇压。同盟会分会在柬埔寨成立。

1911 年（清宣统三年辛亥）

1 月，奉天、直隶、四川等省学生罢课，要求速开国会。清廷发布镇压学生请愿的命令。革命党人蒋翊武、詹大悲等改振武学社为文学社，推蒋翊武为社长。

2月，革命党人谭人凤到湖北策划起义。

3月，湖北天门10余万饥民抢米店。

4月27日，黄兴发动广州起义，失败。林觉民、方声洞等牺牲，史称“黄花岗七十二烈士”。

5月，清廷颁布内阁官制，设立责任内阁，以奕劻为内阁总理大臣，13位内阁大臣中，满族9人，其中皇室占7人，被称为“皇族内阁”。清廷宣布“铁路国有政策”，下令已准许商办的铁路干线一律“收归国有”。

5月20日，清廷出卖粤汉、川汉路权，邮传大臣盛宣怀与英、法、德、美四国银行团订立《粤汉川汉铁路借款合同》，换取借款600万英镑。广东、湖南、四川、湖北相继掀起保路运动，四川尤为激烈。

6月，川汉铁路股东代表大会在成都召开大会，成立四川保路同志会，蒲殿俊、罗纶为正副会长。孙中山自纽约抵旧金山，命同盟会员加入致公堂，共同筹款。

7月，宋教仁、陈其美、谭人凤等在上海成立同盟会中部总会。

8月，成都开始罢市、罢课，保路运动迅速在全川卷起风潮。

9月7日，四川总督赵尔丰屠杀请愿群众。随后，同盟会员在四川各县组织保路同志军，发动武装起义，成为武昌起义的前奏。清廷命湖广总督瑞澂从湖北派兵赴川镇压。

9月，文学社和共进会筹划起义，成立湖北革命军总指挥部，蒋翊武为总指挥，孙武为参谋长，定于10月6日起事，后应湖南革命党人焦达峰要求，延至10月16日，届时湘鄂两省同时起义。

9月25日，同盟会员吴玉章、龙鸣剑、王天杰等经过两个多月的武装起义，宣布四川荣县独立，建立起全国第一个脱离清政府统治的县级革命政权——荣县军政府。孙中山盛赞这是“首义实先天下”。

10月9日，革命党人孙武、刘公等在汉口俄租界配制炸弹，不慎爆炸。起义总机关遭破坏。革命党人蒋翊武、刘复基决定当夜12时起事。

10月10日，凌晨，革命党人彭楚藩、刘复基、杨宏胜被湖广总督瑞澂下令处决。晚，湖北新军工程八营中的革命士兵在武昌起义，占领楚望台军械库，随后其他部队响应起义。标志辛亥革命爆发。以后，孙中山称赞，“武汉首义，十数行省，先后独立”。

10月11日，起义部队攻占总督衙门。湖北军政府成立，举黎元洪为都督，宣布废“宣统”年号，用黄帝纪年，改国号为“中华民国”。16日，革命军在武昌誓师阅兵，与清军在汉口刘家庙血战。

10月22日，革命党人焦达峰联合湖南新军和会党起义，西安新军也起义。次日，长沙、西安分别“光复”。

10月23日，江西九江新军起义。31日，南昌新军起义。

10月28日，黄兴、宋教仁等自上海到武昌，黄兴被推为革命军总司令。翌日，到汉口督师，指挥攻防。

10月29日，山西新军起义，太原“光复”。

10月30日，云南昆明新军起义。

10月，湖北军政府发布的《中华民国公报》，多次以“中华民国军政府大总统”孙中山的名义，号召各省义军建立共和国。

11月1日，清廷任命袁世凯为内阁总理大臣。

11 月 4 日，贵州新军起义，宣布独立。上海“光复”。

11 月 5 日，浙江杭州新军起义。江苏苏州新军起义，宣布独立。中国社会党上海本部成立，这是中国第一个以“党”命名的政治团体。

11 月 7 日，广西新军起义。

11 月 8 日，安徽谘议局宣布独立。福州新军起义，次日福州“光复”。

11 月 9 日，湖北军政府通电各省，提出派代表赴武昌，筹组临时政府。广东正式独立。

11 月 11 日，江苏都督程德全和浙江都督汤寿潜联名致电上海都督陈其美，提议各省派代表赴上海，迅即商议成立临时议会机关。陈其美赞成。清海军“海容”“海琛”“海筹”等舰自汉口前线撤至九江，宣布反正。

11 月 12 日，江苏、浙江的都督府代表在苏州通电陈其美，促各省派代表到上海商讨筹组临时政府事宜，各省都督府、谘议局各派代表一人出席会议，只要两省以上代表到会即开议。

11 月 13 日，陈其美通电各省代表来沪。山东省城绅商学界召开联合保安会宣告山东独立。

11 月至次年 1 月，直隶张家口、北京、滦州、天津，东北三省部分地区爆发起义，但均失败。

11 月 15 日，各省代表在上海开会，成立各省都督府代表联合会，决定在临时中央政府成立前，以湖北军政府为中央军政府。会后，各省留一人在上海，其他代表赴湖北。

11 月 16 日，袁世凯内阁成立。

11 月 22 日，四川重庆“光复”。27 日，成都宣布独立，入川的湖北新军在资州起义。

11 月 25 日，奉天辽阳起义。

11 月 30 日至 12 月初，各省都督府代表联合会在汉口举行会议，推谭人凤为临时议长，通过《中华民国临时政府组织大纲》，“如袁世凯反正，当公推为大总统”，以汉口为南北议和地，以伍廷芳为南方代表等决议。

12 月 2 日，江浙沪联军“光复”南京。

12 月初，各省都督府代表联合会留沪代表开会，决定暂定南京为中华民国临时政府所在地，推举黄兴、黎元洪分任大元帅、副元帅。

12 月 6 日，隆裕太后准予摄政王载沣引咎退位，把行政权交给内阁总理大臣和国务大臣。

12 月上旬开始，在湖北和上海的代表以及未参加前期会议的省代表陆续集聚南京。

12 月14 日，各省都督府代表联合会在南京开会，推浙江代表汤尔和任议长，决定16 日选举临时大总统。但15 日会议又决议暂缓选举临时大总统，承认上海会议推举的大元帅、副元帅，并在《中华民国临时政府组织大纲》中追加写入“临时大总统未举定以前，其职权由大元帅暂任之。大元帅不能在临时政府所在地时，以副元帅代行其职权。”以黎元洪为首的湖北军政府反对该决议，江苏、浙江军界反对黄兴任大元帅。

12 月 17 日，各省都督府代表联合会改推黎元洪为大元帅，黄兴为副元帅，由黄兴组织临时政府。但黄兴未赴南京任职。

12 月 18 日，袁世凯派唐绍仪为全权代表与伍廷芳在上海举行南北议和首次会议。

12月22日，河南开封起义事泄，失败。

12月25日，孙中山自香港抵上海。随后，与黄兴、宋教仁、胡汉民、陈其美等讨论组织临时政府方案。

12月27日，各省都督府代表联合会在南京决定，改用公历，以中华民国纪年，实行总统制。

12月29日，江苏、浙江、湖北、湖南、四川、广西、安徽、福建、直隶、山东、河南、江西、山西、陕西、广东、奉天、云南17省代表在南京开会，选举孙中山为临时大总统。

1912年（民国元年壬子）

1月1日，孙中山在南京宣誓就任中华民国临时大总统，中华民国成立。次日，通电改用公历，以中华民国纪年。各省都督府代表联合会代行参议院职权。

1月5日，孙中山发表《告友邦书》，阐述中华民国的对内、对外政策。布尔什维克党在布拉格会议上通过列宁起草的《关于中国革命的决议》，表示孙中山领导的这场革命使世界得到解放并正在破坏欧洲资产阶级的统治，祝贺中国的革命共和派，为他们感到欢欣鼓舞，俄国无产阶级怀着深切的热忱和衷心的同情注视着中国革命人民获得的成就。这是中华民国最早得到的国际同情与声援。

1月7日，新疆伊犁新军起义。

1月13日，同盟会总部由上海迁至南京。

1月26日，同盟会员彭家珍在北京炸伤宗社党首领良弼，彭当场死难。二日后良亦死。

1月28日，中华民国临时参议院成立。各省都督府代表联合会自行解散。

1月31日，临时参议院决定，修改《中华民国临时政府组织大纲》为《中华民国临时约法》。

2月11日，袁世凯以清帝已决定退位，急电南京政府，表示赞成共和，永不使君主政体再行于中国。

2月12日，经隆裕太后决断，清宣统帝溥仪宣布退位，命袁世凯全权组织临时共和政府。

2月14日，孙中山到临时参议院辞职，举荐袁世凯继任中华民国临时大总统。临时参议院接受孙中山辞职，但在新总统未莅位前不解职。

2月15日，临时参议院选举袁世凯为中华民国临时大总统。随后，孙中山派蔡元培为专使到北京，促袁世凯到南京就职。

2月23日，临时政府向全国颁行新编历书。这是中国历史上第一部公历农历合编的历书。

2月29日，袁世凯指使北京第三镇曹锟部焚烧抢劫北京东城和前门一带，后扩大到保定、天津，造成反对袁世凯南下的气氛，史称“北京兵变”。袁世凯借口北京兵变，拒绝到南京就职。

2月，河南宝丰白朗农民起义。

3月8日，临时参议院通过《中华民国临时约法》，改总统制为责任内阁制。

3月10日，袁世凯在北京就任中华民国临时大总统，令暂用前清法律。

3月11日，孙中山在南京公布《中华民国临时约法》。

4月1日，孙中山正式辞去临时大总统。

4 月，临时参议院被迫同意袁世凯在北京就职，决定临时政府和临时参议院迁至北京。

4 月 25 日，同盟会总部由南京迁至北京。

5 月 1 日，中国社会党在上海庆祝五一国际劳动节。这是中国纪念五一节之始。

5 月，临时参议院决定，国会采用两院制，设参议院和众议院，决定以五色旗为国旗。

8 月 25 日，同盟会、统一共和党、国民共进会、共和实进会、国民公党联合在北京组成国民党，推举孙中山任理事长。不久，孙中山委托宋教仁为代理理事长。

9 月，共和建设讨论会、国民协进会等 6 政党组成民主党。

10 月 14 日，孙中山应中国社会党之邀，演说社会主义学说和派别，连讲 3 日，至 16 日。

11 月 14 日，中国铁路总公司在上海成立，孙中山任总理。

12 月，孙中山派罗福星秘赴台湾，开展抗日复台工作。

冬，李大钊加入中国社会党，成为天津支部干事。

1913 年（民国 2 年癸丑）

2 月，依据《中华民国临时约法》进行首次国会选举，国民党得票最多，预备由宋教仁组阁。

3 月 20 日，宋教仁在上海沪宁车站遇刺，22 日伤重身亡。

4 月，中华民国第一届国会在北京开幕，临时参议院自行解散。随后，参议院选举国民党议员张继为议长，众议院选举民主党议员汤化龙为议长。

4 月 26 日，袁世凯为消灭国民党控制的南方各省势力，以办理“善后”为名，非法与西方列强签订《善后借款合同》。这引发参议院反对，湖南都督谭延闿、江西都督李烈钧、安徽都督柏文蔚、广东都督胡汉民联名通电反对。

5 月，共和党、统一党、民主党合并成立进步党，推黎元洪任理事长，以对抗国民党。

6 月，袁世凯先后罢免李烈钧、胡汉民、柏文蔚的都督职务，发布《通令尊崇孔圣文》。随后，社会上形成宣传封建道德的复古逆流。

7 月 12 日，李烈钧在湖口宣布江西独立，成立讨袁军总司令部，标志“二次革命”爆发。随后，江苏、安徽、上海、湖南、福建、四川、广东等省响应。

9 月，“二次革命”失败。

10 月，国会选举袁世凯为中华民国大总统。

11 月，袁世凯下令解散国民党，撤销国民党籍国会议员资格。因 400 余人被剥夺议员资格，致使两院人数不足半数，国会陷于停顿。随后，袁下令撤销各省国民党议员资格，组织政治会议讨论国事。

1914 年（民国 3 年甲寅）

1 月，袁世凯解散国会，参众两院议员一律资遣回籍。

2 月，袁世凯解散各省议会，发布《祀天定为通祭令》。

5 月，袁世凯废止《中华民国临时约法》，公布《中华民国约法》，废除内阁制，实行总统制，设参政院为咨询机关，代行立法院职权。随后，孙中山发布讨袁告示与讨袁檄文。

7 月 8 日，中华革命党在日本东京正式成立，孙中山任总理，确定青天白日旗为军旗，青天白日满地红旗为国旗。孙中山认为，以往革命斗争失败是由于革命力量不够团结，而力量不够团结的原因是革命旗帜不够鲜明，变来变去，因此要把力量集中起来，革命旗帜问题至关重要。随后，国民党的海内外组织一律改组为中华革命党。

7 月 28 日，第一次世界大战爆发。

8 月，中国宣布中立。日本要求德国把胶州湾租借地全部交给日本，并对德宣战，占领胶济铁路沿线车站。白朗起义揭露袁世凯假共和、真专制，在坚持两年多时间后失败。

9 月，袁世凯颁布《祭孔告令》，恢复前清祭孔规定，并亲赴孔庙祭孔。

10 月，中华革命党为讨袁发布告全国同胞书。

11 月，日军攻陷青岛。

12 月，公布《修正大总统选举法》，规定大总统任期 10 年，可连任；继任大总统由现任大总统推荐 3 人，届时交付选举。袁世凯以封建皇帝礼到天坛祭天。

1915 年（民国 4 年乙卯）

1 月，日本向袁世凯提出“二十一条”。

5 月，袁世凯为换取日本支持其复辟帝制，承认日本最后通牒要求，即接受除第五号要求以外的“二十一条”，激起民怨。

8 月，袁世凯的美籍顾问古德诺发表《共和与君主论》，杨度发表《君宪救国论》并发起筹安会，鼓动实行君主立宪制。

9 月 3 日，梁启超发表《异哉所谓国体问题者》，反对帝制。

9 月 15 日，陈独秀主编的《青年杂志》在上海创刊，从第二卷起改名《新青年》，标志提倡民主和科学、反对专制和礼教的新文化运动兴起。

10 月，英国公使朱尔典会晤袁世凯，表示英国支持中国帝制。

12 月，参政院举行国民代表大会，决定实行君主立宪制，推袁世凯为皇帝。袁世凯接受大会请求，承认帝位，预改国号为“中华帝国”。清皇室赞成袁世凯称帝。袁令改明年为洪宪元年。

12 月 25 日，唐继尧、蔡锷、李烈钧等通电全国，宣布云南独立，维护共和，反对帝制，组织护国军讨袁，标志护国运动开始。

1916 年（民国 5 年丙辰）

1 月 1 日，护国军政府成立，发表讨袁檄文。

1 月至 3 月，护国军取得四川、湘西、滇桂边 3 场战役的胜利。贵州、广西相继独立。袁世凯的外交连遭挫折。

3 月，袁世凯撤销承认帝位案，停止所有筹备事宜，但仍任大总统。废止洪宪年号，仍以本年为中华民国 5 年。

5 月 8 日，中华民国军务院在广东肇庆成立，代行国务院职权，是独立各省的对内对外机构，拥护黎元洪为总统，以唐继尧为抚军长。随后，浙江、福建、陕西、四川、湖南等省相继独立。孙中山在上海发表《第二次讨袁宣言》，力主尊重约法，重申民族、民权、民生三大主义。

6 月 6 日，袁世凯去世。随后，黎元洪任大总统，恢复《临时约法》和国会。

7 月 14 日，中华民国军务院解散。护国运动结束，巩固了辛亥革命成果。

是年，布尔什维克党在瑞士会议上讨论民族自决权问题，列宁提出布尔什维克必须与孙中山和中国革命者建立联系。

1917年（民国6年丁巳）

2月，孙中山写就《会议通则》（后改名《民权初步》，又名《社会建设》），4月出版。

2月至5月，在是否对德国绝交和宣战问题上，总统府与国务院发生权力斗争，史称“府院之争”。争斗中，美国支持黎元洪，日本支持段祺瑞。

5月，黎元洪免去段祺瑞的国务总理和陆军总长职务。随后，段祺瑞策动各省督军独立，胁迫黎元洪解散国会。黎元洪电召安徽督军张勋进北京调停。

6月，张勋率5000“辫子军”进京，胁迫黎元洪解散国会。

7月1日，张勋、康有为等拥清废帝溥仪复辟。随后，段祺瑞组织讨逆军讨伐张勋。冯国璋以副总统代理大总统。

7月4日，孙中山在上海致电参众两院议员，号召南下集会，组织临时政府。随后，乘舰南下。

7月12日，张勋复辟失败。

7月17日，孙中山抵达广州。因复辟已失败，而段祺瑞拒绝恢复《临时约法》和国会，孙中山呼吁护法，打倒假共和，建设新共和。护法运动开始。几个月内，十几个省宣布独立，纷纷成立护法军或靖国军。

8月25日，南下议员在广州召开非常国会。31日通过《中华民国军政府组织大纲》，规定实行大元帅制。在《临时约法》效力完全恢复以前，大元帅行使行政权，对外代表中华民国，元帅协助大元帅筹商政务。

9月，非常国会选举孙中山为大元帅，唐继尧、陆荣廷为元帅。孙中山就职，但唐、陆反对元首制、主张合议制，拒绝就职。

9月18日，护法战争爆发。战争波及广东、广西、湖南、福建、云南、贵州、四川、湖北、陕西九省，其他省也有一些战事。

11月7日，俄国十月革命胜利。

1918年（民国7年戊午）

4月29日，孙中山在广州的非常国会上要求，以国会名义通电反对日本政府诱迫段祺瑞签订的干涉苏俄的《中日共同防敌军事协定》，并把这一通电内容告知苏俄政府。

5月4日，非常国会通过《中华民国军政府组织大纲》修正案，改元帅制为总裁合议制，由7名总裁组成政务会议，行使职权。

5月20日，非常国会选举孙中山等7人为军政府政务总裁。次日，孙中山认为依靠军阀无法实现护法目的，不就职，离开广州，前往上海。护法运动失败。

5月，鲁迅在《新青年》发表中国第一部现代白话文小说《狂人日记》，揭露残酷的封建礼教。

6月，孙中山致电列宁和苏维埃政府，祝贺俄国十月革命胜利。

6月至12月，孙中山著《孙文学说》（又名《心理建设》），次年出版。

7月1日，李大钊在《言治》季刊上发表《法俄革命之比较观》，介绍俄国十月革命。

7月4日，苏俄外交人民委员齐契林表示，愿放弃帝俄在华特权。

7月5日，军政府在广州成立。16日，孙中山复函非常国会，表示接受军政府政务总裁职务。

8月1日，列宁委托齐契林复函孙中山，向中国革命领袖致敬，号召中国兄弟与俄国劳动阶级共同奋斗。

10月10日，徐世昌在北京就任大总统。广州军政府宣布徐是伪总统，由军政府代行国务院职权，摄行大总统职务。

11月11日，第一次世界大战结束。

11月15日，李大钊在《新青年》杂志发表《庶民的胜利》《布尔什维主义的胜利》两文。

11月至1920年，孙中山著《实业计划》（又名《物质建设》），1920年发行英文版，1921年发行中文版。

12月22日，李大钊、陈独秀主编的《每周评论》在北京创刊。次年被禁。

12月，旅俄华工联合会在苏俄成立，提议苏俄政府派代表团到中国。该会以后成为沟通中俄两国革命的一条重要管道。

1919年（民国8年己未）

1月18日，巴黎和会开幕。北京政府派代表出席。

3月6日，共产国际（第三国际）在莫斯科成立。

5月1日，英国外相贝尔福将英美法3国首脑会议的决定（允许日本继承德国在山东所占的一切权利。政治权交还中国，经济权交给日本），口头通知中国代表。中国代表提出抗议。

5月4日，北京大学等学校的学生反对巴黎和会上3国首脑会议的决定，示威游行。五四运动爆发。孙中山很受鼓舞，高度评价和支持学生运动。

8月，胡汉民、朱执信、廖仲恺等人在上海创办《建设》杂志。

9月和11月，李大钊在《新青年》的马克思主义研究专号上发表《我的马克思主义观》。

10月10日，孙中山将中华革命党改组为中国国民党。

1920年（民国9年庚申）

年初，李大钊、陈独秀酝酿建党。

3月31日，李大钊在北京成立马克思学说研究会。这是中国最早的学习和研究马克思主义的团体。

4月，俄共（布）西伯利亚局派维经斯基来华，与李大钊、陈独秀商谈建党问题，拟在上海建立共产国际东亚书记处。

8月，粤桂战争爆发。孙中山指示驻闽的粤军陈炯明部回师广东，驱逐桂系军阀。留法勤工俭学的蔡和森致信毛泽东，提出组建中国共产党。陈独秀在上海成立党的发起组。

9月，孙中山派李章达率代表团出访苏俄，拟与苏俄政府缔结军事同盟。但因苏俄忙于抵抗协约国武装干涉，此事暂时搁置。

10月，李大钊在北京建立共产党早期组织。随后，湖南、湖北、山东、广东等地相继建立共产党早期组织。

11月，孙中山由上海抵广州，重组军政府，宣布废除五色旗，以青天白日满地红旗为中华民国国旗，发起第二次护法运动。《共产党》在上海创办，这是中国共产党第一个党刊。

1921年（民国10年辛酉）

4月，非常国会选举孙中山为非常大总统。

5月，孙中山就任非常大总统，出师广西，打败桂系军阀。

6月，共产国际派马林来华，建议召开党的全国代表大会，正式成立中国共产党。

7月23日至8月初，中国共产党第一次全国代表大会在上海、浙江嘉兴举行。通过第一个党纲和决议，选举陈独秀为中央局书记，标志中国共产党成立。

12月，孙中山在桂林接见共产国际代表马林，讨论建立革命党和革命武装问题。

1922年（民国11年壬戌）

4月，孙中山在广州接见苏俄全权代表马林，表示要与苏俄建立联系，推动国共合作，允许中国共产党员加入中国国民党。

6月，陈炯明叛变，孙中山从前线返回广州，被迫避入永丰舰。孙中山在舰上给苏俄外交人民委员齐契林写信，表示“我要战斗到最后。我坚信，苏俄在我身处逆境时，也是我唯一的朋友。我决定到上海继续斗争，倘若失败，我就去苏俄”。上海民智书局出版《建国方略》，系汇集孙中山所著《孙文学说》《实业计划》《民权初步》而成。

7月16日至23日，中国共产党第二次全国代表大会在上海举行。通过第一部党章，明确提出反帝反封建的民主革命纲领，决定加入共产国际，选举陈独秀为中央执行委员会委员长。

8月，孙中山到达上海，第二次护法运动结束，标志资产阶级领导的旧民主主义革命失败。中国共产党中央执行委员会在杭州西湖召开特别会议，决定实行与国民党进行“党内合作”的政策，共产党员以个人身份加入国民党。

是年，孙中山在上海与苏俄代表越飞、马林等人多次秘密会谈，希望中苏德联合开发新疆，作为中国革命的后方基地，如条件允许，他本人也可去新疆，在当地建立苏维埃政权。

1923 年（民国 12 年癸亥）

1 月，孙中山与苏联代表越飞发表《孙文越飞宣言》，确立联俄政策。此时，支持孙中山的滇、桂军队将陈炯明逐出广州。

2 月，孙中山从上海抵广州，就任陆海军大元帅，不再召集非常国会，不再恢复非常大总统。

3 月 8 日，俄共（布）中央政治局会议研究决定支持孙中山，提供约 200 万墨西哥银元的经济援助，派出政治、军事顾问小组，援建一所军事学校等。

6 月 12 日至 20 日，中国共产党第三次全国大会在广州举行。通过中央执行委员会组织法、第一次修正章程，选举陈独秀为中央执行委员会委员长。

8 月，孙中山派蒋介石率孙逸仙博士代表团到苏联考察政治、党务和军事。

10 月，孙中山聘请苏联代表鲍罗廷为顾问，筹备改组中国国民党。曹锟通过贿选成为大总统。

1924 年（民国 13 年甲子）

1 月 20 日至 30 日，中国国民党第一次全国代表大会在广州召开。

通过《中国国民党第一次全国代表大会宣言》《中国国民党章程》，重新解释三民主义，包含了反帝反封建的新内容，确定联俄、联共、扶助农工的三大政策。李大钊、毛泽东等共产党员以个人身份加入国民党。选举中央执行委员会，其中共产党员约占委员总数 1/4。新三民主义同中国共产党的民主革命纲领基本一致，成为国共合作的政治基础。这次会议标志中国国民党改组完成和第一次国共合作正式形成，全面开启了新的民族民主革命征程。

1 月 21 日，列宁逝世。

1 月 25 日，孙中山提议以中国国民党第一次全国代表大会名义致电哀悼列宁，延会 3 日，广州各机关下半旗致哀。孙中山指出，俄国革命的奇功伟绩在世界革命史上前所未有。列宁是革命成功者、革命圣人、革命模范。中国的革命党要以俄国为模范，起来奋斗。

2 月 16 日，孙中山致信齐契林，称列宁为“我们伟大的同志”。

2 月 24 日，广州数万人在第一公园举行追悼列宁大会，孙中山亲自主祭。

6 月，孙中山创立黄埔陆军军官学校。

7 月，中国国民党中央政治委员会成立，孙中山任主席。

7 月 28 日，孙中山在广州农民联欢会上讲话，提出“我们要为人民谋幸福”“为农民谋幸福”。

8 月 21 日，孙中山在广州农民运动讲习所第一届学生毕业礼暨第二届新生开学礼上讲话，提出“要农民来做本党革命的基础”。

10 月，苏联巡洋舰“沃罗夫斯基号”抵达广州，给孙中山送来武器弹药。随后，苏联军事顾问陆续到达广州。

10 月 23 日，冯玉祥发动北京政变，推翻曹锟政权，组建国民军。

25 日，电邀孙中山北上讨论国是。

11 月 1 日，冯玉祥、段祺瑞、张作霖电请孙中山早日入京。4 日，孙中山接受邀请。

11 月 5 日，国民军将溥仪逐出紫禁城。11 日，孙中山致电冯玉祥，“复辟祸根既除，共和基础自固，可为民国前途贺”。

11 月 10 日，孙中山发表《对于时局之宣言》，提出国民革命目的是建立独立、自由、统一的国家，必须推倒军阀和帝国主义，废除不平等条约、召开国民会议。13 日，离开广州北上。

11 月 24 日，组成以段祺瑞为临时执政的北京政府。

12 月 31 日，孙中山抵京。

1925 年（民国 14 年乙丑）

1 月 11 日至 22 日，中国共产党第四次全国代表大会在上海召开。通过第二次修正章程，第一次明确提出无产阶级在民主革命中的领导权和工农联盟问题，初步形成新民主主义革命的基本思想，选举陈独秀为中央执行委员会总书记。

3 月 11 日，孙中山签署《国事遗嘱》《家事遗嘱》和《致苏联遗书》，指出：必须唤起民众及联合世界上以平等待我之民族，共同奋斗；革命尚未成功，同志仍须努力；必须贯彻《建国方略》《建国大纲》《三民主义》及《第一次全国代表大会宣言》；推动召开国民会议及废除不平等条约；希望中苏两国携手并进，以取得胜利。

3 月 12 日，孙中山在北京逝世，临终遗言是“和平、奋斗、救中国”。1929 年 6 月 1 日，遗体移葬南京中山陵。

编后记

全国政协高度重视人民政协珍贵史料保护利用工作，2020 年，全国政协办公厅启动了《政协文史“亲历、亲见、亲闻”文库》（简称《“三亲”文库》）编纂出版工作。这是新时代人民政协推进文史资料工作高质量发展，加强思想政治引领、广泛凝聚共识的重要举措。

为持续推进此项工作，全国政协办公厅专门成立《“三亲”文库》编纂工作委员会，负责领导、组织文库编纂出版工作。全国政协副主席兼秘书长李斌担任主任，全国政协副秘书长邹加怡、刘家强，全国政协文化文史和学习委员会主任宋大涵任副主任。全国政协各专门委员会相关领导同志以及办公厅相关室局和直属单位负责同志，各省、自治区、直辖市政协分管文史工作的副主席任编委，按姓氏笔画排序为：马丰胜、王宁、王民、王锐、王乃学、支建华、卞晋平、邓小清、史贻云、丛兵、边发吉、吕忠梅、刘未鸣、刘华林、刘佳义、刘晓冰、刘宽忍、许宁、许波、许雄波、阮诗玮、杜建功、李华栋、李修松、李晓波、杨小波、杨利群、吴信宝、迟子建、张光奇、张泽熙、张效廉、张维国、张敬安、张震宇、陈惠丰、努热木·斯玛依汗、欧青平、周勇、周北川、郑福田、段青英、姚晓东、高玉葆、曹军、崔保华、梁晔、童志云、赖明勇、薛晓峰。

特别邀请知名专家学者王蒙、陈福今、冯骥才、金冲及、李忠杰、谢春涛、张海鹏、王奇生、黄兴涛担任顾问。

习近平总书记强调，历史是最好的教科书。在纪念辛亥革命110周年之际，《“三亲”文库》编纂工作委员会把《辛亥革命》卷作为文库的首部图书，推动编纂出版，以充分发挥人民政协文史资料“存史、资政、团结、育人”的功能作用，弘扬辛亥革命精神，团结海内外中华儿女共促祖国统一大业、共襄民族复兴伟业。

为保证图书质量，文库编纂工作委员会组建《辛亥革命》卷编辑组和编审组。全国政协副秘书长刘家强担任编辑组组长，中国政协文史馆和中国文史出版社负责同志刘华林、刘未鸣、崔明森、张剑荆任编辑组副组长，韩淑芳、李春华、窦忠如、詹红旗、秦千里、全秋生、戴小璇、郭瑞任编辑。同时，邀请中国史学会、中国社会科学院、中国人民大学的辛亥革命史资深专家学者张海鹏、崔志海、马平安、黄兴涛、朱浒负责审稿工作。

编辑组全面梳理全国政协和省级政协编辑出版的辛亥革命史料，初选956篇613万字稿件。以座谈会、审稿会、发函等形式，广泛征求有关领导同志、专家学者和各省、自治区、直辖市政协的意见和建议。在认真梳理吸收大家意见和建议的基础上，修订完善书稿。历经数次修改，全书现有文章384篇，350多万字，分为总序、前言、正文、大事记、编后记5个部分，共10辑。全国政协机关长期从事文史工作的领导同志和有关资深专家学者审读全部书稿，各省、自治区、直辖市政协文史委审改与本地相关文稿，部分稿件作者后人核实相关文稿。

全国政协领导同志高度重视、十分关心本书的编纂出版工作。中共中央宣传部、中共中央统战部、国家新闻出版署也对本书出版给予有力指导和支持。

中国政协文史馆负责本书编辑工作，中国文史出版社负责本书出版工作，北京博创恒达文化传播有限公司承担装帧设计、排版工作。中国社会科学院大学研究生田宏林、王涛涛、王静雪、赵静淑、黄磊、兰潇、秦基伟、崔传赫、肖倩倩、林昊、吕漫、王万里、孙豪杰、檀斯琦、林丽萍、宋天华、陈岩，中国人民大学研究生柏秀颖承担部分编务及校稿工作。

历经一年多的共同努力，本书即将付梓。在此，我们向所有关心、支持和参与本书编辑出版工作的领导同志、专家学者和同志们表示衷心感谢！真诚地希望广大读者给予批评指正。

编　者

2021 年 11 月